Dewey's nine lives

Dewey's Nine Lives
–The Legacy of the Small-town Library Cat Who Inspired Millions
by Vicki Myron with Bret Witter
Copyright© All rights reserved.

This Korean edition was published by TNF Inc. Publishing Div._Walking Book_PHOTONET_PHONO. in 2011
by arrangement with Frances Vicki Myron c/o FOUNDRY Literary
+ Media through KCC, Seoul.

본 저작물의 한국어판 출판권은 (주)한국저작권센터(KCC)를 통한 저작권자와의 독점 계약으로 걷는책_티앤에프출판사업부에 있습니다.
신 저작권법에 의해 한국 내에서 보호를 받는 저작물이므로 무단 전재와 복제를 금합니다.

Dewey's Nine Lives
{ 정말 고마워, 듀이 }

* * *
* *

비키 마이런·브렛 위터 지음
배유정 옮김

걷는책

정말 고마워, 듀이
ⓒ 비키 마이런, 브렛 위터

1판 1쇄 발행일 · 2011년 12월 15일

지은이 · 비키 마이런, 브렛 위터 | 옮긴이 · 배유정
펴낸이 · 전상열 | 만든이 · 최재균 | 책임편집 · 김현주 | 마케팅 · 김승환 | 디자인 · 정은경디자인
펴낸곳 · 걷는책 | 등록번호 · 제 300-2001-7호 | 주소 · 서울시 종로구 필운동 289 J&J 빌딩 4층 (110-044)
전화 · 02 736-1214 | 팩스 · 02 736-1217 | 이메일 · book@mphotonet.com
홈페이지 · www.mphotonet.com

ISBN 978-89-93818-32-1 03840
책값은 뒷표지에 있습니다.

*걷는책은 포토넷PHOTONET, 포노PHONO와 함께 티엔에프 출판사업부의 일반, 교양 단행본 브랜드입니다.
 독자가 행복해지는 책을 향해 한 걸음 한 걸음 걸어가겠습니다.

*잘못 만든 책은 구입하신 곳에서 교환해 드립니다.

:::

사랑은 어디에서든 온다

:::

Dewey's Nine Lives ** 차례

머리말 8

Life 1.. 토비는 나의 솔 메이트였어요 31
Life 2.. 램버트 가족의 곤경에 빠진 고양이 구하기 69
Life 3.. 스푸키와 나는 세상 어디든 함께했어요 101
Life 4.. 스물여덟 마리의 고양이와 함께 살기 145
Life 5.. 크리스마스 캣의 기적 181
Life 6.. 20년을 헌신한 고양이, 쿠키 237
Life 7.. 나는 내 고양이와 결혼했어요 281
Life 8.. 교회, 고양이를 입양하다 321
Life 9.. 듀이의 마법을 경험하다 353

옮긴이의 말 414

머리말

듀이의 마법
— 특별한 고양이가 당신의 인생을 변화시킬 수 있다

고마워요, 비키. 그리고 고맙다, 듀이!
나는 천사가 있다고 믿지 않지만 만약 있다면,
듀이가 아닐까 생각합니다.
··플로리다 주에서 크리스틴 비로부터··

나는 이 편지를 쓴 사람의 말에 동의하지 않는다. 왜냐하면 우리가 인간으로 성숙할 수 있도록 도와주는 천사들이 우리 가운데 분명히 존재한다고 믿기 때문이다. 우리의 눈과 마음만 열려 있다면 인생에 대해 소중한 교훈을 배울 수 있는 '가르침의 순간'은 반드시 온다고 믿는다. 내 생각에 이들 천사들은 예기치 못한 순간에 여러 가지 모습으로 다가온다. 우리 삶에 있어 중요한 사람으로 다가올 수도 있고 우연한 만남속에 스쳐 가는 낯선 이의 모습으로 나타날 수도 있다. 아이오와 주 스펜서의 유명한 도서관 고양이 듀이 리드모어 북스는 바로 이런 천사 중 하나다. 듀이는 너무도 많은 사람들에게 커다란 교훈과 감동을 주었기에 이것을 단지 우연이라고 생각하기 힘들다. 게다가 나는 우연을 믿지 않는다.

하지만 그 편지를 쓴 젊은 여성이 하고자 하는 말이 무엇인지 잘 알고 있다. 듀이의 행동과 삶이 그녀의 인생에 변화를 가져다주었다는 것이다. 뭐라 말로 설명하기는 어렵지만 매우 특별한 경험이었다고 말하고 있는 것이다.

나는 그것을 듀이의 '마법'이라고 부른다. 듀이를 통해 사람들이 자신을 바라보는 관점이 바뀌는 모습을 볼 때마다 내가 자주 사용했던 표현이다. 나는 누구보다도 그 마법을 많이 목격한 사람이다. 이 세상 어떤 누구보다도 듀이를 가장 잘 알고 있고 듀이에게서 가장 큰 영향을 받은 사람이기 때문이다. 나는 아이오와 출신의 평범한 여성으로 내가 태어나고 자란 농장으로부터 채 30킬로미터도 떨어지지 않은 작은 마을에서 오랫동안 마을 도서관의 관장으로 일했다. 그리고 나는 19년의 여정을 듀이와 함께하는 특권을 누렸다. 듀이는…… 듀이는 특별했다. 이 고양이는 사람들의 삶을 바꾸고, 마을에 영감을 준 존재였다. 듀이는 세계적으로 유명해져서 잡지와 신문에 실렸고, 〈뉴욕 타임스〉 베스트셀러 1위를 했던 회고록 《듀이》의 주인공이기도 하다. 나는 '듀이의 엄마'로서 그 회고록을 집필하는 영예를 누렸다. 이것이 바로 듀이의 마법이다. 듀이는 비록 고양이였지만 주변에 있는 우리 모두가 보다 나은 사람이 되도록 영감을 주는 존재였다. 듀이는 사람들의 사랑을 받았고, 세상에 감동을 주었다. 듀이 리드모어 북스를 한 번이라도 만났던 사람은 영원히 듀이를 잊지 못했다.

듀이의 이야기는 1988년 1월, 혹독하게 추웠던 주말에 조용히 시작

Dewey Readmore Books (1987-2006)

된다. 당시 기온은 영하 26도여서 숨을 들이쉬면 폐가 얼어붙고 얼굴은 피부가 벗겨져 나갈 것 같았다. 추운 것도 모자라 강풍까지 동반하는 이 매서운 추위는 북부 대평원에 사는 사람들의 최대의 적이다. 주민들은 추위를 견디는 법을 배우지만 결코 완전히 적응하기란 어렵다. 아이오와 주 북부에서는 절대로 집 밖으로 나가선 안 될 때가 있는 법이다.

하지만 그처럼 냉동고 같은 혹독한 추위에도 누군가가 밤에 스펜서의 중심가를 돌아다녔던 모양이다. 일요일 밤 어느 시점에 아주 작은, 집 없는 새끼 고양이 한 마리가 스펜서 공공 도서관 뒤쪽 벽에 설치된 도서 반납함 속에 버려졌기 때문이다. 나는 그 행동이 자비심에서 비롯된 것이라고 믿고 싶다. 다시 말해서 어떤 사람이 태어난 지 8주밖에 안 된, 몸무게 453그램의 작은 새끼 고양이가 눈 속에 떨고 있는 것을 보고 보호해주려 한 행동이었다고 생각하고 싶다. 하지만 그건 착한 의도에서였다고 해도 잘못된 판단이었다. 도서 반납함은 깊이가 1.2미터인 금속 통으로서 밑바닥에는 봉합된 금속 박스가 있을 뿐이다. 그리고 사실 그 금속 박스는 내부에 담요나 패딩이나 부드러운 안감 같은 것이 전혀 없어 냉장고나 다름없었다. 차가운 금속과 책이 전부였던 것이다. 어린 듀이는 책밖에 들어 있지 않은 혹독하게 춥고 캄캄한 박스 안에서 짧게는 10시간 내지 길게는 24시간가량을 견디어야 했다.

월요일 아침 일찍 책 반납함을 열어 그 속에서 작은 새끼 고양이를 발견하면서 나 자신도 이 이야기에 등장하게 된다. 새끼 고양이가 간절한 눈빛으로 나를 올려다보았을 때 나는 심장이 멎을 것만 같았다. 너무나도 귀여웠고…… 너무도 절실하게 나의 도움을 필요로 하고 있었다. 고양이가 더 이상 떨지 않을 때까지 손으로 몸을 녹인 후 도서관 세면대에서 따뜻한 물로 씻겨주고 어린이 공작실에서 사용하는 건조기로 말려주었다. 그러자 놀랍게도 듀이는 동상 걸린 발로 아장아장 서툰 걸음을 옮겨 도서관 직원 한 명 한 명에게 자신의 코를 예쁘게 비벼대며 우리 모두를 완전히 사로잡았다.

그 순간 나는 도서관에서 듀이를 입양해야 한다고 결정했다. 듀이가 아름다운 황금색 눈으로 나를 쳐다보는 순간 듀이를 사랑하게 되어서만은 아니었다. 듀이의 아름다운 눈과 도서관 직원 모두에게 감사를 표시하고자 하는 녀석의 놀라운 의지를 보면서, 냉랭한 관공서 냄새 물씬 나는 스펜서 공공 도서관을 좀 더 따뜻한 공간으로 만들고자 하는 나의 계획에 듀이가 안성맞춤일 것이라는 생각에서였다. 듀이는 너무나 사랑스럽고 활달한 성격이라 그저 바라보고만 있어도 모든 이들의 기분이 좋아졌다.

바로 이것이야말로 아이오와 주 스펜서에 꼭 필요한 것이었다. 당시 우리 마을은 농장 위기로 휘청거리고 있었다. 중심가에 있는 상점들의 쇼윈도는 70퍼센트가 텅 비어 있었고 인근 농장들 수십 곳도 파산했다. 우리 마을은 마음 훈훈한 이야기가 절실히 필요했다. 무엇인가 긍정적인 화제가 필요했고 희망과 사랑의 교훈이 필요했다. 만약 어떤 사람이 작은 새끼 고양이를 캄캄하고 얼어붙은 금속 박스에 떨어뜨렸는데 그 새끼 고양이가 사람에 대한 믿음과 따뜻한 마음을 잃지 않고 살아났다면 우리 모두도 이러한 불운을 견딜 수 있지 않을까.

하지만 듀이는 단순한 마스코트가 아니었다. 도서관을 들어서는 모두를 열린 마음으로 사랑했던 살아 숨 쉬는 반려동물이었고, 무릎에 뛰어울라 안기며 사람들의 마음을 사로잡았다. 그러나 그보다 더 중요한 것은 듀이는 누가 더 절실히 자신을 필요로 하는지 알아내는 능력을 갖고 있었다는 것이다.

당시 매일 아침 도서관을 찾는 퇴직자들이 많았다. 그들 중 많은 사람이 듀이가 온 후로부터는 도서관에 더 오래 머무르며 직원들과도 더 많은 대화를 나누게 되었다.

심각한 심신 장애가 있었던 크리스털이라는 중학생도 기억이 난다. 크리스털의 휠체어가 도서관 문을 들어서자마자 듀이가 달려가 휠체어 위로 뛰어오르기 전까지는 그저 바닥만 바라보고 있던 소녀였다. 하지만 듀이를 만난 후 크리스털은 고개를 들어 주변 세상에 눈을 뜨기 시작했다. 도서관에 들어설 때마다 소리를 내기 시작했고 듀이가 달려와 휠체어 위로 뛰어오르면 크리스털의 얼굴은 마음 깊숙한 곳에서 우러나온 미소로 온통 환해졌다.

우리 도서관에 아동 도서를 담당하는 부사서가 새로 부임해 왔을 때였다. 그녀는 얼마 전에 아픈 어머니를 돌보기 위해 스펜서로 이사를 왔다고 했다. 그녀와 듀이는 매일 오후를 같이 보냈다. 어느 날 그녀가 남몰래 눈물을 훔치는 모습을 보고야 그녀가 몹시 힘든 나날을 보내고 있었으며 듀이만이 그녀 곁을 지켜왔다는 것을 깨달았다.

사람을 사귀기 힘들어했던 내성적인 여성도 기억이 난다. 일자리를 찾지 못해 좌절감에 시달리던 젊은이도 있었다. 어느 누구와도 말을 섞지 않았지만 항상 듀이를 자신의 어깨에 걸쳐놓고 15분씩 도서관을 서성이던 노숙자 남성도 기억이 난다. (물론 항상 왼쪽 어깨에 걸쳐놓았다. 듀이는 왼쪽 어깨를 선호했다.) 남자가 무언가를 속삭이면 듀이는 항상 가만히 들어주었다. 나는 그렇게 믿고 있다. 그렇게 이야기에 귀 기울여주고 함께 있어주는 것으로 듀이는 그들 모두를 도와주었다.

하지만 가장 많이 기억나는 것은 아이들이다. 듀이는 스펜서의 아이들과 각별한 사이였다. 듀이는 특히 아기들을 사랑했다. 아기 바구니나 유모차 곁에 자리를 잡고 앉아서 아기들이 귀를 마구 잡아당겨도 듀이는 시종일관 흐뭇한 표정이었다. 막 걸음마를 배운 아기들이 자신을 함부로 만지고 찌르며 기쁨의 비명을 내질러도 가만히 참아주었다. 심한 알레르기 때문에 자신의 애완동물을 키울 수 없어 가슴 아파하던 소년과도 친구가 되었다. 맞벌이를 하는 부모를 도서관에서 기다려야만 했던 많은 중학생의 놀이 상대가 되어 학생들이 굴려주는 연필을 쫓아다니거나 그들의 소매 속으로 파고들며 오후를 보냈다. 일주일에 한 번씩 열리는 이야기 시간이 돌아오면 아이들 사이를 비집고 지나다니다 그중 한 어린이의 무릎에 올라가 앉곤 했다. 하지만 매주 다른 무릎을 선택했다는 것을 말해두고 싶다. 물론 듀이에게도 여느 고양이들과 같은 습관이 있었다. 우선 잠이 많았고, 누가 배를 쓰다듬는 것을 좋아하지 않았다. 고무줄도 먹어 치웠고 타자기 키와 컴퓨터 키보드도 공격했다 (당시에는 여전히 타자기를 사용하고 있었다). 복사기에서 나오는 따뜻한 바람 때문에 그 위에 누워 있기도 했다. 천장 조명기구 위로 올라간 적도 있었다. 도서관 어디에서든 박스를 개봉했다 하면 어김없이 듀이가 나타나 그 안으로 뛰어들었다. 하지만 고양이로서 듀이가 끼친 가장 심오한 영향은 따로 있었다. 듀이는 아이오와 주 대평원 한가운데 위치한 우리 마을의 참된 아름다움과 가치에 대해 한 사람 한 사람 마음의 눈을 뜨게 해주었고 또한 주민들끼리도 서로 마음을 열 수 있게 해주었다.

Dewey's Nine Lives..   듀이의 마법

그리고 모든 사람을 항상 기쁨으로 친근하고 편안하게 대함으로써 그런 분위기를 사람들에게까지 전염시키는 능력이야말로 진정한 듀이의 마법이었다.

듀이가 왜 그렇게 유명해졌냐고? 그것은 순수 카리스마 때문이다. 물론 내가 듀이를 스펜서 주민들에게 널리 알리고자 했던 것은 사실이다. 도서관의 이미지를 단순히 책을 보관하는 창고가 아니라 마을의 구심점으로 바꾸기 위해 듀이의 도움을 많이 받았던 것도 사실이다. 하지만 북서부 아이오와 주 밖에 사는 사람들까지 관심을 보여준 것은 너무도 놀라운 일이었다. 사람들은 마을에 영감을 준 특별한 고양이 이야기에 이끌려 처음에는 서서히, 나중에는 물밀듯이 찾아오기 시작했다. 처음에는 디모인에서, 나중에는 영국과 보스턴, 일본에서도 기자들이 찾아왔다. 그 후에는 일반 방문객들이 찾아오기 시작했다. 자동차로 전국 일주를 하고 있던 뉴욕에서 온 나이 지긋한 부부는 듀이를 만나본 후 듀이의 생일과 크리스마스마다 돈을 보내왔다. 결혼식 참석을 위해 스펜서에서 5시간이나 떨어진 곳에 있는 미니애폴리스를 방문 중이던 로드아일랜드의 한 가족도 찾아왔다. 텍사스에서 온 몸이 아픈 소녀도 있었는데 아마 부모님에게 듀이를 보고 싶다고 졸랐을 것이다. 우연한 기회들로 인해 듀이의 명성이 커지는 것을 보고 다들 놀라워했다. 사람들은 듀이를 만나 함께 시간을 보낸 후에는 이 고양이를 사랑하게 되었다. 그들이 집으로 돌아가 주변 사람들에게 듀이에 대해 들려주면 그 이야기를 들은 사람들이 또 찾아와 감동을 받고 떠났다. 그러다 마침내 로스앤젤레스의 신문사나 호주의 뉴스 담당 기자로부터도 전화가 오기 시작했다.

그렇게 스펜서 마을과 공공 도서관을 위해 날마다 열정과 기쁨으로 봉사해주었던 듀이가 열아홉 살의 나이로 평화롭게 우리 곁을 떠났을 때 처음 수시티 신문에 발표되었던 듀이의 부고가 곧 275개 신문으로 퍼져 나간 것도 그리 놀라운 일은 아니었다. 전 세계로부터 수천 통의 편지가 도서관으로 도착했고 수백 명의 팬들이 듀이를 위한 추모 방명록에 서명을 하고 즉흥적인 추도식에 참석했다는 것도 크게 놀랄 일이 아니었다. 그 후 2개월 동안이나 듀이에 대해 이야기해달라는 기자와 팬들의 요청에 시달려야 했다. 그러다 서서히 그 모든 아우성들이 잠잠해지기 시작했다. 카메라의 불도 꺼지고 스펜서는 다시 조용한 작은 마을로 돌아갔다. 듀이를 사랑했던 주변 사람들은 드디어 각자의 슬픔에 잠길 수 있었다. 스타 듀이는 떠났지만 친구 듀이의 추억은 여전히 남아 우리의 가슴속에 고이 간직되었다. 듀이가 사랑했던 어린이 도서관 창문 아래 듀이의 유골을 묻으려 했을 때에는 몹시 추운 12월 새벽이었고 내 곁에는 도서관 부관장 한 명뿐이었다. 아마 듀이도 이런 장례식을 원했을 것이다.

듀이가 세상에 많은 것을 남겼다는 것을 알고 있다. 왜냐면 듀이는 나를 변화시켰기 때문이다. 뿐만 아니라 도서관 직원들, 몸이 불편한 크리스털, 노숙인 남성, 매주 이야기 시간에 참석했던 어린이들을 비롯해 많은 이들을 변화시켰다. 수년 후에 그 어린이들은 자라서 자신의 아이들을 듀이에게 데려오기도 했다. 많은 사람들이 듀이에 관해 들려준 이야기들 때문에 듀이가 얼마나 중요했는지 나는 알고 있다. 궁극적으로 듀이는 스펜서 마을을 넘어서는 커다란 영향력을 발휘했다. 하지만 결국 듀이가 가장 크게 변화시킨 사람들은 듀이를 알았고 사랑했던 그리고 그의 이야기를 들었던 사람들이다. 듀이의 유산은 우리 안에 영원히 살아 있다.

하지만 이제는 모든 것이 끝났다고 생각했다. 정말 그렇게 생각했다. 그런데 뜻밖에도 놀라운 일이 벌어졌다. 내가 듀이에 대한 책을 쓰자 전 세계 사람들이 반응을 보인 것이다. 그 책은 스펜서 마을에 봉사했고 내 인생에 영향을 끼친 내 친구 듀이에게 바치는 책이었다. 듀이의 팬들이 있다는 것을 알았기에 듀이의 모든 이야기를 알고 싶어 하지 않을까 생각했었다. 하지만 이러한 열렬한 반응이 터져 나올 것이라고는 예상하지 못했다. 책 홍보 이벤트에 참석한 사람들은 단순히 듀이를 좋아하고 책을 즐겁게 읽은 수준이 아니었다. 그들은 듀이와 책을 정말 사랑했다. 그 이야기에 감동을 받아 인생이 달라졌다고 했다. 수시티에서 온 한 여성은 자신의 어머니에 대해 이야기하다 결국 울음을 터뜨렸다. 스펜서에 살았던 그녀의 어머니는 피아노 선생이자 교회의 오르간 연주자였는데 매주 토요일에 시나몬 롤을 사가지고 듀이를 보러 도서관에 갔었다고 했다. 그러다가 어머니는 알츠하이머병에 걸려 서서히 남편도 자식도 그리고 결국엔 자신의 정체성마저도 기억하지 못하게 되었다. 딸은 수시티에서 자동차로 2시간을 운전해 매주 어머니를 보러 갔고 그때마다 자신의 고양이를 데려갔다. 그 고양이는 검정과 흰색이 섞인 고양이로 오렌지색 듀이와는 전혀 다른 생김새였음에도 불구하고 그녀의 어머니는 환하게 웃으며 이렇게 말하곤 했다. "어머, 듀이를 데려왔군요. 듀이를 데리고 와주어서 정말 고마워요." 그 여성은 울음이 복받쳐 마지막에는 거의 말을 할 수 없을 정도였다.

"당신과 만난 후 저는 주차장에 앉아 있었어요." 우리가 다시 만나게 되었을 때 그녀가 말했다. "나는 차에 앉아 15분 동안 울고 또 울었지요. 눈물이 멈추지를 않더라고요. 어머니가 돌아가신 지 12년이나 지났는데 그제야 처음으로 어머니를 위해 울었던 것 같아요. 듀이에 대해서, 그리고 우리 어머니가 듀이를 얼마나 사랑했는지 생각하면서 비로소 어머니에 대한 애도를 마무리할 수 있었습니다."

그런데 이상한 일은 나는 그 여성이 누군지 모른다는 것이다. 마르고 체즈브로와 그녀의 어머니 그레이스 벌로 체즈브로에 대해 전혀 아는 것이 없었다. 딸에 의하면 어머니는 똑똑하고 강인하고 독립적인 여성으로 동물을 좋아하는 분이었다고 하는데 내가 고인을 생전에 만났더라면 개인적으로 호감을 가졌을 법한 분이다. 하지만 그들은 듀이를 알고 듀이를 사랑했다. 듀이는 그녀의 삶에서 일상적이지만 중요한 부분이었던가 보다. 그레이스는 자녀의 이름을 영원히 기억해내지 못하고, 남편을 죽은 오빠라고 믿을 정도로 정신적인 손상을 입었지만 듀이에 대한 기억만은 온전히 간직하고 있었다. 그러면서 나는 얼마나 많은 사람들의 인생에 듀이가 영향을 미쳤는지 진정으로 알기란 힘들다는 사실을 깨달았다.

그 후에는 듀이의 이야기에 감동을 받은 나머지 듀이를 한 번도 알지 못했던 이들도 내게 편지를 쓰기 시작했다. 편지는 책이 출판된 직후부터 오기 시작했다. "내가 작가에게 편지를 쓰는 것은 처음입니다. 하지만 듀이의 이야기에 너무나 감동을 했습니다……" 혹은 "듀이는 천사였어요. 듀이의 이야기를 우리에게 들려주셔서 감사합니다."

수개월이 지나자 책은 전국 베스트셀러 리스트들에서 수위권을 차지하기 시작했고 편지들은 점점 늘어나 하루에 10통이 넘기 시작했다. 1

년이 지나자, 거의 3천 통이 넘는 편지, 이메일, 소포 들을 받았다. 대부분 이 책을 읽기 전까지는 듀이에 대해서 몰랐던 사람들로부터 온 것들이었다. 책 커버에 있는 듀이의 사진을 십자수로 뜬 베개도 받았다. 듀이의 그림도 여러 장 받았다. 스펜서의 옛 주민으로 지금은 이사 갔지만 결코 고향을 잊지 않았던 어떤 사람은 도서관을 위해 듀이의 동상을 만들어 보냈다(그 동상을 제작한 조각가의 스튜디오 주소를 보았을 때 듀이의 마법이 또 작용했다는 것을 알았다. 그곳은 애리조나 주 듀이라는 곳이었다). 팬들로부터 셀 수 없이 많은 그림과 장식들, 고양이 조각들을 선물 받았다. 우리 집에는 선물들을 전시하기 위해 별도의 장식장을 마련했는데 지금도 물건이 넘쳐나고 있다.

　어떤 사람은 듀이에게 장미를 바쳐달라고 20달러를 보내왔다. 또 어떤 사람은 듀이의 무덤에 캣닙(고양이가 좋아하는 허브: 옮긴이)을 놓아달라고 5달러를 보내왔다. 아이다호 주의 콜센터에서 일하는 어떤 여성은 아이오와 주의 누군가가 전화를 하면 혹시 듀이에 대해 아는 사람일까 싶어서 꼭 듀이에 대해 묻곤 한다고 했다. 어떤 남성은 잔돈을 모으는 빈병 사진을 보내왔다. 그 병에는 듀이의 사진이 붙어 있었다. 이 남성은 앞으로 병에 모인 돈을 동물 구조를 위해 기부하겠다고 했다.

　나는 모든 카드와 편지와 이메일을 읽었다. 일일이 답장을 쓰고 싶었지만 정말 너무나 많은 물량이라 감당할 수가 없었다. 게다가 나는 듀이의 팬들과 만나기 위해 자주 출장을 떠났기 때문에 더욱 시간이 없었다. (하지만 편지를 보낸 독자들은 안심하라. 나는 듀이를 위해 보내준 돈으로 듀이의 무덤에 놓을 장미를 샀고 캣닙도 사서 바쳤다.) 이러한 독자들의 소감과 듀이가 죽은 후에도 이렇게 사람들의 삶에 영향을 주고 있다는 사실은 당사자들은 상상할 수 없을 만큼 나에게 깊은 감동을 주고 있다.

어떤 젊은 남성은 힘겨웠던 이혼과 직장에서의 어려움 때문에 세상에 대한 원망과 분노에 빠져 있었는데 듀이의 삶이 "마음의 문을 열어주었다"라고 썼다.

극심한 다발성 경화증을 앓고 있던 한 여성은 《듀이》를 읽고 난 후 마룻바닥에 앉아 요양소에서 함께 살고 있던 반려견의 머리에 키스를 해주었다고 전했다. 그러고 나서는 혼자 힘으로 일어날 수가 없어 사람들이 도와주어야 했지만 그녀는 자신의 행동이 잘한 일이라고 생각했다. 일주일 후에 그 개가 세상을 떠났기 때문이다.

수년 전 아내를 잃었다는 영국의 한 남성도 편지를 보내왔다. 《듀이》를 읽은 다음에야 아내가 남기고 갔기에 미워해왔던 고양이 두 마리가 실제로는 그동안 자신의 버팀목이 되어주었다는 것을 깨달았다고 했다. 그는 고양이들을 돌보는 일이 아니었다면 자신은 '우울한 암흑' 속에서 결코 견뎌내지 못했을 것이라고 썼다.

플로리다 주의 한 여성의 편지는 아주 전형적인 경우였다. 이 여성은 《듀이》를 읽기 직전 알코올중독 경계 선상에 있던 남자에게 학대받았던 2년 동안의 관계를 청산했다. 그 남자와의 관계 때문에 그녀는 자긍심을 잃었고 많은 빚을 견디다 못해 파산까지 했다. 그녀는 "내 자신이 바보 같았어요. 무엇보다도 인생의 낙오자라는 생각을 했었지요. 그러다가 당신의 책을 읽게 되었어요"라고 썼다. "그러나 다행히도" 그녀의 편지는 계속되었다. "저는 월요일부터 다시 학교로 돌아갑니다. 이제 다시 새 출발을 해보려고 합니다. 당신의 책 때문에 이러한 변화가 온 것은 아니지만, 그 책 덕분에 제가 더욱 용기를 낼 수 있었고, 제 결심이 더 단단해질 수 있었습니다. 무엇보다도 책을 통해서 내 인생이 아직 끝나지 않았다는 것을 깨달을 수 있었습니다. 그러니 고마워요, 비키. 그리고 고맙다, 듀이…… 저는 천사가 있다고 믿지 않지만…… 듀이가 천사에 가장 근접한 존재인 것 같습니다. 세상을 떠난 후에도 당신을 통해 저와 같은 사람에게 힘을 주었으니까요. 우리의 삶에 그렇게 특별한 존재가 있다는 것은 정말 축복이라고 생각합니다. 하지만 제가 이런 말을 하지 않아도 너무도 잘 알고 계시겠죠. 한 번도 직접 듀이를 만난 적은 없지만 제 인생에 듀이가 있어 저도 축복받았다고 생각합니다."

내가 이 편지를 읽고 감동했었냐고? 당연하다. 누군가의 마음에 깊은 감동과 삶의 희망을 줄 수 있다는 것은 영원히 소중하게 생각할 선물이다. 나는 무척이나 자랑스러웠고, 그 선물은 바로 듀이가 내게 선사한 것이다.

책이 출판된 이후에 단지 낯선 사람들만이 연락을 해온 것은 아니었다. 연락이 끊겼던 옛 친구와 친지들도 다시 연락을 해왔다. 새로운 사람들도 만났다. 함께 책을 집필한 공동 저자, 편집자들, 에이전트와 같은 새로운 사람들과도 만나게 되었고, 그들은 나의 진정한 친구가 되었다(듀이의 어린이 동화책의 삽화 일러스트레이터는, 심지어 이름이 스티브 제임스이다. 스물세 살에 암으로 죽은 사랑하는 남동생과 같은 이름이다. 듀이의 마법!). 심지어 내 전남편까지도 다시 연락을 해왔다. 그는 다정하고 지적인 사람이었지만 심한 알코올중독으로 이 세상 누구보다도 내 인생과 자신의 인생에 파괴적인 영향을 끼쳤던 사람이다. 우리 사이에 딸이 있었지만 11년간 아무 연락이 없던 그가 내 책을 읽고 편지를 보내왔다. 전남편은 10년 동안 술을 입에 대지 않았고, 자신의 첫사랑과 재혼하여 애리조나 주에서 행복하게 살고 있다고 했다. 사진도 보내왔는데 여전히 보기 좋은 모습이었다. 그는 언제나 잘생긴 사람이었다. 그도 그의 아내도 행복해 보였다. 그는 내게 "조심하지 않으면 내 책에 써 넣을 겁니다"라는 장난스러운 문구가 쓰인 티셔츠를 보내왔다. 책의 내용에 대해서는 조금도 언짢지 않다고 했다. 모두 사실이기 때문이다. "정말 미안했소." 그는 내게 간결하게 사과했다. 그리고 편지 끝에 이렇게 적었다. "당신이 자랑스럽구려." 나도 그 사람이 대견하고 자랑스러웠다.

동료 사서들도 연락을 해왔고 이웃 농장의 아이들, 아이오와 출신 주민들로부터도 편지가 왔고, 다른 싱글 맘들, 사랑하는 사람의 자살을 경험한 사람들(내 경우에는 오빠였다), 또 나와 같은 유방암 생존자들로부터도 연락이 왔다. 1970년대에 불필요한 자궁적출 수술을 받았던 나와 유사한 경험을 한 여성들도 연락을 해왔는데, 특히 그중 아이오와 주 포트 더지에 사는 한 여성은 그 당시에 같은 의사에게 수술을 받았다고 했다. "그 수술을 받고서 죽을 뻔했어요." 책 사인회에서 만난 그녀가 말했다. "저는 일주일 동안 의식불명 상태였어요. 당신처럼 그 후의 내 건강도 결코 온전하지 못했답니다." 우리는 서로를 얼싸안았고, 그녀는 내게 안겨 울었다. 때로는 나 혼자만이 경험한 것이 아니라는 사실이 마음에 위안이 된다는 것을 깨달았다.

우리는 그것을 공동체라고 부른다. 공동체. 나는 아주 강력하게 공동체의 힘을 믿는다. 공동체는 마을과 같은 물리적인 공간일 수도, 같은 믿음을 공유하는 종교나 혹은 고양이를 좋아한다는 공통점일 수도 있다. 내가 생각할 때 《듀이》는 보통 사람들에 관한 책으로서 평범한 삶 속에서의 가치와 잠재력을 보여주었기에 많은 사람들에게 감동을 준 것이 아닐까 생각한다. 사람들은 아이오와 주 스펜서를 높이 평가했다. 독자들은 우리의 옥수수 밭과 건축양식을 좋아했고, 소박함이라든가 근면함, 창의력, 헌신, 사랑과 같이 스펜서가 대표하는 가치관들을 마음에 들어 한 듯하다. (내 양쪽 유방절제술을 집도했던 콜 그라프 박사는 20년간 노력을 했음에도 실패했다가 드디어 캘리포니아로부터 최상급의 외과의사를 영입하는 데 성공했다고 한다. 그 여성 외과의사는 내 책을 인상 깊게 읽고서 자신도 스펜서 같은 곳에서 살고 싶어졌다고 했다.) 이 책이 말하고 있는 정직함과 가치는 모든 경계를 초월하는 것이다.

"자신이 설 자리를 찾아라. 그리고 가진 것에 만족하고 행복하라. 모든 사람들을 잘 대하라. 좋은 삶을 살아라. 인생은 물질에 대한 것이 아니라 사랑에 대한 것이다. 그리고 사랑이 어디서 올지는 아무도 모른다."

이러한 가치는 국경을 초월하기도 했다. 듀이의 이야기는 영국, 브라질, 포르투갈, 중국, 한국에서 베스트셀러가 되었다. 심지어 터키에서 강연을 해달라는 초대를 받기도 했다. 이탈리아 밀라노의 어떤 남자는 듀이가 살았던 곳이 보고 싶어 스펜서로 관광을 오기도 했다. 전 세계 많은 사람들이 아이오와 주의 유명한 스펜서를 방문하고 싶다고 했고, 보다 중요하게는 이 책을 보관하여 가문의 유물로서 후세에게 물려주겠다는 사람들도 있었다. 이 사람들은 내 이야기가 그토록 마음에 들었던 것일까? 아니다. 당연히 아니다. 그들은 이 책의 구석구석에 스며 있는 사랑의 힘을 자손들과 나누고 싶은 것이다.

다시 말해서 그들은 듀이 리드모어 북스라는 특별한 동물의 마법을 경험하고 싶은 것이다. 아이오와의 작은 도서관에 살면서 어떠한 연유인지 전 세계 사람들에게 감동을 준 그 고양이의 마법. 내가 앞에서 말했듯이 이 모든 것은 듀이를 위해서, 또 듀이 때문에 비롯된 것이다. 듀이가 없이는 이 책이 나올 수가 없었다. 플로리다 주의 젊은 여성이 보낸 편지에서도 말을 했듯이 이 책의 독자들은 한 번도 듀이를 만나본 적이 없는데도 자신의 삶에서 듀이의 마법을 경험했다.

따라서 듀이는 살아 있다! 비록 우리 곁을 떠나긴 했어도 듀이는 우리의 추억 속에, 이 세상에 옳은 것이 무엇인가를 상기시켜주는 상징으로서 계속 살아 숨 쉬고 있다. 내가 매일매일 편지들을 읽으면서 깨달았던 가장 중요한 것은 듀이는 다정하고 장난기 많고 사람에게 사랑과 헌신을 쏟는 모든 반려동물들 속에 살아 있다는 것이다. 팬레터에 관해 내가 가장 흥미롭게 생각하는 것은 30퍼센트가 남성 팬들이라는 것이다. 그중 두 명은 고양이를 사랑하는 보안관들이고 그들은 모두 편지의 서두를 이렇게 시작했다. "남자에게 이런 편지를 처음 받아보시겠지만……." 걱정하지 마시라. 진짜 사나이들도 고양이를 사랑한다! 그러나 내가 편지에서 자주 읽는 말 가운데 가장 중요한 사실은 이것이다. 내게 듀이는 감동을 주었어요. 왜냐하면 내가 사랑하는 반려동물을 생각나게 하거든요.

서서히 알게 된 것이지만 듀이는 전 세계 사람들이 자신의 반려동물에게 느끼는 깊은 사랑을 건드린 것이다. 그리고 《듀이》는 사람들에게 또 다른 중요한 것을 일깨워주었는데 바로 그 사랑을 표현하는 방법이다. 어떻게 보면 이 책으로 인해서 낯선 사람에게도 떳떳하게, 그리고 나 자신에게도 이렇게 말할 수 있게 되었던 것이다.

"내 고양이들을 사랑해요. 고양이는 소중한 나의 친구이며, 내 삶을 바꿔놓았습니다. 고양이들이 세상을 떠나면 너무너무 보고 싶을 거예요."

어떤 젊은 남성 독자가 힘겨운 이혼 끝에 얼마나 마음이 아팠었는지, 그리고 두 마리의 고양이와 함께했던 시간만이 유일하게 밝고 위안이 되는 순간이었다고 말한 것도 그런 맥락이다.

"처음에 나는 이렇게 생각했지요. '하느님 맙소사, 내가 어떻게 동물들을 이렇게 사랑할 수 있는가? 내 머리가 어딘가 잘못되었거나, 내 삶이 너무 공허한가 보다.' 나 자신도 고양이들이 내 삶에서 얼마나 중요한지 인정하기가 부끄러웠습니다. 그러다가 당신의 책을 읽고 나처럼 동물을 깊이 사랑하는 것이 전혀 이상한 일이 아니라는 것을 깨달았습니다. 어떻게 보면 당신의 책을 통해서 내 방식대로 우리 고양이들을 사랑하는 것이 비정상적인 것이 아니며, 앞으로 우리 고양이들을 더욱 아끼고 사랑하고 의지하며 살아가도 되겠구나 하는 생각을 하게 되었습니다. 감사합니다."

예로부터 누군가가 고양이를 많이 사랑한다는 이야기를 들으면 사람들이 첫 번째로 떠올리는 생각은 이런 것이었다. 오죽하면 그럴까, 참 안됐다. 하지만 멀쩡한 사람이 고양이를 정말 사랑하는 경우는 나를 비롯해서 주변에 너무나도 많다. 듀이는 너그러운 성품, 사랑스러운 성격, 또한 작은 마을 도서관에서의 마법 같은 삶을 통해서, 많은 사람들이 함께 사는 동물과 나누는 소중한 교감의 상징이 되었다고 생각한다.

《정말, 고마워 듀이》에서는 특별한 고양이와 그 고양이를 사랑한 사람들에 대한 아홉 가지 이야기를 읽게 될 것이다. 그중 세 개의 장은 아이오와 주 스펜서나 혹은 그 지역이 배경이며 듀이에 관한 첫 번째 책에 다 쓰지 못했던 이야기들이 수록되었다. 그 책이 출판될 때는 내가 미처 모르고 있었던 이야기였기 때문이다. 나머지 여섯 개의 이야기는 《듀이》를 읽은 다음에 사람들이 내게 보내준 이야기들이다. 이들은 순수한 팬으로서 듀이와 자신의 동물에 대한 경이로움과 사랑을 표현하기 위해 아무런 대가 없이 이야기들을 제공해주었다.

수천 통의 편지들 중 최고의 이야기들이 바로 이것인가? 그건 나도 모르겠다. 많은 경우엔 한두 문장에 감동을 받은 것이다.

"집이 없거나 학대받은 고양이들을 위해 우리 집을 임시 보호처로 제공했어요……."

"우리 고양이는 코요테의 공격도 이겨내고, 곰에게 맞고도 살아났고, 내게 상처를 주려고 나쁜 마음을 먹은 여자가 나 몰래 내다버렸는데도 48킬로미터를 걸어 내게 돌아왔습니다."

"우리 쿠키처럼 나를 사랑해준 사람은 아무도 없었어요. 심지어 내 딸과 우리 부모님도 쿠키만큼 날 사랑해주진 않았어요."

이러한 편지를 받고 공동 저자와 내가 전화로 이분들에게 연락했을 때 우리는 사람과 고양이의 인연에 관한 전혀 기대 밖의 이야기들을 들었다. 어떤 이야기들은 멋졌고, 그렇지 않은 이야기들도 있었다. 하지만 모두 평범한 사람과 동물에 관한 진실되고 가슴에서 우러나온 이야기들이었다. 《듀이》가 출판된 다음 많은 사람들이 자선단체에 기부된 소파에서 발견된 고양이나, 현지 뉴스에서 본 화상 입은 고양이에 대해, 혹은 시카고 맥줏집에서 평생 살고 있는 외눈박이에 귀가 처진 고양이에 대해 글을 써보라고 조언했다. 하지만 왜? 듀이와 무슨 연관이 있는가? 물론 깜찍한 이야기가 될지 모르겠지만 사랑이 담긴 이야기일까? 내가 고양이 이야기를 한다면 그 이야기들은 《듀이》와 같은 출발점에 근거해야 한다고 생각했다. 고양이와 사람 간의 특별한 교감. 나는 고양이에 대한 사랑으로 자신의 삶이 변화한 사람들에 대한 이야기를 쓰고 싶었다.

이 책에 나오는 사람들은 자신을 영웅이라고 생각하지 않는다. 〈투데이 쇼〉라든가 아침 뉴스에 나올 만한 일을 한 사람들도 아니다. 그저 평범한 사람들로서 평범한 삶을 살면서 평범한 동물과 함께했을 뿐이다. 내가 선정한 이야기들이 과연 그 편지 중의 최고의 이야기인지는 잘 모르겠지만 이것만은 확실하다. 이 책에 나오는 모든 인물이 마음에 든다. 이들은 스펜서에서 나와 함께 자란 그런 유형의 사람들이다. 그리고 내가 친구로 삼고 싶은 사람들이다. 그들의 고양이와 함께 이 사람들은 내가 듀이가 상징한다고 생각하는 모든 것들을 지니고 있다. 친절함, 인내심, 도덕성, 근면함, 그리고 언제든 어떠한 상황 속에서든 자신의 가치관과 자신에게 진실할 수 있는 내면의 힘을 가진 사람들이다. 만일 듀이의 이야기에 대한 반향이 그 책에 담겨 있는 가치관 때문이라면 나는 이 책의 주인공들도 같은 가치관을 공유하길 바랐고 바로 이들이 그런 인물들이라고 생각한다. 이들 한 사람 한 사람을 알게 된 것이 자랑스럽다.

독자들이 책에 나온 사람들이 취한 행동 모두를 좋아하리라고는 생각지 않는다. 아마도 그러기는 힘들 것이다. 왜냐하면 내 마음에 들지 않는 행동들도 있기 때문이다. 예를 들어 아무리 노력해도 메리 낸 에번스가 고양이들을 빨리 중성화시키지 않은 것은 받아들이기 힘들었다. 정말 힘들었다. 고양이들이 야외에서 살면 기대 수명이 줄어든다는 것이 잘 알려진 사실인데도 어떤 사람들은 고양이들을 밖에서 키웠다. 또 어떤 고양이들은 지나치게 응석받이로 과보호되거나 의인화되었다. 그리고 언제나 불만이 있는 사람들은 있게 마련이다. 왜냐하면 첫 책이 출판되었을 때 늙은 듀이에게 아비스 로스트비프 샌드위치를 먹였다고 증오의 메일을 받기도 했다. 나는 듀이를 진심으로 사랑했고 내 능력이 닿는 한 최선을 다해 보살폈으며, 듀이는 19년 동안(19년!) 장수하며 멋진 삶을 살았지만, 그럼에도 사람들은 내가 결국 마지막에 안락사를 시켰다고 나를 비방하며 살인자라고 불렀다. 그것이 자비의 행위고 내 가슴에서 심장을 도려내는 것 같은 고통을 감수하며 내린 결정이었음에도 말이다.

혹시 비판의 여지가 있다 하더라도 잠시 멈추고 이렇게 생각해보기를 권한다. 이 책에 나온 모든 이들은 자신의 애완동물을 열렬히, 깊이 사랑했다. 그들 모두가 자신이 사랑하는 동물을 위해 그들이 이해하는 최선의 방식을 선택했던 것이다. 독자가 동의하지 않는 결정을 내렸다 하더라도 결코 그들의 인격에 문제가 있는 것은 아니다. 단지 그들은 당신과 다를 뿐이다. 혹은 당신과 다른 시대에 살거나 또는 동물과 사람이 어떻게 함께 교감하고 지내는가에 대한 기본적인 이해가 다를 뿐이다. 때로는 둘 다일 경우도 있다. 이 책을 위해서 어떠한 이야기도 각색하거나 바꾸지 않았다. 더 멋지게 다듬은 내용도 없다. 이 책은 《고양이 위스퍼러》도 아니고 고양이 키우기 지침서도 아니다. 진짜 고양이와 진짜 사람들이 살아온 이야기의 모음집이다. 이 책은 '듀이; 속편'

도 아니며 그럴 의도로 쓰인 책도 아니다. 《듀이》는 하나뿐이고 '나의 멋진 고양이' 듀이도 하나뿐이다. 하지만 이 세상엔 수천 개의 이런 이야기들이 존재한다. 기회만 주어진다면 당신의 삶을 바꾸어놓을 수백만 마리의 고양이들이 있다. 그 고양이들은 이 책에 나온 사람들, 혹은 그들과 유사한 수백만 명과 함께 살고 있다. 또한 매우 힘든 상황에 처해 동물보호소, 야생 고양이 무리, 혹은 얼어붙은 거리에서 홀로 생존을 위해 사투를 벌이며 기회가 주어지길 기다리고 있는 고양이들도 있다. 내가 지난 20년 동안 배운 많은 교훈들 가운데 가장 중요한 것은 이것이 아닐까. 천사는 여러 가지 모습으로 나타난다. 사랑은 어디에서든 온다. 특별한 동물 한 마리가 당신의 인생을 변화시킬 수 있다. 그 한 마리가 마을도 변화시킬 수 있다. 그리고 그 한 마리가 조금이나마 세상도 변화시킬 수 있다.

당신도 세상을 변화시킬 수 있다.

Dewey's Nine Lives

(1)

토비는 나의
솔 메이트였어요

토비는 조용한 고양이였어요.
온순했고요. 어느 누구도 귀찮게 하지 않았고
조용히 자신의 삶을 살면서 다른 사람의 삶도 존중했지요.
무슨 말인지 이해가 되시나요?

— 이본느

Tobi & Yvonne

이본느의 이야기에서 내가 배운 것은 우리가 가까이에 살면서도
사람들의 삶이 서로 얼마나 다를 수 있는가 하는 것이다.
아이오와 주 스펜서와 같은 이토록 작은 시골 마을에서도
얼마나 소외되기 쉬운가도 알게 되었다.
우리가 누군가를 안다는 것이 얼마나 어려운가도 깨달았고,
또한 그들이 필요할 때 우리의 마음만 열려 있다면
그것은 별문제가 되지 않는다는 것도 배웠다. 꼭 다 이해할 필요는 없다.
관심과 애정만 있으면 되는 것이다.

*
*

내가 사랑하는 아이오와 주 스펜서는 외부 사람들이 볼 때는 인구 1만 명의 작은 마을이다. 도로는 네모반듯한 격자 모양에 숫자가 붙어 있고, 남북으로 29개 블록(가운데에 강이 가로지르고 있다), 동서로는 25개의 블록으로 구성되어 길 찾기도 쉽다. 대부분의 마을 상점들은 가장 큰 거리인 그랜드 애비뉴를 따라 늘어서 있는데 부담스럽지 않은

Life 1..　　　　　토비는 나의 솔 메이트였어요

적절한 규모다. 마을 한가운데 그랜드 애비뉴와 3번가 모퉁이에 인접한 단층짜리 도서관은 누구나 환영하는 친근한 분위기이다.

아이오와 같은 곳에서 크기는 상대적인 것이다. 아이오와 주의 인구는 플로리다 주의 6분의 1이지만 시와 마을 수는 두 배나 많다. 주민의 대다수는 스펜서보다 더 작은 마을에서 태어나고 자랐다. 그곳에서 약 3킬로미터 떨어진 농장에서 자랐지만 내가 늘 마음의 고향으로 생각하는 모네타와 같은 그런 마을 출신들이다. 모네타는 총 여섯 개의 블록으로 구성된 마을이었다. 바와 댄스홀을 포함해 다섯 개의 상점이 있었다. 최고 번성기에도 모네타의 인구는 200명을 약간 웃돌 정도였다. 숫자로 말할 것 같으면 스펜서 공공 도서관의 일일 이용자 수보다 더 적다.

이곳 아이오와에서는 스펜서라고 하면 대처이다. 이곳 사람들에게 스펜서는 지나치는 곳이 아니라 볼일을 보러 가는 곳이다. 이곳 사람들의 대부분은 얼굴을 알고 지냈지만 반드시 이름까지 알고 지내는 것은 아니다. 어느 가게가 문을 닫는다고 하면 다들 한마디씩 할 뿐 모든 사람들이 직접적인 영향을 받지는 않는 규모의 마을이다. 스펜서가 속해 있는 클레이 군에서 어느 농장이 넘어가면 그 농장 주인이 누군지는 몰라도 비슷한 경우들을 주변에서 알고 있기에 같이 안타까워했다. 주민들은 대대로 내려오는 블루컬러 농부일 수도 있고, 최근 건너온 히스패닉 계 이민자일 수도 있다. (최근에는 거대 기업형 농업 경제 전반에 이민자들이 산업 역군으로 등장하고 있다.) 어느 쪽이든 마을 사람들 모두는 아이오와 주 스펜서라고 하는 네모반듯하게 금 그어놓은 땅 덩어리 이상의 유대감을 가지고 있었다. 삶에 대한 태도, 근면한 노동관, 세계관, 같은 미래를 공유하고 있었다.

하지만 마을 사람들 모두가 서로를 잘 알고 지냈던 것은 아니다. 스펜서 공공 도서관의 관장으로 일하다 보니 그것을 더욱 확실히 느낄 수 있었다. 도서관을 돌아다니다 보면 항상 단골 이용자들과 마주치게 된다. 대개는 이름을 아는 사람들이다. 함께 자란 사람들도 있고 가족까지 알고 지내는 경우도 있었다. 10년도 더 된 이야기지만 도서관을 자주 찾던 어떤 마을 주민 하나가 수개월에 걸쳐 상태가 점점 악화되고 있음을 알게 되었다. 고등학교 시절부터 알고 지냈기에 그의 과거의 문제에 대해서도 알고 있었다. 그 사람은 심각한 마약중독에 빠졌다가 극복한 적이 있었는데 이제 다시 위기를 맞은 것이 분명했다. 나는 오랜 친구인 그의 형에게 바로 전화를 했고 다른 주에 살고 있던 형은 자동차로 달려와 동생을 위한 조치를 취해주었다. 이것이야말로 스펜서와 같은 마을의 미덕이다. 이 고장에선 사람들의 관계는 뿌리가 깊고, 전화 한 통화로도 도움의 손길과 우정을 기대할 수 있다.

도서관은 인근의 아홉 개 군에서 사람들이 찾아왔다. 내가 은퇴할 무렵의 등록 회원 수는 스펜서 인구의 거의 두 배인 1만 8천 명이나 되었다. 그러다 보니 모든 사람과 알고 지낼 수는 없었다. 많은 단골 이용자 중에 얼굴만 알 뿐 누군지 몰랐던 사람 중에는 이본느 베리라는 여성이 있었다. 그녀는 나보다 열다섯 살이 어렸기에 함께 학교를 다닌 적도 없었다. 원래 클레이 군 출신도 아니었기에 그녀의 가족도 알지 못했다. 듀이를 보러 아침마다 방문하는 노숙자 남성은 그의 안위가 걱정되어 직원들이 눈여겨보았지만 이본느는 항상 옷도 잘 차려입고 깔끔했기 때문에 걱정할 이유가 없었다. 게다가 그녀는 매우 조용했고 단

한 번도 먼저 말을 걸어오는 적이 없었다. 만약에 누군가 "좋은 아침이에요, 이본느"라고 말을 건네면 개미같이 작은 목소리로 "안녕하세요"라고 대답하는 게 고작이었다. 이본느는 잡지를 좋아했고 항상 책을 대출했었다는 것 말고는 그녀에 대해 아는 것은 단 한 가지밖에 없었다. 이본느는 듀이를 사랑했다. 듀이가 다가갈 때마다 미소로 환해지는 그녀의 얼굴에서 알 수 있었다.

사실 모두가 자신만이 듀이와 특별한 관계를 맺고 있다고 생각했다. 꽤 여러 명의 도서관 이용자들이 내게 다가와 은밀하게 속삭이곤 했다.

"절대 다른 사람한테는 말하지 말아요. 다들 질투할 테니까요. 실은 듀이와 나는 아주 특별한 사이랍니다."

나는 웃으며 고개를 끄덕였고 조금 있으면 또 다른 사람이 다가와 똑같은 말을 하곤 했다. 왜냐하면 듀이는 모두를 각별한 관심과 사랑으로 대했기 때문에 각자가 특별한 교감을 느꼈던 것이다. 그들에게 듀이는 특별한 존재였다. 하지만 듀이 입장에서는 300명…… 아니 500명…… 아니 1,000명의 친구들 중 한 명이었을 뿐이다. 천하의 듀이라도 그들 모두를 챙기지는 못했을 것이다.

이본느도 그러한 친구 중 하나일 것이라고 생각했다. 이본느는 듀이와 많은 시간을 보내긴 했지만 만났을 때 서로를 반기며 달려가 안기는 정도는 아니었다. 듀이가 그녀를 기다리던 모습도 기억할 수 없다. 하지만 이본느는 도서관에 올 때마다 듀이를 찾았고 둘만의 교감을 즐기며 조용하고 행복한 시간을 보냈다.

이본느가 조금씩이나마 입을 열기 시작한 것은 듀이가 세상을 떠난 후였다. 물론 19년 동안 도서관의 여러 단골 들과 듀이에 대한 대화를 나누어 왔지만 듀이가 죽은 후에는 모든 화제가 오로지 듀이에 관한 것뿐이었다. 듀이가 떠난 후 초반의 야단법석이 좀 가라앉고 나자 춥고 지루한 2월이 찾아왔다. 그제야 비로소 듀이의 죽음을 뼈저리게 느끼기 시작했을 때였는데 이때 이본느가 매우 긴장한 모습으로 조용히 내게 다가와 듀이에 대해 이야기하기 시작했다. 듀이가 그녀를 얼마나 잘 이해했는지, 얼마나 온순하고 용감했는지, 듀이가 자신의 무릎 위에서 한 시간 동안 잠을 잤던 날 얼마나 자신이 특별하게 느껴졌는지 등의 이야기를 계속 되뇌었다.

"그랬군요." 나는 가볍게 답했다. "감사합니다."

이본느가 먼저 이야기를 꺼내는 것이 얼마나 힘들었는지 알고 있었기에 그녀의 사려 깊음에 감사의 뜻을 표한 것이다. 하지만 나는 바빴기 때문에 더 이상 그녀에게 무엇을 물어보려 하지 않았다. 그럴 이유가 있겠는가? 물론 당사자에게는 특별한 경험이었겠으나 듀이는 모든 사람의 무릎 위에 앉았다.

이런 식의 짧은 대화를 몇 번 나눈 후 이본느는 더 이상 대화를 시도하지 않았다. 이본느는 다시 배경으로 녹아들어 희미한 존재가 되었고 듀이와 함께 보낸 그녀의 특별한 순간도 듀이의 인생이라는 거대한 초상화 속의 한 획의 붓 자국에 그치는 듯해 보였다. 2년이 지난 후 《듀이》에 이본느의 이름이 언급되어 정말 기뻐했다는 소식을 듣고서야 나는 그녀와 다시 마주 앉게 되었다. 그때까지만 해도 많은 도서관 단골 이용자들로부터 듀이에 대한 정겹지만 매우 단순한 일화들을 들어왔다. 대부분 "뭐라고 설명할 수 없어요. 그냥 듀이는 저를 행복하게 만들었어요"라는 정도의 이야기뿐이어서 이본느와의 이야기에도 그리 큰

토비는 나의 솔 메이트였어요

기대를 하지 않았다.

하지만 이본느의 이야기는 달랐다. 이본느가 듀이와 함께 보낸 순간들에는 왜 내가 항상 도서관을 사랑했는지, 또 작은 마을과 고양이를 사랑했는지를 상기시켜주는 그 무엇이 있었다. 솔직히 말해 이본느는 너무 폐쇄적이어서 그녀에 대해 많은 것을 알 수 없었다. 한때는 그녀에 대해 알고 있다고 생각했으나 이 이야기를 다시 읽고 보니 이본느는 언제나 그랬고 앞으로도 영원히 신비에 싸인 인물일 수밖에 없다는 것을 깨달았다.

대신 내가 배운 것은 우리가 가까이에 살면서도 사람들의 삶이 서로 얼마나 다를 수 있는가 하는 것이다. 아이오와 주 스펜서와 같은 이토록 작은 시골 마을에서도 얼마나 소외되기 쉬운가도 알게 되었다. 우리가 누군가를 안다는 것이 얼마나 어려운가도 깨달았고, 또한 그들이 필요할 때 우리의 마음만 열려 있다면 그것이 또 별문제가 안 된다는 것도 배웠다. 꼭 다 이해할 필요는 없다. 관심과 애정만 있으면 되는 것이다.

또다시 내가 듀이로부터 배운 것이다. 이것이 듀이의 마법이다. 결국 이것은 또 다른 듀이의 이야기인 셈이다.

*

이본느는 스펜서에서 남서쪽으로 약 48킬로미터 떨어진 인구 800명의 아이오와 주 서덜랜드라는 마을에서 자랐다. 그녀의 아버지는 특별한 재주 없이 이런저런 일에 종사했다. 카운티 도로 M12번에 인접한 작은 임대 농장을 운영하며, 군청의 말단 공무원직을 전전하기도 했고 낡은 물트럭을 가지고 자기 땅에 있는 우물에서 물을 길어 인근 가축 사육장에 배달하기도 했다. 나는 이런 부류의 남자들을 많이 보아왔다. 조용하고 약간 어눌하면서 잘 눈에 띄지 않지만 항상 우리 가운데 있는 사람, 오지 않는 성공을 찾아 헤매는 착한 사람들이다. 결국 공무원직에서도 밀려난 후 온 가족은 임대 농장을 포기하고 시내에 집을 얻었다. 아버지는 그곳 공장에서 일자리를 구했다. 이본느는 다섯 형제 중 막내로 당시 다섯 살이었는데 자기 집 근처를 돌아다니는 길고양이들을 돌보는 담당이었다.

나 자신도 시골에서 보낸 유년기를 기억하고 있다. 느긋하게 바뀌던 계절들, 부모님이 농장을 살리기 위해 분주히 일하는 동안 오빠와 남동생들과 마당에서 뛰놀며 지냈던 긴 시간들의 추억이다. 아버지가 내가 처음으로 사랑했던 동물인 스노볼을 집으로 데려왔던 오후를 마치 어제 일처럼 생생하게 기억하고 있다. 초여름의 무더운 날이었고 나는 무릎 높이만큼 자란 옥수수 밭에서 집을 향해 다가오는 아버지를 마당에 서서 지켜보고 있었다. 아버지는 모자 밑으로 뚝뚝 흐르는 땀 때문에 눈물을 흘리고 있는 것처럼 보였다. 그 땀방울 자국을 따라 집 안으로 들어가 보니 아버지 손에 알 수 없는 뭔가가 들려 있었다.

"밭에서 태어났나 봐."

아버지가 어머니에게 말했다.

"밭에 여러 마리가 숨겨져 있더라고. 어미와 다른 새끼들은 쟁기에 치여 죽었어. 얘는……" 하며 아버지는 피범벅이 된 새끼 고양이 한 마리를 내밀었다. "뒷다리가 잘려나갔어."

대부분의 농부들은 심하게 부상당한 동물은 자연의 섭리에 맡겨 죽게 내버려둔다. 하지만 아버지는 새끼 고양이가 아직 살아 있는 것을 알자 고양이를 안고서 집으로 뛰어왔던 것이다. 아버지한테 새끼 고양이를 건네받은 어머니 역시 동물을 사랑하는 분으로 한 달 동안 젖병으로 우유를 먹이며 고양이를 간호했다. 밤에는 따뜻한 담요를 덮어주고 낮에는 따뜻한 부엌에 있게 했다. 나는 어머니가 새끼 고양이를 간호하는 것을 어깨너머로 훔쳐보며 새끼 고양이의 회복력에 놀라워했다. 한여름이 되자 스노볼의 잘려나간 뒷발은 완전히 아물었다. 많은 사람들이 고양이는 게으르다고 생각하지만 스노볼의 초인적인 노력이란! 그 강력한 의지란! 얼마 지나지 않아 스노볼은 몸통을 똑바로 들고 두 앞발로만 균형을 잡는 방법을 터득했다. 그러곤 두 발로 껑충껑충 뛰는 법을 배워서 귀부인이 거만하게 엉덩이를 흔들어대듯 몸통을 흔들며 하늘을 향해 꼬리를 바짝 세우고 뛰었다. 그해 여름 스노볼과 나는 온종일 함께 놀았다. 내가 웃고 소리치며 농장 마당을 뛰어다니면 스노볼은 몸통을 좌우로 흔들며 깡충깡충 내 뒤를 쫓았다. 가을에는 매일 학교가 끝나면 학교 버스에서 내리자마자 책가방을 내던지고 스노볼의 이름을 부르며 농장 마당으로 달려갔다. 스노볼은 오래 살지 못했다. 스노볼이 죽었을 때 나는 한동안 슬픔에 빠져 누가 어떤 말을 해도 위로가 되지 않았다. 하지만 나는 스노볼이 마치 지르박을 추듯 슬로모션으로 마당을 뛰어다니던 모습을 절대로 잊지 못할 것이다. 스노볼의 강인한 의지와 모든 살아 있는 생명을 존중하고 사랑했던 부모님으로부터 얻은 교훈은 스노볼과 함께했던 여름이 선사한 오래오래 간직할 나의 유산이 되었다.

다섯 살짜리 이본느의 경험은 얼마나 달랐을까? 나로서는 알 수가 없다. 언니 오빠들과 함께 놀았는지, 아니면 마당에 홀로 남겨졌는지. 그녀가 고양이와 함께 지낸 것이 외로움 때문이었는지, 아니면 자연스러운 사랑 때문이었는지는 알 수 없다. 내가 아는 것은 다른 많은 농장 출신 사람들처럼 그녀의 부모님도 고양이를 별로 좋아하지 않아서 그녀가 마당에 불쑥불쑥 나타나는 고양이를 키우는 데 전혀 도와주지 않았다. "고양이들은 언제나 죽거나 사라져버렸어요." 이본느가 한 말이다. "그럴 때마다 마음이 찢어지게 아팠죠. 하지만 아무리 애원해도 부모님은 고양이 먹이를 사주지 않았어요. 그럴 돈이 없다고 하면서요."

내 유년기 기억 중 가장 똑똑하게 기억나는 것은 우리 아버지가 그 부상당한 고양이를 손에 들고 어머니와 이야기를 나누던 장면이다. 이본느에게 가장 기억에 남는 추억은 한 장의 사진이다. 여섯 살 때였다. 어머니가 아이들에게 각자 좋아하는 고양이를 안고 있는 사진을 찍자고 했다. 그러나 이본느는 블랙 앤 화이트라고 부르는 그녀가 가장 좋아하는 검은색과 흰색이 섞인 새끼 고양이를 찾을 수가 없었다. 어머니는 시간이 없으니 어서 카메라 앞에 선 언니와 오빠들 옆에 서라고 성화였다. 안겨 있던 고양이들이 몸부림을 치기 시작했다.

"얘들아, 스마일."

어머니가 명령했다.

"내 고양이를 못 찾겠어요."

"괜찮아, 그냥 카메라 쳐다보고 웃어."

사진을 찍고 난 후 이본느는 입술을 꼭 다문 채 근처의 들판을 바라보았다. 아이오와 주에서는 마을 안에서도 끝없이 펼쳐진 들판들을 볼 수 있었다. 계속 바라본다면 영원히 눈을 떼지 못할 것만 같아 결국 이본느는 고개를 돌리고 어머니에게로 걸어가 다른 고양이와 함께 사진을 찍어도 되는지 물어보았다.

"안 돼. 필름이 없거든."

어머니가 말했다.

"울고 싶었어요."

이본느가 내게 말했다.

"하지만 울지 않았죠. 놀림당할 게 뻔했으니까요."

10년 후 이본느의 아버지가 위트코 공장에 취직이 되자 가족은 스펜서로 이사를 왔다. 나도 인근 마을 하틀리에 살던 청소년 시절에 스펜서에 놀러 왔던 기억이 있다. 정말 무서웠었다. 스펜서 고등학교의 여학생들은 세상 물정에 밝은 듯했고 옷도 잘 입고 남학생들과도 거리낌없이 거리 모퉁이에서 서서 수다를 떨기도 했다. 마치 영화 〈그리스〉에 나오는 '핑크 레이디스'의 사촌들 같았다. 당시 이 여학생들은 우리 시골 학생들보다 몸집도 더 커서 원한다면 우리를 때려눕힐 수도 있겠다고 생각했던 것이 기억난다. 이렇게 스펜서는 무서운 곳이었지만 그래도 내겐 한 가지 유리한 점이 있었다. 우리 할머니가 스펜서 시내에 살고 있었기에 거리나 상점들을 잘 알고 있었다. 나는 인근 지역에서는 그나마 큰 학교인 하틀리 고등학교에 다녔다. 게다가 나는 사교적이라 학교에서도 인기가 많았기에 어디를 가더라도 어색해하거나 주눅 들지 않았다. 그렇기 때문에 스펜서에 한 번도 가본 적이 없고, 학교에서도 잘 적응하지 못해서 서덜랜드에 살 때에도 사람들과 어울리는 것을 어색해했던 이본느 같은 수줍은 소녀가 어떤 느낌을 받았을지 가히 상상이 간다. 스펜서 고등학교에서 보낸 일 년 반이란 시간이 고문이었다고 이본느가 말했을 때 나는 이해할 수 있었다.

  부모님은 그녀의 외로움을 달래줄 선물을 주셨다. 바로 고양이였다. 스펜서로 이사하기 전에 이모 메이의 샴고양이가 잡종 새끼들을 낳았다. 이본느는 새끼들을 보자마자 홀딱 반했다. 이본느는 부모님을 어렵게 설득해 새끼 고양이 중 한 마리를 키울 수 있게 되었다. 고양이를 데려가기 위해 이모 집에 도착했을 때 개구쟁이 고양이들은 마당에서 이리 뛰고 저리 뛰며 서로의 얼굴에 흙을 뿌리고 있었다. 이본느는 질려버렸다. 새끼 고양이들을 바라보며 생각했다. '이 야단법석 속에서 어떻게 내 고양이를 고른담?'

  그러자 숨어 있던 새끼 고양이 한 마리가 기어 나와 커다란 수줍은 눈으로 올려다보며 아주 조용하고 부드러운 목소리로 "안녕"이라고 속삭이는 듯했다.

  "그래, 나랑 함께 가자."

  이본느도 속삭여주었다.

  그녀는 새끼 고양이 이름을 토비라 지었다. 토비는 전형적인 샴고양이보다 더 짙은 갈색에 얼굴도 더 동그랬지만 샴고양이 특유의 부드러운 털과 환상적인 파란 눈을 가지고 있었다. 부드럽다는 말은 단순히 토비의 털에만 해당되는 말이 아니었다. 토비 자체가 부드러운 고양이였다. 울음소리도 부드럽고 행동도 부드러웠다. 겁도 많았다. 누군가 방에 들어오거나 집 안 어디에선가 문이 열리는 소리만 나도 도망을 갔다. 누가 계단을 올라오는 소리를 들어도 안전하게 숨기 위해 이본느의 침대 밑으로 달려갔다. 토비는 딱 한 번 이본느가 현관문을 열고 서 있었을 때 밖으로 도망 나간 적이 있었다. 이본느가 새로 이사한 집의 콘

크리트 베란다로 뛰어나가 보니 토비가 집 모퉁이를 돌아 막 사라지고 있었다. 이본느는 그 반대 방향으로 집을 끼고 돌아 뒷마당에서 토비와 만났다. 토비는 미친 듯이 이본느를 향해 달려오더니 그녀의 품 안으로 뛰어들었는데 작고 귀여운 얼굴은 무서운 공포에 질려 있었다.

"야옹아, 다시는 그런 짓 하지 마."

이본느가 애원했다.

"절대로 다시는 그러지 마."

둘 중 누가 더 무서워했는지 알기 힘들 정도였다.

"토비는 안기는 걸 좋아했어요."

이본느는 토비를 이렇게 설명했다.

"토비는 항상 제 몸 위에 올라와 잤죠. 매일 밤 제 침대 위에서 잤답니다."

"기분이 좋았겠네요."

나는 이렇게 응대했다.

"네, 그랬어요."

그녀는 짧게 대답하고는 다음 질문을 기다리며 나를 바라보았다.

고등학교를 졸업한 후 이본느는 위트코 공장에서 아버지와 함께 일했다. 이 공장은 그리스 주입기라고 하는 소형 유압공구를 생산했는데 자동차 엔진 내부나 다른 기계 내부의 작은 공간에 윤활유를 짜 넣을 수 있는 기계였다. 스펜서 고등학교에서 몹시 힘든 시절을 겪었기에 차라리 공장 작업대가 속이 편했다. 작업은 빠른 속도를 요구하기 때문에 육체적으로도 힘이 드는 편이었다. 하지만 이본느는 아직 젊고 몸도 튼튼했다. 공장 작업대에서는 남들에게 뒤지지 않고 신속하게 볼트를 조일 수도 있었고 게다가 동료들과 대화를 할 필요가 없는 것도 좋았다.

"물론 세상에서 가장 멋진 일을 하는 건 아니었지요."

공장 일을 잘했다고 자랑한 것이 마음에 걸린 듯 그녀가 덧붙였다.

"하지만 그래도 일이잖아요."

자신에게 의미 있는 일을 하는 것보다 더 좋은 것은 없다는 데에 나도 공감한다.

공장 밖에서는 크게 사교 생활이라 할 만한 것이 없었다. 하지만 이본느에게는 항상 교대가 끝나기를 기다려주는 토비가 있었다. 어린 토비는 발에 채일 염려도 없고 팔이 닿지 않아 안전한 높은 곳을 좋아해서 책장 꼭대기에 올라가 이본느를 보고 있을 때가 많았다. 때로는 이본느가 현관문을 열고 들어오면 계단 꼭대기에서 쳐다보고 있었다. 토비는 집이 비어 있을 때는 이본느를 따라다녔다. 부엌이든 응접실이든 졸졸 뒤쫓아 다녔다. 하지만 누군가 집 안에 돌아오면 둘은 이본느의 방으로 들어가 문을 닫았다. 알고 보니 토비는 자기 자신이 안전하다고 느끼는 유일한 사람이 돌아올 때까지 온종일 이본느의 침대 이불 속에서 지내고 있었다. 의식적으로 이런 생각을 했던 것은 아니지만 이것이 바로 이본느가 원하던 바였다. 그녀 곁을 결코 떠나지 않을 친구.

20대가 되자 이본느는 부모님 집을 떠나 언니와 함께 한 건물에 네 세대가 사는 작은 아파트로 독립해 나갔다. 토비는 새 집의 조용한 분위기를 무척 좋아했다. 이본느도 자신의 독립을 즐겼다. 공장에서 그리스 주입기의 작은 볼트를 조립하는 일도 잘하고 있었다. 몇 년 동안은 숫자가 붙여진 네모반듯한 스펜서의 거리가 두려웠고 거리에서 만나는 모든 사람이 낯설기만 했다. 하지만 서서히 그녀도 반복되는 일상에 적

Life 1..   토비는 나의 솔 메이트였어요

응하게 되었고 주변에 아는 얼굴들도 생겼다. 이본느는 그랜드 애비뉴에 있는 상점에서 쇼핑을 하거나 마을 남쪽에 새로 생긴 쇼핑몰에 들르곤 했다. 옷은 패션 보그에서 샀고 토비가 가장 좋아하는 고양이 먹이 텐더 비틀스는 마을 사람이 운영하는 작은 애완동물용품 상점에서 구입했다. 어느 핼러윈엔가 그녀는 무서운 가면을 샀다. 이본느는 가면을 쓴 채 쿵쾅거리는 소리를 내며 계단을 올라갔다. 침실 문을 열고 "으-아-아-아!" 하고 괴물 같은 낮은 신음 소리를 내며 들어서자 토비의 아름답고 파란 눈이 튀어나올 것만 같았다. 토비가 두려움에 뒷걸음질 치며 털을 곤두세우기 시작하자 미안해진 이본느가 얼른 가면을 벗었다.

"어머, 토비. 나야 나."

토비는 몇 초 동안 바라보더니 고개를 돌리곤 딴청을 피웠다. '나도 알고 있었다고요.'

다음 날 이본느는 토비를 다시 한 번 놀려주기로 했다. 가면을 쓰고 시끄럽게 발을 구르며 침실 문을 열었다. 토비는 한 번 쓰윽 바라보더니 곧 마음 상했다는 듯 고개를 돌리는 모습이 이렇게 말하는 듯했다. '그만하시죠, 이본느인 거 알거든요.'

이본느는 웃었다.

"너는 정말 똑똑하구나, 그렇지 토비?"

이본느는 토비를 꼭 안아주었다. 삶은 단순하고 인생은 아름다웠다. 이본느 베리는 드디어 마음의 평온을 찾았고 함께할 수 있는 친구도 있었다. 그녀는 행복했다. 이본느의 인생은 작은 순간들이 반복적으로 되풀이되는 삶이었다. 크리스마스에 이본느가 크리스마스 선물들을 쌓아 올리고 그 밑을 통과할 수 있게 구멍을 만들어주자 토비는 그 공간을 즐기며 여러 날을 그 안에서 보냈다.

"토비는 정말 특별하다고 생각했어요. 오, 토비는 크리스마스트리를 정말 좋아했거든요. 그런데 알고 보니 다른 고양이들도 다 좋아하더라고요."

저녁이면 침실에서 토비를 회전의자에 태워주었다. 작은 고양이는 의자가 한 바퀴 돌아 이본느 앞에 올 때마다 이본느의 손을 향해 돌진했다. 수십 년이 지난 지금까지도 이본느는 그 추억에 미소 짓는다.

"토비는 그 회전의자를 정말 좋아했지요."

토비가 좋아한다면 이본느도 즐거웠다.

1980년대 중반에 지역경제가 악화되기 시작하자 공장의 작업이 많이 줄어들어 이본느는 부모님 집으로 들어갈 수밖에 없었다. 자세히 설명하지 않았기 때문에 이본느가 그 당시 어떤 느낌이었는지 정확히는 모르지만 그녀의 삶이 크게 변화한 것 같지는 않았다. "월세가 너무 비쌌거든요." 당시 상황에 대해 그녀가 내게 한 말은 이것이 전부였다. "부모님께 다시 합칠 수 있겠냐고 물어봤더니 그러라고 하셨어요."

"때론 아버지가 신문을 읽다가 밑으로 손가락을 흔들었지요." 그녀는 그 시절을 회상하며 이야기를 계속 이어갔다.

"토비가 아버지의 손가락을 향해 점프를 하면 아버지는 웃곤 했죠. '신문놀이'라고 불렀답니다. 하지만 일반적으로 부모님과의 관계는 아버지가 신문을 읽는 동안 토비가 소파 등에 올라앉아 창밖을 내다보는 정도였지요."

이런 이야기를 들으면 어떻게 생각해야 할지 판단이 안 선다. 내가 상상하는 것보다 그 집에 더 많은 웃음소리와 즐거움이 존재했던 걸까?

토비가 과묵한 아버지의 마음을 열고 아버지와 교감할 수 있었을까? 평소 적막하고 먼지만이 수북한 이 가족의 삶에 신문놀이란 잠시 일상의 무게를 가볍게 해주는 순간일 뿐이었을까? 그 집에 웃음이 가득했길 바라지만 신문놀이 사이사이의 여러 시간, 나날들, 아니 여러 달을 어떻게 보냈을지 상상해보면 떠오르는 이미지가 있다. 나이 든 아버지는 신문으로 얼굴을 가린 채 조용히 의자에 앉아 있고 작은 고양이 한 마리는 무심히 창밖을 내다보고 있으며 딸은 복도에 반쯤 가려진 채 그들을 보고 있는 모습이다. 이본느의 형제들은 다들 독립했기 때문에 그 고요한 집의 기나긴 시간은 공허함으로 가득했을 것이다. 어머니는 침실에서 로맨스 소설을 읽고 아버지는 야구 중계를 시청하는 동안 이본느와 토비는 함께 2층에서 고양이 회전의자 돌리기 놀이를 하며 조용히 지냈다.

그러나 그곳에서 불과 몇 블록 떨어지지 않은 곳에 듀이가 있었다.

*

도서관은 단순히 장서를 보관하는 곳 그 이상이다. 내가 알고 있는 많은 똑똑한 사서들은 도서관의 일차적인 기능은 사실 책과는 별로 상관없다고 생각한다. 오히려 누구에게나 열려 있고 접근 가능하다는 것이 더 중요한 것이다. 소외감을 느끼는 사람들이 많은 현대사회에서 도서관은 누구나 갈 수 있는 자유로운 곳이다. 유년 시절 가난하게 자랐으나 나중에 사회적으로 크게 성공한 사람들이 자신의 인생에 도서관이 없었다면 성공하지 못했을 것이라고 술회하는 경우가 얼마나 허다한가. 그렇다. 책과, 이제는 컴퓨터에 저장된 지식들로 인해 자신이 사는 좁은 세상을 넘어서 자신의 우주를 확장시킬 수 있었던 것이다. 그러나 도서관이 제공하는 또 다른 것이 있다. 바로 공간이다. 만약 가정 불화로 부모가 싸움을 한다면 아이는 도서관의 고요함 속으로 피신할 수 있다. 또 만일 홀로 방치된 느낌이라면 이곳에서 사람들과 부대낄 수도 있다. 도서관에서는 굳이 누구와 이야기를 하지 않아도 된다. 바로 그래서 인간이란 참 놀라운 존재이다. 많은 경우 말 한마디 주고받지 않더라도 그냥 주변에 사람들이 있다는 것만으로도 마음의 안정을 찾을 수 있기 때문이다.

내가 스펜서 공공 도서관의 관장이 되었을 때 나의 첫 번째 목표는 도서관을 보다 개방적이고 누구나 쉽게 드나들 수 있는 친근한 공간으로 만드는 것이었다. 새로운 장서와 자재 확보도 내 계획의 일부였지만 나는 사람들의 시각을 바꾸고 싶었다. 사람들이 도서관에 들어오면 정부 빌딩의 방문객이 아니라 공동체의 일부가 된 것처럼 편안히 느낄 수 있게 해주고 싶었다. 그래서 도서관 벽을 밝은색으로 칠하고 위압적인 검정색 가구는 보다 편안한 테이블과 가구로 바꾸었다. 벽에는 미술 작품을 걸었고, 서가 위에 조각품을 전시하기 위해 기금을 모으기 시작했다. 직원들에게는 모든 이용자에게 환한 미소로 인사하라고 지시했다.

부임한 지 6개월도 채 되지 않아 듀이를 도서 반납함 속에서 발견했을 때 나는 즉각적으로 듀이가 이 계획에 완벽하게 어울린다고 생각했다. 듀이는 차분한 고양이였다. 도서관에서 절대 문제를 일으키지 않을 것이다. 하지만 나는 듀이가 도서관을 집처럼 포근하게 만들기 위한 미술 작품처럼 그냥 배경으로 머물 것이라고 생각했다.

하지만 듀이는 전혀 배경이 될 생각이 없었다. 듀이의 발이 나아서

(듀이의 발은 반납함 안에서 동상에 걸렸었다) 큰 불편 없이 도서관을 걸어 다닐 수 있게 되자마자 듀이는 전면에 나섰다. 역설적으로 들릴지 모르겠지만 도서관을 잘 운영하기 위해서 도서관 사서는 이용자들을 지나치게 친근히 대해서는 안 된다. 이용자들을 환영하는 분위기를 만들되 귀찮게 군다는 인상을 주어서는 안 되는 것이다. 도서관에서 사교적일 필요는 없다. 원할 때 가서 원하는 만큼만 사회성을 발휘하면 되는 것이다. 따라서 이용자들은 선택을 할 수가 있다. 누군가와 대화를 하고 싶다면 온종일 말을 할 수도 있고, 반면에 익명으로 조용히 지내고자 한다면 그것 역시 가능하다. 특히 소외 계층이나 남들과 잘 어울리지 못하는 사람들은 도서관이 개인적인 공간과 다수가 공유하는 공간이 같이 섞여 있다는 점을 무척 좋아했다. 사람들과 함께하면서도 그들과 교류해야 할 의무나 부담이 없기 때문이다.

그렇기 때문에 빌 멀렌버그 같은 이용자는 참으로 대하기 까다로운 경우였다. 빌은 수십 년 동안 스펜서 고등학교의 교장이었다. 사회에서 존경을 받는 중요한 위치였을 뿐만 아니라 매주 수백 명의 사람들과 대화를 해야만 하는 자리였다. 은퇴란 평생 해오던 일을 떠나야 하기 때문에 힘들기 마련이다. 하지만 빌의 경우에는 은퇴할 무렵 사랑하는 아내를 잃었기에 더욱 힘겨워했다.

아내를 잃은 후 빌은 매일 아침 도서관에 와서 신문을 읽었다. 물론 신문 구독료를 아끼기 위한 것은 아니었다. 집에서 혼자 지내기 외로웠던 빌은 어디론가 갈 곳이 필요했던 것이다. 우리 직원들로서는 답답한 일이었다. 반갑게 인사를 건네기는 하지만 도서관이라는 분위기 때문에 가벼운 대화 이상의 속 깊은 이야기를 나누기란 힘들었다. 게다가 우리는 바빴다. 이용자의 친구나 심리치료사 역할을 하라고 시에서 월급을 받고 있는 것이 아니었기 때문이다. 직원 모두가 최소한 일주일에 40시간씩 일해야 도서관이 겨우 돌아갔다.

바로 그즈음 듀이가 혜성같이 나타난 것이다. 고양이로서 듀이는 사서와 같은 사회적 제약을 받지 않는다. 우리 도서관의 사교 담당자 및 공식 인사 담당자로서 그 이외의 도서관 행정에 매달릴 필요도 없었다. 듀이는 아무렇지도 않게 낯선 사람들에게 다가가 그들의 무릎 위로 뛰어올랐다. 만약 그 사람이 듀이를 멀리하면 정말 자기를 원하지 않는다는 걸 정확히 이해할 때까지 두세 번 더 시도했다. 그런 다음엔 아무에게도 피해를 주지 않고 그냥 떠나갔다. 고양이가 아무리 뻔뻔하게 굴어도 과도한 '서비스'를 제공하는 사서만큼 귀찮지는 않을 것이다. 왜냐하면 고양이는 당신을 평가하려 들거나 부담을 주거나 하고 싶지 않은 이야기를 자꾸 캐묻지 않기 때문이다.

그러나 듀이가 접근하는 것을 이용자가 좋아했을 때 그 효과는 실제로 대단했다. 빌이 듀이를 무릎에 올려놓기 시작한 지 채 한 달도 안 되어 빌의 표정이 바뀌었다. 우선 웃는 얼굴이었다. 아내가 죽은 후 빌이 미소를 짓는 모습을 처음으로 본 것은 듀이가 두 번인가 세 번째 그의 무릎에 뛰어올라 신문을 밀어내고 자기를 좀 예뻐해 달라고 졸랐던 때로 기억한다. 이제 빌은 옛날 직장이 있던 시절처럼 늘 웃는 얼굴이었다. 도서관 직원들과도 보다 많은 대화를 했고 매일 아침 조금 더 오래 머물며 다른 사람들과 이야기를 나누었다. 빌을 보면서 나는 처음으로 듀이가 단순히 걸어 다니는 털 달린 미술 작품이 아니라는 것을 깨달았다.

듀이가 들어온 후 도서관의 이용자 수가 획기적으로 증가했다. 듀이 때문에 사람들이 도서관을 처음 방문하게 되었는지는 확신할 수 없다. 하지만 일단 왔던 사람들을 다시 오게 만드는 것은 확실했다. 예를 들어 이본느는 듀이가 네다섯 달이 될 때까지 도서관을 찾지 않았다. 듀이에 대해서는 〈스펜서 데일리 리포터〉에 실린 구조 소식을 읽었으나 여름이 되어서야 도서관에 들렀다. 그때 듀이는 벌써 반쯤 다 자라 있었다. 풍성한 꼬리에 화려한 구릿빛 털과 목에는 근사한 갈기를 갖추었고 사람들의 귀여움을 받으며 자신의 영토를 순찰하는 도서관의 제왕으로서의 면모가 보이기 시작했다. 실제 듀이는 왕으로 등극했다. 항상 침착하고 자신감 있던 듀이는 도서관 환경에 완전히 적응했다. 이본느가 처음 듀이를 보았을 때 듀이는 벌써 도서관의 주인인 양 당당하게 도서관을 활보하고 있었다.

'너무나 아름다운 고양이다'라고 이본느는 생각했다.

처음 둘이 어떻게 만났는지 나는 모른다. 듀이는 항상 먼저 사람들에게 다가갔기에 듀이가 먼저 이본느에게 접근했을 것이라고 추측된다. 하지만 이본느가 먼저 듀이에게 이끌렸을 수도 있다. 고양이를 쓰다듬는 데는 어떠한 사회적인 압력이나 부담이 없었기에, 이렇게 말하긴 뭐하지만, 듀이와는 '이야기' 하기가 쉬웠다. 이 둘이 한참 친해진 다음에야 나는 지나가다가 듀이가 항상 그녀 곁에 있는 것을 보았다. 이본느의 다리에 몸을 비비거나 그녀가 쓰다듬을 때면 손 냄새를 맡았고, 이본느가 인사말을 속삭일 때면 귀를 기울였다. 이본느가 종이를 동그랗게 뭉쳐 던져주면 듀이는 종이 공을 낚아채 드러누운 후 뒷다리로 공을 공중으로 차올렸다. 그러면 이본느는 다시 공을 던져주었다.

이본느는 쇼핑몰에서 토비를 위한 장난감을 사면서 똑같은 장난감을 듀이에게도 사다 주었다. 그녀가 장난감을 들고 서 있으면 듀이는 장난감을 잡으려고 높이 뛰어 오르곤 했다. 어느 날 그녀는 장난감을 약 1.5미터가량, 자신의 머리 높이만큼 치켜들었다. "듀이야, 점프해봐. 너는 할 수 있어"라며 듀이를 독려했다. 장난감을 올려다보고 듀이는 고개를 숙였다. '못 하겠는가 보구나' 하고 이본느는 생각했다. 그 순간 듀이가 돌아서 높이 점프하더니 그녀의 손에서 장난감을 낚아챘다. 비상하는 로켓 같았다고 이본느는 기억했다. "마치 로켓 같았어요." 놀란 이본느가 듀이를 쳐다보고는 웃기 시작했다.

"너한테 속았어, 듀이. 감쪽같이 속았다고."

11월에 이본느는 듀이의 첫 생일 파티에 참석했다. 이본느는 비디오에 찍히지 않았지만 그건 놀랄 일이 아니다. 이본느는 한 시간이나 당신 옆에 서 있어도 문득 당신이 돌아보며 "어머, 여기 계신 줄 몰랐네요"라고 할 그런 부류의 사람이었다. 이본느는 자신의 사무실에서 나오지 않는 조용하고 근면한 직원이고 옆집 사람도 기억하지 못하는 이웃이며 버스 안에서는 읽고 있는 책에서 눈을 떼지 않는 그런 여성이었다. 그녀가 안됐다거나 그녀의 삶이 충만하지 않다고 생각하는 것은 옳지 않다. 다른 사람의 내면세계를 우리가 어떻게 섣불리 판단할 수 있겠는가? 그 사람의 인생이 어떠한지 우리가 어떻게 알 수 있겠는가? 에밀리 디킨슨의 이웃들은 그녀가 부모님 집에 얹혀사는 불쌍한 노처녀라고만 생각했다. 하지만 사실 그녀는 영어권 역사상 가장 위대한 시인 중 한 사람으로 당대의 저명한 여러 작가들과 편지로 활발히 교유하고 있었다. 수줍음은 사회적인 문제가 아니다. 단지 성격일 뿐이다.

물론 듀이는 그 정반대였다. 생일 비디오에 찍힌 듀이를 보면 정말 진정한 스타이다. 어린이들이 주변에 가득 모여 서로 좋은 위치를 차지하려고 몸싸움을 해도 듀이는 절대로 침착함을 잃지 않았다. 어린이들이 당기고 비명을 질러대도 듀이는 이런 관심을 즐겼고 크림치즈를 바른 생쥐 모양의 고양이용 생일 케이크를 열심히 핥아먹으며 한껏 인기를 만끽했다. 듀이는 자신을 둘러싼 열렬한 팬들의 눈을 전혀 의식하지 않고 태연히 케이크를 먹었다. 그리고 비디오카메라가 꺼졌을 때 듀이는 분명히 다시 한 번 듀이의 마법을 부렸을 것이다. 이본느에게 다가갔거나 혹은 눈길을 줌으로써 생일 파티에 참석한 그녀를 매우 기쁘게 해주었을 것이다.

1년 후에 열린 1989년 도서관 파티에서도 똑같은 일이 일어났다는 것을 나는 알고 있다. 리모델링을 위해 도서관을 잠시 닫았다가 재개관했을 때 약 200명의 사람들이 파티에 참석해서 나는 손님들을 안내하느라 정신이 없었다. 이본느는 한 귀퉁이에 서서 다시 고등학교 시절로 돌아간 것 같은 기분으로 사람들을 바라보고 있었을 것이다. 왜냐하면 도서관에서의 익명성은 축복일 수 있지만 파티에서의 익명성은 사람을 어색하고 왜소하게 만들기 때문이다. 하지만 듀이가 사람들을 가로질러 오는 것을 보았을 때 그녀의 어색함은 완전히 사라졌다. 아무도 자신에게 신경 쓰고 있지 않았기에 듀이는 대단히 기분이 상해 있었다. 그러다 이본느를 발견하고는 그녀에게로 반갑게 다가갔다. 이본느는 듀이를 들어 올려 품에 안았다. 듀이는 그녀의 어깨에 머리를 얹고 가르랑거리는 소리를 내기 시작했다.

"누군가가 그때 우리 사진을 찍었어요."

대화 중에 이본느는 내게 여러 번 같은 말을 했다.

"누군지는 모르겠어요. 하지만 우리 사진을 여러 번 찍었어요. 물론 나는 등만 나오고 듀이의 얼굴을 찍은 것일 테지만, 그래도 우리 둘의 사진이 있어요."

*

듀이와 이본느의 관계에 대해 지나치게 과장하고 싶지는 않다. 도서관이 이본느의 삶의 중심이었다고 말을 하는 것도 결코 아니다. 내가 아는 한 이본느는 물론 에밀리 디킨슨 같은 재능의 소유자는 아니었지만 그녀처럼 세상과 선을 긋고 살면서 자신의 내면을 남에게 잘 드러내지 않고 살았다. 친구들과는 정기적으로 연락을 주고받는다고 알고 있다. 다른 사람들과 마찬가지로 자신의 직업에 대해서는 애증의 감정을 함께 가지고 있었다. 자신의 일에 대해 자긍심을 가지고 있었지만 계속해서 보다 높은 직급으로의 승진에 실패하자 점점 좌절감을 느끼게 되었다. 그녀는 가족을 사랑했지만 이 가족의 고요함의 이면에는 가족 구성원 간에 여러 가지 복잡하고 미묘한 감정이 거미줄처럼 얽혀 있다는 것도 알고 있었다. 그러나 그 내용이 어떤 것인지는 이본느 자신만이 알고 있을 뿐, 결코 다른 사람과 공유하려 하지 않았다.

이본느가 나와 공유했던 것은 토비였다. 내 생각에 듀이는 이본느와 매우 반대되는 성격이었기 때문에 그녀에게 듀이는 일종의 탈출구였던 것으로 보인다. 그러나 토비는 이본느의 가장 친한 친구였다. 그녀는 듀이와 함께하는 것을 좋아했지만 토비를 사랑했다. 그리고 토비도 그녀를 사랑했다. 이 세상 무엇보다도 토비는 이본느 베리를 사랑했고 이본느가 문을 열고 들어올 때마다 정말 기뻐했다. 토비와 이본느는 같은 영혼의 소유자였으며 둘은 서로의 솔 메이트였다. 이본느는 내게 이런 말을 했다. "토비는 조용한 고양이였어요. 온순했고요. 어느 누구도 귀찮게 하지 않았고 조용히 자신의 삶을 살면서 다른 사람의 삶도 존중했지요. 무슨 말인지 아시겠지요?" 그 말을 듣자마자 '바로 그녀 자신에 대한 이야기일 수도 있겠구나' 라는 생각이 들었다.

둘은 서로에게 헌신했다. "여행도 당일치기밖에 가본 적이 없어요. 왜냐하면 토비와 떨어져 있을 수가 없어서요." 이본느는 내게 이렇게 말했다. 한번은 미니애폴리스에 있는 언니 도로시를 만나러 함께 여행을 간 적이 있었다. 처음 24킬로미터쯤 갈 때까지 토비는 큰 소리로 울며 고양이 캐리어 철창에 머리를 계속 짓찧었다. 아이오와 주 밀포드에 이르러서야 토비는 동물병원에 가는 것이 아니라는 것을 깨닫고 차분해졌다. 약 4, 5킬로미터 정도는 이본느에게 설명을 요구하며 야옹거리는 소리를 냈다. 하지만 고양이가 어떻게 미네소타 같은 개념을 이해할 수 있겠는가? 결국 토비는 캐리어 구석에 엎드려 5시간 동안 움직이지 않았다. 미니애폴리스에 도착하자마자 토비는 곧장 손님방에 숨어버렸다. 하루에 한 번 화장실에 갈 때와 텐더 비틀스 통조림을 먹을 때를 제외하고는, 이본느가 돌아올 때까지 침대 이불 속에 숨어 지냈다. 그리고 그녀가 외출에서 돌아오면 자신의 절친한 친구가 돌아왔다는 안도와 기쁨에 얼른 뛰어와 이본느의 품에 안겼다.

"사랑해, 토비."

이본느는 고양이를 끌어안으며 속삭였다. 자동차를 타고 다른 장소로 이동했다는 점을 제외하고는 평소 집에서의 주말과 다를 바가 없었다.

그래서 이본느는 토비를 그토록 사랑했던 것일까? 이 고양이가 그녀의 인생에 있어 유일하게 변치 않는 요소였기 때문에? 하지만 현실을 보았을 때 이본느의 인생에는 변치 않는 것들이 많았다. 항상 같은 공장 생산 라인에서 같은 작업을 했으며 같은 일상을 반복했고 같은 식사를 했다. 저녁때는 늘 부모님과 함께 집에서 조용한 저녁을 보냈다. 듀이와의 만남마저도 그 친숙함이 위안이 되었을 것이다. 왜냐하면 듀이는 항상 그곳에 있다는 것을 알고 있었기 때문이다. 토비와 이본느의 삶은 화려하지는 않았지만 둘만의 정해진 일과가 있었다. 둘은 서로를 소중히 여겼고 그것으로 충분했다.

하지만 고양이를 키우다 보면 우리 모두가 결국 직면하게 되는 현실이 있다. 대개의 경우 결국 사람이 더 오래 살게 된다. 이본느의 인생에서 13년간의 사랑은 작은 부분이지만 토비에게는 평생이다. 1990년도가 되면서 토비는 노쇠해지기 시작하여 관절염 때문에 계단을 오르내리는 것이 어려워졌다. 털도 많이 빠졌고 이본느가 집에 돌아와 보면 토비가 침대 위에 아주 바짝 웅크린 채 잠들어 있어 토비를 깨우지 않는 날이 점차 늘어갔다.

그즈음 이본느는 성경을 발견했다. 그녀에 따르면 첫 번째 걸프전이 터지기까지 팽팽하게 고조된 사회의 긴장된 분위기가 계기였다고 했다. 전쟁이 임박하자 그녀는 앞으로의 일이 불안하고 불투명하게 느껴졌고 불행감이 온몸을 짓누르는 듯했다. 물론 이본느처럼 내성적인 사람이라면 살아가는 동안 남에게 털어놓기 힘든 다른 고통들도 분명 있었을 것이다. 충분히 능력이 있음에도 불구하고 위트코 공장에서 끝내

승진이 되지 않아 느꼈던 답답함, 작업대 앞에 하루 8시간씩 서 있느라 생긴 무릎 통증, 계속 악화되는 어머니의 건강. 그리고 토비가 그녀에게 얼마나 소중한 존재였는가를 감안했을 때 사랑하는 토비가 세월을 이기지 못해 쇠약해져가는 모습을 지켜보아야 했던 일도 부분적인 이유가 되지 않았을까?

전쟁이 다가오면서 토비의 건강은 악화되었다. 그리고 이본느의 종교 활동은 더 늘어났다. 처음에는 성서에 나와 있는 전쟁과 파괴에 대한 예언에 매료되었으나 결국 예수님의 희망과 위안에 영감을 받게 되었다. 성경을 든 지 6개월로 접어들 무렵 미군 병사들이 이라크 국경을 넘어 진군하고 바그다드의 하늘이 폭발로 검게 물들었을 때 이본느 베리는 침대 옆에 무릎을 꿇고 기도하며 예수님을 마음으로 받아들이게 되었다.

"마치 손가락을 전구 소켓에 끼운 것 같은 느낌이었어요."

이본느는 그 순간에 대해 이렇게 술회했다.

"그 후 기분이 정말 달라졌어요. 내 생애에 최고로 평화롭게 잠들었고요. 무엇인가 변했다는 것을 느낄 수 있었어요."

이본느는 매일 적어도 한 시간씩 성경을 읽기 시작했다. 그녀는 한 달에 두 번씩 제일침례교회에 나가고 매주 목요일에는 기도회에 참석했다. 교회에는 항상 여러 단체 활동이 있었기 때문에 이본느는 교회 공동체의 일원이 되었다. 조용한 밤에는 집에서 성서를 통해 위안을 얻었다. 때로는 토비가 그녀 옆에 몸을 둥그렇게 말고서 함께하기도 했지만 그즈음 토비는 따뜻하게 양털로 채워 넣은, 덮개 있는 바구니에서 잠을 자며 많은 시간을 보냈다. 이본느는 팬시 피스트라는 고양이 먹이가 고양이 수명을 더 길게 한다는 말을 듣고 사실 여유가 없는데도 텐더 비틀스 대신 팬시 피스트를 사기 시작했다. 그녀는 토비를 사랑했다. 언제나처럼 토비를 돌봐주었다. 하지만 저녁 식사가 끝나면 회전의자에앉혀 토비를 돌려주기보다는 성경을 읽는 데 몰두해서 토비는 점점 혼자 보내는 시간이 많아졌다.

그러다가 이본느가 크리스천이 된 지 1년 후 토비는 넘어지기 시작했다. 어느 여름 저녁에 토비는 침대에서 떨어진 후 일어나지 못하고 그 자리에서 오줌을 쌌다. 토비는 두려움에 떨며 애원하는 눈길로 이본느를 올려다보았다. 이본느가 토비를 이스털리 박사에게 데려갔을 때 수의사는 그녀에게 가슴 아픈 소식을 전했다. 토비의 간 기능이 다했다는 것이다. 며칠 더 수명을 연장할 수는 있겠지만 토비는 계속 큰 고통을 겪게 될 것이라고 했다.

이본느는 땅을 내려다보며 꺼져 들어가는 목소리로 말했다.
"그렇게 둘 수는 없지요."

이스털리 박사가 주사를 준비하는 동안 이본느는 토비를 안고 쓰다듬어주었다. 고양이는 이본느의 팔꿈치에 머리를 얹고 친구와 함께 있어 편안한 듯 지그시 눈을 감았다. 주삿바늘이 찌르는 것을 느꼈을 때 토비는 크게 울면서도 도망가지는 않았다. 단지 두렵고 의아해하는 눈길로 이본느를 올려다보다가 온몸의 힘을 잃고 떠나갔다. 이본느는 아버지의 도움을 받아 토비를 뒷마당 한구석에 묻어주었다.

그녀는 많은 행복한 추억을 간직했다. 크리스마스트리, 회전의자, 침대에서 같이 보냈던 나날들. 하지만 그 마지막 울음소리는 토비가 한 번도 낸 적이 없는 소리여서 이본느로서는 결코 잊을 수 없는 충격이

Life 1.. 　　　　토비는 나의 솔 메이트였어요

었다. 그 울음소리에 그녀의 마음은 찢어지는 듯했고 엄청난 죄의식에 휩싸였다. 토비는 자신의 삶을 이본느에게 헌신했지만 자신은 마지막에 토비가 늙고 병들어 가장 자신을 필요로 했을 때 토비를 방치했다고 생각했다. 더 이상 회전의자를 돌려주지도 않았고 크리스마스 선물로 터널을 만들어주지도 않았다. 토비가 얼마나 아픈지 눈치 채지도 못했었다.

그날 밤 그녀는 기도 모임에 나갔다. 두 눈은 퉁퉁 부어 충혈된 상태였고 뺨에는 눈물 자국이 그대로 남아 있었다. 동료 신도들이 물었다.

"이본느, 괜찮아요? 무슨 일 있어요?"

"우리 고양이가 오늘 죽었어요."

"어머나, 너무 안됐네요."

신도들은 그녀의 팔을 두드려주며 한마디 위로의 말을 건네고는 더 이상 할 말이 없자 각자의 볼일을 보았다. 다들 선의를 가지고 한 행동임을 이본느는 잘 알고 있었다. 좋은 사람들이다. 하지만 그들은 이해하지 못했다. 그 사람들에게는 단지 고양이일 뿐이었다. 우리가 그랬듯이 그 사람들도 토비의 이름조차 알지 못했다.

다음 날 이본느가 스펜서 공공 도서관을 찾았을 때 그녀는 여전히 우울한 기분이었다. 사실 죄의식에다 외로움까지 더해져서 매우 힘겨운 상태가 되어버렸다. 막상 도서관에 와보니 책을 읽고 싶은 생각도 전혀 없다는 것을 깨달았다. 이본느는 힘없이 의자에 주저앉아 하염없이 토비에 대한 상념에 빠져 있었다.

1분쯤 지나자 듀이가 모서리를 돌아 나타나더니 천천히 그녀를 향해 걸어왔다. 지난 몇 년 동안 듀이가 이본느를 만날 때면 듀이는 한 번

소리 내어 울고는 얼른 여자 화장실 문 앞으로 뛰어가 기다렸다. 이본느가 문을 열어주면 듀이는 세면대 위로 뛰어올라가 그녀가 물을 틀어줄 때까지 야옹거렸다. 듀이는 약 30초가량 물줄기를 구경하다가 앞발로 흐르는 물을 살짝 때려보고 깜짝 놀라 뒤로 물러섰다가 다시 앞으로 돌진해 물줄기를 때려보는 장난을 계속했다. 둘은 질리지도 않고 매번 이런 놀이를 반복했다. 이는 둘만의 특별한 놀이로서 수백 번의 만남을 통해 완성한 일종의 의식이었다. 듀이는 단 한 번도 거르지 않고 꼭 이 놀이를 해왔다.

하지만 이번엔 아니었다. 듀이는 걸음을 멈추고 의아한 듯 고개를 갸우뚱거리며 그녀를 올려다보았다. 그리고는 무릎 위로 뛰어올라 머리를 부드럽게 비비곤 몸을 동그랗게 말고 자리를 잡았다. 이본느는 간혹 눈물을 훔치며 듀이를 부드럽게 쓰다듬어주었고 듀이의 호흡은 점점 느리고 편안해져 갔다. 몇 분 후 듀이는 그녀의 품에 안긴 채 곤히 잠들었다.

그녀는 계속 천천히 부드럽게 듀이를 쓰다듬었다. 그러고 있자니 슬픔의 무게가 조금씩 가벼워지는 듯했고 차츰 슬픔이 가시더니 드디어 완전히 날아간 것 같았다. 듀이가 이본느의 아픔을 알아주었다는 것이 아니다. 듀이가 그녀의 상태를 완전히 이해했고 또 그녀의 친구가 되어주었다고 말하고 있는 것도 아니다. 듀이가 잠자는 모습을 바라보면서 이본느는 자신의 죄의식이 사라지는 것을 느꼈다. 자신은 토비를 위해 최선을 다했다는 것을 그녀는 깨달았다. 자신의 고양이를 진심으로 사랑했고, 그 사랑을 입증하기 위해 자기 인생의 모든 순간을 바칠 필요는 없었다. 이제 자신의 삶을 산다고 해서 잘못된 것은 아니다. 둘을

Life 1..　　　　토비는 나의 솔 메이트였어요

위해서도 이제 토비를 놓아줄 때가 되었다는 것을 깨달았던 것이다.

*

내 책의 공동 저자이자 친구인 브렛 위터가 제일 받기 싫어하는 질문이 있다. 사람들이 "왜 듀이가 그렇게 특별한 거예요?"라고 물어올 때라고 한다.

그의 대답은 이러했다.

"비키 마이런은 그걸 설명하려고 335페이지짜리 책을 썼습니다. 당신을 위해서 한 문장으로 요약할 수 있다면 책이 아니라 인사 카드를 썼겠지요."

그는 처음엔 자신이 재치 있게 받아쳤다고 생각했다. 하지만 이런 질문을 받을 때면 자꾸 생각나는 과거가 있었다. 그것은 고양이나 도서관, 아이오와와는 아무 상관없는 일이었지만 더 빠른 답이 될 수도 있을 것 같았다. 그래서 그는 항상 카드에 대한 농담을 던져놓고는 자신의 고향 앨라배마 주 헌트빌에서 정신적, 신체적 중증 장애를 가진 친구와 함께 자라며 겪은 이야기를 들려주곤 했다. 카일이라는 이 친구는 브렛과 함께 같은 학교와 교회를 다녔기 때문에 사건이 일어났던 중학교 2학년 때까지 둘은 7년 동안 일주일에 6일, 1년에 9개월을 함께 보냈었다. 그 세월 동안 이 친구는 장애가 워낙 심했기 때문에 말 한마디 해본 적이 없었고 행복감이나 좌절감 같은 감정을 표현해본 적도, 그 어떠한 문제도 일으켜본 적이 없었다.

그러던 어느 일요일, 교회 주일학교 수업 중에 카일이 비명을 지르기 시작했다. 의자를 밀치고 필통을 집어 들고는 과장되게 팔을 휘두르며 연필들을 사방으로 던지기 시작했다. 테이블에 둘러앉은 아이들은 너무나 놀란 표정으로 이 광경을 지켜보고 있었다. 주일학교 교사는 처음엔 주저하다가 결국 카일에게 진정해라, 조심해라, 수업을 방해하지 말라고 야단을 치기 시작했다. 소년은 계속 비명을 질러댔다. 결국 참다 못한 주일학교 교사가 소년을 교실 밖으로 막 쫓아내려 할 때 갑자기 팀이라는 아이가 벌떡 일어나 달려가더니 극도로 흥분해 있던 소년을 '사람처럼 대하며' 두 팔로 감싸 안았다.

"괜찮아, 카일. 괜찮아질 거야."

그러자 카일은 금세 진정했다. 팔을 휘두르던 동작을 멈추고 연필을 떨어뜨리더니 이내 울기 시작했다. 그때 브렛은 이렇게 후회를 했다고 한다. '나도 그렇게 해줄 걸 그랬어. 카일에게 필요한 것이 무엇인지 내가 알았더라면 좋았을 텐데.'

듀이가 바로 그랬다. 듀이는 언제나 상황을 이해하고 어떻게 해야 할지 알고 있었다. 듀이가 이 이야기에 나오는 팀과 같다는 말은 아니다. 듀이는 고양이니까. 하지만 듀이는 보기 드물게 교감하고 감정이입을 할 줄 아는 능력을 지니고 있었다. 어떤 순간의 느낌을 이해하고 그에 맞는 반응을 해주었다. 그런 사람이나 동물은 특별할 수밖에 없다. 보고, 느끼고, 사랑하고 실천하는 존재들인 것이다.

이는 결코 쉽지 않은 일이다. 대부분 우리는 너무 바쁘거나 주변에 정신이 팔려 그런 기회를 놓치는 경우가 허다하다. 지금 돌이켜 보면 화장실에서의 물놀이 이전에 이본느가 듀이와 처음 같이했던 게임은 캣닢 놀이였다. 그녀는 날마다 정원에서 갓 따온 신선한 캣닢을 가져와 도서관 카펫 위에 뿌려놓았다. 그러면 듀이는 항상 킁킁거리며 달려들었다. 우선 캣닙 더미에 고개를 죽 들이밀어 몇 번 깊이 냄새를 맡고는 혀를 낼름거리며 우적우적 큰 소리를 내며 씹어댔다. 캣닙 향에 도취한 듀이는 항상 마룻바닥에 뒹굴어 작은 허브 조각들이 등에 가득 달라붙곤 했다. 그 후 다시 배를 깔고 자세를 잡고는 턱으로 카펫을 밀면서 크리스마스 선물을 훔치러 다니는 만화 캐릭터 그린치처럼 기어 다녔다. 이본느는 언제나 듀이 옆에 무릎을 꿇고 앉아 웃으며 속삭였다. "너 정말 캣닙을 좋아하는구나, 듀이. 캣닙을 진짜 좋아해. 그렇지?" 그러면 캣닙 향 때문에 흥분해서 거칠게 허공을 향해 발길질하던 듀이는 마침내 지쳐서 배를 드러낸 채 네 다리를 사방으로 뻗고 벌러덩 쓰러져버리곤 했다.

그러던 어느 날 듀이가 또 이런 캣닙 무아지경에 빠져 있을 때(도서관 직원들은 이것을 듀이 맘보라고 불렀다) 이본느는 그녀를 바라보고 있던 나와 눈이 마주쳤다. 나는 아무런 말도 하지 않았다. 하지만 며칠 지나서 나는 지나가는 이본느를 불러 부탁을 했다.

"이본느, 듀이에게 너무 많은 캣닙을 가져다주지 않았으면 해요. 듀이가 좋아하는 건 알고 있지만 듀이에게 좋지 않거든요."

이본느는 아무 말도 하지 않았다. 그냥 시선을 떨군 채 가버렸다. 나는 예를 들어 일주일에 한 번 정도로 선물을 줄여달라는 뜻이었는데 그녀는 다시는 도서관으로 캣닙을 가져오지 않았다.

당시 나는 캣닙이 듀이를 피곤하게 만드는 것 같았기 때문에 내 판단이 옳다고 생각했다. 듀이는 20분쯤 완전히 흥분의 도가니 속에 있다가 이본느가 돌아간 후 여러 시간 동안 일어나지를 못했다. 정신이 혼미한 상태가 되는 것이다. 이본느 때문에 다른 사람들이 듀이와 함께

할 기회를 그만큼 잃게 되므로 이는 공평하지 않다고 생각했다.

돌이켜 보면 내가 캣닙 사건을 좀 더 조심스럽게 다루지 못한 것이 후회가 된다. 이본느로서는 캣닙을 단지 습관적으로 가져온 게 아니라 그녀 일상의 중요한 부분이었음을 이해했어야 했다. 행동의 뿌리를 찾아내는 대신 나는 겉으로 드러나는 행동만 보고 그녀에게 멈추라고 했던 것이다. 두 팔로 그녀를 감싸 안는 대신 밀쳐낸 격이었다.

그러나 듀이는 절대 그러지 않았다. 수천 번, 또 수천 가지 방법으로 자신을 필요로 하는 사람들 곁에 있어주었다. 듀이는 많은 이들이 위로가 절실할 때 그들 곁을 지켜주었다. 아마 이들은 나나 다른 사람들에게는 결코 그런 속사정을 털어놓지 않았을 것이다. 빌 멀렌버그를 위해서도, 이본느를 위해서도, 브렛의 주일학교 수업에서 팀이라는 소년이 아픈 카일을 위해 했던 것과 똑같은 행동을 해주었다. 어느 누구도 이해하지 못할 때 듀이는 알아차리고 반응을 해주었다. 물론 근본 원인을 이해한 것은 아니지만 뭔가 잘못되었다는 것을 느끼는 것이다. 그리고 동물적인 본능으로 움직였다. 자신의 방식대로 듀이는 이본느를 두 팔로 감싸 안으며 이렇게 말해주었던 것이다. 괜찮아, 난 당신 편이야. 괜찮아질 거야.

그렇다고 듀이가 이본느의 삶을 바꾸어 놓았다는 것은 아니다. 그녀의 슬픔을 누그러뜨려주긴 했어도 완전히 없애주지는 못했다. 토비가 죽고 한 달 뒤에 이본느는 공장에서 공개적으로 불만을 터뜨리는 바람에 그 자리에서 해고당하고 경비들에게 이끌려 공장 밖으로 쫓겨났다. 경영진의 미온적인 태도에 오랫동안 불만이 쌓여왔던 것도 사실이지만, 내 생각에 결정적인 계기가 되었던 뇌관은 역시 토비의 죽음으로 인한 고통이었던 것 같다.

그것이 끝이 아니었다. 몇 년 뒤에 어머니가 대장암으로 돌아가셨다. 2년 뒤에는 이본느 자신도 자궁암 진단을 받았다. 6개월 동안 그녀는 아이오와 시로 6시간이나 차를 몰고 다니며 치료를 받았다. 암을 퇴치했을 무렵 그녀는 더 이상 다리를 쓰지 못하게 되었다. 공장 조립대 앞에서 똑같은 자세로 수년간 하루에 8시간씩 일주일에 5일을 계속 일하다 보니 무릎이 견뎌낼 수 없었던 것이다.

그럼에도 그녀는 여전히 신앙심을 잃지 않고 있었다. 반복되는 일과도 여전했다. 그리고 듀이가 있었다. 듀이는 토비의 죽음 후 15년을 더 살았고 그 세월 동안 이본느는 일주일에 몇 번씩 듀이를 만나러 도서관을 찾았다. 당시의 내게 물었다면 둘의 관계는 그다지 특별할 게 없다고 말했을 것이다. 많은 사람들이 매주 도서관을 찾았고 거의 모든 이들이 듀이 때문에 발걸음을 멈추었다. 단순히 듀이를 귀여워하는 사람들과 진정으로 듀이의 우정과 사랑을 필요로 하고 소중히 여기는 사람들을 내가 어떻게 구분할 수 있었겠는가?

듀이의 추모식이 끝난 후 이본느는 듀이가 자신의 무릎 위로 올라와 위로해주었던 날에 대해 들려주었다. 10년이 흐른 뒤에도 그날은 여전히 그녀에게 의미 있는 날이었다. 나는 깊이 감동받았다. 그 순간까지, 나는 이본느에게 고양이가 있었다는 것을 모르고 있었다. 토비가 얼마나 소중한지도 몰랐고, 듀이가 언제나 나를 위로해주었듯이 단지 그녀의 삶에 존재한다는 것만으로도 이본느에게 위안이 된다는 정도로 알고 있었다. 하지만 작은 순간이 모든 것을 의미할 수도 있다. 인생을 바꿀 수도 있다. 듀이는 내게 그것을 가르쳐주었다. 이본느의 이야기를

이본느는 그저 미소 지을 뿐이었다. 듀이를 무릎에 앉혔던 그 순간을 떠올린 것일까? 아니면 다른 생각을 하는 것일까? 결코 다른 사람들과 공유할 수 없는 그녀만이 이해할 수 있는 어떤 생각을 하는 것이었을까?

"듀이는 내게 소중한 존재였답니다." 그녀는 단지 이렇게만 말했다. "나만의 듀이였어요."

Dewey's Nine Lives
{2}

램버트 가족의
곤경에 빠진 고양이 구하기

고양이와 동물을 사랑하는 사람들이
매일 느끼는 것을 너무나 잘 표현해주어 감사합니다.
동물들은 우리의 가족이고
그들이 떠난 후에도 살아 있을 때와 마찬가지로
깊이 사랑하고 그리워한답니다.

— 바버라

바버라의 남편과 딸은 닌자를 입양하고 싶어 했다. 닌자의 장난기 가득한 눈과 침착한 태도에서 왠지 모를 특별함이 느껴졌던 것이다. 바버라도 닌자를 안아보았을 때 같은 느낌을 받았다. 어떤 잠재적인 에너지가 숨겨져 있는 듯 느꼈던 것이다. 하지만 바버라는 닌자를 내려놓고 딸에게 미안하지만 자신은 아직 준비가 되어 있지 않다고 말했다. 이 가족은 불과 한 달 전에 사랑하던 고양이를 잃었다. 딸에게는 차마 말하지 못했지만 또다시 살아 있는 동물을 사랑했다가 먼저 떠나보내야 한다는 것이 두려웠다.

하지만 닌자는 아주 미끈한 몸매의 아름다운 고양이였고 딸과 남편은 닌자를 고집했다. 다시 가보지 말았어야 했는데 그녀는 몇 번 더 동물보호소를 방문했고, 불쌍한 닌자를 아무도 입양하지 않을 것이 점점 확실해 보였다. 감옥의 최고 악질 죄수인 양 독방을 쓰고 있는데다 철창에 붙은 글 때문에도 힘들어 보였다. "닌자는 사람에게 착착 감기고 떠나갈 듯이 가르랑거리는 고양이가 아니었어요." 바버라가 이렇게 회상했다. "하지만 얘도 집이 있어야 하잖아요. 모든 동물은 가정이 있어야 합니다. 아무도 데려갈 사람이 없다는 건 너무 슬픈 일이죠." 바버라는 동물 구조에 관심이 많았는데 이 고양이는 분명히 구조가 필요했다. 닌자에게는 사랑받을 수 있고 다른 애완동물이 없는 좋은 집이 필요했는데 바로 그런 환경을 자신이 제공할 수 있었던 것이다. 더 이상 닌자를 방치할 수는 없었다. 바버라 라지네스는 친정어머니의 영향으로 인해 평생 도움이 필요한 생명체를 외면하지 않고 살아왔다.

"왜 이 고양이를 닌자라고 부르나요?"

입양을 위한 마지막 서류를 작성한 뒤 입양 비용을 지불하면서 바버라가 자원봉사자에게 물어보았다.

"걱정 마세요. 두고 보시면 알게 돼요."

그녀가 웃으며 대답했다.

*

바버라의 부모님은 1976년에 이혼했다. 바버라는 여덟 살이었는데 그 어린 나이에도 이혼이 임박했음을 알고 있었다. 부모님은 몇 년 동안 사이가 좋지 않았고 이미 마음이 떠난 두 사람이 어떻게든 함께 살아보려 하니 집안 분위기는 늘 긴장되고 불편하기 짝이 없었다. 어머니는 가정을 우선으로 생각하는 분이었다. 아버지는 술과 밤 문화, 여행과 같은 인생의 즐거움을 추구했다. 아버지는 집에 오면 화를 내고 답답해했다. 바버라에게는 10대인 오빠 두 명이 있었는데 오빠들은 아버지의 부재나 분노를 몹시 싫어했다. 한동안 모든 사람들이 서로 고함을 질러댔다. 그러고 나서는 한동안 아무도 말을 하지 않았다. 어린 바버라에게는 고양이 사만사가 유일한 탈출구였다. 잘됐네. 오빠들한테 아버지가 드디어 집을 영원히 떠났다는 얘기를 들었을 때 어린 소녀는 이렇게 생각했다. 이제 좀 집이 조용하겠구나. 여덟 살짜리가 이런 생각을 해야 한다는 것은 너무나 서글픈 일이다.

바버라는 곧 아버지가 없는 생활이란 경제적인 측면에서 자신이 생각했던 것보다 훨씬 더 힘들다는 것을 깨닫게 되었다. 가족은 곧바로 안락한 중산층의 생활에서 빈곤층으로 전락했다. 아버지는 전화통신회사인 미시건 벨이라는 안정적인 직장을 가지고 있었다. 두 사람이 결혼하기 전 어머니도 미시건 벨에서 전화교환수로 일했었지만 아이들을

가기보다는 허브를 이용한 민간요법을 선호했고 살충제를 극도로 싫어했다. 에벌린은 생명의 신성함을 믿었다. 곤충까지를 포함한 모든 생명체. 그녀는 생명에 대한 애정과 연민을 타고난 사람이었다.

외롭고 큰 보람도 없는 일을 했다면 그녀는 삶의 방향을 잃어갔을 것이다. 또한 남편과 이웃들의 배신에 상처받았을 것이다. 그래서 남편이 결코 허락하지 않았을, 그리고 편협한 이웃들이 절대 이해할 수 없었을 일에 나서는 것으로 자신의 존재를 주장하고 싶었는지도 모른다. 처음에는 어답트 어 펫의 부탁으로 시작했는데 어느덧 이 일에 사명감을 갖게 되었다. 처음에는 '동물 임시 보호'라는 다소 모호한 아이디어로 출발했지만 금세 이들의 작은 집에는 열 마리의 색깔과 나이, 상태가 다양한 고양이들이 함께 살게 되었다.

어느덧 크리스마스가 돌아왔지만 아이들에게는 선물이 없었다. 처음으로 아버지 없이 성탄절을 보내게 된 이 가족은 크리스마스트리를 성탄절 하루 전날에야 살 수 있었다. 그때가 가장 값이 쌌기 때문이다. 집으로 돌아오는 차 안에서 뒷좌석에 앉아 있던 바버라와 열다섯 살의 오빠 스캇은 다투기 시작했다(열여덟 살이었던 큰오빠 마크는 거의 집에 없었다). 눈 덮인 집 앞길에 들어서면서 어머니는 싸움을 멈추라고 손을 휘저었다.

"다들 조용히 해."

어머니가 소리쳤다.

둘은 계속 싸웠다.

"지금 당장. 그만두지 못해. 지금 당장!"

아이들은 놀라서 동작을 멈춘 채 어머니와 함께 조용한 교외 동네에 위치한 어두운 집을 바라보았다. 한순간 눈과 바람 소리밖에 들리지 않았다. 그리곤 작은 고양이 울음소리가 들려왔다.

다음 순간 에벌린 램버트는 차에서 내려 눈 덮인 길거리를 뒤지기 시작했다. 벌써 동네에서는 '미친 고양이 아줌마'라는 소문이 퍼지기 시작해서 원치 않는 동물이 있으면 에벌린의 앞마당에 버리고 가는 일이 종종 있었다. 지난 몇 년 동안 집에 돌아왔을 때 슬픈 눈빛의 동물이 집 앞에서 그들을 기다리고 있던 경우가 열 번도 더 되었다. 만약 그 동물이 강아지라면 어답트 어 펫 사무실로 인도했다. 그렇지만 고양이라면 집에서 보호를 했는데 왜냐하면 그것이 램버트 가문의 임무였기 때문이다. 가족에게는 곤경에 빠진 고양이를 돕는 것이 그들의 신성한 의무였다.

이번에는 스캇이 고양이를 발견했다. 누군가가 새끼 고양이를 멀리서 던지고 갔는데 고양이 아줌마네 주소를 잘못 알았던 것 같다. 온몸이 젖어 떨고 있던 새끼 고양이는 길 건너 눈 더미 속에 파묻혀 있었기 때문이다. 바버라는 방한용 귀마개를 한 오빠가 환하게 웃으며 온몸을 떨고 있는 석탄처럼 새까만 색깔의 아주 작은 고양이를 코트 속에 품고서 차고 불빛에 의지해 길을 건너오던 모습을 생생하게 기억하고 있다.

바버라는 오빠 코트 속에서 꺼낸 새끼 고양이를 자신의 뺨에 대고 했던 말을 기억하고 있다.

"얘한테서 햄버거 헬퍼(냉동 가공식품 브랜드: 옮긴이) 같은 냄새가 나."

바버라는 흐뭇한 미소를 지었다. 결국 사람들의 잔인함과 무심함 때문이었지만 그해 크리스마스 선물은 기대도 하지 않았는데 뜻밖에도

바버라는 스모키에게 그 이야기를 하지 못했다. 그날 밤 바버라는 스모키를 껴안고 마냥 울었다. 스모키는 그녀에게 안겨 가르랑 소리를 냈다.

이 집 가족이라고 하면 고양이도 포함되었는데 보통 한 번에 열두 마리 정도가 있었다. 한 푼이 아쉬운 형편에 이렇게 많은 고양이를 키우기란 경제적으로 힘든 일이었다. 하지만 바버라의 어머니는 고양이들에게 꼭 필요한 것이라면 아끼지 않았고, 합법적인 입양이 아니면 절대 고양이를 내주지 않았다. 에벌린 램버트가 삶의 방향과 의미를 찾기 위해서 고양이들을 필요로 했다는 것은 어느 정도 사실일 것이다. 바버라는 열두 살이었음에도 그것을 이해했다. 동시에 어머니가 진정으로 고양이들을 사랑했다는 것도 알고 있었다. 에벌린은 고양이 한 마리 한 마리를 이해하고 사랑했으며 그 사랑으로부터 위안을 받았다. 바버라의 가장 정겨운 추억 중 하나는 어머니가 자신이 가장 좋아하는 의자에 앉아 무릎에 커다란 덩치의 고양이 해리를 올려놓고 한가롭게 쉬고 있는 모습이었다. 사랑스러운 고양이 해리는 수다쟁이에다가 녀석의 우렁찬 가르랑 소리는 멈출 줄을 몰랐다. 모두들 해리를 미스터 해피라고 불렀는데 녀석이 가르랑거릴 때면 온몸에서 기쁨이 폭발하는 것처럼 들렸기 때문이다.

해리는 바버라의 어머니가 가장 예뻐하는 덩치 큰 온순한 곰 같은 고양이로 기회만 있으면 에벌린 램버트의 무릎에 기어오르는 녀석이었다. 이토록 성격이 좋으니 모두 해리가 가장 먼저 입양될 것이라고 생각했다. 실제로 그랬다. 그러나 2주 뒤에 새 주인들은 해리를 다시 돌려주었다. 이런 일이 있을 때마다 듣는 소리가 있다. 고양이가 소파를 긁었어요, 우리 애를 할퀴었어요, 고양이 화장실에서 냄새가 나요, 심지어 생각했던 것과 너무 다르기 때문이라는 경우도 있었다. 해리는 무엇 때문에 돌아왔던 걸까? 바버라는 덩치 큰 해리가 돌아왔다는 것만 기억할 뿐이다.

동물들의 임시 보호자가 된 첫 한두 해 동안 에벌린은 고양이들이 집 안팎을 자유롭게 돌아다니도록 했다. 그러다가 로지가 이웃이 내놓은 쥐약을 먹었다. 에벌린은 동물병원으로 달려갔지만 이미 때는 늦었고 어쩔 수 없이 로지를 안락사시켜야만 했다. 몇 주 후에는 해리가 길을 건너다가 밴에 치이는 사고가 있었다. 그 순간 에벌린은 굳게 다짐했다. 절대로 다시는 고양이들을 집 밖에 내놓지 않으리라. 해리의 사고가 있은 후 에벌린은 고양이들을 실내에서 키워야 한다고 열렬히 주장했다. 물론 지금은 모든 구조 단체들이 이러한 방침을 가지고 있지만 1978년도의 에벌린은 시대를 앞서갔던 것이다.

다행히 사고에도 불구하고 해리는 살아났다. 한 이웃이 도로 옆에 쓰러져 있는 해리를 발견하고 고양이 아줌마를 부른 것이다. 에벌린은 담요를 들고 뛰어나가 최대한 사뿐히 해리를 담요에 옮겨 동물병원으로 달려갔다. 불쌍한 해리는 처음에는 버림받고 설상가상으로 밴에 치어 박살 난 고관절 때문에 평생 옆으로 걸어야 했지만 녀석의 착한 영혼만큼은 전혀 영향을 받지 않았다. 피곤에 지쳐 꾸벅꾸벅 졸고 있는 에벌린의 무릎에 누운 해리의 모습을 보면 항상 다리를 어색하게 옆으로 뻗치고 있었다. 하지만 부상에도 불구하고 녀석의 낮고 힘찬 가르랑 소리는 결코 멈추지 않았다.

바버라의 오빠 스캇도 가장 좋아하는 고양이가 있었다. 이름은 그레이시로 뚱보 해리의 반도 안 될 정도로 작고 비쩍 마른 회색 새끼 고양이였다. 그레이시는 요실금이 있어서 주인한테 버림을 받았다. 게다가 그레이시는 고양이 백혈병에 걸려 있었는데 동물병원에서는 소화기에 문제가 있다고만 했다. 고양이를 많이 키우는 집에서 오줌을 못 가리는 새끼 고양이는 큰 문제가 될 수도 있었지만 스캇과 바버라는 어머니를 위해서라면 어떤 일도 마다하지 않는 효성 지극한 아이들이었다. 아이들도 물론 고양이를 사랑하긴 했지만 그 사랑에는 어머니에 대한 자긍심과 존경이 담겨 있었다. 어머니 에벌린의 동물에 대한 열정과 동물을 돕기 위한 희생은 두 사람의 유년기를 정의하는 중요한 부분이었다. 그들이 경험한 모든 것이 열정과 희생의 결과라고 해도 과언이 아니며, 두 사람이 어머니를 위해 했던 모든 것도 이 두 가지 가치에서 비롯된 것이었다. 어머니에 대한 약간의 동정심도 있었을까? 그랬을지도 모른다. 바버라는 항상 어머니를 강력히 옹호해왔다. 누군가 자신의 어머니에 대해 제정신이 아니라고 비난을 하는 사람이 있으면 바버라는 이렇게 되묻곤 했다. "그렇다면 달리 누가 그런 일을 하겠어요? 말씀해보세요. 그 고양이들을 우리 어머니처럼 도와줄 사람이 과연 있었을까요?"

10대가 되어서도 바버라는 이 고양이들만 아니었다면 나도 무엇인가 더 살 수 있을 텐데, 라는 생각을 한 번도 해본 적이 없었다. 바버라는 할인 쿠폰 오리는 일을 도왔고 저녁 식사 때에는 적게 먹으려고 노력했다. 열세 살 때부터 바버라는 동물병원에서 자원봉사를 시작했다. 램버트 집안 형편으로는 고양이를 병원에 데려갈 수 없었지만 바버라가 자원봉사를 함으로써 비상시에 언제든지 고양이들이 무료 진료를 받을 수 있게 되었다.

에벌린이 곤경에 처한 동물을 외면하지 못하는 성격이라 그레이시를 내치지 않아서 스캇은 그레이시를 자신의 고양이로 입양했다. 스캇은 현관 옆에 있는 작은 방의 바닥과 벽에 신문지를 깔고 고양이 화장실과 먹이 그릇, 고양이 장난감, 의자를 들였다. 스캇은 그곳에서 그레이시와 많은 시간을 보냈다. 심지어 숙제도 그곳에서 했다. 그레이시가 실례를 하면 스캇은 뒤처리를 해주고 새 신문지를 깔아주었다. 그는 이런 일들을 귀찮아하지 않았다. 누가 하라고 한 것도 아니었다. 그냥 작은 고양이를 사랑했기 때문이다.

하지만 그레이시는 큰 병을 앓고 있었고 약도 못 써서 (정확한 진단조차 없었다) 결국 오래 살지 못했다. 그레이시는 어느 얼어붙은 2월 밤에 죽었고 스캇은 악천후에도 불구하고 그레이시를 묻어주어야겠다고 결심했다. 다음 날 아침 몸이 얼 것 같은 추위와 강풍 속에서 스캇은 울면서 땅을 파려고 했지만 꽁꽁 얼어붙은 땅은 꼼짝도 하지 않았다. 그는 손과 얼굴의 감각이 없어질 때까지 울면서 저주와 욕설까지 퍼부으며 삽으로 내리쳐보았다. 마지막에는 너무나 답답하여 삽을 머리 위로 높이 치켜들어 얼어붙은 땅에 내리 꽂다가 그만 텔레비전 안테나의 선을 끊어버렸다.

그 순간, 전화가 울렸다. 어답트 어 펫 단체였다. 누군가 피자 가게 뒷마당에 있는 쓰레기통에다 새끼 고양이를 버렸다고 했다. 새끼 고양이는 밤사이 동상에 걸려 귀 끝과 꼬리의 반을 자르는 수술을 받고 있다는 것이다. 동상 걸린 부분을 잘라내어도 살 수 있을 것이라고 했다. 수술비는 마련했는데 새끼 고양이가 마취에서 깨어나면 병원에 입원할 돈도 없고 입원실도 없다는 것이다. 바버라의 어머니는 지체 없이 말했다.

"우리가 데려갈게요. 지금 당장 가겠습니다."

그 고양이 역시 아무도 입양하지 않았다. 그 암고양이의 이름은 앰버였고 앰버는 바버라의 어머니와 19년을 함께 살았다. 앰버는 땅땅한 소시지 같은 체형에 귀는 밑동만 있고, 꼬리도 거의 남지 않은 상태였지만 앰버를 아는 사람들은 누구나 앰버를 사랑했다. 피자 가게 쓰레기통에 버려지는 끔찍한 잔인함을 겪었음에도 불구하고 앰버는 사람을 잘 따랐다. 사람을 가리지 않고 누구의 무릎이든 올라가 가르랑거리곤 했다. 앰버는 착하고 정이 많은 고양이였지만 한편으로는 엄격하기도 했다. 앰버는 이 집안의 군기반장이었다. 어떤 고양이도 앰버의 마음에 들지 않는 행동을 해서는 안 되었다. 암고양이들은 대부분 몇 주 안에 입양이 되었다. 유일하게 오래 남아 있었던 앰버는 여왕으로 등극했고, 고양이들은 모두 여왕님을 알아서 모셨다. 바버라가 기억하기에 고양이 열두 마리 가운데 앰버가 가장 먼저 먹고 마시고 뭐든지 먼저 했다. 앰버는 두목이었고 바버라의 어머니에 대한 깊은 존경심을 가지고 있었기에 다른 고양이들의 일탈 행위를 용납하지 않았다. 집에는 공사를 마치지 못한 커다란 지하실이 있었는데 간혹 대청소를 할 때면 고양이들은 전부 그곳에 내려가 있어야 했다. 그럴 때면 앰버는 모든 고양이들이 지시 사항을 잘 따르도록 인솔자 역할을 했다. 또 고양이 여러 마리가 좁은 장소에 모여 있어도 서로 사이좋게 놀도록 감독을 했다. 그러고는 수고양이들을 한 마리씩 올려 보내 문 앞에서 울음소리를 내며 문 열어달라고 조르게 했다. 그렇게 해서 앰버가 지하실 문에 도착했을 때쯤이면 청소는 끝나 있었다. 여왕이 말씀하시면 에벌린도 귀를 기울였다.

에벌린에게는 해리가 있었고, 스캇에게는 그레이시가 있었고, 앰버는 모든 사람들을 위한 고양이였고, 바버라에게는 스모키가 있었다. 에벌린이 일을 하거나 빈 캔을 수거하러 집을 비울 때, 혹은 그냥 탈진해 있을 때에도 바버라의 옆에는 대신 스모키가 있었다. 바버라가 필요로 할 때엔 이유를 불문하고 스모키가 항상 든든히 그녀 곁을 지켜주었다.

결국 램버트 가의 사람들과 고양이들은 한 가족이었다. 굳건한 의지의 어머니, 근면한 아이들, 그리고 세 명의 고정 멤버인 스모키, 해리, 앰버. 거기에다 계속 바뀌는 손님 고양이들까지. 이런 구성 때문에 가족은 더욱더 뭉쳐야만 했다. 전통적인 가족의 형태는 아닐지 몰라도 사랑이 충만한 가족이었고 이런 가정이 요즘은 그리 많지 않다. 물론 아이들이 자라면서 어려운 시간들도 있었다. 고등학교 졸업반이 되었을 때 바버라는 어머니가 직장에 대해 계속 불평을 늘어놓으며 항상 자신이 옳다고 우기는 태도가 지겨웠다. (나중에 바버라의 어머니는 딸에게 자신의 약한 모습을 보여주기가 싫어서 자신이 틀렸다고 인정하는 것이 두려웠다고 고백했다. 그러면 모든 것이 다 무너질까봐 두려웠던 것이다.) 바버라는 가난도 지겹고 하루하루 버겁게 사는 것도 싫었다. 왜 어머니가 더 나은 직장을 구할 수 없는지 이해할 수 없었고, 왜 자신은 다른 사람과 그렇게 달라야 하는지, 또 왜 뻐드렁니 소녀 시절부터 남에게 물려받은 청바지만 입고 미친 고양이 아줌마를 엄마로 두어야 하는지, 그 모든 것이 싫었다.

고등학교를 졸업하고 2년제 대학을 가기 위해 플린트로 독립을 한 후 바버라는 한 달 동안 어머니와 말을 하지 않았다. 하지만 얼마 지나지 않아 바버라는 이 세상이 얼마나 잔인할 수 있고 매일 생존을 위해 싸우다 지친 상황에서 자신을 향상시킨다는 것이 얼마나 힘든 일인가를 깨닫게 되었다. 그녀는 새삼 어머니 집이 그립기만 했다. 그녀의 팔에 기댄 스모키와 해리의 끊임없이 가르랑거리는 소리, 앰버의 귀여운 울음소리도 그리웠다. 그녀가 꿈꿔왔던 고양이와 가난으로부터 벗어난 '정상적인' 인생을 막상 경험해보니 별다른 것이 없었다. 바버라는 고양이들이 보고 싶었다. 그리고 무엇보다 어머니가 걱정되었다. 바버라는 어머니에 대해 의무감을 느꼈다. 평생 아버지가 자신을 사랑한다고 느꼈던 날은 단 하루도 없었다. 결국 곁에 있어준 사람은 어머니였다. 매일 매 순간 자신을 사랑해준 사람은 바로 어머니였다.

바버라는 어머니가 해리를 잃고 앰버를 잃는 것을 지켜보았다. 집 없는 고양이의 임시 보호가 사람들의 관심과 인기를 얻게 되어 어답트 어 펫 단체에서 더 이상 에벌린의 도움을 필요로 하지 않게 되는 과정도 지켜보았다. 바버라는 집으로 돌아가 자신의 옛 방을 둘러보다가 스모키의 주둥이 부분이 완전히 회색인 것을 발견했다. 스모키는 여전히 바버라를 가장 사랑하고 있었지만 스모키 역시 나이가 들고 에벌린만큼이나 지쳐가고 있었던 것이다. 바버라는 스모키를 끌어안고 자신의 삶을 회상하며 눈물을 흘렸다. 이제 바버라는 더 이상 자신의 유년기를 저주라고 생각하지 않았다. 괴짜 어머니, 물려받은 청바지, 못생긴 덧니(주로 그녀 자신 생각이었지만), 따돌림의 경험들을 인생에서 인내와 사랑을 배울 수 있는 소중한 교훈이라고 생각하게 되었다. 바버라는 인생의 가장 힘든 순간에도 항상 고양이들을 아끼고 사랑했다. 스모키가 세상을 떠나고 묻히는 순간까지 그녀는 스모키와의 매 순간을 소중하게 생각했다. 스모키는 램버트 가족이 아니었으면 다른 곳에서는 사랑을 받을 수 없었던 다른 고양이들과 함께 뒷마당의 오래된 사과나무 아래 묻혔다.

그렇게 해서 바버라는 고양이들과의 삶에서 다시 의미를 찾았다. 한편, 어머니의 삶은 시간이 흘러도 나아지지 않았다. 바버라가 고등학교를 졸업하던 날, 어머니는 또다시 직장을 잃었다. 11년이 지난 후 바버라가 결혼해 앤 아버에 살림을 차렸을 때에도 어머니는 여전히 미시건 주 플린트의 요양원 주방에서 일하고 있었다. 자동차가 고장 났지만 수리할 돈이 없어서 어머니는 매일 직장까지 걸어 다녔다. 주말이 되면 바버라는 플린트까지 차를 몰고 가서 어머니를 모시고 식료품 쇼핑을 하러 갔다. 어머니에게 인생은 언제나 힘겨운 싸움이었다. 이혼한 그날 이후부터 에벌린의 삶은 하루하루가 생존을 위한 투쟁이었다.

에벌린이 65세에 은퇴를 하자 바버라는 앤 아버의 자신의 집에서 몇 블록 떨어진 작은 아파트에 어머니를 모셨다. 해리와 앰버, 스모키는 이미 세상을 떠났고 미시건 주 팬턴의 위대한 램버트 임시 보호소 출신으로는 수년 전에 이웃이 버리고 간 늙은 고양이 봉커스밖에 남지 않았다. 봉커스는 털이 복슬복슬하고 가슴만 하얀 검정색 고양이로 성격이 차분했다. 봉커스는 주로 누군가의 무릎 위나 햇살 아래에 누워 있기를 좋아했다. 봉커스는 벽을 제외하고는 아무에게도 해코지를 하지 않았다. 봉커스는 벽을 보기만 하면 달려가 머리로 받곤 했다. 그래서 이름도 봉커스(제정신이 아니라는 뜻: 옮긴이)가 된 것이다. 그래도 순하고 착하기만 한 봉커스였다.

안타깝게도 어머니의 아파트에서는 애완동물을 허용하지 않았다. 그래서 바버라와 남편 제임스가 봉커스를 대신 키우기로 했고 에벌린은 난생처음 혼자 남게 되었다. 에벌린은 거의 날마다 딸의 집에 들렀지만 바버라는 그것이 자신을 만나기 위한 것이 아니라는 걸 알고 있었다. 어머니는 봉커스를 보러 오는 것이었다. 어머니는 베란다나 응접실의 큰 의자에 앉아 과거를 회상하며 봉커스의 등을 쓰다듬으며 시간을 보냈다. 어머니는 딸에게 "얘야, 나 병이 났나 봐. 나 아픈 거 알지"라고 말하곤 했지만 바버라는 어머니가 우울해서 하는 말이라고 생각했다. 에벌린은 자신이 고생을 하면서 지켜냈던 집이 그리웠다. 자신이 가꾼 정원과 고양이 묘지가 있는 곳, 인생의 추억이 담긴 그곳이 그리웠다. 그녀의 인생을 반추해보았을 때 아픔과 실망으로 얼룩진 여정 외에 무엇을 볼 수 있었을까? 미래에는 과연 무엇이 기다리고 있을까? 이제 에벌린은 물론 힘겨운 날들도 있었지만 사랑으로 충만했던 집을 두고 사랑하는 고양이조차 키우지 못하게 하는 낯선 도시의 아파트로 이사를 온 것이다.

"너는 이해하지 못하겠지만 나는 몸이 썩 좋지를 않아"라고 어머니는 말했다.

바버라는 시간이 흐르면 어머니도 적응할 것이라고 생각했다. 해리, 앰버, 그레이시, 스모키. 어머니는 항상 살아남는 법을 찾으셨고 삶의 목적을 만들어낼 수 있는 사람이었다. 하지만 그러던 어느 날 아침 어머니에게서 전화가 왔다.

"얘야, 난 더 이상 견딜 수가 없구나. 그냥 이 아파트에서 죽을 것만 같아."

바버라는 어머니에게 달려갔다. 어머니는 극심한 통증을 느끼고 있었다. 밤에 한숨도 못 잤다고 했다. "왜 전화를 하지 않으셨어요?" 응급실로 향하는 길에 바버라는 속이 타서 계속 어머니를 다그치게 되었다.

"밤에 아프실 때 왜 전화를 안 하셨던 거예요?"

"널 깨우기 싫어서 그랬지."

유방암은 수년 동안 방치되어 척추와 다리로까지 전이된 상태였다. 통증을 완화시키는 것 외에는 병원에서 해줄 수 있는 것이 아무것도 없었고, 바버라는 어머니가 수년 동안 병을 숨겨왔다는 것을 깨달았다. 의사는 약을 처방해 어머니를 집으로 돌려보냈지만 암이 너무 진행된 상태여서 어머니는 심한 통증에 시달렸고 병세는 더 위중해져갔다. 채 한 달도 되지 않아 어머니는 다시 입원을 해야 했다.

"봉커스는 잘 지내니?"

에벌린은 힘겹게 숨을 몰아쉬며 바버라에게 물었다. 이제는 너무나 쇠약해져서 말하는 것도 힘들어했다.

바버라는 어머니의 이마에서 회색 머리카락 한 올을 치워주며 말했다.

"봉커스는 잘 있어요."

그녀는 눈물을 삼키며 거짓말을 했다. 사실은 봉커스가 밤사이 사라져버린 것이다. 바버라는 밤새도록 봉커스를 찾아보았지만 찾을 수가 없었다.

바버라의 어머니는 희미한 미소를 지으며 고개를 끄덕이고는 눈을 감으셨다. "봉커스." 어머니는 조그맣게 속삭였다. 다음 날 어머니는 의식을 잃고 스스로 호흡할 수 없게 되어 병원에서는 인공호흡기를 연결했다. 어머니는 예전부터 기계로 목숨을 부지하며 살고 싶지는 않다고 말해왔었다. 하지만 유언장으로 남겨놓은 것도 아니고, 서면 동의서도 없었다. 훗날 그녀의 인생에서 가장 가슴 아픈 상처로 남을 지독한 언쟁이 오간 후 의사들은 드디어 인공호흡기를 제거하는 데 동의했다. 모르핀 덕분에 고통은 느끼지 않겠지만 더 이상 생명은 연장할 수 없는 것이다. 어머니는 살 수 있는 날이 며칠 남지 않았다. 바버라는 그날 병상 머리맡에 앉아 생명이 꺼져가는 어머니 곁을 지켰다. 그날 밤 바버라는 꿈을 꾸었다. 어머니가 봉커스와 함께 저 멀리 서서 손을 흔들고 있었다. 둘은 아주 모호하고 뭐라고 말할 수 없는 장소에 있었으나 어머니가 이런 말을 하는 것을 입 모양을 보고 알 수 있었다. 모든 게 괜찮을 거야, 걱정하지 마, 모든 게 다 괜찮아. 다음 날 아침 바버라는 아침 신문을 가지러 현관으로 나갔다가 우연히 이웃집 차고 입구를 보게 되었다. 차고 앞 트럭 그림자 밑에 움직이지 않는 물체가 있었는데 바로 봉커스였다. 바버라는 가까이 다가가지 않고도 봉커스가 죽으려고 집을 나갔고 잠자는 듯 편안히 세상을 떠났음을 알 수 있었다. 그녀는 차가운 아침 햇살 아래 아직도 김이 모락모락 나는 커피 잔을 든 채 봉커스를 바라보며 엉엉 울었다.

잠시 후 바버라는 남편 제임스에게 전화를 했다. 두 사람은 바버라의 어머니가 비료와 달걀껍질로 다시 살려낸 뒷마당의 라일락나무 아래 봉커스를 묻어주었다.

그다음 날 에벌린 렘버트는 세상을 떠났다. 그녀 나이 66세였다.

*

바버라로서는 어머니에 대해 이야기하는 것이 쉽지 않았다. 8년이 흘렸고, 사랑하는 남편과 예쁜 딸, 그리고 미스터 보브 키튼스 경이라고 불리는 유쾌한 난자 고양이와 함께하면서도 한두 문장이 끝날 때마다 멈추고 눈물을 훔치곤 했다.

"정말 어머니를 존경했어요." 바버라가 말했다.

"어머니는 스스로 목소리를 낼 수 없는 모든 것들을 보살폈어요. 진심으로 생명을 아끼셨지요. 제가 어렸을 때 마을에서 모기 방역을 하기로 해서 트럭들이 차 지붕에 오렌지색 경고등을 달고는 살충제를 뿌리고 돌아다녔죠. 며칠이 지난 후 어머니가 제게 물어보았어요. '무슨 소리가 들리니?' 그래서 저는 '아니요, 아무 소리도 들리지 않아요'라고 대답했죠. 어머니는 '단순히 모기를 잡는 약이 아니었어. 모기만 잡는 것이 아니라 다른 벌레들도 다 죽인 거야. 그렇기 때문에 새들의 울음소리가 더 이상 들리지 않는 거야'라고 하셨지요."

바버라는 여기서 말을 멈추고 자신을 가다듬었다.

"우리 어머니, 정말 똑똑하지 않아요?"

바버라는 자신의 성격이 무엇이든 다 마음속에 꼭꼭 담아두고 감정을 회피하려는 경향이 있다는 것을 알고 있었다. 또한 아직까지도 사랑하는 사람들로부터 버림받는 데 대한 크나큰 공포심이 있다는 것도 알고 있었다. 어머니와 봉커스가 죽은 지 2년이 흐른 후에도 그녀는 다른 고양이를 입양할 용기를 내지 못하고 있었다. 바버라는 부부 관계도 매우 돈독했고 예쁜 딸과 안정된 직업과 좋은 집이 있었다. 사람들은 이런 것들을 잃어버리기 전까지는 얼마나 소중한지 모르기 때문에 자칫 당연히 여기는 것들이다. 바버라의 집에는 금붕어, 햄스터, 거북이까지 있지만 고양이는 없었다. 바버라는 행복하고 편안하고 사랑받고 있었기 때문에 고양이를 키우는 위험부담을 지고 싶지 않았다. 또 한 번 잃고 싶지 않았기 때문이다. 또다시 마음을 주었던 고양이를 먼저 떠나보내야 하는 게 싫었다. 하지만 아홉 살짜리 아만다가 너무나도 고양이를 원하는데 어떤 엄마가 거부할 수 있겠는가?

그래서 가족은 맥스라는 고양이를 입양했다. 맥스는 아주 사랑스러운 고양이로 냉장고 위에서 꼬리를 한쪽으로 늘어뜨리고 잠을 자는 귀여운 습관이 있었다. 하지만 2년이 지나 네 살이 되던 해에 갑자기 맥스가 쓰러졌다. 맥스는 부엌을 가로지르다가 갑자기 옆으로 쓰러져 심하게 몸을 떨더니 간질 대발작 같은 경련을 일으켰다. 바버라는 이 광경을 보고 충격에 빠졌다. 아직 어리고 건강했던 맥스가 눈앞에서 죽어가고 있었다. 악몽이 되살아나는 것 같았다. 제임스가 미친 듯이 전화를 거는 동안 바버라는 몸을 뒤트는 맥스를 붙들고 있었다. 맥스는 눈을 하얗게 뒤집고 눈꺼풀을 떨고 있었고 심장도 미친 듯이 뛰었다. 다급한 나머지 아이가 받을 충격을 미처 생각지 못하고 바버라는 큰 소리로 딸을 불렀다. 아만다가 뛰어왔다. 아만다는 몸을 떨고 입에서 피를 흘리는 맥스를 보고 비명을 지르며 울기 시작했다. 열한 살짜리가 감당하기엔 너무 힘든 광경이었다. 그러나 제임스와 바버라가 한 시간 후 집에 돌아와 맥스가 죽었다는 소식을 전했을 때 아만다는 어머니에게 뛰어가 이렇게 말했다.

"엄마, 고마워요. 맥스가 살아 있을 때 작별 인사를 할 수 있게 해줘서 고마워요." 바버라는 자신의 딸이 강인하다는 것을 깨달았다. 그날 처음으로 바버라는 항상 정서적으로 안정적이던 딸에게서 결손 가정에서 오래 힘겨운 나날을 겁에 질린 채 조용히 견뎌온 어린 시절의 자신을 보았다.

동물보호소를 한 달에 걸쳐 세 번을 방문한 뒤에 마침내 바버라는 닌자를 입양했다. 자신은 마음의 준비가 되어 있지 않았지만 그녀의 가족, 특히 남편이 고양이가 없다고 몹시 섭섭해하고 있었다. 바버라는 이렇게 생각해보았다. 그냥 집에 두고 같이 살면 되지, 뭐. 아만다와 제임스를 위해서. 다른 사람들이 고양이를 대하듯 그냥 닌자를 대할 수 있을 거야. 절대 마음 주지 않고 그냥 우연히 같은 집에 사는 동물처럼 대할 수 있을 거야.

남편 제임스는 닌자에게 홀딱 반해 있었다. 아침에 식사를 하러 부엌으로 올 때마다 닌자를 아기처럼 품에 안고 있었다. 남편이 닌자를 쓰다듬어주지 않겠냐고 하면 바버라는 "아니, 아직은 아니야. 좋아하긴 하는데 아직 그런 교감은 없어서 말이야"라고 대답하곤 했다. 그렇게 계속 닌자를 밀어내기만 했다.

닌자가 온 지 12주가 되었을 때 바이러스에 걸리자 바버라는 얼른 동물병원으로 데려갔다. 수의사가 닌자를 진찰하는 것을 보고 있다가 바버라는 문득 수십 년 전 기억이 떠올라 갑자기 울기 시작했다. 그때 바버라는 자신이 캠핑을 가면 어머니가 없어질 것 같다는 생각에 캠핑차가 집에서 멀어지는 동시에 울음보를 터뜨렸었다.

"얼마 전에 고양이를 잃었어요." 그녀는 울며 말했다. "닌자마저 잃을 순 없어요. 안 돼요. 제발 도와주세요, 선생님."

수의사는 바버라의 어깨를 감싸며 말했다. "걱정 마세요. 그냥 단순한 감기니까요."

고양이 이름이 왜 닌자인지는 집에 데리고 온 지 하루 이틀이 지나자 알게 되었다. 바버라가 문을 열자 닌자가 복도 끝에 웅크리고 있는 것을 보았다. 인기척에 깜짝 놀란 새끼 고양이는 갑자기 뒷발로 서더니 앞발을 좀비처럼 쭉 내밀었다. 닌자는 그렇게 서서 몇 초 동안 그녀를 쳐다보았다. 그러더니 옆으로 통통 튀며 그녀를 향해 뛰어오는데 팔을 양옆으로 마치 무슨 가라데 권법을 하듯 흔들어대는 것이 아닌가. 닌자는 미친 고양이처럼 목을 한쪽으로 비딱하게 기울이고는 앞발은 전혀 바닥을 딛지 않은 상태로 긴 복도 전체를 뒷발로만 점프해서 왔다. 그것은 너무나 신기한 광경이었고 나중에 알고 보니 어쩌다 한번 생긴 일이 아니었다. 닌자는 놀라거나 무섭거나 언짢거나 혹은 흥분을 하면 항상 이런 괴상한 가라데 춤을 추곤 했다. 특히 10대 소녀인 아만다와 함께 있을 때면 녀석의 닌자적 소양이 더욱 증폭되는 것 같았다. 멀리서라도 아만다가 "어머나, 세상에, 닌자!" 하고 외치는 소리를 들으면 보지 않고도 어떤 일이 벌어지는지 가히 짐작할 수 있었다. 고양이가 딸 앞에서 또 그 괴상한 점프를 하고 있구나.

그렇다고 해서 닌자가 투사는 아니다. 그냥 괴짜일 뿐이다. 닌자는 폼은 엄청 잡았지만 실속은 없었다. 바버라가 마침내 자신과 닌자 사이의 깊은 교감을 인정한 뒤에는 닌자라는 이름이 옳지 않다는 생각이 들었다. 어울리는지는 몰라도 옳지는 않았다. 왜냐하면 닌자는 녀석의 교도소 이름이었기 때문이다.

바버라는 새로운 이름을 생각하기 시작했다. 어느 날 밤 바버라와 아만다는 보브캣(북미 살쾡이: 옮긴이)에 대한 자연 다큐멘터리 프로그램을 보고 있었다. 두 사람은 닌자의 얼굴이 보브캣하고 좀 비슷하다고 생각했다.

"하지만 넌 자가 보브캣은 아니잖아요. 보브 키튼(새끼 고양이: 옮긴이)이라고 하는 게 맞죠."

아만다가 이렇게 제안을 했다.

보브 키튼. 좋다. 하지만 충분히 기품이 있는 것 같지는 않았다. 그래서 바버라는 넌자를 보브 키튼스 경이라고 부르기로 했다.

다음번에 동물병원을 찾았을 때 바버라는 담당자에게 넌자의 이름을 바꿨다고 알려주었다. 이제부터는 미스터 보브 키튼스 경이라고 선언했다. 네, 앞으로 넌자의 공식 이름입니다. 병원 기록부에도 올려주세요.

물론 미스터 보브 키튼스 경 같은 경우에는 이미 이름이 네 개의 부분으로 구성되어 있지만 이 이름만으로는 충분하지 않다. 곧 이 고양이는 미스터 펌킨 팬츠(호박 바지: 옮긴이)로도 불렸다. 왜냐하면 녀석은 호박 같은 오렌지색에 넓적다리가 튼실하고 털이 많았기 때문이다. 그리고 그다음에는 곧 미스터 스파클 팬츠(반짝이 바지: 옮긴이)라고도 불렸다. 같은 이유였다. 그 허벅지 때문에. 바버라의 남편이 이 고양이를 플러펠리셔스(복슬복슬하다는 플러피fluffy와 맛있다는 딜리셔스delicious의 합성어인 듯하다)라고 부르는 것을 보고 아만다는 엄마 아빠의 정신세계가 정말 사차원적이라며 개탄했다. 하지만 두 사람은 개의치 않았다. 부부는 미스터 펌킨 키튼 팬츠를 사랑했기 때문이다.

이 관계가 완벽했던 것은 아니다. 바버라가 늘 말했듯이 미스터 키튼스는 순둥이가 아니라 개성 넘치는 캐릭터였기 때문이다. 항상 바버라와 같은 방에 있기를 원했지만 마치 우연히 둘이 같은 공간을 할 수 없이 공유하게 된 것처럼 자신은 3미터 정도 떨어진 곳에 자리를 잡았다. 자기 마음이 내킬 때에만 와서 안기는데 그나마 그런 일조차도 자주 일어나지 않았기 때문에 자발적으로 안겼다 하면 집안의 경사였다. 녀석은 조용한 고양이로 발랄하고 개성이 넘쳤지만 대화를 통한 소통을 많이 하는 편은 아니었다. 닌자는 거의 한 번도 가르랑 소리를 내거나 울음소리를 내지 않았다. 정말 간절하고도 간절하게 바라는 무엇이 있을 때만 겨우 엄마와 아빠에게 말을 붙였다. 그런 경우란 대개 자신이 가장 좋아하는 간식인 베이컨 냄새가 날 때였다. 베이컨 냄새를 맡으면 닌자는 뒷다리로 서서 앞발을 흔들며 미친 닌자 댄스로 온 방을 뛰어다녔다. 만약 베이컨이 정말 자신이 좋아하는 정도로 바삭하게 구워졌을 때는 그야말로 광란의 도가니였다. 어느 날 제임스는 저녁 식탁 위에서 닌자에게 베이컨을 주는 큰 실수를 범했다. 그 뒤로는 매일 저녁을 먹을 때마다 식탁 위로 뛰어올랐다. 그러면서 식탁이 아닌 곳에서는 절대 밥을 먹지 않았다.

 닌자는 정말 착한 고양이였다. 물론 바버라가 지하실 계단을 내려갈 때마다 바버라의 발을 붙잡아서 넘어뜨리려 하기도 했다. 그녀가 넘어질 뻔하여 비명을 지르면 닌자는 기습이 성공을 거두었음에 흐뭇해했다. 제임스가 일을 하려고 하면 노트북 위에 드러눕기도 했다. 노트북 뚜껑을 닫아도 녀석은 움직이지 않았다. 그냥 그 자리에 그대로 누워 온 얼굴에 싱거운 미소를 띤 채 고양이 핫도그가 된 것처럼 노트북 양 옆으로 비어져 나와 있는 것을 즐겼다. 그러나 미스터 보브 키튼스 경이 항상 이런 어릿광대 같은 짓만 하는 것은 아니었다. 매일 아침 아만다가 학교 갈 준비를 할 때엔 방에 들어가 모든 것을 냄새 맡으며 검사했다. 닌자는 거만하고 자존심 강한 오빠처럼 간혹 짓궂은 장난을 하긴 해도 언제나 여동생을 돌보는 역할을 했다.

이것은 단지 바버라의 상상에 불과한 것인지도 모른다. 어쩌면 아침마다 냄새를 맡고 다니는 것은 이 고양이의 일상적인 일과인지도 모른다. 왜냐하면 미스터 보브 키튼스 경은 정해진 일과를 반복하는 것을 좋아해서 정확하게 새벽 5시가 되면 아침밥을 달라고 바버라를 깨웠다. 주중에는 어차피 바버라도 일을 하기 위해 일어나야 했지만 주말엔 골치가 아팠다. 자기를 위해 일찍 일어나봤자 감사하다고 코를 비벼주지도 않으면서 그러니 말이다. 미스터 키튼스는 제임스를 좋아했다. 제임스가 커피를 내리고 있으면 부엌으로 들어와 오전 쓰다듬기 일과가 시작된다. 미스터 키튼스는 오전에, 오직 오전에 쓰다듬어주는 걸 좋아했고 그나마 그것도 제임스만 할 수 있었다. 이러한 습관은 입양 초기에 바버라가 애써 정을 주지 않으려 하면서 생겨났다.

그렇다. 미스터 키튼스는 사고뭉치다. 맞다. 천방지축이다. 하지만 이것을 다른 방식으로도 볼 수 있다. 미스터 키튼스는 베이컨을 숭배하고 야성적인 눈매에 큰 소리나 알루미늄 호일을 무서워하고 허벅지가 특히 발달하여 그 부위엔 털도 수북하게 많다. 그리고 자신의 전매특허인 광란의 가라데 댄스를 추는 고양이다. 이런 점들을 종합해보았을 때 너무나 재미있는 고양이다. 어느 누가 미스터 키튼스 같은 고양이를 사랑하지 않을 수 있겠는가? 안기는 것을 싫어하는 미스터 보브 키튼스 경이지만 스모키, 해리, 앰버, 맥스, 혹은 바버라 인생의 다른 고양이들과 마찬가지로 그녀와 깊이 정이 들었다. 바버라가 아프면 미스터 키튼스가 알아차릴 정도였다. 어느 날 아침 갑자기 바버라는 몸이 좋지 않았다. 미스터 키튼스는 앞발을 그녀의 무릎에 올려놓고 걱정스러운 듯 울음소리를 냈다. 한번은 바버라가 부엌에서 쓰러진 적이 있었다. 처음엔 테이블 위로 넘어졌는데 간신히 의자를 붙들고 일어서려고 안간힘을 쓰다가 바닥으로 맥없이 미끄러지며 쓰러졌다. 바버라의 무릎을 딛고 올라간 미스터 키튼스는 그녀가 의식을 잃어가자 그녀의 눈을 들여다보며 비명처럼 큰 울음소리를 내질렀다.

원인은 출혈성 궤양이었다. 궤양 때문에 혈관이 터져 바버라는 꽤 많은 피를 잃었다. 궤양은 단기간의 치료와 새로운 식단을 통해 문제를 해결할 수 있었지만, 그 후 후속 검진을 위해 병원을 찾았을 때 치료가 그리 쉽지 않은 병이 발견되었다. 어머니를 앗아갔던 바로 그 질병, 유방암이었다. 바버라가 힘겨웠던 어린 시절을 딛고 일어나 열심히 구축해놓은 그녀의 단란한 삶이 모두 한꺼번에 무너져 내리는 것 같았다. 우선 수술을 했고 방사선 치료가 따랐다. 의사들은 화학요법을 권하면서도 선택은 환자인 그녀에게 맡겼다. 바버라는 어머니의 끔찍했던 마지막 나날들을 떠올렸다. 바버라는 마흔한 살이었다. 마흔다섯 살에 인공호흡기를 단 채 병원에 누워 죽어가는 모습을 딸에게 보여줄 수는 없었다.

바버라는 화학요법을 선택했고 지금까지도 꾸준히 받고 있다. 머리카락을 다 잃었지만, '그럼 어때, 5개월 동안 다리 면도는 안 해도 되잖아'라고 긍정적으로 생각하기로 했다. 또한 지겨운 명절 뒤치다꺼리를 하지 않아도 되는 좋은 변명거리가 생겼다. 딸은 전형적인 10대 소녀답게 남부끄러우니 제발 화장 좀 하라며 내게 잔소리를 하곤 했지만, 이제는? 이제는 아무도 그런 건 신경 쓰지 않잖아? 하루하루가 그녀에겐 마지막 날일 수도 있다. '행복을 주는 일이면 후회하지 말자'가 그녀의 새로운 모토가 되었다. 바버라는 요즘 간혹 살찌는 컵케이크를 즐기면서도 전혀 죄의식을 느끼지 않는다. 오히려 그녀는 모든 것에 감사하고 있다. 미스터 키튼스가 매일 아침 새벽 5시에 자신을 깨우는 것도 감사하다. 미스터 키튼스에게 밥을 주고 머리를 쓰다듬어주고는 (그렇다. 요즘 미스터 보브 키튼스 경은 가끔 그녀가 머리를 쓰다듬는 것도 허락한다.) 부엌에 앉아 아침과 커피를 음미하며 미스터 보브 키튼스 경이 정말 아름다운 고양이라는 것에 또 감사한다.

바버라 곁에는 남편 제임스가 있다. 둘의 부부 관계는 언제나 좋았지만 지금은 더욱 금슬이 좋다. 바버라에게는 딸 아만다가 있고 딸이 커가는 모습을 꼭 보고 싶다. 그녀에게는 미스터 보브 키튼스 경도 있다. 바버라가 힘든 치료를 받고 집으로 돌아온 후로는 바버라의 발치에서 자는 습관이 생겼고 때로는 그녀의 가슴께로 올라와 옆에 붙어 자기도 한다. 미스터 키튼스가 안기는 것을 좋아하는 고양이는 아닐지라도 이러한 녀석의 행동으로 바버라는 미스터 키튼스가 자신을 많이 사랑하고 있다는 것을 알고 있다. 그녀는 멋진 인생을 살고 있다.

삶이 힘들어질 때는 어떻게 하냐고? 그런 날도 있겠지만 그래도 바버라 라지네스는 미스터 보브 키튼스 경이 뒷다리로 서서 앞발을 흔들며 야성미 넘치는 멋진 광란의 가라데 댄스로 복도를 통통거리며 뛰어다니는 모습을 볼 수 있다.

이 세상 누구라도 그 모습을 보고 어찌 웃지 않을 수 있겠는가?

Dewey's Nine Lives
⟨3⟩

스푸키와 나는
세상 어디든 함께했어요

나는 스푸키와 *21년*을 함께했죠.
내가 스푸키를 만났을 땐 정말 죽기 직전인 상황이었어요.
하지만 스푸키는 죽음을 이겨냈고 내 인생에 많은 기쁨을 주었죠.
때때로 그 녀석이 내 다리에 촉촉한 코를 갖다 대는 것을 느끼곤 합니다.
내가 천국에서 자기와 함께하길 기다리는 거죠.

— 빌

Spooky & Bill

"스푸키는 내게 의지했어요." 빌은 이렇게 설명했다.
빌 역시 스푸키에게 의지했다. 스푸키 없이는 아무 데도 가지 않았다.
빌이 집에 있으면 스푸키는 빌 옆에서 자리를 지켰다. 빌이 산책을 가면
스푸키도 그의 뒤를 따랐다. 빌은 불안이 엄습해오면 길을 떠나곤 했는데
그런 때에도 스푸키와 함께였다. 고양이 먹이만 준비되면 둘은 자유로운 몸이었다.
빌이 길가에서 히치하이킹을 하는 동안 스푸키는 그 옆에서
방아깨비를 쫓아다니거나 바람에 흔들리는 수선화 봉오리를 따라다녔다.
속도를 늦추어주는 차가 생기면 빌은 크게 외쳤다.
"스푸키!" 이렇게 딱 한 번만 부르면 스푸키는 열심히 달려와
자동차 안으로 뛰어들었고, 또 그렇게 그들의 여정은 시작되었다.

빌 베젠슨은 미시건 주에 있는 작은 마을인 로미오 근처의 가족 농장에서 자랐다.
  베젠슨 농장에는 헛간이 두 개 있었다. 빌의 아버지는 둘 중 더 작은 번식용 헛간에 아들이 구조한 동물들을 위한 공간을 마련해주었다. 빌이 구조한 동물은 열 마리도 넘었다. 여우, 주머니쥐, 강아지, 고양이

스푸키와 나는 세상 어디든 함께했어요

등 우연히 만났거나 도움이 필요한 동물들이라면 무조건 데려왔다. 다친 동물이 있으면 치료를 해주었다. 심지어 빌의 어깨 위로 뛰어다니고 건초 다락에서 함께 숨바꼭질을 하고 놀던 스컹크도 있었다. 만일 다른 사람이 헛간 근처로 접근하면 스컹크는 꼬리를 치켜들었다. 하지만 빌과 함께라면 이 스컹크는 마치 새끼 고양이처럼 순하게 굴었다. 그러나 빌이 가장 좋아했던 동물은 자신이 구조한 너구리였다. 어미 너구리는 자동차에 치였고 새끼 너구리들이 도로변 나무 위에 옹기종기 모여 죽은 어미를 내려다보고 있었다. 새끼들은 몸집이 아주 작았고 불안과 혼란 속에 춥고 배고픈데다가 공포로 온몸이 굳어 있었다. 그중 유일하게 한 마리만이 살아남았다. 토요일 아침에 방영하는 벅스 버니 만화영화에는 사랑에 목숨 거는 뻬뻬 르 퓨라는 프랑스 스컹크가 등장한다. 사람들은 그 이름을 따서 너구리를 피에르 라 푸프(옹가: 옮긴이)라고 불렀다. 빌의 할머니가 지어준 이름이다. 아기 너구리였을 때 할머니가 처음 안아주자마자 바로 무릎에 배설을 하는 바람에 붙여진 이름이다.

피에르는 착하고 충성스럽고 사람을 잘 따르는 너구리였다. 피에르와 빌은 헛간에서 놀거나 마당에서 막대기 던지기를 하기도 하고 전형적인 미국 중서부의 금발 소년과 충성스러운 개처럼 함께 나란히 밭을 산책하기도 했다. 어깨에 낚싯대까지 둘러매면 더욱 그럴듯한 그림이 되었다. 하지만 너구리는 개가 아니다. 호기심 많고 장난기 많은 야생 동물로서 솔직히 평균적으로 강아지보다 훨씬 머리가 좋다. 피에르는 손으로 고기를 잡을 수도 있고, 옥수수 껍질도 벗기고, 쓰레기를 조심스럽게 뒤질 수도 있고, 문도 열 줄 알았다. 어느 날 가족이 집에 돌아와 보니 피에르가 부엌 카운터 위에 턱 하니 걸터앉아 아무렇지도 않게 접시를 집어던지고 있었다. 바닥은 온통 깨진 접시투성이였다. 최근에 피에르는 물건을 훔치고, 열쇠를 따고, 빗물 집수통에서 계속 손을 씻는(너구리들은 강박적으로 손 씻기를 반복하는 것으로 유명하다) 등 전형적인 너구리의 행동 양태를 보였다. 그런데다 접시까지 박살을 내자 결국 아버지의 인내심도 한계에 도달했다. 빌은 피에르를 구하기 위해 애원해보았지만 아무 소용이 없었다. 아버지는 너구리를 트럭 뒤에 싣고 45킬로미터를 달려가 빈 헛간에 버려두고 왔다.

　3주 후에 빌은 아버지와 근처 호수에서 낚시를 하고 있었는데 나무 위에서 울음소리를 내는 너구리를 발견했다. 빌이 나무 위를 올려다보며 말을 걸어보았다.

　"피에르, 혹시 너니?"

　나무에서 쪼르르 달려 내려온 피에르는 빌의 다리를 타고 올라가 품에 안기더니 얼굴을 혀로 핥고 코를 깨물며 난리법석을 떨었다.

　"할 수 없군. 저놈을 키울 수밖에." 아버지가 체념한 듯 말했다. "저놈을 비행기에 태워 내다 버릴 돈은 없으니까." 하지만 사실 늙은 농부는 아들과 이 야생동물 사이의 교감에 큰 감동을 받았다. 설사 자가용 비행기가 있었다 해도 다시는 피에르를 갖다 버리지 않았을 것이다.

　빌의 유년기의 꿈이 삼림감시원이었던 것도 어쩌면 피에르의 영향이었는지도 모른다. 모두가 빌이 수의사가 되어야 한다고 생각했다. 동물에 대해 남다른 재능과 애정을 가지고 있었기 때문이다. 하지만 세상은 변한다. 다 자란 피에르 라 푸프는 가정을 이루고 싶어 했다. 너구리들은 어렸을 때는 온순하지만 교미를 할 나이가 되면 공격적이고 사나워지는 경향이 있었다. 하지만 피에르는 아니었다. 피에르는 그냥 조용히 헛간을 떠났다. 암컷을 만난 후, 농장의 한 귀퉁이로 살림을 차려 나간 것이다. 어느 날 빌과 아버지는 농장 뒤편의 베란다 계단에 앉아 있었다. 빌이 우연히 밭 쪽을 바라보니 피에르가 네 개의 꼬물거리는 작은 물체를 옆에 달고 자신을 향해 오고 있는 것이 아닌가. 피에르는 자기 새끼들을 하나하나 입으로 물어서 베란다에 올려놓고 자신의 소중한 친구에게 소개를 했고 그동안 부인 너구리는 옥수수 밭 가장자리에서 안절부절못하며 서성였다. 너구리 가족은 빌과 아버지가 새끼들을 한 마리 한 마리 다 안아볼 때까지 베란다에 머물렀다. 그러고는 뒤돌아 옥수수 밭을 향해 자신들의 새 집으로 돌아갔다.

"세상에 저런 놀라운 광경을 본 적이 없구나."

너구리들이 드디어 사라졌을 때 빌의 아버지가 놀라워하며 말했다.

그것이 빌이 마지막으로 본 피에르 라 푸프의 모습이었다. 너구리 피에르는 가족을 데리고 숲 속 깊이 사라졌다. 잠시 작별 인사를 하기 위해 나왔던 것이다.

몇 년 후 빌은 고등학교를 졸업하고 자신의 작별 인사를 했다. 수의학 공부나 삼림감시원 연수를 받기 위해 떠나는 것이 아니었다. 대학에 가는 것도 아니었다. 때는 1964년 6월이었고 빌 베젠슨은 자원해서 육군 보병 대대에 입대했다. 7월 1일에 그는 기초 훈련을 받으러 떠났다. 3년 후 갓 스무 살이 된 빌은 베트남에 투입되었다.

빌은 미 육군 제123 항공 연대 B중대에 배치되었다. 워로드 부대는 공수정찰 지원을 하거나 각종 검거, 정찰과 적진 깊숙이 침투해 비밀 임무를 수행하는 부대였다. 부대는 21명의 군인으로 구성되었고 헬리콥터 1대당 대원 일곱 명과 조종사 두 명, 두 명의 사수가 배치되었다.

보병이나 폭격기 승무원이 적의 움직임이 의심된다고 보고를 하면 간부들은 워로드를 출동시켰다. 그들의 역할은 의심 지역을 휩쓸고 지나가면서 가능한 최대의 화력을 퍼붓고 지상에서 어떤 대응 포화가 있는지 보는 것이다. 빌은 땅굴 담당이었다. 빌의 임무는 엄호나 무전기 교신도 없이 땅굴에 혼자 들어가 그 안에 숨어 있는 베트콩을 유인해 내는 일이었다.

말할 것도 없이 아슬아슬하고 위험천만하며, 예측을 불허하는 임무들이었다. 너무도 위험하고 한 치 앞을 가늠할 수 없었기에 몇 개월 동안 죽지 않고 살아 있으면 마치 자신이 천하무적인 양 착각이 들 정도였다. 캄캄한 베트콩 땅굴 속에서 빌은 기억하고 싶지 않을 만큼 많은 교전을 진저리가 나도록 경험했다. 어느 날인가는 귀대해 보니 헬리콥터 몸체에 1,000개 이상의 총알 자국이 있었다. 그 헬기엔 여덟 명이 타고 있었다. 몇 명은 군복에 구멍이 뚫렸지만 어느 누구도 피를 흘리는 부상은 입지 않았다. 워로드 부대에서는 이런 일이 다반사였다. 가벼운 부상들을 입고 "조그만 훈장 쪼가리 같은 것"(빌은 자신이 받은 훈장들을 이렇게 불렀다)을 받을 만한 일은 있었지만 큰일은 없었다. 전사자도 없었다. 거의 1년 동안 그렇게 지냈다.

그러다 1968년 9월이 되었다. 시작부터 좋지 않았다. 다른 부대원들과의 관계도 끈끈했지만 특별히 가까웠던 전우가 머리에 총상을 입었다. 헬기가 의무대로 부상자를 후송하는 동안 빌은 피로 흠뻑 젖은 무릎에 친구를 안고 있었다. 머리에 난 구멍이 너무 커서 심장이 뛸 때마다 뇌도 같이 움직이는 것이 보일 지경이었다. "그 친구를 다시 못 보는 줄 알았어요." 당시를 회상하며 빌이 말했다. "1996년에 그 친구에게서 편지가 왔어요. 살아 있었습니다. 평생 부상으로 인한 후유증에 시달렸다고 하지만, 그래도 살아 있었던 겁니다."

며칠 후 워로드 부대는 비무장 지대 근처로 정찰 비행을 나갔다. 그곳은 그해 초에 해병대 기지가 적의 포화 속에 122일 동안 포위되었던 케산 근처의 록 파일이라고 불리는 지역 너머에 있는 곳이었다. 평상시처럼 착륙했는데 알고 보니 그곳에 대규모 베트콩 진지가 있었던 것이다. 워로드가 임무를 수행할 때는 매번 무장 헬리콥터 2대와 스포트 헬리콥터 2대가 지원을 나간다. 하지만 수백 대의 총이 한꺼번에 사격을 해오자 헬기들도 속수무책이었다. 첫 번째 무장 헬기가 추락했다. 두 번째 무장 헬기의 조종사는 발꿈치에 총을 맞았다. 회전하며 추락하는 헬기를 간신히 바로잡아 겨우 귀환할 수 있었지만 지상 투입 인원은 뒤에 남게 되었다. 결국 196보병 연대가 출동하여 그들을 구출할 수밖에 없었다. 구출될 당시 이미 워로드 부대는 사상자가 속출했고 빌 베젠슨은 그의 절친한 친구 러치(리처드 레릭. 고인의 명복을 빕니다)를 베트콩의 총탄에 잃었다. 빌은 기지로 돌아와 머릿속에 그 한 달간의 끔찍한 기억을 머릿속에 꽁꽁 가두어 두고 계속 전투에 임했다.

1968년 12월 드디어 고향에 돌아왔을 때 빌 베젠슨은 더 이상 미 육군이나 베트남 전쟁에 아무런 미련이 없었다. 수의사나 삼림감시원이 되고 싶지도 않았다. 미시건 주 가족 농장에는 "아들아, 귀향을 축하한다" 라는 커다란 현수막이 걸려 있었지만 고향 같은 느낌이 들지 않았다. 옛날에 빌과 아버지는 아버지가 직접 만든 2.5미터짜리 손수레를 가지고 베스 낚시를 가곤 했다. 두 사람은 호숫가에 앉아 항상 많은 대화를 나누었다. 그곳은 두 사람만의 은밀한 안식처였다. 하지만 베트남에서 돌아온 후에는 서로에게 더 이상 할 말이 없었다.

빌은 무엇을 해야 할지 몰랐다. 어디에도 소속감을 느낄 수 없었다. 친척들에게 자신의 정복 입은 모습과 메달을 보여주고 집으로 돌아오는 길에 교통경찰이 그의 차를 멈춰 세웠는데 경찰은 빌의 군복을 보고는 비아냥거렸다. "당신도 베트남에서 어린애들 좀 죽여봤겠구먼." 자신이 다니던 고등학교에서 돌아온 영웅으로서 강연을 해달라고 하자 그는 연단에서 열정적인 반전 연설을 했다. 그 사실을 알게 된 빌의 어머니는 몹시 수치스러워했다. 어머니는 독실한 가톨릭 신자로 성당 제단보를 직접 손으로 세탁하는 신심이 깊은 분이었다. 아들을 사랑했지만 빌은 너무 많이 변해 있었다. 아들은 침울하고 시무룩했다. 술도 마셨다. 게다가 이제는 반전운동까지 한다. 정부를 지지하는 어머니와 '침묵하는 다수'의 미국인들에게는 이 전쟁은 하느님과 조국, 또 미국이 지향하는 모든 이상과 신념을 위한 것이었다. 수개월 동안 불편한 관계를 이어가던 빌의 어머니는 결국 아들과의 관계를 끊었다.

처음에는 술에 빠져 살다가 그는 길을 떠나기로 했다. 반전 베트남 참전군인회의 활발한 회원으로서 자신을 부르는 곳이 있으면 사친회이건 교회이건 달려가 연설을 했다. 미군의 양민학살에 대한 이야기가 계속 보도되면서 국민의 상당수가 전쟁에 등을 돌렸다. 청중이 군을 지지하는지 반대하는지 알지 못했지만 그는 항상 모든 진실을 털어놓았다. 자신이 미국 정부를 위해 살인을 하는 와중에 전쟁에 대한 신념을 상실했다는 사실, 너무나 많은 죽음과 파괴, 너무나 많은 불타는 마을과 넋 나간 영혼을 보았다는 사실. 빌은 여자 포로를 잡고 있던 전우에게 M16을 겨누면서 "그 여자에게 칼을 대면 너를 죽여버리겠다"라고 협박했던 사실까지 털어놓았다. 전우의 머리에 총을 겨누어선 안 된다. 절대로. 특히 적에게 둘러싸인 전쟁터에서는 절대 금기 사항이다. 빌의 부대원들은 그 여자가 무엇인가 중요한 정보를 알고 있을 것이라고 생각했다. 증거는 없지만 그 여자를 고문함으로써 다른 생명을 구할 수 있을 것이라고 생각했다. 빌은 자신들이 지키고자 싸우는 가치관을 날로 상실해가고 있다고 생각했고, 옳고 그름의 경계선이 모호해져서는 안 된다고 믿었다.

"전쟁터에서는 선을 넘기가 쉽습니다." 빌이 내게 설명했다. "선한 사람들도 길을 잃지요." 빌은 무엇을 잃었는가? 내 생각에 그는 전쟁뿐만 아니라 삶에 대한 신념도 잃었다. 삶이 무엇을 의미하는지 모르게 되었다. 더 이상 옳고 그름을 구분할 수 없게 되었던 것이다. 그는 다른 순진한 젊은이들에게 이런 일이 일어나는 것을 원치 않았기에 부모들이 더 이상 아들들을 베트남에 보내지 않기를 바랐다.

그러나 강연을 하는 것 외에 그가 무엇을 할 수 있었겠는가? 그는 방황했다. 술도 마셨다. 일자리를 구해 잠깐 일하다가도 어느 날 아침에 어디로 가는지, 왜 가는지도 모르고 길을 떠났다. 길모퉁이에 엄지손가락을 치켜들고 서 있기 직전까지는 자신이 떠나리라는 것을 생각지 못하고 떠나는 경우가 허다했다. 친구도 사귀었지만 오래가지 못했다. 그의 인생엔 많은 사람들이 들락였지만 대부분 술친구들이었다. 때로는 새 친구들이 마음에 들지 않아서 떠났고 때로는 너무 좋아하게 되어서 떠났다. 어느 누구와도 친해지는 것을 원치 않았기 때문이다. 어느 여름엔 알래스카 주까지 갔다. 그곳에서 할리 데이비슨 모터사이클을 구입하여 미 대륙을 가로질러 내려왔다. 후에 그는 자신이 했던 일중에서 가장 바보 같은 일이었다고 술회했다. 장장 1,945킬로미터에 달하는 구멍투성이의 도로와 빨래판처럼 울퉁불퉁한 흙길을 달린 바람에 한 달 동안 눈동자가 위아래로 흔들렸기 때문이다.

하지만 그렇게 했다고 무엇이 달라지겠는가? 빌 베젠슨은 스물다섯 살이었고 자신은 서른 살이 되기 전에 죽을 것이라고 확신하고 있었다. 그런 예감은 전쟁 때부터 시작되었다. 상흔과 훈장뿐 아니라 죽음의 예감을 안고 귀향했지만 그 당시의 자신은 깨닫지 못하고 있었다. 곧 파멸이 다가온다는 느낌은 일상적인 것이 되어버렸다. 전쟁터에서 돌아온 많은 젊은이들이 그런 상태로 돌아왔다. 그들은 정상적인 일상에 정착하지 못하고 떠돌다 자기들끼리 만났다. 그 당시 귀향 군인들은 모이기만 하면 자신들은 빌린 시간을 살고 있다고 입을 모았다.

하지만 빌은 죽지 않았다. 죽지 못해 살아가다가 1970년대가 끝나갈 무렵 서른 살이 되고 보니 12년 전 자신이 출발했던 같은 지점에 다시 서 있었다. 전쟁은 끝났고 이제는 그의 분노도 식었다. 아니, 어디론가 숨어들었다. 이제는 그의 방랑도 주로 로스앤젤레스 동쪽 교외 주변으로 반경을 제한하고 있었지만, 아직도 닥치는 대로 이런저런 일을 하면서 몇 개월마다 거처를 옮기고, 다시 공포가 밀려오면 술을 마시거나 길을 떠났다. 그 와중에 어쩌다 알타 로마에 있는 체피 대학에서 삼림학 학위를 땄지만 그 이외에 그는 완전한 자유인이었다. 친구도 없고, 소유한 것도 없고, 가야 할 곳도 없었다. 1979년 6월에는 로스앤젤레스 교외에 기거하면서 여행용 트레일러와 트럭 짐받이를 제작하는 이름도 기억나지 않는 어느 작은 회사에서 일하고 있었다. 어느 날 샌 버나디노 시내의 이름 없는 도로에서 신호등이 들어오기를 기다리며 캘리포니아의 새벽안개가 아침 햇살에 사라지는 것을 물끄러미 바라보고 있었는데, 난데없이 그의 인생을 바꾸어 놓을 변화가 날벼락처럼 떨어졌다.

그의 머리 바로 위로 무엇인가 떨어졌는데 진동 수류탄이 터지는 것 같았다. 차체에 가해지는 충격과 그 반향에 본능적으로 몸을 수그렸다. 빌은 바짝 긴장하며 기다렸지만 주변은 조용하기만 했다. 고개를 들어 계기판 너머를 내다보았다. 길 양옆으로 건물들이 있었지만 새벽 5시 30분에 움직이는 것이라곤 아무것도 없었다. 골목들도 조용했고 가게의 창문들도 컴컴했다. 길에는 다른 차들도 없었다. 그제야 빌은 차문을 살짝 열고 조심스럽게 나와 자동차 지붕을 살폈다. 그는 청소년들이 무엇인가를 차에다 던졌다고 생각했다. 아니나 다를까, 차 지붕이 움푹 파였고 그 중앙에 검정색 물체가 놓여 있었다. 차체에는 타격으로 인한 충격선이 생겼고 몇 줄기의 액체가 흐르고 있었다.

순간 그는 그 액체가 피라는 것을 깨달았다. 그 물체는 검은 봉지가 아니었다. 새끼 고양이였다. 누군가가 새끼 고양이를 그의 차를 향해 던진 것이다. 망가진 몸체로 보아서는 멀리서 던진 것 같았다.

빌은 새끼 고양이를 집어 들어 두 손으로 감쌌다. 그의 손바닥 안에서 고양이는 눈을 감고 머리를 옆으로 늘어뜨린 채 다리를 오므리고 있었다. 가슴이 절박하게 오르내리고 숨을 쉬려 할 때마다 부글거리면서 색색거리는 소리가 들려 그나마 살아 있다는 것을 알 수 있었다. 빌은 그것이 무엇을 의미하는지 알고 있었다. 상처가 갈비뼈를 관통하여 폐에 구멍이 난 것이다. 베트남에서 이러한 폐기흉 부상을 많이 보았다. 부대의 대원들은 담뱃갑의 비닐을 벗겨내어 항상 소지하고 다녔다. 이런 흡인 손상 부위를 비닐로 막고 반창고로 고정시킨 후 몸통을 붕대로 감아두면 전우의 목숨을 살릴 수도 있었다. 캘리포니아 샌 버나디노의 그날 아침에 빌은 담뱃갑 비닐을 가지고 있지 않았다. 그래서 그는 그 다음으로 할 수 있는 조치를 취했다. 엄지손가락으로 폐의 구멍 난 부위를 막고, 다른 손으로 새끼 고양이의 얼굴을 위에서 아래로 훑어내려 코를 막고 있던 피를 닦아 내고는 도움을 청하기 위해 주변을 둘러보기 시작했다.

그 블록에서 조금 더 내려가면 동물병원이 있었다. 불은 켜져 있지 않았지만 분명히 누군가 들어가는 것을 본 것 같았다. 시동을 끄지 않은 자동차를 교차로에 버려둔 채 그는 뛰기 시작했다. 동물병원 앞에 이르자 빌은 문을 발로 차기 시작했다. 새끼 고양이는 온몸이 피투성이였고 목에서는 꿀꺽거리는 소리가 나고 있었다.

어떤 남자가 문을 열어주었다. 빌은 피투성이 새끼 고양이를 그에게 내밀며 말했다. "어서 수의사를 불러서 이 고양이를 좀 치료해주세요. 비용은 제가 다 대겠습니다. 지금은 제가 출근 시간이 급해서요." 남자가 새끼 고양이를 받아 들었다. 빌은 뒤돌아서 자동차까지 정신없이 뛰었고 교차로를 초고속으로 빠져나와 간신히 교대 시간에 맞추어 직장에 도착했다.

*

사람이 동물의 생명을 구할 때는 어떤 강한 유대가 형성된다. 평범하게는 동물수용소에서 안락사 직전에 개를 구조해도 마찬가지다. 당신에게는 약간 흥분되는 오후일 뿐일지도 모르지만, 개는 갇혀 있던 곳에서 죽을 뻔했다는 사실과 당신이 자기를 구해주었다는 걸 알고 있다. 또 먹이도 물도 없이 뒤뜰에 버려진 개들의 목줄을 풀어주거나 구해주었을 때도 마찬가지이다. 고양이를 구해주어도 마찬가지이다. 물론 단순히 먹이를 주니까 떠나지 않는 것일 수도 있다. 그러나 아프거나 굶주린 고양이를 집 안으로 맞아들여 진정한 가족의 일원으로 받아준다면 반드시 이런 강한 유대감이 생기는 것이다. 내가 1988년 겨울에 듀이를 도서관 반납함에서 발견했을 때에도 마찬가지였다. 듀이와 마찬가지로 구조된 대부분의 동물들은 당신이 구조해주었다는 것을 절대로 잊지 않고 소중히 기억한다. 많은 것을 베풀어도 꼭 어떻게든 배반하는 사람들과는 달리 동물들은 영원히 고마워한다.

그런데 만약 그 동물이 다쳤고 치료를 필요로 한다면 어떨까? 글쎄, 그렇다면 그 결속력은 더욱 강해질 수밖에 없다. 듀이와 내가 더욱 가까워지게 된 것도 구조한 후 몇 주 동안 동상에 걸린 듀이의 발바닥을 치료해주면서였다. 듀이는 나의 친절이 일시적인 것이 아니고 진심이라는 것을 알게 되었다. 자신이 나를 원하고 필요로 하는 한 함께할 것이라는 것을 깨달았던 것이다. 그리고 나도 듀이를 더 알게 되었다. 이렇게 말하는 것이 진부하다는 것도 알고 있지만 달리 어떻게 설명을 할 수 있을까? 며칠 되지 않아 나는 듀이가 적극적이고 사람을 잘 따르고 신뢰하는 성격임을 알 수 있었다. 나는 듀이가 가장 힘든 순간에 만났기 때문에 듀이의 참모습을 보았다. 우리가 서로를 안 지는 며칠 되지 않았지만 듀이가 나에게 감사와 사랑을 느끼고 결코 나를 떠나지 않을 것을 알 수 있었다. 서로의 영혼을 들여다볼 수 있었노라고 감히 표현하고 싶다. 실제 그랬는지도 모른다. 그것이 19년간 우리를 결속시켜주었는지도 모른다. 아니면 누군가를 사랑할 준비가 된 사람과 동물이 만나 서로를 충분히 알 만큼 시간을 함께했기 때문인지도 모르겠다.

그와 유사한 일이 빌 베젠슨에게도 일어났다. 동물병원까지 피를 흘리는 새끼 고양이를 들고 뛸 당시에는 아직 그 고양이를 사랑했던 것은 아니다. 그것은 도움이 필요한 사람에게 친절을 베푸는 그의 착한 마음에서 비롯된 행동이었다. 퇴근 후 동물병원에 들른 빌이 새끼 고양이가 기적처럼 살아 있다는 것을 알았을 때 그 고양이를 사랑하게 되었다는 것도 다소 무리가 있는 이야기다. 왜냐하면 빌은 1968년 9월 이후로 살아 있는 어떠한 생명체와도 의미 있는 깊은 관계를 맺어본 적이 없기 때문이다. 실제로 그는 12년 동안 모든 의미 있는 관계로부터 도망치며, 자신의 삶이 다른 사람과 얽히는 것을 극도로 경계하며 살아왔다.

보다 정확하게 말하자면 빌이 이 새끼 고양이를 존경했다는 것이 맞는 말일 것이다. 새끼 고양이는 몸무게도 몇 그램밖에 나가지 않고 겨우 생후 6주 정도 되어 정말 자그마했지만 불굴의 생존자였다. 폐에 생긴 구멍은 빌이 생각했던 것처럼 사람에게 학대당하거나 방치되어 생긴 것이 아니라 맹금류의 발톱에 의한 것이었다. 새끼 고양이 이마의 찢긴 상처는 아마도 맹금류 부리에 공격당한 것인 듯했다. 오전 5시 30분에 사냥을 하는 새라면 부엉이밖에 없었다. 부엉이는 작은 동물을 발톱으로 움켜잡고 있다가 나중에 죽이거나 하지 않는다. 일반적으로 부엉이라면 일격에 희생물의 등을 부러뜨리는 공격을 구사한다. 이 새끼 고양이는 그 일격을 견뎌낸 것이다. 그리고 부엉이로부터 벗어나려고 몸부림을 치다 부리에 쪼이고 얼굴이 찢겨졌고 그 과정에서 부엉이가 먹이를 놓친 것이다.

"이 고양이는 이상하고 신기해요."

그날 아침 동물병원 문을 열어주었던 남자가 바로 수의사였다. 그는 빌에게 새끼 고양이의 상태를 설명하면서 계속 그렇게 말했다. "하늘에서 뚝 떨어져 당신 차 위에 떨어진 것도…… 이상하고…… 하여간 이 고양이는 기이하고 이상해."

"이름은 그렇게 해서 지어졌어요."

훗날 이 이야기를 다른 사람들에게 들려줄 때마다 빌은 항상 똑같은 말로 끝맺곤 했다(게다가 그는 이 이야기를 몇 년에 걸쳐 수백 번도 더 했다).

"그때부터 고양이 이름은 스푸키(기이하고 오싹하다는 뜻: 옮긴이)가 됐지요."

스푸키는 일주일 동안 동물병원에 입원했다. 수의사는 치료를 무료로 해주고 약값만 받았다. 하지만 약값이 상당히 많이 들었다. 스푸키는 집중적인 치료와 보살핌이 필요했다. 감염과 자상, 그리고 물리적 충격에 의한 외상과 싸워야 했다. 온몸 구석구석이 모두 긁히고 멍투성이에 속을 너무 다친 상태여서 한 달 동안 고체 음식을 먹을 수가 없었다. 빌은 숟가락으로 매끼를 떠먹였다. 스푸키는 부엉이의 발톱이 폐를 파고든 부위를 여러 바늘 꿰매야 했고, 실밥을 물어뜯을 수 없도록 고깔 모양의 보호대를 목에 차고 있어야 했다. 커다란 하얀 메가폰 모양의 보호대를 뒤집어쓰고 그 사이로 머리만 빼꼼히 내민 새끼 고양이만큼 불쌍하고 서글픈 모습은 없을 것이다.

하지만 고깔을 뒤집어쓰고도 스푸키는 아름다웠다. 스푸키는 채 1킬로그램도 안 나가는 두 달도 안 된 고양이였지만 툭 불거져 나온 골반

115

에 군살 없는 각지고 강단 있는 체구로 앞으로 멋진 고양이가 될 자질이 보였다. 길고 마른 얼굴에 주둥이 주변이 표범처럼 톡 튀어나와 있었다. 성격은 차분하여 세련된 왕족 같은 기품이 있었고 고대 이집트 조각에 나오는 고양이들처럼 커다랗고 동그란 눈을 가지고 있었다. 평범한 조명에서 보면 검정색이었지만 스푸키가 좋아하는 햇빛 아래에서 보면 구릿빛 속털이 나 있었다. 스푸키는 매우 침착한 성격이어서 갑자기 뛰거나 징징대거나 미친 듯이 연필을 굴리고 다니는 고양이는 아니었지만 붉은 속털로 보아선 내면에 열정과 강단이 있다는 것을 알 수 있었다. 스푸키는 누구에게도 어떤 것에도 지지 않으려 했다.

한 달이나 먹이를 숟가락으로 떠먹이는 동안 정이 들어 이 고양이를 사랑하게 된 걸까? 대답하라고 조른다면 그는 그렇다고, 그때부터 스푸키를 사랑했다고 대답할 것이다. 하지만 30년이 흐른 지금 확실하게 알 길은 없다. 왜냐하면 존경심이 애정으로 바뀌는 시점이 언제부터인지 누가 확신할 수 있겠는가?

그러니 그 질문 자체에 문제가 있는 것이다. 여기서 중요한 것은 고양이 스푸키가 빌 베젠슨을 사랑했다는 것이다. 즉각적으로, 그리고 영원히. 빌이 아파트든 임대주택이든 새로운 거처로 옮길 때마다 가장 먼저 한 일은 방충망에 구멍을 내는 것이다. 그렇게 해두면 빌이 공장 작업대나 튜닝 차고에서 긴 시간 일을 할 때도 스푸키는 나가서 놀 수 있었다. 스푸키는 거의 하루 종일 밖에서 지냈다. 하지만 빌이 집으로 돌아올 때면 스푸키가 달려왔다. 만일 현관 앞에 마중 나와 있지 않다면 빌은 밖으로 나가 "스푸키!" 하고 외치기만 하면 된다. 그러면 작은 고양이는 부리나케 집으로 달려오니까. 보통은 집 근처에서 뛰어오는데 빌이 내다보면 초고속으로 울타리를 뛰어넘는 모습이 보였다. 스푸키가 달려와 빌의 다리 사이를 이리저리 미끄러지듯 지나가며 비벼대는 바람에 빌은 중심을 잃을 뻔하곤 했다. 맥주 한 병을 들고 소파에 털썩 주저앉으면 스푸키는 빌의 다리를 타고 올라와 앞발을 빌의 가슴에 얹고 그의 코를 핥았다. 그러고는 빌의 무릎에 몸을 쭉 펴고 앉았다. 다시 밖으로 나가려 하거나 자신만의 공간을 주장하지도 않았다. 스푸키는 그냥 자신의 친구와 함께 있길 원했다. 둘은 이런 자세로 몇 시간씩 함께 앉아 지내는 날이 많았다.

 이것은 단순한 우정이 아니었다. 빌에게는 둘의 삶이 나란히 평행선을 긋고 있다는 것이 크게 위안이 되었다. 일종의 동지 의식 같은 것이었다. 빌과 마찬가지로 스푸키도 죽음의 공포가 어떤 것인지 경험했다. 빌과 마찬가지로 스푸키도 살아 있어서는 안 될 목숨이었다. 하지만 살아 있었다. 스푸키는 살아 있고 건강하며 행복했다. 어찌 보면 빌은 스푸키를 보면서 자신이 살아 있음을 견딜 수 있었는지도 몰랐다. 밤이 되면 스푸키는 침대 위에 올라왔다. 빌은 언제나 옆으로 누워서 잤고 스푸키는 베개 위로 올라와 빌의 옆에 누워 자신의 얼굴을 빌의 수염에 기대었다. 스푸키는 빌이 팔꿈치로 자기를 감싸 안는 자세가 될 때까지 두 앞발로 빌의 팔을 당겼다. 스푸키가 없이 잠이 들었다 하더라도 아침에 일어나 보면 고양이는 침대 위에 몸을 말고 있고 빌의 팔은 고양이를 감싸고 있었다. 그 바람에 변화가 생겼다. 빌은 지난 10여 년간 악몽에 몸부림을 치며 잤는데 스푸키가 있음으로써 그런 일이 잦아들었다. 빌은 의식적으로든 무의식적으로든 자신이 가만히 누워 있어야 한다는 걸 알고 있었다. 그렇지 않으면 스푸키가 다칠지 모르기 때문이다.

물론 매일 밤이 평화롭고 조용했던 것은 아니다. 다른 베트남 참전 군인들과 마찬가지로 빌은 파티를 몹시 즐기는 편이어서 빌의 집은 시끄러운 음악과 술, 담배를 즐기는 사람들로 붐비곤 했다. 이것을 자가 치료라고 불러도 되고, 젊어서 그렇다고 생각할 수도 있고, 젊은 나이에 죽을 팔자라고 믿는 사람들의 선택이라고 해도 좋다. 궁극적으로 그것은 단순히 라이프스타일일 뿐이었다. 만일 파티가 너무 시끄러워지면 스푸키는 뒷방으로 가서 빌의 등산용 가방이나 슬리핑백에 들어가 몸을 말았다. 대개의 경우 스푸키는 소음에 크게 신경 쓰지 않았다. 파티가 한창일 때에도 스푸키는 소파 등에 가만히 앉아 있거나 킁킁대며 담배 냄새를 맡아보거나 아니면 어슬렁거리며 돌아다니다 누군가의 종아리가 노출되어 있으면 차가운 코를 갖다 대곤 했다. 그것이 스푸키의 특기였다. 스푸키는 사람들에게 몰래 다가가 바지 밑단과 양말 사이의 노출된 맨살에 자신의 코를 갖다 대곤 했다. 그러면 마치 물벼락을 맞은 것 같은 느낌이었다. 그러면 자연히 스푸키를 주목하게 되고 팔을 아래로 뻗어 고양이의 머리를 쓰다듬어주게 된다. 만약 그 사람이 우호적이라고 생각되면 스푸키는 그 사람의 무릎 위로 뛰어올랐다. 스푸키는 무릎에 올라앉는 것을 매우 즐겼다.

스푸키의 차가운 코, 그것이 스푸키의 주 무기이자 트레이드마크이고 명함이었다. 전날 밤 어떤 일이 있었다 해도 빌은 다음 날 아침이면 어김없이 친구 스푸키의 차가운 코를 느낄 수 있었다. 정확하게 새벽 5시 30분이 되면 다른 고양이들과 마찬가지로 스푸키의 배꼽시계가 작동한다. 언제 정확히 먹이를 대령해야 하는지 정해져 있었고 단 1분도 기다릴 수가 없다는 것이다. 아무리 몸 상태가 좋지 않아도 빌은 새벽 5시 30분이면 어두운 부엌을 더듬어 스푸키에게 먹이 그릇을 찾아주었다.

"스푸키는 내게 의지했어요." 빌은 이렇게 설명했다. 그리고 빌 베젠슨 역시 스푸키에게 의지했다. 스푸키 없이는 아무 데도 가지 않았다. 빌이 집에 있으면 스푸키는 빌 옆에서 자리를 지켰다. 빌이 산책을 가면 스푸키도 절대 밀리 가지 않고 그의 뒤를 따랐다. 이제는 히치하이킹을 할 때도 혼자가 아니었다. 빌은 아직도 불안이 엄습해오면 길을 떠나곤 했는데 그런 때에도 스푸키와 함께였다. 먹이 그릇과 고양이 먹이만 준비되면 둘은 자유로운 몸이었다. 빌이 길가에서 엄지손가락을 세우고 있는 동안 스푸키는 그 옆 잔디에서 방아깨비를 쫓아다니거나 바람에 흔들리는 수선화 봉오리를 따라다녔다. 속도를 늦추어주는 차가 생기면 빌은 크게 외쳤다. "스푸키!" 하고 딱 한 번만 소리치면 스푸키는 열심히 달려와 자동차 안으로 뛰어들고 또 그렇게 그들의 여정은 시작되었다.

빌이 알래스카에서 샀던 할리 데이비슨을 몰고 다닐 때면 스푸키의 캐리어를 모터사이클 뒷좌석 짐 선반 위에 부착시켰다. 어느 날 그는 모터사이클 핸들 바로 뒤에 위치한 가스탱크 위에 치와와를 태우고 달리는 남자를 보았다. '스푸키도 저걸 좋아하겠지' 하고 빌은 생각했다. 스푸키의 앞발이 금속 탱크 위에서 미끄러질 수도 있기 때문에 빌은 카펫 조각을 깔고 스푸키를 앉혔다. 이 카펫을 양면테이프로 붙이려고 했지만 여의치 않자 아예 접착제로 붙여버렸다. 빌이 약 시속 40킬로미터 미만으로 달릴 때면 스푸키는 앞자리에 앉아 눈을 가늘게 뜨고 귀도 뒤로 접고는 바람에 털이 날리는 것을 즐겼다. 빌이 40킬로미터 이상 속도를 내면 스푸키는 뛰어내렸다. 화가 나서가 아니라 과속을 좋아하지 않았기 때문이다. 캐리어는 어떤 속도에서든 싣고 다닐 수 있었지만 탱크 위에 올라앉아 온몸이 노출된 상태에서 견딜 수 있는 풍속은 한계가 있었다. 어느 해인가 빌은 모터사이클을 몰고 1,600킬로미터 이상 떨어진 사우스다코타 주에서 열리는 스터지스 모터사이클 축제에 참석했는데 시내가 하도 복잡해서 기어갈 정도로 속도가 떨어지자 스푸키가 앞자리에 올라앉았다. 구경하던 사람들은 환호하기도 하고 소리를 지르기도 하고 술을 마시며 짓궂은 농담도 해댔지만 스푸키는 의연했다. 귀를 뒤로 젖히고 세상에서 가장 멋진 고양이가 되어 스터지스 모터사이클 축제를 누볐다.

  빌과 스푸키는 다른 곳도 함께 다녔다. 빌의 곤충채집을 위해 서부 삼림지대에서 캠핑을 하기도 했고 시에라네바다 산맥을 등반하기도 했다. 거대 바위와 광물 전시회를 보기 위해 애리조나 주 쿼츠사이트까지 히치하이킹을 하기도 했다. 빌이 음악 페스티벌에 참석하면 스푸키는 풀밭에 깐 담요 위에 빌과 나란히 앉았다. 매년 9월이면 새 집으로 이사를 갈 때도 스푸키는 불평 없이 따라다녔다. 술집과 직장을 제외하고는 어디든 함께 갔다. 빌과 스푸키, 스푸키와 빌. 둘은 단짝이었다.

  그러다가 1981년에 가족이 한 명 늘었다. 여자였다. 워싱턴 서쪽에 위치한 세인트헬렌스라는 거대한 화산이 폭발하는 바람에 그녀가 살던 집이 화산재에 파묻히고 말았다. 그래서 캘리포니아 남쪽까지 어찌어찌 흘러와 빌이 사는 집에 세를 들게 된 것이다. 빌은 당시 맥줏집 매니저로 일하고 있었고 이 여성 세입자는 길 건너 술집의 바텐더였다.

두 사람은 자주 대화를 나눴지만 보통 술자리에서였다. 빌과 스푸키는 그때까지도 해마다 9월이면 이사를 하며 방랑자 생활을 하고 있었다. 빌과 다투게 된 여자가 워싱턴으로 돌아가자, 둘은 그녀를 따라 북으로 여행을 떠났다. 그리고 문득 정신을 차리고 보니 두 사람은 결혼해 있었다. 빌은 금속제조 공장에 일자리를 얻어 결혼 생활에 안착을 했고, 술을 마시기 시작했다.

"모든 게 피상적이었어요."

빌은 나중에 자신의 인간관계에 대해 깊이도 없고 지속되지도 않는 것이었다고 말했다.

"깊은 영혼의 교류를 나눴던 대상은 오히려 동물이었지요."

그들은 9월이 오면 이사를 갔고 그다음 9월도 그랬고 그다음도 그랬다. 빌은 1968년도의 그 끔찍했던 9월을 한 번도 다시 떠올리지 않았다. 15년이 지났는데도 이 둘 사이의 연관을 의식하지 못했다. 단순히 9월이 되면 밀려드는 느낌을 주체할 수 없어 떠나야 한다고만 알고 있었다. 그 느낌은 아내보다도, 자신의 경력보다도, 심지어 스푸키와의 우정보다도 강렬한 것이었다. 수년 동안 그 공포감이 빌의 인생을 가장 크게 지배해왔다.

말할 것도 없이 결혼은 지속되지 못했다. 결혼 서약을 할 때 "네, 맹세합니다"라고 말하면서도 속으로는 '내가 여기서 왜 이러고 있지?'라고 생각을 했으니 처음부터 이미 끝이 보였다고 말할 수밖에 없다. 1년이 지나 이미 순탄치 않은 결혼 생활을 하고 있을 때, 어느 날 빌은 아내의 비명 소리에 잠에서 깨어났다. 숲에서 많은 시간을 보내고 있던 스푸키가 선물을 가져온 것이다. 커다랗고 통통한 정원 뱀이었다. 뱀은 침대 위에서 꿈틀대고 있었다.
"저 고양이 좀 내다버려요." 빌의 아내가 펄펄 뛰었다. "고양이를 갖다 버리라고요."
이 관계가 어떻게 끝났을지는 불을 보듯 뻔했다. 1986년에 별거를 했다가 후에 1년간 다시 재결합을 시도했지만 결국 빌 부부는 공식적으로 이혼을 했다. 스푸키는 다시 빌의 무릎과 침대 베개 위로 올라왔다. 그후부터는 사내들끼리만 지내게 되었다.

*

아니다, 뺌이 무슨 의미가 있던 것은 아니다. 질투나 외로움 때문에 그랬던 것도 아니다. 진정한 교감은 양방향으로 흐르는 것이므로 스푸키가 항상 빌과 함께 있어야 사랑받는다고 느꼈던 것은 절대 아니었다. 듀이와 나의 관계도 그랬다. 편안함. 서로에 대한 사랑을 믿고 있을 때 느껴지는 편안함이라는 것이 있기 마련이다. 그럼 뺌은 무엇이냐고? 그것은 그냥 스푸키다운 행동이었을 뿐이다.
스푸키는 원래부터가 엉뚱한 짓의 귀재였다. 언제 어디서든 기발한 모험에 도전을 해야 직성이 풀렸다. 빌 부부는 1년 동안 호수 옆에 있는 아파트 1층에서 살았던 적이 있었다. 아파트마다 발코니가 있었는데 빌의 집 발코니는 지상에서 약간 떠 있었다. 매일 오후 위층에 사는 여자가 발코니에서 오리와 철새인 캐나다 기러기 떼를 위해 옥수수를 한 움큼씩 뿌려주었다. 그럴 때면 스푸키는 흥분해서 꼬리를 떨며 발코니 유리창 앞에서 새를 향해 울어 대곤 했다. 스푸키는 그런 고양이였다. 가능성을 보았던 것이다. 놀이를 할 수 있는 기회가 있다면 절대로 놓치지 않았다.

어느 날 빌이 창문을 열어주었다. 스푸키는 당황하거나 갑작스럽게 발코니로 돌진하지 않았다. 대신 방의 반대편 구석까지 뒤로 물러났다가 전속력으로 뛰어가 발코니 철책 위로 몸을 날려 50마리가량의 오리와 기러기 떼 사이로 떨어졌다. 놀란 새들이 울부짖으며 도망가기 위해 거친 날갯짓을 하며 서로 부딪치고 야단법석이었다. 스푸키는 꼬리를 빳빳이 세우고 고개를 높이 치켜든 채 보무도 당당히 다시 문으로 걸어 들어왔다. 스스로 자랑스러웠던 것이다. 그 이후 새 떼가 올 때마다 스푸키는 문을 열어달라고 보채며 빌의 다리에 제 몸뚱이를 비벼댔다.

그러던 어느 날, 스푸키가 여느 때처럼 달려가 발코니 밖으로 점프를 했는데 곧장 엄청난 몸집의 기러기 위에 떨어지고 말았다. 놀란 기러기는 1.5미터 정도 펄쩍 제자리에서 뛰었다. 그러고는 사방에 털을 흩날리며 큰 소리로 울부짖고, 껑충거리고 꺽꺽대며 필사적으로 날아오르려 했다. 스푸키는 안간힘을 쓰며 기러기의 등에 매달려 있다가 한순간 고개를 돌려 빌을 쳐다보았다. 둘의 눈이 마주쳤다. 스푸키의 눈은 접시만큼 휘둥그레져 있었다. 드디어 기러기는 스푸키를 등에 업은 채 날아올랐다. 기러기는 3미터쯤 날다가 곤두박질쳐서 깃털, 부리, 기러기 발, 고양이털이 함께 뭉쳐 구르는 듯 보였다. 기러기는 재빨리 일어나 호수를 향해 뛰기 시작했다. 스푸키도 벌떡 일어나 아파트를 향해 달렸다. 그 뒤로 스푸키는 다시는 새 떼 한가운데로 뛰어들지 않았다.

스푸키는 그저 스푸키답게 행동했던 것이다. 일단 사고 칠 계획을 짠다. 대참사를 향해 몸을 날린다. 안전한 집으로 뛰어 들어온다. 이것이 스푸키의 매력이다. 스푸키는 사랑스러운 고양이면서 모험가였다.

사람 무릎 위에서 한 시간씩이나 엎어져 있는 집돌이였다가도 다음 순간엔 뱀 사냥을 나서는 녀석이다.

그러다 스푸키도 다른 고양이를 새 가족으로 맞아들였는데 검정색 새끼 고양이로 이름은 지포였다. 빌이 아내를 만난 직후였고, 빌은 일하랴 술집에서 당구 치랴 집을 비우는 시간이 많아지면서 스푸키에게도 친구가 있으면 좋겠다고 생각했다. 오랜 방랑 생활을 하다 보니 스푸키는 어디선가 FIV, 즉 고양이 에이즈에 걸렸다. 그래서 빌은 신문에 '순한 FIV 양성 고양이'를 찾는다는 광고를 냈다. 마침 병든 고양이의 약값을 대는 것이 힘겨웠던 젊은 부부가 있어서 며칠 후 고양이 지포는 가족이 되었다.

스푸키는 지포를 보자마자 바로 사랑하게 되었다. 첫 순간부터 새끼 고양이를 받아들였을 뿐 아니라 동생처럼 대했다. 스푸키와 지포는 정말 자연스러운 한 쌍이었다. 스푸키는 리더로서 언제나 사고를 치고 지포는…… 글쎄…… 지포는 뚱뚱하고 명랑한 비곗덩어리라고나 할까? 스푸키는 곤충을 쫓아다녔고 지포는 집에서 뒹굴기를 좋아했다. 스푸키가 빌을 따라 거리를 산책하면 지포는 창문에서 그들을 바라보는 것을 좋아했다. 지포는 어쩌다가 바깥으로 나갈 때면 불러도 돌아올 줄을 몰랐다. 풀잎이나 울타리 그림자에 정신이 팔려서 먹이 그릇으로 유인할 때까지 돌아오지 않았다.

어느 주말, 지포는 오랜만에 바깥에서 모험을 즐기고 있다가 커다란 울프 거미를 풀밭에서 찾아냈다. 지포는 오후 내내 이 거미를 갖고 놀았다. 싫증 날 때쯤 지포는 어슬렁거리며 집 안으로 들어왔다. 스푸키는 소파에서 낮잠을 자고 있었다. 지포는 소파 위로 뛰어올라 스푸키를 내려다보았다. 스푸키가 갑자기 머리를 치켜들었다. 스푸키는 지포의 무언의 메시지를 조심스럽게 듣더니 소파에서 뛰어내려 곧장 달려가더니 자기도 거미를 가지고 놀기 시작했다.

두 고양이가 얼마나 가까운 사이였냐고? 언젠가 빌은 두 고양이의 사진을 석 장 연속으로 찍은 적이 있었다. 첫 번째 사진에서 지포는 스푸키의 귀를 핥고 있었다. 두 번째 사진에서 지포는 혀를 쭉 내밀고 세상에서 가장 이상한 맛을 맛보았다는 듯이 험상궂게 인상을 쓰고 있었다. 스푸키는 마치 웃고 있는 것처럼 보였다.

세 번째 사진에서는 스푸키가 지포의 귀를 핥아주고 있었다. 이런 이야기를 하고 있었던 게 아닐까? 괜찮아, 동생. 이번엔 네가 당했지만 그래도 우린 여전히 친구야.

세 남자는 서로에게 의지했고 인생은 즐거웠다. 하지만 그렇다고 삶이 항상 쉬웠던 것만은 아니다. 이혼으로 인해 빌은 상처받고 혼란스러웠는데 어떻게 그런 일이 일어났는지 이해도 안 되고 틀림없이 자신에게 문제가 있는 것이라고 믿었다. 왜 난 사랑받지 못할까? 왜 난 이 결혼을 유지할 수 없었을까? 두 사람 사이에는 벽이 있었다. 5년 동안의 결혼 생활에서 두 사람은 단 한 번도 진심 어린 대화를 나누어 본 적이 없었다. 빌은 아내를 탓하지 않았다. 자신의 책임이라고 생각했다.

"이혼한 뒤에는 완전히 술에 빠져 살았습니다." 빌은 깨끗이 인정했다. "그다음엔 일에 빠져 살았고요."

미시건 농장에서 자라난 빌의 어린 시절 꿈은 삼림감시원이 되는 것이었다. 삼림학 학위도 있었고 산불 진압에 참여한 경험도 있었으며 심지어 토지관리국에서 일한 경력까지 있었다. 하지만 해마다 미국 삼림청에 이력서를 낼 때면 "감사합니다만 거절되었습니다"라는 응답을 받았다. 적성 검사에서 높은 점수를 받았음에도 불구하고 늘 자신보다 실력이 없는 사람들이 고용되었다. 열한 번째 거절당하자 빌은 절망감에 빠져(이혼까지 겹친 상황에서) 세상으로부터 버림받은 느낌이었다. 그는 홧김에 지나가다가 첫 번째로 보게 된 공장 안으로 들어갔다. 빌이 취업 원서를 적고 있을 때 작업반장이 사무실로 들어오더니 서류 뭉치를 책상에 내던지며 비서에게 말했다. "이 사람 수표 끊어줘. 오늘로 해고야."

작업반장이 빌을 쳐다보며 물었다.

"당신 브레이즈 할 줄 알아?"

"당연히 알죠."

빌은 거짓말을 했다.

"당신 고용됐어. 내일 아침에 채용 원서 가지고 와요."

빌은 사무실을 나오자마자 곧장 도서관으로 달려가서 브레이즈라는 단어를 찾아보았다. 무슨 말인지 전혀 몰랐기 때문이다. 알고 보니 브레이즈란 배관공이 두 개의 파이프를 용접하는 것처럼 구리 파이프와 구리 파이프를 접목시키는 공정이었다. 두 개의 다른 물질(사람과 고양이)이 모여서 굳건하게 부러지지 않는 일체가 된다는 것이 상당히 상징적이라는 생각이 들었다. 이것은 빌에게 경력을 쌓을 기회이기도 했다. 이 공장은 제트기 엔진 날을 만드는 곳이었다. 브레이즈 작업을 통해 빌은 항공 산업에 발을 들여놓게 된 것이다. 빌은 2001년에 보잉사에서 은퇴하기 전까지 12년 동안 항공 산업계에 종사했다. 빌은 좌절감을 땀으로 해소했고 육체가 허용하는 한계점까지 작업대에서 자신을 혹사했다.

　일에 빠져 퇴근 시간이 자꾸 늦어지고 또 그런 날들이 계속되어 수 개월씩 연장 근무를 해도 스푸키와 지포는 빌과 함께했다. 어떤 날은 16시간씩, 때로는 온종일 집을 비울 때도 있었지만 지친 몸을 이끌고 혹은 술에 취해 귀가해도 언제나 현관문을 열고 들어가면 스푸키가 기다리고 있었다. TV를 보며 피로를 풀려고 소파에 앉기 전에 빌은 필요한 모든 것을 일단 팔이 닿는 거리에 배치했다. 맥주, 감자튀김, 리모컨, 책, 티슈. 소파에 앉자마자 스푸키가 무릎 위로 올라올 텐데 필요한 물건들 때문에 자꾸 일어나느라 스푸키를 방해하고 싶지 않았기 때문이다. 잠자러 갈 때면 늘 그랬듯이 스푸키가 얼굴 옆으로 기어와 팔로 감싸 안아달라고 졸랐다. 빌이 스푸키의 가르랑거리는 소리와 함께 고양이털을 들이마시며 잠이 들면 지포는 빌의 등 뒤에 붙어서 잤다.

　빌은 강도 높은 노동과 음주의 늪에서 점차 빠져나오기 시작하면서 변화의 필요성을 느끼게 되었다. 술집과 싸구려 아파트를 전전하는 인생과 스푸키와 지포 외에는 아무도 없이 기계적인 일을 반복해야 하는 생활에 진력이 난 것이다.

　결혼하기 직전 캘리포니아에 있는 한 친구가 에이즈에 걸렸었다. 당시는 1980년대 초였고 모든 사람들이 에이즈 때문에 공포에 떨었다. 어느 누구도 그녀 곁에 다가가려 하지 않았다. 유일하게 빌만이 거부감 없이 환자를 만질 수 있었다. 그래서 빌이 그녀를 간호해주었다. 식사 준비와 목욕, 그리고 환자의 주변을 청소하는 일도 해주었다. 주사를 놓는 일을 빼고는 모든 일을 다 했다. 친구가 쇠약해져 가는 모습을 지켜보았고 그녀가 죽음을 맞을 때도 곁에 있어 주었다. 1968년 이후 그나마 가장 보람을 느꼈던 일이었다고 했다.

그로부터 10년 후 이제 빌은 술을 줄이고 일을 늘리기로 했다. 이번엔 의료계였다. 항공기를 조립하는 작업대에서 10시간씩 일한 후 마약 재활센터의 야간 경비로 또 10시간을 일했다. 하지만 하루에 고작 3시간씩 잠을 자면서는 오래 버틸 수가 없었다. 그러던 중에 친구 하나가 뇌암에 걸렸을 때 빌은 외상으로 인한 뇌손상 치료센터에 취직해서 심각한 사고 후유증으로 고생하는 사람들을 돕게 되었다. 빌은 최면요법 치료사로 일했다. 하지만 범죄, 사고, 강간 희생자들이 외상 후 스트레스 장애(PTSD)와 싸우는 것을 도우면서도 단 한 번도 자신에게 외상 후 스트레스 장애가 있다는 생각은 해본 적이 없었다. 그 일은 육체적으로 정서적으로 정신적으로 매우 힘든 직업이었다.

그는 왜 그런 일을 선택했던 것일까?

"나도 보답하는 것이라고 느꼈거든요."

무엇에 대한 보답이란 말인가?

침묵. "분명 죽거나 다쳤어야 하는 상황이었는데도 살아남았던 적이 많았어요."

잠시 침묵.

"왜냐하면 누군가 도와주는 사람이 있었거든요."

항공 산업계의 대량 해고 사태가 장기화되었을 때 빌은 죽음을 선고받은 환자들의 집에서 호스피스로 일했다. 호스피스 회사는 그에게 첫 임무로 리스트 중에서 가장 힘든 환자를 배정했다. 그 여자 환자는 까칠하고 욕도 잘하고 항상 불평을 늘어놓는 바람에 어떤 간병인도 며칠을 버티지 못했다. 일을 시작한 지 이틀째 되던 날 빌은 자신에게 고래

고래 고함을 질러대고 있는 그녀를 바라보며 말했다.

"죽음이 두려우신 거죠, 그렇죠?"

그 여자 환자는 조용해졌다. 그러고는 물끄러미 그를 바라보았다. 무슨 말인가를 하고 싶은 것 같아 보였지만 눈을 내리깐 채 자신의 손을 내려다보았다. 빌은 그녀의 침대 곁에 앉아 그녀가 이제까지 살아온 이야기와 앞으로 다가올 인생의 마무리에 대하여 대화를 나누었다. 그녀가 더 이상 할 이야기가 없을 때까지 대화를 계속했다. 며칠 뒤 쉬는 날에 빌은 환자의 자녀들로부터 전화를 받았다.

"어머니가 마지막이신 것 같습니다. 당신을 보고 싶어 하셔요."

빌이 도착하자 그녀는 자녀들을 방에서 나가도록 했다.

"그곳이 어떤 곳인지 다시 한 번 말해줘요."

그녀의 목소리가 떨리고 있었다.

"자신이 가본 곳 중에 가장 아름다운 곳을 머릿속에 그려보세요." 빌은 그녀에게 가만히 말했다. "그러면 그곳으로 갈 거예요."

그녀는 눈을 감았다. 그녀가 다시 입을 열었을 때 그 목소리는 마치 아주 먼 곳에서 들려오는 소리처럼 부드러웠다. "당신 말이 맞았어요, 빌." 그녀는 숨을 거두기 전에 이렇게 속삭였다.

이것이 나의 소명이구나. 빌은 이렇게 생각했다.

그 후 빌은 항공기를 제작하는 기계공으로의 일을 중단하고 죽음을 앞두고 있는 이들을 위한 재택 개호 사업에 헌신했다. 회사를 만들어 믿을 수 있는 간호사를 채용하여 두 사람은 각각 5일 일하고 5일 쉬면서 환자에게 중단 없는 보살핌을 제공했다. 빌이 일하러 갈 때는 스푸키와 지포를 위해 먹이가 가득 든 한 말들이 먹이통을 두고 나왔다. 방충망에 구멍이 있어 고양이들은 밖에서도 놀 수 있었다. 지포는 주로 잠을 자며 집 안에서 뒹굴었다. 하지만 스푸키는 워싱턴 주 북서부 구석에 있는 오래된 벌목 마을들을 좋아했다. 매년 이사를 다니느라 거쳐 갔던 다링턴, 그레니트 폴스 같은 마을들이다. 이 마을들은 숲이 집 앞까지 내려와 있었는데 스푸키는 그렇게 커다란 나무를 본 적이 없었다. 아무 생각 없이 12미터 높이까지 다람쥐를 쫓아 나무 위로 올라가서는 긴장한 다람쥐들이 가느다란 가지 끝에서 우왕좌왕하는 동안 자기는 나무 위에 누워서 편안한 시간을 보냈다. 스푸키에게 다람쥐만큼 재미있는 놀이는 없었다. 다람쥐가 지구상에 존재하는 유일한 이유는 고양이의 장난감이 되기 위한 것이라고 생각하는 듯했다. 숲 바닥 위에 쌓인 솔잎 사이로 굴을 만들고 다니는 들쥐는 스푸키의 식사였다. 스푸키는 솔잎을 발로 파다가 들쥐를 찾아내면 뒷발로 서서 춤추는 듯한 공격 자세를 취한 후 불쌍한 들쥐를 덮쳤다. 만약 그대로 두었다면 스푸키는 하루 온종일이라도 들쥐 사냥을 했을 것이다.

하지만 집으로 돌아온 빌이 "스푸키! 스푸키!" 하고 부르면 스푸키는 당장 들쥐를 내려놓고 달려왔다. 때로는 뒷마당에서 때로는 열 집이나 떨어진 곳에서 달려왔다. 빌이 "스푸키!"라고 외치고 나면 멀리서 뛰어오르는 고양이가 보였다. 몇 초만 기다리면 다시 울타리 위로 점프해 튀어 오르는 스푸키가 보였다. 그곳에서 혼자 무엇을 하는지 빌로서는 알 수가 없었지만 스푸키가 울타리를 허들처럼 뛰어넘으며 달려오는 광경을 바라보고 있으면 흐뭇해졌다. 스푸키는 슬라이딩으로 달려오다가 멈추지를 못해 빌에게 머리를 부딪치곤 했다. 그러고 나면 둘은 집 안에서 나란히 뒹굴며 하루를 보냈다. 빌에게는 죽어가는 환자들을 돌보느라 정서적으로 힘들었던 마음을 풀 수 있는 시간이었고 스푸키로서는 지포와 단둘이 보냈던 5일 동안의 외로움으로부터 회복하는 시간이었다.

자연은 변덕스럽다. 때로 당신이 고양이였다가 때로 당신이 들쥐가 된다. 그레니트 폴스에서 지내던 어느 날 밤 쓰레기를 버리려고 밖으로 나갔던 빌은 가까이에서 코요테 울음소리를 들었다. 어둠 속에서 무엇인가 움직이는 것 같더니 코요테 꼬리가 보인 다음 순간 스푸키가 눈에 들어왔다. 스푸키는 자신을 물려고 입을 잔뜩 벌리고 있는 코요테 네 마리의 코 위에서 춤을 추듯 공중 점프를 하고 있었다. 빌은 도끼를 집어 들고 "스푸키!" 하고 큰 소리를 내지르며 코요테들을 향하여 돌진했다. 스푸키는 코요테의 얼굴을 밀어내며 아슬아슬한 춤을 계속 추고 있었는데 빌이 도착하자마자 코요테 중 한 마리가 스푸키의 얼굴을 꽉 물고 끌고 가기 시작했다. 빌이 도끼를 높이 쳐들고 고함을 지르자 코요테는 먹잇감을 떨어뜨리고 숲으로 도망갔다. 스푸키도 벌떡 일어나 반대 방향으로 뛰어 집으로 들어갔다. 빌이 집으로 들어가 보니 스푸키가 피가 흥건히 고인 방석 위에 웅크린 채 앉아 있었다. 빌은 스푸키를 안고 동물병원으로 뛰어갔다. 스푸키는 깊은 창상을 입어 턱이 부러졌는데 몇 주 동안 유동식을 먹은 후에야 완전히 회복되었다. 코요테에게 물렸음에도 불구하고 스푸키는 여전히 삶에 대한 의욕을 잃지 않았고 이집트 고양이 같은 멋진 얼굴을 되찾았다.

시애틀 북동쪽의 한적한 벌목 마을인 워싱턴 주 다링턴에서는 곰과 맞닥뜨렸다. 이 마을은 마운트 베이커-스노콸미 국립공원 가장자리에 위치해 있다. 그해 빌은 소크 강 옆에 위치한 집을 구했는데 매일 곰들이 한가롭게 그 집 마당을 가로질러 강에서 연어를 잡아 그 자리에서 먹어 치우곤 했다. 스푸키는 곰들의 다리 사이로 살짝 들어가 연어를 한 입 훔쳐 먹고 달아나는 데 재미를 붙였다. 곰은 스푸키를 겨냥해 앞발을 휘저었지만 별로 효과는 없었다. 스푸키는 벌써 도망친 후였기 때문이다. 그러던 어느 날 빌이 부엌 창문으로 내다보고 있는데 곰 한 마리가 연어를 잡았다. 스푸키는 연어를 훔치러 곰 다리 사이로 기어들었다. 곰이 느릿하게 앞발을 내리쳤다. 그런데 이번에는 스푸키가 베어 문 연어 살점이 미처 뼈에서 떨어지지를 않고 붙어 있었던 것이다. 연어 살점 때문에 딱 걸린 스푸키가 한 바퀴를 돌았다. 곰의 앞발이 정통으로 옆구리를 때리는 바람에 스푸키는 9미터가량 공중으로 붕 떴다가 덤불 너머 이웃 마당으로 날아갔다.

빌은 절망했다. 올 것이 왔구나. 스푸키는 죽었구나. 저 곰이 가버리면 스푸키의 시체를 찾아와야 하는구나, 라고 그는 생각했다. 2분 후 스푸키는 방충망 구멍을 통해 터덜터덜 걸어 들어왔다. 갈비뼈가 석 대나 부러지고 옆구리에 커다란 상처를 입었지만 입가에는 아직도 연어 한 점이 매달려 있었다.

스푸키는 그런 고양이였다. 그는 맹렬하고 충성스러운 친구였다. 스푸키는 다람쥐를 쫓아서 12미터 높이의 나뭇가지에도 올라가고 곰한테서 생선을 훔치기 위해 목숨도 걸 수 있는 고양이였다. 그리고 스푸키는 강인했다. 자기가 사고를 냈건 혹은 당했건 어떠한 부상에도 스푸키는 끄떡없었다. 기러기도 올라타고, 침대에 뱀을 물고 오기도 하고, 곰을 약 올리기도 하지만 한 가지는 틀림없었다. 스푸키는 언제나 돌아왔다는 것이다.

그런데 어느 날 스푸키가 돌아오지 않았다.

때는 1990년대였다. 경기가 좋지 않았다. 8년이 지난 후 빌은 죽음을 앞둔 환자들을 돌보는 일을 그만두게 되었다. 많은 사람들과 영원한 작별을 해야 하는 정서적인 고통에 심신이 지쳤던 것이다. 그래서 빌은 다시 예전에 했던 기계공으로 돌아갔다. 처음에는 항공 산업에서 일을 하다가 다시 정리해고의 바람이 불자 보트 선체 제작회사에 들어갔다.

어느 금요일에 공장으로 찾아온 사장이 말했다.

"요즘 경기가 안 좋습니다. 정말 안 좋아요. 월요일까지 수염이 있는 사람들은 모두 해고입니다."

황당했다. 하지만 심각하게 한 말이다. 평소 사장이 수염 기르는 것을 싫어했다곤 하지만, 워싱턴은 가르마 방향이 상사의 마음에 들지 않아도 해고되는 곳인가 보다.

집으로 돌아간 빌은 주말 내내 고민을 했다. 그는 베트남에서 심한 부상을 입었다. 어떤 부상이었는지 오늘날까지도 절대 말하려 하지 않지만 하여간 그 부상으로 석 달이나 입원을 했었다. 붕대를 풀던 날 거울을 보니 수염이 풍성하게 자라 있었다. 군대에 더 이상 있고 싶지 않았고 군도 그를 붙잡지 않았지만 빌 베젠슨은 군에서 얻은 그 수염만큼은 무척 마음에 들었다. 그 후 20년 동안 한 번도 면도를 한 적이 없었다. 단 한 번도. 그렇기에 이제 와서 굳이 깎을 필요가 없다고 생각했다. 보트 용접을 위해 그럴 만한 가치가 없다고 생각한 것이다. 월요일 아침 그는 해고되었다. 수염 때문에! 수염을 깎았던 사람들도 어차피 한 달 이내에 해고당하긴 마찬가지였다.

며칠 지나서 빌은 인근 엘크 클럽의 여자 바텐더에게 자신의 상황을

133

털어놓게 되었다. 그러자 그녀는 자신의 집을 몇 개월 쓰겠냐고 제안했다. 그 여성은 여름 내내 여행을 떠나게 되어 누군가 염소들을 돌봐줄 사람이 필요했던 것이다. 이틀 후 빌과 스푸키와 지포는 워싱턴 북서부의 멋진 새 집으로 이사를 했다. 그런데 이틀 후 집주인이 돌아왔다. 함께 여행을 갔던 남자와 다투는 바람에 여름 여행이 취소되었다고 했다. 빌과 고양이들은 집을 비워주어야 했다.

불행히도 불황기에 실직한 용접공에게 그것은 쉬운 일이 아니었다. 안정적인 봉급이 있거나 저금이 있다는 것을 입증해야만 아파트를 얻을 수 있었기에 그의 주택난은 장기화되었다. 빌이 일자리를 찾아 헤맨 2주 동안 그 여자는 점점 더 화를 냈다. 그러다 드디어 중환자를 돌보는 일자리를 구했다. 경제도 나쁠 때 좋은 일자리를 구해 그나마 다행이었다. 일자리를 구한 첫날 빌은 집에 들어서자마자 외쳤다. "스푸키! 스푸키!" 함께 축하하고 싶었던 것이다.

스푸키는 대답을 하지 않았다.

스푸키는 저녁을 먹으러 오지도 않았다.

스푸키는 잠잘 시간이 되어도 나타나지 않았다.

빌은 뭔가 잘못되었다는 것을 알았다. 동네를 돌아다니며 찾아보았으나 스푸키는 나타나지 않았다. 집주인은 코요테가 잡아간 것이라고 말했다. 빌은 아니라고 했다. 그는 죽음이 어떤 느낌인지 잘 알고 있었고 그런 느낌을 받지 못했기 때문이다. 스푸키가 그냥 없어졌다는 것을 믿을 수 없었다. 스푸키가 잘못해서 차고나 창고에 갇힌 것이고 빠져나오면 바로 집으로 올 것이라고 믿었다. 저녁마다 빌은 베란다에 서서 스푸키 소리가 들리는지 귀 기울였다. 매일 밤 빌은 멀리서 스푸키의 울음소리가 들린다고 생각했다. 지포도 늘상 밖으로 나가 스푸키를 찾고 있었으니 지포의 울음소리가 바람에 실려 들려왔을 수도 있다. 하지만 빌은 그렇게 생각하지 않았다. 빌은 한밤중에 깨어 스푸키의 울음소리를 분명히 들었다고 생각했다. 스푸키가 낡은 우물에 빠졌거나 어느 구멍에 갇혔다고 생각하기에 이르렀고 스푸키를 찾아 뒷마당과 숲을 뒤지고 다녔다. 빌은 이 세상의 너무나 많은 것을 버리고 살아왔다. 스푸키만은 절대 포기할 수 없었다.

며칠이 흘러도 스푸키는 나타나지 않았다. 집주인은 빌과 지포가 빨리 나가기를 원했다. 코요테가 스푸키를 잡아갔다고 주장하며 원래부터 그놈의 고양이를 좋아하지 않았다는 말까지 했다. 그냥 빨리 나가 달라는 것이다. 그녀와 빌은 매일 싸웠다. 빌은 절대로 스푸키를 두고 그냥 갈 수 없었다. 절대로.

3주가 흘렀지만 빌과 지포는 여전히 그 집에 머물러 있었다. 집주인은 현관에 서서 빨리 나가라며 소리를 질러댔다. 빌은 스푸키 없이는 절대 나갈 수 없다고 버텼다. 스푸키가 살아 돌아올지도 모르는데 떠날 수 없다고 했다. 몹시 화가 난 집주인이 뒷마당 쪽으로 돌아서다가 얼굴이 하얗게 질렸다. 그녀는 쓰러질 듯 휘청거리며 문틀을 붙잡고 간신히 서 있었다. 마당을 가로질러 오고 있는 것은 바로 스푸키였다. 앙상하게 마르고 아주 더러운 상태였지만 살아 있는 스푸키였다.

빌은 스푸키를 끌어안았다. "스푸키, 스푸키!" 자신의 얼굴을 스푸키의 털에 묻으며 말했다. "네가 돌아올 줄 알고 있었어."

빌, 스푸키, 뚱보 지포. 셋은 그날 밤으로 그 집을 나왔다. 사실 갈 곳이 있는 건 아니었다. 고양이 두 마리와 간단한 소지품만 챙겨 집을 나온 빌과 고양이들은 첫 번째 봉급을 타는 날까지 자동차에서 생활했다.

1년이 흐른 후 빌은 우연히 술집에서 낯선 이와 대화를 하게 되었다. 술이 몇 잔 오간 후 그 남자가 말했다. "아니, 잠깐만, 바로 당신이군요. 우리 어머니 집에 잠깐 살았던 사람이. 아, 글쎄, 우리 어머니가 당신 고양이를 쓰레기 처리장에 데려가서 쓰레기랑 같이 버리고 왔대요. 그런데 그놈의 고양이가 집을 찾아 돌아오는 바람에 깜짝 놀라서 죽을 뻔했다고 하더라고요."

그 쓰레기 처리장은 자그마치 32킬로미터나 떨어진 곳에 있었다. 32킬로미터! 걸어서 돌아오는 데 3주나 걸렸지만 스푸키는 집을 찾아왔다. 스푸키는 부엉이의 공격에도 살아남았다. 코요테 네 마리도 따돌리고 곰의 일격도 견뎌냈다. 쓰레기장에 버려졌지만 다시 집을 찾아왔다. 스푸키는 진정한 의미의 생존자이다.

*

언젠가는 우리 모두가 돌아올 수 없는 지점에 이른다. 2001년 6월 열여덟 살의 나이로 지포가 먼저 그 지점에 도달했다. 지포는 종양을 제거하는 간단한 수술을 하기 위해 동물병원에 입원했다. 그날 아침 느지막이 빌은 가벼운 마음으로 지포의 안부를 물으러 병원에 전화를 했다. 콜 박사는 15년 전에 워싱턴 주로 처음 이주했을 때부터 지포와 스푸키의 담당 수의사였다. 그곳으로 이주한 지 얼마 지나지 않아 어느 날 아침 빌은 자동차에 치인 개를 보았다. 그는 도로로 뛰어들어 개를 안고는 근처에서 가장 가까운 동물병원으로 차를 몰았다. 개는 엄청난 고통을 견디지 못해 자신을 물어뜯으며 비명 같은 소리를 지르고 있었다. 빌이 다가가자 개는 몸을 사리더니 빌의 목과 어깨를 물었다. 병원 검사대 위에서도 몹시 버둥거리며 괴성을 질렀다. 공포에 질려 제정신이 아니었다. 그런데 콜 박사가 다가와 맨손으로 부드럽게 어루만지자 개는 금세 안정을 찾았다.

빌은 너무나 감동을 받아 그다음 날로 스푸키를 그 병원으로 데려갔다. 스푸키는 즉각적으로 콜 박사를 따랐다. 그리고 콜 박사도 스푸키를 사랑했다. 훗날 코요테와 곰에게 공격당한 후에도 콜 박사의 치료를 받았다. 부엉이에게 죽을 뻔했던 이야기를 들려주었을 때 그는 놀라움에 고개를 흔들었다. 그 뒤로 그는 스푸키를 기적의 고양이라고 불렀다.

빌의 전화를 받은 콜 박사는 갈라지는 목소리를 애써 감추며 훌쩍이고 있었다. 지포가 마취에 대한 부작용을 일으켰다고 했다. 지포는 수술 도중에 우리 곁을 떠나갔다. 순둥이 뚱보 고양이 지포. 하루 전까지만 해도 너무나 활력 넘치는 고양이였다. 하지만 지포는 떠났다. 빌은 충격을 받았고 스푸키는 비탄에 빠졌다.

지난 몇 년간 스푸키도 건강이 썩 좋지 않았다. 스푸키는 이제 거의 스물한 살이 되었고 고양이 에이즈가 드디어 기승을 부리기 시작했다. 먹은 것을 계속 토하고 온몸을 사시나무 떨듯 떨면서 고열에 시달리곤 했다. 이제 지포마저 세상을 떠나자 스푸키는 무기력하고 시무룩해졌다. 스푸키는 자신의 친구, 게으름뱅이 단짝이 그리웠던 것이다. 매일 빌이 퇴근해 집으로 돌아와서 가장 먼저 하는 일은 집 안의 모든 수납장 문들을 닫는 것이다. 혹시 지포가 숨어 있지 않을까 싶어서 스푸키가 낮에 모든 수납장을 다 열어보기 때문이었다. 빌은 다른 고양이를 입양했다. 지포와 똑같이 생긴 검은색 새끼 고양이였다. 스푸키에게 친구를 만들어주기 위해서였는데, 스푸키는 새 고양이를 상대하려 하지 않았다. 스푸키는 어느 누구도, 또 어떠한 것도 살면서 미워해본 적이 없었다(심지어 불쌍한 들쥐들마저도. 스푸키는 사냥 본능에 충실했을 뿐이다). 하지만 그 새끼 고양이와는 함께하길 거부했다.

스푸키는 더 자주 열이 났다. 음식도 거의 삼키지 못했다. 육체도 고장 나고 마음도 병이 들었다. 8월에 스푸키를 콜 박사에게 데려간 빌은 스푸키가 죽어가고 있다는 얘기를 들었다. 빌이 해줄 수 있는 것은 아무것도 없었다. 스푸키는 이제 살날이 얼마 남지 않았다. 그리고 그 과정도 고통스럽고 힘들 것이라고 했다. 스푸키는 생존자였다. 투사이자 모험가였고 무릎에 앉기를 즐기는 고양이요, 충성스러운 친구이며, 한결같은 반려자로 거의 21년을 빌과 함께했다. 빌이 절실히 그를 필요로 할 때 스푸키는 그의 곁을 지켜주었다. 스푸키만이 빌의 인생에 있어서 유일하게 변치 않는 구심점이었다. 수년 동안 스푸키만이 유일하게 교감을 나눌 수 있는 존재였다. 빌이 악몽에 시달리거나 공포에 사로잡히곤 할 때 스푸키는 빌의 반석이요, 생명 줄이었다. 빌이 부르면 녀석은 언제나 돌아왔다. 그리고 마지막 순간에도 스푸키는 떠나려 하지 않았다. 대부분의 고양이들이 마지막 주사를 맞으면 누운 채 평화롭게 떠나간다. 그러나 스푸키는 바늘이 몸에 닿자 소스라치게 놀랐다. 큰 소리로 울며 어떻게든 빠져나가려고 버둥거렸다. 스푸키는 고개를 돌려 빌의 눈을 쳐다보며 떠나기를 거부하는 듯 사자처럼 울부짖었다. 아직 떠날 준비가 되지 않았다고 말하는 것 같았다. 빌이 끔찍한 실수를 하고 있다고.

빌은 심장을 망치로 한 대 얻어맞은 것 같았다. 그 비명은 두고두고 그의 귓가에 울렸다. 콜 박사는 빌의 결정이 옳은 선택이었고 스푸키가 살 수 있는 날이 일주일도 채 남아 있지 않았고 게다가 끔찍한 고통 속에 보냈을 것이라고 단언했다. 그렇지만 그 비명 소리는 빌의 마음을 갉아먹어갔다. 스푸키는 살고 싶어 했다! 고통 속에서도, 자신이 죽어간다는 것을 아는 상태에서도, 스푸키는 살고 싶어 했다.

몇 주 후 2001년 9월 11일 뉴욕의 쌍둥이 빌딩이 무너져 내렸다. 빌 베젠슨은 보잉사의 작업 라인에서 일을 하다 문득 하늘을 올려다보며 비행기가 더 오는지, 헬기가 다 격추된 것인지, 그가 결국 적진에 홀로 버려진 것은 아닌가 하는 생각을 했다. 빌은 지포가 그리웠고, 스푸키가 보고 싶었다. 그들과의 교감이 너무도 그리웠다. 그들의 존재로 인해 느낄 수 있었던 안정감을 잃은 것이다. 이제야 비로소 빌은 진정으로 혼자가 되었다고 느꼈다.

그러던 어느 날 회신 주소가 없는 편지를 한 통 받게 되었다(나중에 알고 보니 콜 박사의 사무실에서 보낸 편지였다). 7년 후 듀이가 죽었다는 소식을 듣고 빌은 내게 그 편지의 사본을 보내주었다. "우리 곁을 떠난 고양이를 얼마나 그리워할 수 있는지 저는 압니다. 왜냐하면 저도 그런 경험이 있거든요." 빌은 그 편지가 자신에게 도움이 되었듯이 나에게도 도움이 될지 모르겠다고 했다. 편지의 내용은 이러했다.

〈유언장〉

나, 스푸키 베젠슨은 건강치 않은 상태이므로 내 친구이자 주인에게 언제나 내 생각이 나면 읽을 수 있도록 이에 유언장을 남깁니다.

지구상에서의 나의 시간은 즐거운 추억이 가득한 근심 걱정 없는 행복한 나날들이었습니다. 이 세상을 떠나며 나는 어떠한 세속적인 소유물도 가지고 가지 않습니다. 왜냐하면 소유물이나 재산 같은 것은 결코 나의 관심사가 아니었기 때문입니다. 내게 중요했던 것은 당신의 신뢰와 칭찬을 얻고, 당신에게 순종하고, 충실한 삶을 사는 일이었습니다. 그럼에도 내가 끝까지 소중히 간직하고 가는 것은 바로 주인님의 사랑입니다. 어느 누구도 당신보다 더 나를 사랑해주지는 못했을 테니까요.

내가 떠난 후 주인님은 내 생각을 하면서 슬퍼하지 마세요. 왜냐하면 나는 이제 평온하고 더 이상 불편하거나 고통스럽지 않습니다. 나이나 환경 때문에 내 육체에 가해졌던 병마들은 더 이상 문제가 되지 않습니다. 나는 이제 얼굴에 불어오는 바람과 발바닥을 간질이는 잔디를 느끼며 자유롭게 돌아다닐 수 있습니다. 나는 이제 따스한 햇볕 아래 낮잠을 자며 별들의 담요를 덮고 잠이 듭니다. 이러한 기쁨 속에 나는 당신을 기다리고 있을 겁니다.

우리가 너무나 많은 행복한 시간을 보냈기 때문에 나를 절대로 대신할 수 없다고 생각해서 평생을 새로운 반려동물 없이 지내려 할지도 모르겠습니다. 친구여, 나를 대체하지 마세요. 왜냐하면 우리는 함께 자랐고 때론 힘들고 추운 시절도 함께 보냈기에 우리가 나눴던 것은 대체할 수 있는 것이 아닙니다. 그러나 다른 반려동물이 줄 수 있는 따뜻함과 사랑을 내치

스푸키와 나는 세상 어디든 함께했어요

지 마십시오. 나는 당신이 혼자가 되는 것을 원치 않습니다.

  사랑하는 주인님. 나는 언제나 당신의 마음에, 당신의 생각에, 그리고 당신의 추억 속에 함께할 것입니다. 우리가 함께 나눴던 것들은 오늘도, 내일도, 그리고 언제까지나 특별할 것이기 때문입니다. 만약 주변에 아무런 동물이 없는데도 주인님의 피부에 차가운 코가 닿는 것을 느낀다면 그건 바로 제가 건네는 인사라는 것을 마음속 깊이 알아주세요.

*

  빌 베젠슨은 많이 회복되었다. 2001년 9·11 사태로 인해 다시 불거진 공포심과 고립감 때문에 빌은 가까이에 있는 미국 재향군인 병원으로 상담을 받으러 갔고, 드디어 1968년 9월에 있었던 베트남에서의 기억을 떠올려 자신의 문제를 처음으로 직시할 수 있었다. 빌은 많은 외상 후 스트레스 증후군 환자들이 겪는 '싸움 혹은 도주'라고 하는 응급 방위 반응을 겪고 있었던 것이다. 이는 이 세상이 안전하지 않기 때문에 생존하기 위해서는 도망을 가거나 자기 자신을 방어해야 한다는 무의식의 믿음에서 야기되는 생리학적 반응이다. 빌 베젠슨은 지난 30년 동안을 계속 도망치며 살았던 것이다.

  "그 사실을 깨닫기 이전의 자신의 삶에 대해서는 어떻게 이야기할 수 있을까요?"

  나는 빌에게 물어보았다.

  "아마 당신과 이야기를 하지도 않았을 겁니다."

  그 정도로 심각했었다.

  몇 개월 후 2001년 말에 빌은 은퇴했다. 스푸키가 아팠을 때 입양했던 고양이가 외롭지 않도록, 또 한 마리의 고양이를 입양했다. 수십 년 동안 임대주택에서만 살았던 빌은 워싱턴 주 북서부에 아파트를 마련했다. 더 이상 도망치고 싶은 느낌이 사라졌기 때문이다. 그해 9월에는 아파트 전체를 다시 칠했다. 페인트 작업을 다시 하는 정도에서 타협점을 찾았던 것이다. 2002년에는 마운트 베이커와 캐나다 국경에 인접한 작은 마을인 워싱턴 주 메이폴스 외곽에 주택을 마련했다. 아직 진심으로 사람에게 마음의 문을 열 수 있을지 확실하지는 않았지만 평생 살 집을 찾았고 이웃과도 친구가 되었다. 이웃 사람들은 빌을 '미스터 친절'이라고 불렀다. 암으로 투병하고 있는 이웃을 위해 베란다를 만들어주고, 90세의 황반변성을 앓는 전직 교사 할머니를 위해서 대신 장을 봐주었다. 빌의 아버지는 오랫동안 암으로 투병하다 10년 전에 세상을 떠났다. 그는 죽기 전에 자신을 돌봐주던 간호사들에게 이런 이야기를 들려주었다고 한다. 그것은 자신의 아들 빌을 너무도 사랑한 너구리 한 마리가 인사를 하려고 나무 아래로 뛰어내렸고, 베란다로 새끼들을 데리고 와서 소개시켰다는 이야기였다. 빌은 어머니와 화해를 했다. 빌은 일주일에 두세 번 미시건에 사는 어머니에게 전화를 드린다.

 요즘은 때때로 사람들을 집으로 초대하곤 한다. 주로 자신과 같은 퇴직자, 이웃들, 옛 직장 동료나 지난 몇 년간 오가다 사귄 친구들이다. 이런 모임에선 같이 술도 마시고 웃고 이야기를 즐긴다. 그러다가 모임이 한창인 저녁 즈음이면 반드시 누군가 손을 뻗어 다리 뒤를 문지른다.

 "뭔가 닿은 줄 알았어요."

 빌이 자신을 보고 있는 것을 느끼면 손님들은 이렇게 말한다.

"이 부위가 선득해서요. 그런데 아무것도 없네요."

빌은 아무런 말도 하지 않지만 그곳에 뭔가가 있었다는 것을 안다.

"지포였는지도 모르죠."

빌의 이야기이다. 하지만 실은 그렇게 생각하고 있지 않다는 것을 나는 안다. 그것은 지포에 대한 친절함에서 나온 말이다. 빌은 마음속 깊이 그것이 스푸키의 차가운 코였다고 믿고 있다. 스푸키는 절대 그의 곁을 떠나지 않았다. 지금도 때때로 인사를 하러 찾아오는 것이다. 스푸키는 천국에서 빌이 오기를 기다리고 있다.

Dewey's Nine Lives

{4}

스물여덟 마리의 고양이와
함께 살기

플로리다 주 새니벌 섬에서의 어느 날 밤
우리가 유원지를 산책하고 있을 때 예쁜 고양이 한 마리가
집까지 따라왔어요. 당연히 그 고양이에게 먹이를 주기 시작했고,
이후로 고양이들이 계속 찾아왔지요. 결론을 이야기하면
우리는 결국 스물 여덟 마리의 고양이와
함께 살게 되었답니다.

- 메리 냅

Tabitha, Boogie, Gail, BJ, Chimilee,... & Mary Nan

메리 낸은 부부 사이에도 그렇고 친구들에게도
고양이 타비타의 역할이 이 가정에서 얼마나 중요한지
항상 거리낌 없이 이야기하곤 했다.
그녀와 래리는 아이를 가질 수 없었다.
타비타는 그들의 딸과 같았다. 같이 싸울 필요가 없는 딸,
또한 모든 여학생들이 열광하는 '불량 남학생'과 사귀지 말라고
애원할 필요가 없는 딸이었다. 어린 새끼였을 때
메리 낸은 타비타를 할머니가 고양이를 위해 짜준 아기 담요에 싸서
데리고 다니기도 했다.

나는 플로리다 주 새니벌 섬을 좋아한다. 도서관 회의가 많은 덕분에 전국으로 출장을 다녔는데 동료들을 만나 함께 춤도 추고 회포를 풀 수 있는 기회가 많았다. 하지만 전국 어디를 가보아도 새니벌 섬처럼 특별한 곳은 없다고 생각한다. 남동생 마이크가 한때 그곳 호텔의 관리자였기 때문에 나는 지난 20여 년간 포인트 산토 드 새니벌의 프리미

어 프로퍼티라는 리조트로 휴가를 가곤 했다. 사실 나는 듀이가 세상을 떠난 직후의 일주일도 그 섬에서 보냈다. 듀이에 관한 전화를 받았을 때 나는 새니벌 섬에서 열리는 조카의 결혼식에 참석하려고 짐을 싸는 중이었다. 듀이가 이상하다는 전화였다. 나는 즉시 도서관으로 가서 듀이를 데리고 동물병원으로 달려갔다. 듀이가 나이 든 뒤로 간혹 걸리곤 하던 변비가 아닐까 생각했었다. 그런데 수의사가 종양, 암, 극심한 고통, 가망 없다는 말들을 나열했을 때 마치 망치로 한 대 얻어맞은 것 같았다. 듀이의 눈을 들여다보니 그것이 사실임을 알 수 있었다. 듀이는 내게 몇 주, 아니 몇 개월 동안 감추어 왔지만 이제는 자신의 고통을 숨기려 들지 않았다. 듀이는 많이 아팠던 것이다. 그리고 나의 도움을 청하고 있었다.

필요한 서류에 서명한 후 나는 듀이를 가슴에 꼭 끌어안고 듀이가 눈감는 모습을 지켜보았다. 나는 정신이 멍한 상태에서 듀이의 화장 절차를 진행시켰다. 그리고 여전히 안개 속을 헤매는 기분으로 집으로 돌아가 짐을 마저 꾸려서 예정보다 반나절 늦게 아버지를 모시고 오마하로 차를 몰았다. 서둘러 딸의 집으로 가서 쌍둥이 손자를 안아준 다음 모두를 태우고 공항으로 향했다. 내 기억에 비행기 이륙 1초 전에야 우리는 겨우 좌석에 앉을 수 있었다. 하지만 물론 두 살밖에 되지 않은 쌍둥이들을 위해 주스를 챙기고 손에 크레용을 쥐어주고 비행기가 수평을 되찾아 귀의 통증이 멈출 때까지 안고 있어야 했다. 미주리 주 상공을 날고 있을 때쯤에야 한숨을 돌리게 된 나는 낡고 너덜너덜해진 항공사 잡지를 집어 들었다. 누군가가 벌써 낱말 찾기의 빈칸을 채워놓았다. 그것도 펜으로. 정말 싫었다. 그런데 그다음 페이지에 고양이 사진이 있었다. 나는 왈칵 울음을 터뜨렸고 새니벌 섬에 도착할 때까지 울음을 그칠 수가 없었다.

어쩌면 슬픔을 달래기에는 새니벌 섬만큼 좋은 곳도 없을 것이다. 특히 포인트 산토 드 새니벌의 프리미어 프로퍼티는 지구상에서 가장 편안한 안식을 주는 곳이 아닐까 싶다. 해변에는 크리스털 같은 백색의 모래사장이 펼쳐져 있고 움직이는 생명체라고는 거의 찾아볼 수가 없다. 물론 모래를 맨발로 밟으면 '노시움'이라는 작은 벌레들이 깨물곤 해서 성가시긴 하다. 하지만 그것은 파라다이스를 거닐기 위해 치러야 할 아주 작은 대가에 불과하다. 이 낙원에서는 슬리퍼를 신고 넘실대는 파도와 나란히 거닐 수도 있고, 산호색 조개껍질을 주울 수도 있으며, 발코니에 앉아 저 멀리 어미 돌고래가 새끼 돌고래들과 수면 위로 뛰어오르는 모습을 구경할 수도 있다. 오후에는 흉내쥐빠귀들이 "와아아 앗?"(이것은 남자 새일 것이고) 하고 울면 "어-어!"(이 소리는 분명 여자 새이겠지)라고 화답하는 소리를 들으며 편안히 쉴 수도 있다. 이곳은 유원지에 살고 있는 1미터가 넘는 앨리게이터 악어마저도 매우 우아하다. 때로는 풀밭에 놓인 일광욕 의자를 완전히 무시한 채 느긋하게 풀밭을 가로지르는 악어의 모습을 보기도 한다.

그리고 저녁노을을 빼놓을 수 없다. 아이오와에서는 간혹 날이 저물 무렵 현란한 핑크, 오렌지, 황금색들이 화려하게 펼쳐진 하늘을 볼 수 있다. 그러나 새니벌 섬에서는 항상 그런 멋진 일몰을 볼 수 있다. 하늘을 온통 수놓았던 찬란한 색깔들이 아름다운 쪽빛 바다로 서서히 가라앉기 시작하며 하나씩 둘씩 별들을 불러낸다. 해변이나 발코니에서 와인을 마시다가 문득 하늘을 올려다보면 자연의 아름다움에 도취되어 행복감과 자유로움을 만끽할 수 있고, 또 멋진 하루를 보낸 것에 대해 축배를 들고 싶어지는 곳이다.

  물론 보통은 그렇다는 것이다. 듀이의 죽음이라는 청천벽력 같은 일이 일어나지 않았더라도 그 주에는 결혼식에 참석하랴 오랫동안 못 봤던 친척들을 챙기랴 (혹은 피해 다니랴) 정신이 없었을 것이다. 그런데 다행스럽게도 결혼식 화동을 맡았던 손녀 한나가 정말 아이다운 방식으로 내가 슬픔에 빠져 있을 수 없도록 도와주었다. 내게 독감을 옮겨 준 것이다. 결혼식 전날 만찬에 참석했던 다른 스물일곱 명의 손님들과 함께 나도 독감에 걸렸다. 결국 나는 그 일주일 내내 한나와 나란히 소파에 드러누워 만화를 보면서 지내는 신세가 되어 파도를 넘나들며 장난치는 돌고래 구경보다는 화장실 변기 앞에 무릎을 꿇고 있는 시간이 더 많았다. 전화나 TV, 이메일도 버거울 정도로 너무나 아픈 상태였다 (실제 손녀와 함께 본 만화〈도라도라의 모험〉조차도 잘 이해하지 못할 정도의 상태였다). 그랬기 때문에 나는 고향에서 듀이 팬들의 애도가 쇄도하는 것도, 도서관 전화가 불난 듯 계속 울리고 있었다는 사실도 전혀 알지 못했다. 창밖의 드넓은 대양을 바라보며 우리 인간이 얼마나 보잘것없는 존재인지에 대해 명상을 하거나 화장실이 TV로부터 엎어지면 코 닿을 거리에 있으니 얼마나 다행인가 그런 생각들을 하고 있었다. 하루에 다섯 번씩 구토를 하는 와중에도 이 세상 어느 곳도 새니벌 섬처럼 마음의 평온과 안식을 줄 순 없다고 생각했다.

  메리 낸 에번스가 새니벌 섬에 대한 첫인상을 들려주었을 때 나는 그 말을 십분 이해했다. "내 주제에 절대 이런 곳에서 살 수 없을 거야." 당연히 파라다이스는 부와 권력을 가진 사람들을 위해 존재하는 것이고, 나와 마찬가지로 메리 앤은 미국 중서부의 작은 시골 마을 출신이었다. 그녀의 남편 래리는 미주리 주 웨리벌리에 있는 병원의 시설관리실에서 일을 했는데, 주 서부 지역 올해의 직원으로 선정되었고 그 상으로 서부 플로리다 남서쪽에 위치한 새니벌 섬으로 나흘간 휴가를 가게 된 것이다. 메리 앤은 연안의 위쪽 포트 마이어스에 이모가 살고 있었기 때문에 플로리다 주를 여러 번 방문했었다. 그러나 눈부시게 파란 하늘이 반짝이는 푸른 바다와 만나는 초록빛 새니벌 섬의 풍광이란 그녀로서도 평생 처음 보는 장관이었다. 수평선 위로 보이는 하얀 빌딩마저도 구름의 예리한 끝자락처럼 보였다. 섬과 본토를 잇는 긴 다리를 건너면서 그녀는 이렇게 혼잣말로 속삭였다. 메리 앤, 이 광경을 꼭 기억해. 왜냐하면 다시는 돌아올 수 없을 테니까.

4년 후인 1984년도에 부부는 최소한 플로리다 주까지는 돌아올 수 있었다. 이번에는 일상으로부터 탈출하는 나흘간의 휴가 여행이 아니라 일자리를 찾기 위해서였다. 15년의 빌딩 관리직 경력을 갖고 있었기에 부부는 해안가의 많은 리조트 가운데 분명 일자리가 있을 것이라고 생각했다. 그리고 이러한 리조트에 취직이 되면 필시 숙소도 제공될 것이다. 큰 리조트 단지의 시설관리자는 얼음 기계가 고장 나면 2시간은커녕 20분도 못 참는 관광객들 때문에 24시간 대기하면서 투숙객의 각양각색의 요구 사항과 괴상한 부탁을 들어주어야 하기 때문이다. 그런데 한 가지 문제가 있었다. 래리가 고양이를 키운다고 말하자 모든 리조트들이 거절했던 것이다. 죄송합니다, 동물은 허용되지 않습니다, 라는 답변만 돌아왔다.

사랑하는 샴고양이 타비타를 버린다는 건 부부에게는 있을 수 없는 일이었다. 래리와 메리 낸이 암고양이 타비타를 입양한 것은 15년 전인 1969년이었다. 군을 제대할 무렵으로 래리가 캘리포니아에서 복무하고 있을 때였다. 추수감사절 전에 메리 낸은 신문에서 광고를 보았다. 갓 태어난 새끼 고양이를 분양한다는 것이다. 사병 월급을 쥐어짜듯 절약해 저축한 20달러가 부부의 전 재산이었다. 메리 낸은 구경이나 해보자며 남편을 졸랐다. 두 사람이 아파트에 도착하기 바쁘게 뒤쪽 방에서 새끼 샴고양이 한 떼가 쏟아져 나왔다. 새끼 고양이들은 비실비실 아직 제대로 걷지를 못해 넘어지기도 했는데 그중 한 마리가 메리 낸을 향해 똑바로 걸어오더니 품 안으로 쓰러지듯 안겨왔다. 메리 낸이 안아주자 새끼 고양이는 고개를 쑥 빼고 그녀의 코에 자기 뺨을 비벼댔다.

"저는 암고양이였으면 좋겠어요."

고양이 주인에게 메리가 부탁했다.

"아, 마침 안고 계신 고양이가 유일한 암놈이네요."

주인의 대답이었다.

메리 낸은 고양이 주인에게 경비 조로 10달러를 지불하고서 타비타를 집으로 데려왔다. 전 재산의 나머지는 고양이 화장실용 모래와 먹이를 사는 데 써버렸다. 그해 추수감사절에 메리와 래리는 쿠킹 호일에 싼 냉동식품을 전자레인지에 데워 식탁을 차리고 감사 기도를 올렸다. 정확하진 않지만 스완슨 표 칠면조와 양념 소스였고, 디저트로 작은 체리파이도 있었다고 메리는 기억했다. 고양이 먹이를 사고 남은 돈으로 마련할 수 있었던 추수감사절 만찬은 그것밖에 없었기 때문이다.

타비타는 아주 착하고 충성스러운 고양이였기 때문에 충분히 그럴 만한 가치가 있었다. 타비타는 먹이 외에는 원하는 것이 아무것도 없었다. 소리도 아주 작고 예절 바르게 내는 고양이였다. 자신의 엄마 아빠를 제외하고는 어느 누구도 필요로 하지 않았지만, 손님이 오거나 수리공이 집에 온다고 해도 결코 무례하게 구는 법이 없었다. 집에 있을 수만 있다면 타비타는 아무런 걱정이 없었다. 잠을 자거나 뒹굴며 잘 놀았다. 타비타는 래리가 진공청소기를 목과 머리 위에 갖다 대면 빠진 털이 진공호스로 빨려 들어가는 것을 느끼며 지그시 눈을 감곤 했다. 그렇다. 충격적이지만 부부는 진공청소기 호스로 고양이털을 관리했다. "심지어 쥐와도 친구가 되었죠." 래리는 나에게 놀랍지 않냐는 듯이 말했다. 래리는 회색 수염을 가진 늙은 생쥐가 쥐구멍으로 쪼르륵 들어가는 모습을 타비타가 느긋하게 바라보는 광경을 여러 번 목격했다고 한다(래리는 쥐 수염에 대해서도 상당히 아는 바가 많았던 것 같다). 나는 도대체 메리 낸이 그걸 어떻게 참고 살았는지 모르겠다. 나라면 타비타나 래리에게 쥐를 잡을 것을 강력히 요구했을 것이다. 그러나 메리 낸은 타비타의 자비로움을 절대 탓하지 않았다. 매일 밤 고양이 타비타는 래리와 메리 낸의 가운데에서 잠을 잤다. 메리 낸이 간혹 밤에 눈을 떠보면 타비타가 가슴 위에 앉아 자신의 얼굴을 유심히 들여다보고 있기도 했다. 물론 절대 쥐를 물어오는 일도 없었다.

메리 낸은 부부 사이에도 그렇고 친구들에게도 타비타의 역할이 이 가정에서 얼마나 중요한지 항상 거리낌 없이 이야기하곤 했다. 그녀와 래리는 아이를 가질 수 없었다(타비타도 가질 수 없었다. 물론 그것은 주인의 결정이었지만 말이다). 타비타는 그들의 딸과 같았다. 같이 싸울 필요가 없는 딸, 또한 모든 여학생들이 열광하는 '불량 남학생'과 사귀지 말라고 애원할 필요가 없는 딸이었다. 어린 새끼였을 때 메리 낸은 타비타를 할머니가 고양이를 위해 짜준 아기 담요에 싸서 데리고 다니기도 했다.

물론 고양이는 아이가 아니었고 그들이 살고 있던 부대 안의 군인 아파트에서는 동물은 허용되지 않았다. 그래서 메리 낸은 이웃들이 타비타에 대해 알지 못하도록 조심해야 했다. 타비타를 동물병원에 데려가야 할 때는 고양이용 캐리어를 이용하지 않고 식료품인 척 타비타를 갈색 종이봉투에 넣어서 데려갔다. 타비타는 절대 한 번도 불평하지 않았다. 오히려 타비타는 이 종이봉투를 아주 좋아했다. 갈색 종이봉투는 타비타가 가장 좋아하는 장난감으로 시간 가는 줄 모르고 그 안에 들어가 뒹굴며 놀곤 했다. 타비타는 자동차도 좋아했다. 타비타는 아파트 문 앞에서 차 타러 가자고 야옹거리며 조르곤 했다. 남부 캘리포니아는 날씨가 좋은 날이 많았다. 그런 날이면 메리 낸은 타비타가 자동차 뒷좌석 가운데 불쑥 올라온 부분에 몸을 말고 지낼 수 있게 해주었다. 물론 뒷좌석 그 자리는 이미 타비타의 발톱에 긁혀 갈기갈기 찢겨 있었다. 아마 먹이와 물만 있다면 타비타는 자동차 안에서 살 수도 있을 것이다. 그 정도로 자동차를 좋아했다.

메리 낸과 래리가 새니벌 섬을 찾았을 즈음 타비타는 이미 나이가 많았다. 래리가 군을 제대한 후 가족은 래리의 고향인 미주리 주 캐럴턴으로 이주했다. 캐럴턴은 인구 4천 명의 마을로, 스무 살 즈음의 래리가 스케이트 링크에서 채 열여섯 살이 되지 않았던 메리 낸을 처음 만난 곳이기도 했다. 미주리에서 래리는 빌딩 관리자로 일했고 메리 낸은 집안일을 했다. 두 사람은 행복했지만 미주리 주는 겨울이 너무 추워서 타비타의 관절에 좋지 않은데다 열두 살이 넘은 타비타는 건강이 악화되기 시작했다. 메리 앤은 래리의 할머니가 손뜨개로 떠준 담요를 접어 온풍기 앞 마루에 깔아주었다. 타비타는 털에서 김이 모락모락 날 때까지 담요 위에 앉아 있곤 했지만 고양이 사우나도 아픈 관절에는 큰 도움이 되지 않았다. 부부가 애지중지하는 고양이가 병약해지기 시작한 것이다.

메리 앤은 절대 타비타를 버릴 수 없었다. 플로리다에서 살고 싶었던 꿈을 포기해야 한다 해도 단 한 달도, 단 일주일도 타비타와 떨어질 수 없었다(플로리다에 살고 싶어 한 사람은 래리가 아니라 메리 앤이었다). 패배자가 되어 고개를 숙이고 미주리 주 캐럴턴으로 돌아가야 한다 해도 포기할 수 없었다.

"한 군데만 더 전화해볼게."

2주 동안 일자리를 찾다 드디어 래리가 메리 앤에게 말했다.

"여기도 안 된다고 하면 고향으로 돌아갑시다."

전화를 건 래리는 상대에게 단도직입적으로 말을 했다.

"솔직하게 말씀드리겠습니다. 제가 고양이를 키우는데 고양이를 버릴 수 없습니다."

"그게 어때서요?"

전화에 응답을 한 남자가 말했다.

"저도 두 마리 키우는 걸요."

*

몇 주 후에 래리와 메리 앤, 그리고 고양이 타비타 에번스는 살림살이를 모조리 챙겨 새니벌 섬의 콜로니 리조트 길 건너에 있는 작은 방갈로 형 주택으로 들어갔다. 메리 낸은 이제 자신도 파라다이스에서 살 수 있게 되었다는 것을 깨달았다. 섬 동쪽의 주택 밀집지역 끝자락에 자리한 리조트는 번잡스러운 쇼핑가와 고층 빌딩들로부터 멀리 떨어져 있었다. 콜로니 리조트는 야자수가 우거지고 나무 덤불이 있는 잔디 위에 여러 채의 방갈로와 콘도가 자리하고 있었다. 동쪽으로 크고 작은 모래언덕을 가로지르는 보드워크를 따라 48미터 정도만 가면 드넓은 백사장과 멕시코 만의 푸른 물결을 볼 수 있다. 해변을 따라 조금만 걷다 보면 유명한 등대가 있는 섬의 끝자락에 닿게 된다. 밤이 되면 하늘이 새까만 만큼 별들이 눈부시다. 새니벌 섬은 아름다운 야경을 위해 가로등을 켜지 못하도록 하기 때문에 별이 가득한 하늘을 제대로 볼 수 있다.

관절염을 앓고 있던 열다섯 살의 타비타조차도 이곳에 와서 회춘을 했다. 메리 낸은 항상 카키색 캐주얼 반바지 차림에 표정도 밝아졌고, 통통한 타이어를 끼운 자전거를 마련해 앞 바구니에 타비타를 태우고서 어디든 함께 다녔다. 여자들이 이렇게 함께 돌아다닐 때면 래리는 주말을 이용해 집 뒤편 베란다에 방충망을 두르는 작업을 했고, 자전거 바구니에 앉아 있는 격한 운동을(털이 바람에 날리는 힘든 운동이다!) 마친 타비타는 오후 내내 뒷 베란다에 드러누워 일광욕으로 몸을 데우면서 선선한 섬 바람을 즐겼다. 그 베란다에서 메리 낸은 십자수를 놓고 줄무늬 고양이 타비타는 노년을 즐기며 많은 시간을 함께 보냈다.

작은 얼룩무늬 고양이가 오게 된 것은 어쩌면 타비타가 전용 베란다에서 호화로운 생활을 하는 것을 보았거나, 아니면 메리 낸이 이 샴고양이에게 쏟는 애정(과 먹이)을 보았기 때문인지도 모른다. 혹은 어쩌면 필연적으로 그렇게 될 수밖에 없었는지도 모른다. 1980년대의 새니벌 섬은 야생 고양이가 득실대고 있었다. 어디서든 길고양이들을 볼 수 있었다. 도로 옆 덤불 사이를 뛰어다니고, 뒷마당에서 바비큐를 할 때도 나타나고, 해변가에 훗날 저택, 호텔, 고층 아파트 들을 짓기 위해 비워둔 해초가 무성한 빈터를 어슬렁거리는 길고양이들을 얼마든지 쉽게 볼 수 있었다. 어쩌면 작은 얼룩무늬 고양이는 어느 날 밤 메리 낸과 래리가 산책을 마치고 집으로 가는 것을 보고 이 파라다이스에서 살 수 있는 좀 더 쉬운 방법을 찾고자 따라왔는지도 모른다. 베란다까지는 올라올 수 없었지만 매번 부부가 외출할 때마다 현관문 앞을 서성이고 있었다.

"저 새끼 고양이에게 우유를 좀 줘야겠어요."

고양이가 그녀를 며칠째 쳐다보고 있자 메리 낸이 래리에게 말했다. 불쌍한 고양이는 도요새처럼 비쩍 말랐고 겁도 많아 보였다. 하지만 메리 낸이 먹이를 주기 시작하자 마당을 떠나지 않았다.

"당신이 그럴 줄 알았어."

래리는 할 수 없다는 듯 웃으며 말했다.

"이름을 뭐라고 지을까?"

메리 낸은 옆집 사는 두 꼬마에게 물었다.

"부기라고 불러요."

두 꼬마가 대답했다.

"부기가 무슨 뜻이지?"

꼬마들은 서로의 얼굴을 쳐다보았다.

"저도 몰라요."

둘 중 하나가 대답했다.

"오케이. 부기라고 부르자." 메리 낸이 웃으며 말했다.

두 달이 지나 래리는 출근하려다 말고 현관문 앞에 멈춰 섰다.

"메리 낸."

래리는 골치 아프다는 듯한 목소리로 아내를 불렀다.

"여보, 이리 좀 나와 봐. 내가 이럴 줄 알았다니까."

앞 베란다에는 작은 빵 조각 같은 귀를 가진 아주 예쁜 부기의 새끼 세 마리가 꼬물거리고 있었다.

"이젠 다섯 마리가 됐네."

메리 낸이 우유를 가지러 집 안으로 들어가며 말했다. 마당에 있는 네 마리와 베란다에 잠들어 있는 타비타까지 모두 다섯 마리였다.

1년이 지난 후 리조트의 매니저가 은퇴를 했다. 이제 래리가 리조트 매니저가 되었고 메리 낸은 프런트 데스크 담당자가 되었다. 온 가족은 리조트 단지 안에 있는 길 건너 방갈로로 이사했다. 그때는 이미 타비타가 세상을 떠난 뒤였다. 타비타는 수개월 동안 건강이 악화되어 왔지만 메리 낸과 래리는 타비타를 놓아줄 수가 없었다. 그 마지막 주 래리는 일 때문에 본토를 들어갔다 나와야 했다. 그사이에 메리 낸과 타비타는 드라이브를 갔다. 그때까지도 타비타는 자전거를 타거나 베란다에 누워 있는 것보다 너덜너덜하게 찢긴 자동차 뒷좌석에 타는 것을 가장 좋아했다. 타비타를 호텔 안으로 몰래 데리고 들어가기 위해 메리 낸은 담요로 타비타를 둘둘 말아 타비타가 새끼 고양이였을 때처럼 아기를 데리고 들어가는 척했다. 번거로워도 그럴 만한 가치가 있었다.

래리가 일을 보는 동안 메리 낸은 포트 마이어스 일대와 32킬로미터쯤 되는 해안도로를 따라 마지막 드라이브를 했다.

집으로 돌아온 두 사람은 고양이를 데리고 수의사에게 갔다. 수의사는 잘라 말했다. "보내줄 때가 됐습니다." 메리 낸과 래리는 대답하지 않았다. 수의사 말이 옳다는 것을 알고 있었지만 이 세상 그 어떤 일보다도 그들에겐 힘든 결정이었다. 타비타는 두 사람에게는 딸과 같았다. 타비타의 존재와 변치 않는 사랑은 두 사람에게 항상 위안이 되었고 이상한 남자 친구도 안 사귀는 착한 딸이었다. 타비타가 고통 받고 있다는 것을 알면서도 타비타를 안락사시켰을 때는 심장의 일부가 뜯겨져 나가는 것만 같았다. 그날 오후 래리와 메리 낸은 나란히 벤치에 앉아 하염없이 바다를 바라보다 서로를 껴안고 울었다.

그러나 아직도 네 마리의 고양이가 있었다. 메리 낸이 사랑하게 된 얼룩이 부기와 세 마리 새끼 고양이들이다. 이 고양이들은 길고양이였지만 절대로 다른 곳을 돌아다니거나 하지 않았다. 새니벌 섬의 여름은 무척 더웠기 때문에 래리는 베란다 바로 옆에 고양이집을 만들어주었다. 고양이집은 가로세로 각각 1.2미터 길이의 박스로 그늘을 위해 나무 지붕을 올렸고 벽은 그물망을 설치해서 통풍이 될 수 있게 했다. 간혹 바닷바람도 없는 찜통더위가 기승을 부릴 때를 대비하여 고양이들이 시원하게 지낼 수 있도록 그물망을 씌운 선풍기도 설치했다.

메리 낸은 베란다에 편안히 앉아 고양이들을 바라보며 타비타와 함께 보냈던 시절을 조용히 회상하거나, 자기 집에도 저렇게 좋은 선풍기가 있었으면 좋겠다고 생각하곤 했다. 그 후 얼마 지나지 않아 고양이들 중 한 마리가 고양이집 지붕에 촉촉하고 털도 안 난 새끼들을 낳는 것을 보았다. 그다음 날은 아직 눈도 못 뜨고 걷지도 못하는 새끼 중 하나가 지붕에서 굴러 떨어지는 것을 목격했다. 메리 낸은 새끼가 다쳤거나 죽었을 거라고 생각하며 달려 나갔는데 멀쩡히 살아서 풀밭에서 작은 소리로 엄마를 찾으며 울고 있었다.

이 고양이들을 빨리 불임 수술을 시켜주어야 할 텐데. 메리 낸은 이 문제를 진지하게 생각하기 시작했다. 이제 고양이들이 일곱 마리로 늘어났기 때문에 래리는 문 앞에 먹이 그릇들을 줄지어 놓았다. 매일 아침 식사를 하기 전에 래리가 그릇에 먹이를 담아주면 고양이들은 달려와 모두 같은 그릇에 덤볐다. 다른 그릇은 다 놔두고 동시에 모두 같은 그릇에서만 먹으려고 했다. 새끼 고양이들은 서로 올라타고 넘어지고 떨어지며 다툼을 벌였고 나이 든 고양이들은 주둥이를 그릇에 박고 먹이를 거의 들이마시듯 하는 동시에 머리로 다른 고양이들을 밀어내려고 애썼다. 메리 낸과 래리는 그 모양을 보고 웃지 않을 수 없었다.

점차 다른 야생 고양이들도 먹이를 보고 찾아오기 시작했다. 처음에는 열 마리, 그다음엔 열두 마리, 그다음에도 또 오고…… 어디서 오는 고양이들일까? 래리는 궁금했다. 내가 아는 고양이던가? 적극적으로 날 아는 체하면서 당당하게 구는걸? 그러다가…… 에이, 아무럼 어때. 얘도 먹이지 뭐.

이름을 붙이기 시작한 것은 메리 낸이었다. 고양이들에게 중성화 수술을 해주는 것과 아울러 고양이 무리를 질서 있게 관리하기 위한 최선의 방법이라고 생각했다. 하지만 고양이들은 협조를 거부했다. 오는 고양이도 있고 가는 고양이도 있었지만 점차 더 많은 수가 나타나기 시작했다. 이제 리조트에서는 열 발짝을 내딛기도 전에 꼭 한 마리 이상의 고양이를 볼 수 있을 정도였다. 20년 동안 이 부부는 퇴근 후 하루도 거르지 않고 함께 손을 잡고 해변을 산책했다. 두 사람이 해변으로 가려고 보드워크 위를 걸을 때마다 어미를 따르는 새끼 오리 떼처럼 고양이들이 떼 지어 따라다녔다. 고양이 무리가 마지막 모래언덕을 지나 보드워크를 밟으면 부드럽게 철썩이는 파도 소리와 함께 고양이 발소리가 시끄럽게 들릴 정도로 그 소리가 대단했다. 원래 고양이는 모래를 좋아하기 때문에 몇몇 고양이들은 모래언덕을 돌아다니기도 했지만, 대부분의 고양이들은 보드워크 위에서 서로 레슬링을 하거나 사람 눈에는 보이지 않는 '벌레'를 쫓아다니며 래리와 메리 낸이 저녁 산책에서 돌아오길 기다렸다. 부부가 돌아오면 보드워크 위에서 모두 방향을 바꿔 함께 집으로 돌아왔다.

*

체지, 태피, 버피, 미스 그레이.
마이라, 미드나이트, 블랙키, 캔디, 니키, 이지.
"여보, 더 생각나는 이름 없어요?"
메리 낸은 전화 수화기를 귀에 붙인 채 어깨너머로 물었다.
"모르겠는데."
래리가 저 뒤에서 말했다.
"치밀리도 말했어?"
"치밀리는 물론 얘기했죠, 여보. 내가 가장 좋아하는 고양이였잖아요."
치밀리가 새끼였을 때, 앞발에 큰 부상을 당했다. 고양이들끼리 싸우다 다친 듯했는데, 동물병원에서 160달러의 청구서가 날아왔다. 수술을 마친 후에 메리 낸이 남편에게 이렇게 말했다.

"이제 이 고양이는 내 거예요. 야생으로 다시 돌려보내기엔 너무 많이 투자했거든요."

메리 낸이 듀이를 닮았다고 주장하는 고양이 치밀리는 그로부터 집 안에서 함께 살게 되었다. 치밀리는 10킬로그램의 큰 덩치에 온순한 노란색 고양이였다. 메리 낸과 래리와 함께 지내는 것을 아주 좋아했으며 주변에 고양이들의 수가 점점 늘어나도 전혀 개의치 않는 털털한 고양이였다. 치밀리를 집 안으로 들여온 후 메리 낸은 다른 고양이들에게도 집을 개방하지 않을 이유가 없다고 생각하게 되었다. 그래서 밤마다 통풍이 잘되도록 창문을 열어놓았다. 메리 낸은 바깥 생활도 꽤 안락하기 때문에 고양이들이 굳이 집 안으로 들어오려 하지 않을 거라고 생각했다. 그러나 며칠 후 래리는 자다가 돌아누웠더니 자신이 털 무더기에 파묻혀 있다는 것을 깨닫게 되었다.

아니, 이게 대체 무슨 일이지? 래리는 그때 자신이 이런 생각을 했던 것이 기억난다고 했다.

"그때 아마도 스무 마리 정도가 침대에 올라와 있었던 것 같아요."

래리가 웃으며 내게 말했다.

"에이, 여보, 그 정도는 아니였죠." 메리 낸이 다시 정리해주었다. "사실 다섯 마리밖에 없었어요. 하지만 걔들이 워낙 뚱뚱했거든요. 거의 매일 밤 36킬로그램이 넘는 고양이들의 몸무게를 견디며 잤던 거지요."

며칠 후 메리 낸은 창문을 닫았다. 아주 더운 날 창문을 열어두면 열에서 열두 마리 정도가 집 안으로 들어왔고 평소에는 다섯 마리가 함께 지냈다. 메리 낸에게는 침대에서 여러 마리의 고양이와 지내야 한다는 것은 문제가 되지 않았다. 또한 소파를 긁어놓는다든가 의자가 고양이 털로 뒤덮이는 것도 문제가 아니었다. 그녀가 곤혹스러웠던 것은 고양이들이 자꾸 응접실로 도마뱀을 물어오는 것이었다. 한번은 뱀을 물어 온 적도 있었다.

"정말 많이 힘들었어요."

메리 낸이 이렇게 말하자 래리가 큰 소리로 웃었다. 왜냐하면 사실 고양이 화장실을 치우고 먹이를 주는 사람은 래리였기 때문이다. 한밤 중에 먹이가 들어 있는 수납장을 열려고 고양이들이 밤새 찬장 문을 달그락거릴 때 침대에서 일어나 처리한 것도 래리였다. 고양이들이 아플 때 동물병원으로 데려간 것도 그였고, 비제이가 싸우다 크게 베었을 때도 비제이를 위해 특수 우리를 만들어준 것도 래리였다. 수의사는 비제이에게 약을 지어주고 상처에 붙이는 뉴-스킨이라는 패치를 처방해주었다. 비제이는 이빨이 하나도 없었다. 그래도 래리에 따르면 비제이는 '암석 분쇄기' 같은 잇몸으로 먹기만 잘 먹었다. 비제이는 늘상 뒹굴고 몸싸움을 하는 바람에 패치가 가만히 붙어 있지를 않았다. 리조트의 정원사 칼은 비제이를 미스터 반창고라고 불렀다. 왜냐하면 6개월 동안 비제이는 항상 다리에 반쯤 붙은 패치를 덜렁거리며 돌아다니거나, 풀밭 여기저기에 패치를 흘리고 다녔기 때문이다. 래리는 특수 우리를 제작했고, 비제이는 다리가 나을 때까지 독방에 감금되는 신세가 되었다. 비제이 문제를 해결한 다음 래리는 고양이들이 뜯어낸 콘도 방충망을 고쳤다. 그리고 고양이집을 수리하고 고양이들이 뜯어놓은 커튼도 수

선했다. 정원 한가운데에 있는 분수대에서 물을 마시는 고양이들을 쫓는 것도 래리의 몫이었다.

어느 날 메리 낸이 사다리 옆을 지나다 고양이 두 마리가 사다리 칸마다 앉아 있는 것을 보았다. 래리가 사다리를 빨리 치워야 되겠다, 라고 메리 낸은 생각했다. 며칠 후 바비큐 그릴에 불을 붙이려고 열어보니 그 안에도 고양이가 한 마리 들어 있었다. 래리는 해변에 떠내려온 커다란 나무토막을 주워 고양이들이 발톱을 갈 수 있게 해주었다. 이 정도면 한참 쓸 수 있을 테지, 라고 그는 생각했다. 몇 년이 지나자 그 커다란 나무토막은 손가락 크기로 줄어들었고, 소파도 고양이들이 긁어서 골조가 다 드러나는 바람에 양쪽 모서리에 10센티미터짜리 패치를 덧붙여야만 했다. 래리는 매일 밤 진공청소기로 바닥에 흩어진 나뭇조각과 소파에서 떨어져 나온 헝겊 조각을 청소했다.

집 앞에 놓는 먹이 그릇이 너무 많아지자 래리는 리조트 곳곳에 흩어놓기로 했다. 매일 아침 메리 낸이 아침 식사를 준비하는 동안 래리는 골프 카트를 타고 여러 개의 먹이 그릇을 찾아 돌아다녔다. 카트의 뒷좌석과 양옆에는 고양이들이 매달려 먹이 포대를 열려고 야단이었다. 처음에는 걱정도 했지만 나중에는 마음 놓고 속도를 내며 리조트를 돌아다니게 되었고 간혹 카트에서 떨어지는 고양이들은 잔디 위에 안전하게 착지하곤 했다. 고양이 먹이 배달은 거의 한 시간이 걸렸는데 집으로 돌아와 아침 식사를 하려고 자리에 앉아 창밖을 내다보면 여전히 래리의 토스트와 잼에 눈독 들이고 있는 고양이를 대여섯 마리나 볼 수 있었다.

"쟤들 또 배고픈가 봐."

래리는 몸에 좋다는 오트밀을 먹으며 메리 낸에게 말했다. 오트밀은 그녀가 건강식이라며 강요한 것으로 래리는 베이컨과 달걀이 먹고 싶었다.

그리고 두 사람은 웃었다. 고양이가 배고프지 않은 순간이 언제 있었나. 고양이들은 늘 래리의 골프 카트를 따라다니며 먹이를 달라고 졸라댔다. 메리 낸이 자동차를 타러 갈 때도 따라다녔기 때문에 고양이들이 다칠까봐 차를 후진시킬 때도 매우 느리게 움직여야 했다. 고양이들은 사무실도 따라갔고 메리 낸이 보도에 흩어져 있는 도마뱀 꼬리를 치우러 갈 때도 따라다녔다. 게코 도마뱀은 겁이 나면 자신의 꼬리를 자르고 도망갔는데 콜로니 리조트에 사는 불쌍한 도마뱀들은 고양이들 때문에 항상 두려움에 떨었던 것이다.

콜로니 리조트에서 고양이가 눈에 띄지 않을 때라고는 폭격기가 뜬 직후뿐이었다. 그 당시 새니벌 섬에서는 낡은 군사용 폭격기를 이용해서 모기 방역을 했었다. 이 비행기들은 나무 위 정도의 고도를 날며 섬 구석구석에 모기약을 뿌리곤 했다. 조금 전만 해도 섬은 고요하고 청명한 파란 하늘을 자랑하고 있다가 어느 순간 낡은 비행기가 뜨면 엄청난 굉음에 땅이 흔들렸다. 그러면 고양이들은 펄쩍 뛰어오르며 공포에 질려 도망가기 바빴다. 고양이들이 놀라는 게 불쌍하긴 했지만 솔직히 메리 낸은 스무 마리가 넘는 고양이들이 사방으로 흩어지는 모습이 볼링 핀 두 세트가 한꺼번에 넘어지는 것처럼 보여 재미있기도 했다.

어느 날 메리 낸은 리조트 한쪽에서 일하고 있던 정원사 칼을 보게 되었다. 칼은 유유히 아무 일도 없는 듯이 나뭇잎을 긁어모으고 있었지만 두 다리에는 고양이가 한 마리씩 매달려 있었다.

"간식을 꺼내려고 이러는 거예요."

칼이 메리 낸에게 말했다. 칼이 고양이 간식을 주머니에 넣고 다니기 시작한 다음부터 평소에도 간식을 훔치려고 고양이들이 그의 엉덩이에 매달려 다니는 일이 종종 있었다.

"시간만 많이 드는 게 아니에요. 돈도 많이 들었죠."

래리가 웃으며 말했다. 그러나 래리와 메리 낸은 다른 방식으로 사는 것을 원하지 않았다. 이렇게 고양이들, 가족 같은 직원들, 리조트 손님들과 더불어 지내다 보니 아이가 없이도 두 사람의 결혼 생활은 좋은 인연들과 사랑으로 넘쳐났다.

〈래리의 하루〉

오전 7시 30분   기상. 18킬로그램이 넘는 고양이들을 밀어낸다. 부엌으로 가서 고양이 먹이가 있는 아래 찬장을 연다. 늘 그러듯 그 안에 갇혀 있던 고양이가 입맛을 다시며 유유히 기어 나온다.

7시 40분   골프 카트를 타고 고양이들의 아침 식사 배달을 시작한다. 고양이 그릇이 있는 리조트 '나인 홀'을 돈다. 모퉁이를 돌 때 무임승차한 고양이들이 골프 카트에서 떨어지지 않도록 신경 쓴다.

8시 30분   달걀 대신 오트밀로 아침 식사를 한다. 메리 낸의 건강

	식은 정말 싫다.
9시	공식적인 업무를 시작한다. 작업장 문을 열면 고양이들이 쏟아져 나온다. 온도가 영상 4도 아래로 떨어지면 작업장에서 자기 때문이다. 영상 4도면 엄청나게 춥다고 생각한다. 새니벌 섬이 지상의 낙원인 130번째 이유다. 버피는 또 공구 박스에서 자고 있다.
9시 18분	사무실로 가서 밤사이 들어온 작업 주문을 점검한다. 프런트 데스크에 있는 메리 낸과 키스를 한다. 고양이들은 들어올 수 없는 곳이지만 언제나 그렇듯 게일이 몰래 숨어 들어와 있다.
9시 32분	작업 주문서에 명시된 찢겨진 방충망을 점검한다. 그물망에 고양이 발톱 조각이 끼어 있다.
9시 45분	새 방충망 자재를 꺼내기 위해 차고 문을 연다. 고양이가 없다! 아니다. 사다리 위에 한 마리가 자고 있다.
11시 18분	방충망 설치를 끝냈다. 소년과 고양이가 작업을 지켜보고 있다. 둘 다 실망한 눈치다.
11시 38분	수영장의 화학 성분을 점검한다. 수영장 얕은 쪽에서 물을 마시고 있는 고양이를 발견한다. 다시 보니까 고양이가 아니라 너구리다. 너구리는 고양이 먹이를 잠시 맛보더니 어슬렁어슬렁 사라진다.
오후 12시 2분	메리 낸과 사무실에서 점심을 먹는다. 게일이 열심히 쳐다보지만 국물도 없다.
12시 32분	자동차 밑에 있는 고양이를 쫓고 다 떠났는지 확인하

1시 13분	기 위해 차 주변을 두 바퀴 돌고 나서 매우 천천히 후진하여 차를 뺀 후 시내로 들어가 우편물을 수령한다. 골프 카트를 타고 리조트 전역을 순찰한다. 고양이들이 야외 선반 위에서 자고 있다. 몇 마리일까? 네 마리 같은데 한데 어울려 자고 있어 확실치 않다. 내가 지나가자 고양이들이 잠시 고개를 들어 쳐다보고 나서 다시 계속 잔다. 내가 먹이 배달을 온 것이 아님을 알기 때문이다.
1시 40분	리조트 정원사 칼과 함께 전지 작업을 한다. 고양이들이 구경하도록 허락해준다. 고양이 한 마리가 캑캑거리더니 도마뱀 꼬리를 토해낸다. 도마뱀 꼬리를 치운다.
5시	공식적인 일과가 끝났다. 그래도 나뭇가지는 치워야 한다.
5시 35분	저녁 식사 배달이 시작된다. 골프 카트 뒷자리에 올라 탄 게일이 포대에서 먹이를 꺼내 먹고 있다.
6시 23분	메리 낸과 해변을 산책한다. 뒤따라오는 고양이들을 모르는 척한다.
7시 28분	늦은 저녁을 먹는다. 고양이들이 창가에서 먹이를 달라고 한다. 커튼은 도대체 어디로 간 거지?
7시 31분	고양이들이 커튼을 기어오르는 바람에 무너진 커튼 봉을 다시 설치한다. 어제는 커튼을 여덟 군데 찢어놓더니 오늘은 열세 군데. 못 본 척한다.
7시 42분	다시 식탁으로 돌아와 앉는다. 고양이들은 여전히 열심

8시 15분	히 쳐다보고 있다. 아, 졌다. 먹이를 한 움큼 던져준다. 고양이 때문에 망가진 곳이 있는지 집 안을 점검한다. 나뭇조각이 흩어진 것 이외에는 문제가 없다. 평상시와 다름없이 침대 매트리스와 헤드보드 사이의 좁디좁은 공간에 고양이 세 마리가 끼어 있다.
9시	응접실 큰 소파에 웅크린 마이라와 치밀리를 쫓아낸다. 앉아서 TV를 본다.
9시 36분	치밀리에게 소파에 발톱을 갈지 말라고 말할 뻔했으나 이미 고양이들이 나무 뼈대가 드러나도록 갈아버려서 소파 양쪽 앞 모서리에 10센티미터짜리 패치를 붙여놓았음을 기억해 낸다. 그냥 소다를 마시기로 한다. 소다였으면 좋겠다. 실은 물이다. 건강식이 정말 싫다.
11시 30분	뉴스가 끝났다. 잘 시간이다. 늘 그렇듯 침대에는 고양이, 메리 낸, 고양이, 고양이, 래리, 고양이의 순서로 눕는다.
11시 35분	불을 끈다. 고양이들을 재배치해서 편안한 자세를 찾은 다음 잠을 청한다.
12시 34분	부엌에서 들려오는 쾅쾅 소리에 잠이 깬다. 고양이들이 또 찬장을 열려고 하는가 보다. 고양이들이 성공할 때까지 약 15분가량 계속될 것이다. 일어날까도 했으나 그냥 내버려두었다가 아침에 찬장을 열어주면 고양이들이 입맛을 다시며 나올 것이다. 미소를 띠며 다시 잠이 든다.

Life 4..   스물여덟 마리의 고양이와 함께 살기

*

어느 날 저녁 메리 낸과 래리가 너덜너덜해진 의자에 앉아 게으른 고양이들을 지켜보고 있는데 누군가 문을 두드렸다. 문밖에는 열한 살짜리 소년이 서 있었는데 해마다 리조트에 묵는 집 아이였다. 소년은 아름다운 황갈색 새끼 고양이를 안고 있었다.

"이 고양이를 제가 데려가도 될까요? 이 고양이를 정말 사랑하거든요."

꼬마는 애원하는 눈빛으로 말했다. 메리 낸은 주저했다. 소년의 가족을 잘 알고 좋아하지만 그 사람들이 과연 고양이를 잘 돌볼 수 있을지는 알 수가 없었다. 더 솔직히 말하자면 메리 낸도 그 작은 황갈색 고양이가 어디서 왔는지 몰랐다. 내가 아는 고양이인가? 내가 마음대로 주어도 되는 걸까? 알고 보니 리조트 규칙에도 불구하고 그 고양이는 가족의 콘도에서 함께 지냈던 모양이다. 메리 낸은 그 고양이도 리조트에 사는 고양이일 것이라고 추론했다. 또한 소년만큼 부모들도 적극적이었고 황갈색 새끼 고양이도 그 가족을 아주 잘 따르기에 메리 낸은 새끼 고양이를 플로리다 북부로 데려가는 것에 동의했다.

몇 주 동안 메리 낸은 걱정이 되었다. 내가 무슨 짓을 한 거지? 그 불쌍한 고양이는 어떻게 되었을까? 내가 입양 기관도 아닌데 무슨 짓을 한 것일까? 메리 낸의 불안감이 극에 달했을 때 새끼 고양이의 사진이 든 감사의 편지를 받았다. 몇 개월마다 소년의 가족은 고양이의 사진을 보내주었는데 사랑과 관심을 듬뿍 받으며 사는 것이 분명했다. 매년 그 가족은 콜로니 리조트로 놀러 올 때마다 고양이의 사진과 함께 안부를 전해주었고 황갈색 고양이는 진정한 가족의 일원이 되었다.

　마이애미에서 온 어떤 단골손님은 더 직설적이었다. 코니는 메리 낸에게 단도직입적으로 "이 두 마리를 데려갈게요"라고 말했다. 코니는 이미 집에서 다섯 마리나 키우고 있었지만 이곳 리조트를 방문할 때마다 만나는 두 고양이와 친구가 되어 이제는 두고 떠날 수가 없다고 했다. 고양이들만 행복하다면야. 메리 낸은 사다리 칸칸마다 올라앉아 자신을 지켜보고 있는 고양이 열 마리를 보며 생각했다. 래리는 늘 사다리를 치우지 않고 방치하는 것 같다.

　메리 낸이 이 사람들을 모르는 것도 아니었다. 콜로니 리조트는 가족 중심의 리조트여서 수년째 찾아오는 단골손님들이 많았다. 어떤 경우에는 부모에 이어 자식 세대가 오기도 했고, 또 새니벌의 태양 아래 서너 세대가 함께 모이는 대가족 모임을 갖는 집들도 있었다. 손님들은 대개 연중 예약을 하고 일주일 내지 이 주일간 이곳에서 보냈는데 두 번째나 세 번째 방문에는 모두들 고양이들을 볼 수 있을 것이라고 기대를 하고 왔다. 손님들은 예약 전화를 하면서 고양이들의 안부를 물었고, 수영장 옆 일광욕 의자에 누워서 레슬링을 하다 타월 통에서 굴러 떨어지고 비치백 안에 기어들어가 낮잠을 자고 도마뱀 꼬리를 간식으로 먹는 고양이들의 엉뚱한 행동들을 화제로 삼곤 했다. 특히 어린이들은 고양이들을 쫓아다니며 먹이를 주고 껴안고 쓰다듬어주는 것을 아주 좋아했다. 아마 이 고양이들은 남쪽 키웨스트에 사는 어니스트 헤밍웨이의 육손이 고양이들을 제외하고는 가장 많은 귀여움과 사랑을 받는 고양이들일 것이다(헤밍웨이는 유언장에 자신이 키우던 육손이 고양이의 후손들이 자신의 저택에서 영원히 살 수 있도록 조치를 했기 때문에 그 안에서 후손들이 왕성히 번식하고 있다). 콜로니 리조트를 방문하는 손님들은 저마다 자신이 가장 좋아하는 고양이가 한두 마리씩 있었다.

많은 고양이들이 입양되기도 하고 손님들마다 좋아하는 고양이가 따로 있었지만 역시 리조트의 스타는 부기의 첫 새끼들 중 유일한 암놈이었던 게일이다. 게일은 순백색 고양이로 아주 부드러운 긴 털과 귀여운 핑크색 코를 가지고 있었다. 태양 아래서 게일은 환하게 빛이 났다. 주변에 아무리 많은 고양이들이 있어도 게일은 언제든 돋보였다. 모든 사람들이 게일의 독특한 아름다움과 왕족 같은 기품에 대해 입을 모아 찬사를 보냈다. 또한 듀이와 마찬가지로 게일은 수려한 외모만큼이나 성품도 따뜻하고 차분하며 관대했다.

단골 고객 중 코네티컷 주 스탬퍼드에 사는 심리학자 니키 킴블링 박사는 특히 홀딱 반했다. 킴블링 박사는 콜로니의 고양이들을 사랑하여 올 때마다 귀한 장난감과 놀이 도구를 사다 주곤 했다. 어느 한 해에는 크리스마스 특식으로 값비싼 고양이 통조림 25통을 선물하기도 했다. 고양이들은 평소 먹는 마른 사료보다 더욱 맛있는 이 특식에 열광했다. 킴블링 박사는 고양이들을 다 예뻐했지만 역시 가장 사랑한 고양이는 게일이었다. 그녀는 해마다 리조트에 오기 몇 주 전에 전화해서 게일과 함께 지낼 수 있게 해달고 요청했다. 고양이들은 콘도 안에 들어올 수 없다는 규정이 있었지만 1년에 8일 동안 게일은 킴블링 박사와 함께 살았으며 그녀는 고급 먹이를 먹이고 털을 빗겨주고 같이 잠자면서 게일에게 한없이 애정을 쏟았다. 그렇다고 게일의 버릇이 나빠지거나 하지는 않았다. 아무리 인기가 있어도 게일의 편안한 성격은 바뀌지 않았다(듀이와 마찬가지로 많은 고양이들이 인기가 있어도 겸손할 줄 안다). 또한 게일은 킴블링 박사와 함께할 때가 아니면 집 안으로 들어오겠다고 조르는 법이 없었다. 게일은 킴블링 박사를 항상 기억했고, 1년에 8일간은 박사의 '대여' 고양이로서 아무 생각 없이 호사를 즐겼다.

고양이를 임대하든 입양하든, 아니면 그냥 쓰다듬는 것으로 만족하든 고양이 애호가라면 콜로니 리조트가 안성맞춤이었다. 메리 낸이 부기를 마음으로 받아들였던 그 10년 동안 이 리조트는 우연한 계기로 새니벌 파라다이스의 작은 고양이 천국이 되었다. 리조트에서는 항상 몇 발짝 못 가서 고양이들이 덤불 아래 숨어 있거나, 앞을 가로지르거나, 풀밭에서 서로를 쫓아다니는 모습을 볼 수 있었다. 사실 콘도나 방갈로에 들여놓을 수 없다는 규정이 있음에도 불구하고, 메리 낸은 거의 매일 고양이들이 방충망으로 둘러싼 베란다 안에서 놀고 있거나, 즐거워하는 손님들과 함께 방갈로에서 나오는 광경을 목격하곤 했다.

리조트를 점령한 건 고양이뿐만이 아니었다. 어느 날 메리 낸은 창밖으로 새니벌의 따뜻한 겨울 태양 아래 고양이 여덟 마리와 너구리 두 마리가 벤치에 나란히 함께 누워 있는 것을 보았다. 어떤 손님은 너구리가 수영장에서 손을 씻고 있는 장면을 보기도 했다. 메리 낸은 야생동물들이 리조트 단지 내로 들어와 야생 고양이들과 섞여 살기 시작했다는 것을 알게 되었다. 하지만 두 집단은 서로에게 그다지 신경을 쓰지 않는 듯했다. 사실 고양이는 다른 동물들에게는 별 관심이 없었다. 예외가 있다면 팜랫, 야자수쥐다. 새니벌 섬의 가장 인기 없는 손님으로서(예외가 있다면 파멜로버그로 알려진 열대 바퀴벌레일 것이다) 이 쥐들은 야자수 나무 사이에 숨어 사는 설치류이다. 섬에는 고개만 돌리면 사방에 고양이가 있었지만 메리 낸은 단 한 번도 콜로니 리조트 단지 내에서 야자수쥐를 본 적이 없다. 몇 에이커 안 되는 단지에 스물여덟 마리의 고양이가 득실대니 쥐가 있을 수 없었다. 스물여덟 마리라는 것도 메리 낸이 알아보고 이름을 붙인 고양이의 수가 그렇다는 것이다.

물론 나는 듀이와의 경험이 있었기 때문에 고양이와 인간 사이에 우정이 싹트는 것에 대해 불편해하는 사람들이 있다는 것을 알고 있었다. 메리 낸은 몰랐을지 모르지만 리조트의 이사회는 많은 민원을 접했을 것이다. 어떻게 보면 과다할 정도로 많이 참고 견뎌주었지만 결국 이사회도 한계에 도달했다. 고양이들을 단지에 두는 것을 반대하는 것은 아니지만 현재의 개체 수는 너무 지나치다는 것이었다. 몇몇 손님들의 항의에도 불구하고 메리 낸과 래리는 콜로니 리조트 내의 고양이 수를 줄이는 데 동의하지 않을 수 없었다. 그럴 시점이 된 것이다.

래리는 고양이 먹이를 주고 고양이가 아프거나 다친 데는 없는지 점검하고, 고양이가 망가뜨린 것들을 수리하는 데 많은 시간을 보내고 있었다. 야외에 사는 고양이들은 잘 보살펴주어도 실내 고양이보다는 건강이 좋지 않았다. 마침내 백혈병과 고양이 에이즈인 FIV가 리조트 고양이들에게 번져나가기 시작했다. 콜로니 리조트 고양이들은 평균적으로 겨우 8, 9년밖에 살지 못했고 너무 많은 고양이들을 안락사로 잃게 되자 래리와 메리 낸은 큰 충격을 받았다.

래리에게는 마지막 주사를 맞히기 위해 고양이들을 병원으로 데려가야 하는 일이 너무도 고통스러운 일이었다. 정원사 칼이 가장 좋아했던 고양이 이지를 떠나보낸 일은 특히 힘겨웠다. 암고양이 이지는 늙고 허약해져서 이미 순환계가 완전히 붕괴된 상태였다. 수의사가 이지의 등에 주삿바늘을 여러 차례 꽂는 동안 래리는 이지를 붙들고 있어야 했다. 이지는 울면서 두려움과 원망의 눈빛으로 쳐다보았고 래리는 자신이 지상 최고의 악당인 것처럼 느껴졌다. 마침내 이지는 눈을 감고 떠나갔다. 래리는 축 늘어진 이지를 품에 안고 울면서 병원을 나왔다. 래리는 너무나 슬픈 나머지 동물병원에서 정산하는 것도 잊어버리고 나왔다. 이지는 집 앞에 묻혔다.

자연적으로 죽거나, 간혹 입양이 되는 과정을 거쳐, 메리 낸은 리조트에서 사는 고양이 수를 서서히 줄여가기 시작했다. 또한 게일의 친구이자 후원자인 킴블링 박사의 후원금과 포트 마이어스의 사우스 트레일 동물병원에서 제공한 무료 시술을 통해 나머지 고양이들의 중성화 작업도 시작할 수 있었다. 최근에는 새니벌 섬의 야생 고양이들을 포획하여 중성화시키고 입양 보내는 비영리단체인 포즈(PAWS) 구조단이라는 단체가 만들어져서 섬 전체의 고양이 개체 수가 줄어들기 시작했다. 메리 낸이 그 단체의 회원에게 언젠가 이런 말을 했다.

"제가 더 도움이 될 수 있었으면 좋았을 텐데요."

그러자 그 여성은 "그런 말씀 마세요. 이미 자체적으로 포즈 조직을 운영하고 있는 것과 마찬가지인 걸요"라고 말해주었다.

콜로니 리조트의 고양이들은 거의 대부분 조용히 동물병원으로 잡혀갔다. 메리 낸과 래리를 믿기 때문에, 혹은 무엇이 자신을 기다리는지 모르기 때문에 조용히 따라갔다. 그러나 어떤 고양이들은 저항을 하기도 했다. 보다 야성적인 고양이들은 붙잡을 수가 없었다. 메리 낸이 프리시(얌전이: 옮긴이)라는 거대한 근육질의 수고양이를 잡는 데는 몇 주가 걸렸다. 아무래도 이름을 잘못 붙인 듯했다. 동물병원에 데려가기 위해 캐리어에 집어넣는 데까지는 성공을 했지만, 메리 낸은 좀 더 편하게 해주려고 깔아두었던 담요를 바로잡으려고 그 안으로 손을 집어넣는 큰 실수를 범했다. 프리시가 달려들어 팔꿈치부터 손목까지 할퀴었던 것이다. 상처가 심하고 피를 많이 흘려서 그녀는 응급실로 뛰어가야만 했다. 메리 낸은 당뇨가 있었고 고양이 발톱에 의한 상처는 감염될 확률이 높았기 때문에 의사들은 찢긴 조직을 잘라내기로 했다. 수술비가 8천 달러나 드는 바람에 동물통제기관들도 사건을 알게 되었다. 하지만 메리 낸은 그것이 프리시의 잘못이 아니라고 주장했다. 프리시는 한 번도 우리에 갇혀본 적이 없었기 때문에 두려웠을 것이고 또 자신의 어울리지 않는 이름에 남몰래 화가 났는지도 모른다. 몇 주 뒤, 래리가 프리시를 잡으려다 이번에도 너무 많이 할퀴어서 래리도 병원에 가려고 했었다. 그러나 부부가 생각해보니 프리시가 재범인 것이 밝혀진다면 분명 비극적 결말밖에는 없을 게 확실했다. 다음 날 부부는 프리시의 밥에 수면제를 탔다. 그럼에도 불구하고 프리시는 어찌어찌하여 덤불 속으로 기어 들어가 숨는 데 성공했다. 엄청나게 잠을 잤던 모양이다. 왜냐하면 메리 낸과 래리는 이틀 동안 프리시를 보지 못했기 때문이다.

결국 콜로니 리조트의 고양이 스물다섯 마리가 중성화 수술을 마쳤다. 프리시는 끝내 병원 행을 피했다.

대부분의 고양이가 불임 수술을 했고, 포즈 단체 덕분에 아름다운 야자수 도로와 해초로 뒤덮인 모래언덕을 돌아다니던 야생 고양이가 줄어들면서, 콜로니 리조트의 고양이 수도 줄기 시작했다. 메리 낸이 가장 좋아했던 고양이 치밀리는 백혈병으로 죽었고, 방충망이 쳐진 베란다 앞, 고양이들의 시조인 타비타의 무덤 곁에 묻혔다. 입술이 너무나 까매서 매직 마커로 그린 것 같은 줄무늬 고양이는 녀석이 자주 앉아 있던 화장실 창문 아래 묻혔다. 언제나 정원 한가운데 있던 분수대를 자기 물그릇처럼 이용하던 고양이들은 분수대 곁에 묻혔다. 킴블링 박사는 1990년대 말 남편이 세상을 떠나자 더 이상 리조트를 찾지 않았다. 그녀가 사랑하던 게일도 곧 열두 살의 나이로 세상을 떠났다. 게일은 킴블링 박사가 해마다 묵었던 34호 문 앞에 묻혔다.
　콜로니 리조트의 마지막 고양이는 20년 전에 메리 낸이 아무 생각 없이 우유 한 접시를 주는 것으로 시작해 키우게 된 회색 얼룩 고양이 부기의 직계 후손이었던 마이라였다. 마이라는 다른 고양이들과 어울리는 것을 좋아하지 않았고, 고양이 수가 가장 많았을 때조차 항상 메리 낸과 래리 곁을 맴돌았다. 이제 다른 고양이들이 세상을 떠난 후 마이라는 집 안에서 부부와 같이 생활하게 되었다. 마이라는 감정 표현이 풍부한 고양이는 아니었지만 바쁘게 생활하는 두 사람을 그림자처럼 따라다니며 언제나 그들 곁에 머물렀다. 세월이 흐르면서 마이라는 더 조용하고 온순해졌다. 마치 자신이 소중한 시절의 마지막 연결 고리이며, 20년간 즐거움과 웃음이 끊이지 않던 고양이 군단의 지배를 서서히 마무리 지어야 할 책임이 있다는 것을 알고 있는 듯했다. 이 암고양이는 콜로니 리조트 고양이 군단의 마지막 후예로 메리 낸과 래리의 집에서 5년을 보낸 후 2004년에 세상을 떠났다.

*

　메리 낸과 래리 에번스는 아직도 새니벌 섬의 동쪽 끝에 있는 콜로니 리조트의 시설관리자로 일하고 있다. 단골손님들은 대부분 지금도 파라다이스에서의 일주일을 즐기기 위해 방문하고 있으며 많은 고객들이 지금까지도 그들의 휴가에 즐거움과 기쁨을 선사했던 고양이들에 대해 이야기하고 있다. 콜로니 리조트의 손님과 직원들은 일종의 공동체였다. 따라서 다른 공동체와 마찬가지로 자신들만의 공동 경험을 가지고 있었다. 별들이 가득한 새니벌 섬의 하늘 아래 조용한 저녁을 보내며 사람들이 게일과 부기, 치밀리, 마이라와 다른 고양이들에 대한 옛이야기를 나눔으로써 돌아가신 선조들이나 추억의 TV 쇼처럼 사람들의 기억 속에 고양이들은 영원히 살아 있다.

　이는 콜로니 리조트만의 일이 아니다. 새니벌 섬은 과거에는 야생 고양이들이 득실댔지만 이제는 굉음의 폭격기와 그들이 뿌리던 살충제와 아울러 이 길고양이들도 사라져버렸다. 20년 전 내가 처음 섬을 방문하기 시작했을 때는 한 블록 정도만 걸어도 도마뱀 꼬리를 씹고 있거나 길 옆 카페에서 떨어진 먹이를 찾고 있는 고양이들을 많이 볼 수 있었다. 그러나 이제는 자동차로 섬 전체를 돌아보아도 단 한 마리의 고양이도 볼 수가 없다. 메리 낸은 이것이 최선이라는 것을 알고 있다. 병과 굶주림에 시달리며 힘겹게 살아가는 길고양이들을 위한 최선이기도 하고 길고양이들이 옮기는 온갖 질병에 더 이상 노출되지 않을 수 있어 애완 고양이들에게도 최선이다. 새니벌 섬의 다른 동물들에게도 최선이라고 할 수 있다. 특히 고양이의 사냥과 킬러 본능의 희생물이 되었던 많은 동물과 새의 입장에서 보면 그러하다. 불행히도 그 바람에 야자수쥐들이 창궐하게 되었지만 파라다이스의 자연의 균형을 되찾은 데 대한 작은 대가이다.

그럼에도 불구하고 메리 낸은 고양이들이 너무 그립다. 매일 밤 그녀의 침대에서 함께 잠자던 36킬로그램이 넘는 고양이들이 보고 싶다. 고양이에게 먹이를 주고 쓰다듬어주며 털을 빗겨주던 추억도 그립기만 하다. 창밖을 내다볼 때면 사다리 계단에 한 마리씩 누워 있던 모습도 보고 싶고, 너구리 친구들과 벤치에서 일광욕을 하고 있던 모습도 그립다. 폭격기가 머리 위로 날아오를 때 사방으로 흩어지던 모습도 보고 싶고, 방갈로의 문이 열리면 온갖 위생 규정과 리조트 규칙에 위배됨에도 불구하고 고양이 한 마리가 느긋하게 걸어 나오던 모습도 다시 보고 싶다. 그러나 가장 그리운 것은 사람과 고양이가 어울리고, 고양이와 사람이 함께 지내면서 서로 너무도 함께함을 즐거워했던 그 분위기, 그 동지 의식이다.

더 이상 콜로니 리조트에서는 고양이들을 찾아볼 수 없다. 래리와 메리 낸은 은퇴하면 고향으로 돌아갈 것을 고려하고 있고, 또 다른 고양이를 입양할 것이 확실하다. 래리는 언제나 개를 좋아했었고, 특히 코커스패니얼을 좋아했다. 그러나 1969년 추수감사절에 타비타와 냉동음식 만찬을 함께한 후 영원히 고양이를 보는 눈이 바뀌었다. 래리는 타비타를 사랑했고 메리 낸만큼이나 콜로니 리조트에서 함께 지낸 고양이 스물여덟 마리를 모두 사랑했다. 이제는 아내와 마찬가지로 래리도 인생의 황혼기를 한 마리 고양이 친구와 함께 플로리다의 태양 아래서 보낼 수 있으면 좋겠다고 생각하고 있다. 아름다운 야자수, 정겨운 우정, 사랑스러운 고양이들의 추억이 생생한, 정신없지만 행복했던 나날들을 떠올리며 그렇게 여생을 보내고 싶다.

Dewey's Nine Lives
⟨5⟩

크리스마스 캣의 기적

내가 양손으로 고양이를 들고
어떻게 해야 할지 주인과 이야기하는 동안
새끼 고양이가 기침을 했습니다. 보다 정확히는 콜록거렸습니다.
그 작은 소리로 인해 우리 인생에 새로운 장이 열렸습니다.
지금도 생각하면 눈물이 나고
입가에 미소가 번진답니다.

— 비키

Christmas Cat & Vicki

사람들은 사랑이 운과 타이밍에 달려 있다고 말하곤 한다.
상대가 혹은 고양이가 적절한 타이밍에 나타난다면
짠— 하고 당신의 인생이 변한다는 것이다.
어쩌면 비키 클루버와 CC에게도 그런 일이 일어났는지 모른다.
어쩌면 비키는 고양이에게서 자신을 보았는지도 모른다.
모험을 좋아하고 독립적이며 굳건한 의지의 소유자.
CC가 비극적 사고를 당하고 살아났을 때? 그때도 자기 자신을 보았는지 모른다.
그러나 크리스마스 캣은 포기하지 않았다. 비키는 이 작은 검정고양이가
자신과 같은 영혼의 소유자라고 생각했던 것이다.

*
*

    비키 클루버는 고양이를 절대로 좋아하지 않았다. 자라면서 고양이를 키운 적도 없고 친구들도 고양이가 없었다. 하지만 주변에서 충분히 보아왔기 때문에 고양이가 자신과는 맞지 않는다고 생각했다. 고양이들은 언제나 다가와 몸을 비벼대고 무릎 위로 뛰어올라 앉으려 하고 쓰다듬어주길 바라거나 관심을 끌려고 하는 동물이다. 비키는 알래스카

의 거친 남서해안에 산이 많은 거대한 코디액 섬에서 태어나고 자랐다. 코디액 섬의 우유는 가루우유뿐이었고 고기가 먹고 싶으면 얼음 바다에서 직접 생선을 잡아야 했다. 비키는 강인한 여성 선조들의 후예로서 자신도 강하고 독립적인 여성이라 생각했기 때문에, 만약 동물을 키워야 한다면 그 동물도 자기처럼 강인하고 독립적이어야 한다고 생각했다. 고양이? 고양이는 소프트하다.

그러나 그녀의 네 살 난 딸 스위티는 정말 애완동물을 원하고 있었다. 비키는 강아지가 어떻겠냐고 제안했다. 비키 자신도 개를 키우며 자랐다. 비키가 가장 좋아하는 어린 시절 사진은 양쪽 눈에 멍이 든 사진인데, 활발한 장난꾸러기 개의 꼬리에 맞아 넘어질 때마다 하나씩 생긴 멍이었다. 하지만 그녀의 집주인은 절대 개는 키울 수 없다고 단언했다. 고양이는 상관없다고 했다. 만일 스위티가 원한다면 두 마리도 괜찮다는 것이다. 비키는 두 마리면 서로 친구가 되어줄 수 있으니 자신이 크게 신경 쓰지 않아도 될 것이라고 생각해 귀가 솔깃했다. 그래서 직장 동료의 고양이가 11월에 새끼를 낳았을 때 비키 클루버는 완벽한 크리스마스 선물을 찾았다고 생각했다. 어쨌든 자신이 살고 있는 알래스카 앵커리지의 싸구려 아파트에서 허용되는 범위 내에선 최고의 선물이 될 것이다.

크리스마스 2주 전에 새끼 고양이들이 막 젖을 뗄 무렵 비키는 차를 몰고 새끼들을 보러 갔다. 당연히 새끼 고양이들은 안쓰러우면서도 귀여웠다. 아주 작은 몸집으로 뒤뚱거리며 어미 곁에 찰싹 붙어 있었다. 그런데 계속 형제들의 꼬리를 물어뜯고 어미 고양이의 젖을 빨려고 하는 새끼들의 머리를 마구 밟고 다니며 혼자 튀는 작은 수놈이 있었다.

이 고양이는 천방지축에 실로 씩씩한 고양이였다. 독립적인 타입. 비키는 그 고양이를 선택했다. 그리고 그와 정반대인 고양이도 골랐다. 샴 고양이처럼 생긴 귀엽고 작은 암놈으로 새끼들 중에 가장 온순한 고양이였다.

비키는 고양이들을 크리스마스이브에 데리고 오기로 했다. 비키와 스위티는 친구 마이클과 크리스마스이브 정찬을 함께하기로 했기 때문에 마이클에게 스위티를 어린이집에서 데려와 달라고 부탁하면 될 것이다. (딸의 진짜 이름은 에이드리아나였지만 비키는 딸이 태어난 후부터 계속 스위티라 부르고 있다). 그사이에 비키는 고양이들을 데리러 갈 것이다. 스위티는 언제나 7시면 잠들었다. 따라서 크리스마스이브 저녁 식사가 끝나고 집으로 차를 타고 돌아갈 때쯤이면 이미 꿈나라로 가 있을 터이다. 그러면 뒷자리에 실려 있는 박스를 눈치 채지 못할 것이다. 스위티는 다음 날 크리스마스 아침이 되어서야 크리스마스트리 아래서 새끼 고양이들을 발견하게 되는 계획이었다.

비키 생각에 그것은 완벽한 계획이었다. 깜짝 이벤트로는 안성맞춤이었다. 그러나 막상 새끼 고양이들을 데리러 그 집에 갔을 땐 고양이들을 찾을 수가 없었다. 한 마리도 보이지 않았다. 그녀의 동료는 전날 크리스마스 휴가를 떠났고 집주인이 떠난 지 24시간도 안 되어 새끼 고양이들은 박스에서 탈출했던 것이다. 동료의 집 앞에서 비키를 만나 문을 열어주었던 동료의 언니는 이 상황을 매우 귀찮아하면서 고양이를 함께 찾아주었다. 한 마리를 제외하고 모두 찾는 데에 30분이 걸렸다. 검정색 새끼 고양이. 그 사고뭉치가 사라진 것이다. 비키는 어찌할 바를 몰랐으나 마이클과 저녁 약속이 되어 있기 때문에 빨리 결정을 내려야만 했다. 그냥 한 마리만 데리고 갈까? 아니면 다른 고양이를 선택해야 할까?

돌이켜 보아도 어떻게 그렇게 된 것인지 잘 기억나지 않는다. 어쩌면 정말 볼일을 보러 갔었는지도 모르지만 어쨌든 비키는 화장실에 발을 들여놓게 되었다. 화장실 불을 켜고 변기를 보았을 때 그녀는 가슴이 철렁했다. 검정색 새끼 고양이가 변기에 빠져 있었던 것이다.

비키는 얼른 새끼 고양이를 건져냈다. 고양이는 테니스공만 한 크기여서 한 손으로도 들 수 있었다. 새끼는 마치 손바닥에 젖은 걸레를 올려놓은 것처럼 생명도 없고 차갑게 느껴졌다. 맥박도 없었고 숨도 쉬지 않았으며 눈꺼풀이 약간 열려 있는 것이 죽은 게 확실했다. 너무도 활력에 넘치던 고양이였다. 바로 이 녀석이 상자를 탈출하는 반란을 주동했음이 분명했다. 처음 보았을 때도 펄쩍펄쩍 뛰며 상자를 벗어나려고 요동을 치고 있었으니 그런 짓을 할 녀석이 달리 없었다. 새끼 고양이는 변기 위에 올라가 내려다보거나 혹은 물을 마시려고 몸을 앞으로 굽혔다가 변기 속으로 미끄러졌을 것이다. 너무 작아서 물이 키를 넘었고 변기 위로 기어오르려다가 계속 미끄러져 탈진했던 것이다. 비키가 매력적으로 생각했던 모험심이나 두려움을 모르는 바로 그 성격이 이제 이 새끼 고양이의 생명을 앗아간 것이다. 그것도 크리스마스이브에 말이다.

"이제 어떻게 하면 좋지요?"

묻는 소리에 비키는 놀라 다시 정신을 차렸다. 비키가 죽은 고양이를 보았을 때 소리를 질렀던 모양이다. 동료의 언니가 옆에 서서 그녀의 어깨너머로 축 처진 새끼 고양이를 내려다보며 물었다.

"묻어줘야 하지 않겠어요?"

비키가 말했다.

"저는 못해요. 일하러 가야 되거든요."

"그냥 둘 순 없잖아요. 죽은 고양이를 그냥 이렇게 버려둘 수는……."

비키가 이렇게 말하고 있을 때였다.

새끼 고양이가 기침을 했다. 아니 보다 정확히는 콜록거렸다. 자신의 손을 내려다보고야 비키는 자신이 무의식중에 새끼 고양이의 배와 가슴을 엄지손가락으로 문질러주고 있었다는 것을 깨달았다. 그 바람에 폐에서 물이 빠져나온 것일까? 이 콜록거림은 생명의 징조일까, 아니면 꺼져가는 생명의 마지막 몸부림일까? 고양이는 움직이지 않았다. 아까와 마찬가지로 차갑고 죽은 것처럼 보였다. 혹시나 이 고양이가……?

새끼 고양이가 다시 한 번 콜록거렸다. 기침은 아니었고 시작되자마자 목에서 잡아 멈추는 작은 소리였다. 하지만 이번에는 새끼 고양이가 꿈틀대더니 물을 뱉어냈다.

"살았어요." 비키가 계속해서 엄지손가락으로 고양이의 몸을 쓸어주며 말했다. 새끼는 계속 콜록거리며 물을 뱉어내었지만 더 이상 움직이지는 않았다. 눈꺼풀은 죽은 듯 살짝 열려 있었고 안쪽 눈꺼풀도 내려와 있었다. "살아 있어요." 새끼 고양이가 네 번째로 쿨럭이며 그녀의 손바닥에 물을 토해내자 비키가 말했다.

동료의 언니는 그리 감동받은 것 같지 않았다. 인상을 쓰며 시계를 들여다보는 것으로 보아, 죽은 줄 알았던 고양이의 부활에 별로 관심이 없는 게 확실해 보였다. 변명을 하자면 동료의 언니는 아마도 그 쿨럭임이 죽어가는 고양이의 마지막 몸부림이라고 생각했는지도 모른다. 물속에 얼마나 잠겨 있었는지 모르지만 흠뻑 젖은 것으로 보아선 새끼 고양이가 살아나는 것은 거의 불가능했기 때문이다.

비키는 새끼 고양이를 핸드타월로 감싸고 계속 물을 토해낼 수 있도록 문질러주면서 근처에 사는 오랜 친구 샤론에게 전화를 했다. 비키와 샤론은 직장, 가정, 결혼, 육아에 힘든 문제가 생겼을 때 서로에게 의지하는 친구였다. 비키가 응급 상황이라며 집으로 잠깐 가도 되는지 물었을 때 샤론은 이유를 묻지 않았다.

비키는 온순한 다른 고양이를 남겨놓은 채 친구의 집으로 달려갔다. 비키는 이렇게 아픈 고양이를 딸에게 선물할 수는 없다고 생각했다. 비록 살아 있기는 하지만 보기에 너무 끔찍해서 무섭기까지 했다. 또한 길게 본다면 생존 확률이 거의 없었다. 알래스카의 어촌에서 자라다 보니 저체온증과 폐에 물이 들어가는 것이 얼마나 무서운 건지 잘 알고 있었기에 생존 확률이 좋지 않을 것이 뻔했다. 그러나 이 작은 고양이는 투사였다. 비키는 비록 고양이를 싫어했지만 이 녀석을 포기할 순 없었다.

비키의 친구도 망가진 작은 생명체를 보고 충격을 받았다.
"화장실 변기에서 발견했어."
비키가 친구에게 설명했다.
"물에 빠졌어. 하지만 기침을 하고 물을 뱉어내더라고."
"너무 춥겠다. 따뜻하게 해줘야 되겠어."
그녀의 친구가 말했다.

두 사람은 고양이를 타월에 싸고 다시 저온에 맞춘 전열 패드로 감싼 후 부엌 카운터 위에 올려놓았다. 샤론이 부드럽게 새끼 고양이의 머리를 쓰다듬어주는 동안 비키는 조심스럽게 드라이어로 말려주었다. 한참 말려주던 도중에 새끼 고양이가 경련을 일으키기 시작했다. 입을 벌린 채 눈꺼풀을 떨며 발작을 일으키고 있는 것처럼 보였다. 몸이 씰룩거리더니 온몸을 떨기 시작했고 심한 헛구역질을 해댔다. 마치 봄에 해빙기를 맞아 알래스카의 유빙이 조각조각 떨어져나가는 것처럼 온몸이 찢기는 고통을 느끼는 것 같았다. 하지만 그것은 모두 무의식적인 반사작용이었다. 발작을 일으킬 때를 빼고는 새끼 고양이는 꿈쩍도 하지 않았다. 구조된 지 한 시간이 지났지만 여전히 눈을 뜨지 못했다. 이미 저녁 식사에 늦었기에 비키는 마이클에게 전화를 했다.

"곧 도착해요. 가고 있다고 우리 딸한테 말해줘요. 많이 늦지 않을 거예요. 그리고 어……. 메리 크리스마스!"

비키는 전화번호부에 나와 있는 모든 수의사에게 전화를 걸었다. 어느 누구도 전화를 받지 않았다. 왜 받겠는가? 늦은 오후였고 크리스마스이브였다. 샤론의 큰딸이 고양이 알레르기가 있었기 때문에 새끼 고양이를 샤론 집에 두고 갈 수가 없었다. 설사 알레르기가 없었다 해도 이제 와서 새끼 고양이를 버릴 수는 없었다. 이미 둘은 생사의 고비를 함께 넘지 않았던가. 한 시간 후에 경련이 잦아들자 비키는 타월과 전열 패드로 감싼 새끼 고양이를 구두 상자에 넣고 크리스마스이브 저녁 식사에 가기 위해 차를 몰았다.

"이건 샤론 아줌마의 고양이야."

스위티가 엄마가 상자 안에 무엇을 갖고 왔는지 궁금해서 다가오자 비키가 얼른 말했다.

"얘는 정말 아프단다. 하지만 샤론 아줌마는 일해야 해서 오늘 밤에 대신 보살펴주기로 했어."

벌어진 입에 부은 눈으로 생기 없이 축 늘어진 새끼 고양이를 내려다본 스위티는 금방 울 것 같았다.

"어쩌면 죽을지도 몰라, 스위티."

그녀는 딸을 끌어안으며 말했다.

"미안해. 하지만 정말 아주 많이 아프단다. 그래서 혼자 두어서는 안 될 것 같아."

"알았어요."

스위티가 엄마를 꼭 껴안으며 대답했다.

두 사람은 고양이가 담긴 구두 상자를 화장실 온풍구 옆에 내려놓고 식탁에 앉았다. 전형적인 크리스마스이브였다면 들뜬 어린아이의 재잘거림으로 흥겨워야 할 텐데, 저녁 식사는 우울하기만 했다. 그들은 천천히 식사를 했고 대화에도 활기가 없었다. 비키와 스위티는 몇 분 간격으로 화장실로 발꿈치를 들고 살짝 들어가 새끼 고양이가 어떤지를 살폈다. 이제 경련과 구역질은 멈췄지만 숨을 너무 얕게 쉬어 살아 있는지 잘 구분이 가지 않았다. 정말 한 숨 한 숨이 너무 힘겨워 보였다. 구조된 지 4시간이 흘렀는데도 아직 눈도 뜨지 못했다.

9시를 막 넘겼을 때 두 사람은 마이클의 집을 나왔다. 비키는 드디어 24시간 동물 응급 서비스와 통화를 할 수 있었는데 담당자는 전화상으로 단백질 종류를 물에 섞어 몇 방울이라도 먹여보라고 제안했다. 그래서 집으로 돌아가는 길에 크리스마스라서 막 문을 닫으려고 하는 편의

점에 들렀다. 스위티는 자지 않고 새끼 고양이와 함께 차에서 기다리겠다고 했다.

"엄마, 애를 혼자 두면 안 되잖아요."

편의점에는 고기가 들어간 아기 이유식이 한 병 있었다. 비키는 이유식과 함께 스포이드를 샀다. 새끼 고양이에게 갈색 연고 같은 이유식을 먹이려고 했지만 삼키지를 못했다. 비키는 이유식을 여러 번 희석해서 거의 물 같아질 때까지 엷게 만들어서 밤 11시쯤에야 두 방울을 먹이는 데 성공했다. 그게 한계였다. 단백질 물 두 방울.

"이제 잘 시간이야, 스위티."

새끼 고양이를 타월로 덮어주며 비키가 말했다.

"하지만 엄마……."

스위티는 새끼 고양이를 두고 갈 수 없다고 항변했지만 너무 피곤해서 졸음을 참을 수 없었다. 침대에 들어가자마자 스위티는 잠이 들었다.

비키는 마음속으로 메리 크리스마스를 되뇌며 딸에게 굿나이트 키스를 한 다음 홍차를 한 잔 만들었다. 밤새 시간마다 한 번씩 새끼 고양이에게 희석한 이유식을 몇 방울씩 먹였다. 매번 꿈쩍도 않고 옆으로 누운 모습을 볼 때마다 심장이 조여들며 죽은 게 아닐까 걱정스러웠지만 비키가 다가가면 새끼 고양이가 고개를 움직이기 시작했다. 비키는 고양이의 입을 벌리고 목 안쪽으로 두 방울을 떨어뜨릴 수 있었다(그때까지도 눈은 뜨지 않았다). 그런 후 비키는 소파로 돌아가 크리스마스 음악을 틀어놓고 잠을 자지 않고 버티려고 노력했다.

새벽 4시에 먹이를 주고 나서 비키가 곯아떨어졌던 모양이다. 눈을 떴을 때는 이미 크리스마스 아침이었다. 비키는 소파를 박차고 일어나 화장실 온풍구 앞에 담요를 덮어놓은 새끼 고양이를 보러 화장실로 달려갔다. 새끼를 보자마자 비키는 입이 쩍 벌어졌다. 새끼 고양이는 다리를 떨며 간신히 서 있으면서도 구두 상자를 벗어나려 애쓰고 있었다.

"엄마, 왜 그래요?"

딸이 문 옆에서 떨리는 목소리로 물었다.

"어머, 스위티. 이것 좀 봐! 새끼 고양이가 살아났어. 새끼 고양이가 살아났다고."

비키는 딸을 두 팔로 감싸 안고 새끼 고양이가 가녀린 다리로 버티고 일어나 한쪽 발을 상자 밖으로 내딛기 위해 엄청난 노력을 하는 것을 함께 지켜보았다. 새끼 고양이는 나머지 한쪽 다리를 빼내곤 잠시 쉬면서 지친 눈으로 두 사람을 올려다보았다. 그다음엔 다시 자신의 임무에 집중하여 떨리는 몸으로 마지막 점프를 해서 상자로부터 벗어났다.

장난감이며 선물은 완전히 잊혀졌다. 러시안 티(분말 홍차, 오렌지 드링크 믹스, 향신료가 들어간 비키가 가장 좋아하는 음료이다)와 핫 초콜릿도 안중에 없었다. 온종일 두 사람은 크리스마스의 기적을 지켜보느라 정신이 없었다. 새끼 고양이는 아직도 허약했으므로 대부분 누워 있었지만 스위티와 비키가 스포이드를 가지고 다가가면 애써 앞다리를 꿇고 앉아 목을 쭉 내밀었다. 비키는 이렇게 고양이를 조심스럽고 부드럽게 대하는 네 살짜리 어린아이를 본 적도 없었고, 이렇게 살기 위해 대단한 의지를 보여주는 새끼 고양이도 본 적이 없었다.

그날 오후 두 사람은 고양이에게 크리스마스 캣(혹은 나중에는 CC라고 불렀다)이라는 이름을 붙여주었고, 이제 CC는 한 번에 서너 방울의 단백질 물을 삼킬 수 있었다. 두 사람은 한 방울씩 한 방울씩 먹이며 고양이를 살려냈고 시간이 지날수록 CC는 기력을 회복했다. 그날 밤 스위티는 잠자리에 들어서도 크리스마스 고양이를 걱정하며 잠들었다.

"고양이가 앞으로 괜찮을까요, 엄마?"

"나도 그랬으면 좋겠구나, 스위티. 네가 너무나 잘 간호해주었어."

소녀는 미소를 지었다. 비키는 딸의 이불을 덮어주고 크리스마스트리를 제외한 모든 조명을 끈 다음, 라디오를 틀어놓고 소파에 앉아 새끼 고양이의 깡마른 옆구리를 엄지손가락으로 쓰다듬어주었다. 넌 꼭 살 수 있을 거야. 음악이 둘을 감싸고, 18시간이나 지속되는 알래스카 겨울밤의 깊은 보랏빛 암흑 속에 반짝이는 크리스마스트리를 바라보며 그녀는 생각했다. 얘는 꼭 살 수 있을 거야. 그녀는 새끼 고양이가 살아났다는 경이로움과 함께 자신이 얼마나 걱정했는지 스스로 놀라워서 고개를 저었다.

크리스마스 이튿날인 토요일이 되어서야 수의사와 연락이 닿았다. 다음 가능한 진료는 사흘이나 더 있어야 했지만 수의사는 그녀가 모든 것을 제대로 해왔다며 안심시켜주었다.

"하던 대로 계속하세요. 지금까지 효과가 있었잖아요."

수의사가 말했다.

월요일에 비키는 직장으로 돌아갔다. 얼마 전 건강상의 이유로 자신의 병가를 다 써버렸기에 싱글 맘으로서 일을 쉴 수는 없는 노릇이었다. 그래서 아침 휴식 시간과 점심시간, 오후 휴식 시간에 몇 시간 간격으로 집으로 뛰어가 크리스마스 캣에게 멀건 식사를 몇 방울씩 주고 돌아왔다. 비키의 직장 동료들은 이것을 너무 재미있어했다. 지난 몇 주 동안 비키는 고양이를 입양해야 한다며 끊임없이 불평불만을 늘어놓았었다.

"내가 왜 이 짓을 해야 되는지 모르겠어."

비키는 고개를 저으며 말했다.

"스위티가 나의 이런 희생을 알아주어야 할 텐데 말이야."

그녀는 마치 딸에게 자신의 신장 하나를 떼어주기라도 하는 것처럼 불평을 했었다. 그랬던 그녀가 지금 죽어가는 새끼 고양이를 돌보기 위해 몇 시간 간격으로 집으로 달려가고 있었다.

"고양이를 싫어한다면서?"

비키가 황급히 스카프와 코트를 벗어 던지는 모양을 보고 동료들은 박장대소하며 놀려댔다.

"싫어해. 정말 싫어한다고. 하지만 나보고 어쩌라고?"

그것이 진실이었다. 비키는 아직도 고양이를 좋아하지 않았다. 그냥 CC를 좋아하게 된 것뿐이다. 왜냐고? 왜냐하면 CC를 돕는 것이 그녀에게는 일종의 프로젝트가 된 것이다. CC는 비키에게 자신을 증명해 보였다. CC는 개성 있고 강인하며 살고자 하는 엄청난 의지를 보여주었다. 온몸이 떨리고 허약한 상태에서도 일어서자마자 CC는 상자 너머로 자신의 몸을 던졌다. CC는 시련에 굴하지 않았다. 포기하지 않았다. CC는…… 소프트한 고양이가 아니다. 비키 클루버는 그 점을 높이 샀다.

동물병원에 갈 수 있게 된 것은 사고가 있은 지 나흘 후였다. 건더기가 조금 들어 있는 음식을 주려고 네 번이나 시도해보았지만 CC는 매번 즉각 음식을 토해냈다. 그때까지도 희석된 이유식만 몇 방울씩 먹이고 있었다. 한 번에 네 방울의 액체밖에 삼키지 못했다.
"좀 이상하네요."
수의사가 말했다. 그녀는 새끼 고양이의 옆구리와 푹 꺼져 거의 없는 듯한 배를 진찰해보았다. 크리스마스 캣은 체중이 450그램도 채 안 되었다.
"액체만 먹여서는 절대 체중을 늘릴 수 없을 거예요. 영양분을 충분히 섭취할 수가 없거든요. 어쩔 수가 없네요."
수의사는 고개를 저으며 말했다.
"이렇게 가다간 굶어 죽을 수밖에 없겠어요."
수의사는 차트에 내용을 기록하고는 충격 받은 표정으로 있는 비키를 쳐다보았다.
"그냥 여기에 두고 가실 거죠?"
"왜요? 어쩌시려고요?"
"몇 가지 검사를 더 해보려고요."
수의사가 말했다.
"고양이를 위해 최선의 선택을 해야 할 것 같아요."
그 순간 비키는 즉시 검사대에서 CC를 낚아채듯 두 팔로 감싸 안았다. CC는 떨고 있었고 비키도 떨고 있었나 보다.
"안 돼요."
그녀는 CC를 보호하듯 수의사 쪽으로 어깨를 돌리며 말했다.
"안 됩니다. 우리가 여기까지 어떻게 왔는데 이제 와서 포기할 순 없습니다."
비키는 화가 치미는 것을 느꼈다. 이 여자는 CC를 믿지 않는구나.

이 여자는 CC를 죽이려 하는구나!

"안 돼요. 우리는 포기할 수 없어요."

그리곤 분노로 몸이 떨려 할 말도 잊은 채 동물병원을 뛰쳐나왔다.

비키는 동물용품을 파는 상점으로 가서 연고처럼 짜 먹이는 고양이용 단백질을 찾아냈다. 내용물을 비교해보았다. 이 제품은 비키가 이제까지 먹여왔던 아기 이유식과 같은 영양소를 가지고 있었다. 비키는 이것을 물에 희석시켜 스포이드로 CC에게 먹이기 시작했다. 스위티도 도왔다. 스위티도 항상 새끼 고양이를 부드럽게 대하고 걱정도 많이 하고 열심이었지만, CC에게 단백질을 먹이는 일은 주로 비키의 임무였다. CC는 이제 겨우 10주밖에 안 된 새끼였고 뼈와 털밖에 남지 않아 정말 작았다. 하루에 예닐곱 번씩 비키는 한 손에 CC를 올려놓고서 다른 손에 쥔 스포이드 끄트머리를 CC의 입에다 기울여주었다. 비키가 한 방울을 짜내면 CC는 아직도 흐릿한 눈으로 비키를 올려다보고는 연약한 한숨을 내쉬며 먹이를 받아 마셨다. CC가 그녀의 손바닥에서 콜록거릴 때, CC가 떨리는 다리로 구두 상자 너머로 몸을 던졌을 때, 그리고 동물병원 진찰실에서, 비키는 CC에게 강한 애착을 느꼈다. 매일 손바닥에 올려놓고 먹이를 먹이면서 둘은 비키 클루버가 상상도 못할 정도로 가까워졌다. 비키가 CC의 목숨을 구한 것은 맞지만 CC는 자기 스스로의 목숨을 구했다.

일주일이 더 지나자 CC는 앞발을 내밀어 비키의 손을 자기 입 쪽으로 끌어당기기 시작했다. 비키는 새끼 고양이가 음식을 삼킬 때마다 목구멍이 조이는 것을 볼 수 있었고, 1그램 1그램 무게가 늘고 있음을 확실히 느낄 수 있었다. 털은 풍성해져 윤이 나는 검정색이 되었고 날이

갈수록 눈빛도 더욱 또렷해졌다. 새끼 고양이가 살 수 있다는 확신이 든 비키는 스위티에게 CC는 친구 샤론의 고양이가 아니라 스위티의 크리스마스 선물이었다고 고백했다. 딸아이의 두 눈은 말할 수 없는 기쁨으로 빛났다. 그리고 얼마 지나지 않아 비키는 새로운 수의사에게 예방주사를 맞히러 갔다. CC의 이야기를 듣고 수의사는 매우 놀라워했다.

"정말 제대로 잘하셨네요."

CC가 잘했지요, 하고 비키는 생각했다.

"아직까지 건더기가 있는 건 먹지 못해요."

그녀는 수의사에게 걱정을 했다.

"딱딱한 먹이나 건더기를 못 먹어요."

"태어날 때부터 그럴 수도 있습니다." 수의사의 말이었다. "혹은 신체가 완전히 작동을 멈추었을 때 기관이 손상을 입었을 수도 있고요. 어쨌든 지금은 건강을 회복하고 있으니까 계속해서 그대로 하세요."

계속해서 그대로 하라. 비키 클루버가 CC와 함께 살려면 그렇게 해야 한다. 계속해서 아픈 고양이를 돌봐야 한다. 두 달 전만 해도 그런 상황은 그녀에게 악몽이었을 것이다. 그러나 이제는 전혀 문제가 되지 않았다. 고양이를 싫어했던 여자는 대체 어디로 간 걸까?

3월이 되자 CC는 다시 형제들의 꼬리를 물고 어미젖을 먹으려 하는 형제들의 머리를 깔아뭉개던 모험심 넘치는 악동으로 되살아났다. CC의 털은 푸른빛이 감도는 아름다운 검정색이었고 눈은 장난기로 반짝였다. CC는 원래 스위티의 고양이여야 했는데, 기나긴 스포이드 식사 기간 때문에 비키와 너무나 친해져서 불행히도 스위티는 CC의 애정의 레이더에 잡히지 못했다. CC는 비키만 바라보았고 비키의 말만 들었다. 그렇다고 CC가 무릎 위에만 있으려 들고 발밑에 항상 대기하고 있는 그런 고양이는 아니었다. 여전히 겁 없고 독립적이며 죽음에도 굴복하지 않는 고양이였고, 과거 어느 때보다도 세상에 어떠한 일도 견뎌낼 수 있다고 믿는 듯했다. 한마디로 CC는 비키의 이상적인 고양이였다. 6개월이 흐른 후 비키에게 자신이 직접 새로운 지사를 창설할 수 있는 일생일대의 기회가 찾아왔다. 그때까지도 CC는 스포이드로 액체만 먹고 있었다. 세월이 지나면서 조금 나아져 적은 양의 단백질과 물을 믹서에 갈아서 먹을 수 있게 되었지만 기본적으로 크리스마스 캣은 크리스마스이브에 변기에 빠져 익사할 뻔했던 사고로부터 결코 완벽하게 회복하지 못했다.

*

비키 클루버가 내게 편지를 보내왔을 때, 그녀는 우리의 삶에 너무도 유사점이 많아 크게 감동받았다고 했다. 비단 우리 두 사람의 이름이 똑같고 철자법이 특이해서만은 아니라고 했다. 크리스마스 캣에 대해 읽고 난 후 나는 CC와 듀이가 정말 닮았다는 것을 인정했다. 둘 다 새끼였던 시절에 한 마리는 변기에서, 한 마리는 얼어붙은 도서관 반납함에서 죽을 뻔했다. 두 마리 다 싱글 맘에 의해 구조되었고, 이 고양이들은 예기치 않게 두 사람의 인생을 더 충만하게 만들어주었다. 우리 두 사람은 고양이나 사랑이나 우정을 갈구한 것은 아니었지만 이런 것들이 우리를 찾아왔다. 이 두 마리 고양이는 우리를 헌신적으로 사랑했고, 생의 초기에 있었던 비극적인 사건을 극복하고 자신의 삶을 개척해 나갔다. 이 고양이들은 자신만의 개성과 성격이 뚜렷했고 주어진 기회를 잘 활용했다. 이들은 자신의 위치를 찾았고, 결국 비키들 때문이 아니라(물론 우리가 돕긴 했지만) 자신의 내면의 힘으로 일어섰던 것이다.

비키와 이야기를 나눴을 때, 나는 그녀가 나와 같은 내적인 강인함의 소유자라는 것을 알 수 있었다. 우리 둘 다 힘든 직장과 그보다 더 힘든 결혼 생활 때문에 고생했지만, 자신의 도덕적 기준과 전문인으로서의 가치 기준을 고집했고 평생의 소명이라고 할 수 있는 직업을 찾았다. 나에게는 그것이 도서관이었고 비키에게는 주택장기융자를 해주는 모기지 사업이었다. 우리 둘 다 평범하기를 거부했고 보다 나은 삶을 지향했기에 성공할 수 있었다.

비키를 직접 만나본 적은 없지만 나는 그녀가 세련된 비즈니스 정장을 입고 매타누스까 밸리 부동산 전문인 협회에서 올해의 인물상을 수상하는 모습을 머릿속에 그려보았다. 비키는 표면적으로는 알래스카 와실라의 적자에 허덕이는 모기지 대출회사를 되살린 공로로 이 상을 받았다고 한다. 그녀가 경영을 맡았을 때 거의 문을 닫기 직전이었으나, 이제 그 회사는 알래스카 주에서 가장 높은 수익률을 자랑하게 되었다. 그러나 비키에게 더 중요했던 것은 자신의 노력으로 직원들의 사기와 태도가 바뀌면서 조직의 목적의식 자체가 변화했다는 것이다.

주택 경기 과열로 인해 부동산 업계가 부패하기 시작했을 때(2005년의 미국이 아니라 1980년대 알래스카의 이야기이다. 하지만 역사는 반복되기 마련이다) 그녀는 원칙을 고수했다. 비윤리적인 이면계약이 있다면 대출을 거부했다. 계약을 놓치는 한이 있더라도 채무자에게 불리한 조건이라면 계약을 말렸다. 부동산 중개업자 중 비양심적인 행위를 하는 사람이 있다면 가차 없이 거래를 끊었다. 비키는 고객의 이익을 최우선으로 생각했기에 윤리적이고 믿을 수 있으며 고객을 진심으로 생각하는 열두 명의 중개업자를 선정하여, 그들의 사업을 적극적으로 밀어주겠다고 약속했다. 그러한 기반을 토대로 그녀의 사업은 번창했다.

처음 와실라에 도착했을 때에는 땀 흘려 얻은 경험밖에 가진 것이 없었다. 단순히 사람들의 눈 밖에 난 회사를 맡았다는 이유로, 현지 부동산 업계 사람들로부터 냉대를 받기도 했었다. 그러나 이제 그녀는 로터리 클럽의 리더이며, 각종 기금 모금 행사와 자선 행사를 주관하고 있다. 비키는 불우이웃에게 무료로 따뜻한 크리스마스 만찬을 대접하는 크리스마스 우정의 만찬 행사의 이사회를 맡고 있다.

어려웠던 시절에 비키는 잠시 신앙심을 잃었지만, 딸에게 감화되어 다시 열성적으로 교회 활동을 하고 있다. 올해의 인물상은 꼭 뛰어난 사업 감각으로 많은 수익을 냈다고만 해서 주는 것이 아니라 아울러 지역사회에 대한 봉사와 기여를 기리는 상이기도 하다. 동료들의 존경과 인정보다 더 큰 명예는 없을 것이다. 그러나 비키는 절대 이 상에 대해 이야기하지 않으려 했다. 내가 옆구리를 찌르고 졸라서야 겨우 알게 되었다. 오히려 그녀는 자신이 도와주었던 사람들에 대해 이야기하고자 했다. 돈만 추구하다 잠시 자신의 가치관과 멀어졌지만 그녀의 도움으로 제자리를 찾은 모기지 중개업자들, 그녀가 멘토링 해주었던 젊은이들 그리고 그녀를 통해 자신의 꿈을 실현했던 고객들에 대한 이야기를 해주었다. 어떤 여성 고객은 영어를 한마디도 할 줄 몰랐는데, 그녀의 신용 상태를 바로잡고 그녀의 생활수준으로 감당할 수 있는 대출을 받기까지 2년 이상 옆에서 도왔다. 1년이 지난 후 그 여성의 아들이 비키를 찾아왔다.

"저를 기억하시겠어요?"

그 고객의 아들이 물었다.

"당연하지요."

"저 이제 대학에 갑니다. 그리고 저도 금융을 공부하기로 했다는 걸 말씀드리고 싶었습니다. 왜냐하면 당신이 우리 어머니를 어떻게 도와주셨는지 보았거든요. 덕분에 우리 인생이 바뀌었습니다."

이것이야말로 비키가 소중하게 생각하는 상이었다. 이야기를 하는 그녀의 목소리는 떨렸다. 이런 사명감 때문에 비키는 매일 아침 일찍 일어나 열심히 일할 수 있는 것이다.

"저는 집이란 안정을 주는 요소라고 생각합니다. 집이 있으면 건강한 가족생활이 가능하거든요. 내가 대출을 인가할 땐 그런 것을 가능하게 해주는 것이죠. 가족이 성공할 수 있는 확률을 높여주는 것입니다."

나도 도서관에 대해 비슷한 생각을 가지고 있다. 도서관이야말로 지역사회에 안정을 가져다주는 요소라고 생각한다. 도서관이 제대로 기능을 한다면 어떠한 공공 기관보다도 사람들을 단합시켜줄 수 있다. 나는 항상 그것을 목적으로 해왔다. 주민들에게 유용한 존재가 됨으로써 도서관이 스펜서에 꼭 필요한 존재가 되는 것. 돈이나 명성을 위한 것이 아니다. 그런 것들을 위해 사서가 되는 사람이 어디 있겠는가? 나는 좋은 동기를 가지고 올바르게 일한다면 내가 살고 있는 지구상의 이 작은 모퉁이를 변화시킬 수 있다고 믿는다. 그리고 비키 클루버도 그렇게 믿었다. 결국 우리 둘은 자신의 목표를 성취해냈다.

이러한 유사점들에도 불구하고 과연 우리가 비슷한 부류인가에 대해서는 약간 회의적이었다. 두 사람의 생활환경이 너무나 다르기 때문에 처음에는 어떤 공통점을 찾기 어렵지 않나 생각했다. 내가 평생을 살아온 아이오와 북서부는 완전히 평면적인 곳이다. 가장 가까운 바다는 1,600킬로미터 이상 떨어져 있다. 우리도 알래스카와 같은 혹독한 겨울이 있지만 여름에는 32도까지 기온이 올라간다. 이곳의 광활한 옥수수 밭과 콩밭이 나름대로 아름답기는 해도 몇 그루의 나무를 제외하고는 밋밋하기만 한 지평이 끝없이 펼쳐지는 곳이다.

반면 비키 클루버가 평생을 살아온 코디액 섬은 태평양의 파도에 시달리며 축축한 식물들이 두텁게 대지를 뒤덮고 있는 거친 야생이 살아 있는 지역이다. 산악 지대는 바다에서 바로 솟아오르고, 많은 경우 반대쪽 능선도 곧바로 바다로 이어진다. 코디액 섬의 해안선은 조수로 끊임없이 움직이며, 수세기 동안 파도가 화산암에 부딪혀 만들어 놓은 조수 웅덩이가 사방에 흩어져 있다. 코디액의 풍광은 나무 한 그루 없는 평야에서부터 하늘을 찌를 듯한 전나무가 빽빽하게 들어선 산악 지대에 이르기까지 다양하다. 풀밭과 산속 초원은 1년의 절반은 눈 속에 묻혀 있다가 봄이 오면 에메랄드 초록빛으로 피어나고 여름이면 야생화가 흐드러지게 만발하며 가을이 되면 주민들은 야생 딸기를 수확한다.

아이오와 주에서의 삶은 느리게 흐르고 계절 따라 생기는 토양의 집적과 소모로 결정되는 반면, 코디액의 삶은 대양의 무서운 폭풍으로 매우 극적이다. 아이오와의 생명의 주기는 파종, 추수, 윤작의 순환이다. 코디액에서는 연어로 시작해서, 연어는 곰에게 먹히고, 곰은 대머리독수리와 여우들을 위해 찌꺼기를 남기고, 이들이 먹고 남긴 연어의 비늘과 뼈가 토양을 비옥하게 만들어주고 있다. 아이오와 주의 대지는 길들여진 땅으로, 완벽한 직선으로 나누어 면적당 가장 높은 입찰가를 낸 사람에게 배당된다. 코디액의 대지는 야생으로 잔인한 자연의 법칙에 따라 움직이며, 그 땅은 스티카 사슴과 코디액 곰의 것이다. 코디액 곰은 북미에서 가장 큰 육지 포유류로서 세계에서 가장 몸집이 큰 곰 중의 하나이다. 그리고 나는 코디액 섬 전체에서 생선 냄새가 난다고 들었다.

그럼에도…… 비키와 나는 비슷한 나이이다. 우리 둘 다 사내아이는 집안의 미래이며, 여자아이는 정서적 안정을 주는 존재라고 생각하는 노동자 계층의 가정에서 자랐다. 또한 둘 다 끈끈한 대가족의 착한 딸들이었다. 나는 농장 생활이 버겁거나 지루해지면 러시아의 스퍼트닉 위성도 찾아낼 수 없는 옥수수 밭 속으로 깊이 들어가 혼자만의 시간을 가질 수 있었다. 비키는 끊임없는 부부 싸움과 줄담배 연기를 피해 숲 속과 해변에서 도피처를 찾았다.

코디액과 스펜서는 약 3,800킬로미터나 떨어져 있었지만 둘 다 학교들도 작고 공동 전화를 쓰는 전통적인 작은 마을이며, 마을 사람들 전부가 서로 알고 지내기에 말도 많고 탈도 많지만 서로 돕고 사는 작은 공동체였다. 아이오와에서 우리는 농사를 짓고 살았다. 코디액에서는 대양이 젖줄이었고 오가는 어선이 그들에게는 중요한 교통수단이었다. 거친 파도로 인해 걸핏하면 결항하는 보급선은 본토로부터 통조림과 분말 형태의 상품만 실어와 주민들의 식료품 가게 역할을 했고 해변의 조수 웅덩이는 아이들의 놀이터였다. 어찌 보면 들려오는 자동차 소리는 트랙터요, 최고의 음식은 밭에서 바로 딴 음식이었던 농장 생활과 크게 다를 바가 없는지도 모르겠다.

비키와 나는 필요에 의해 강해져야만 했던 사람들이며, 또한 대대손

손 독립심이 강한 여성 선조들의 피를 자랑스럽게 물려받은 사람들이다. 우리 이모할머니 루나 모건 스틸은 클레이 군에 최초의 학교를 설립하고, 그곳에서 가르쳤다. 그 학교는 풀과 진흙으로 지은 한 칸짜리 교사였는데, 당시 서부 개척기에도 그곳은 목재로 쓸 만한 나무가 전혀 없었기 때문이었다. 우리 할머니는 집안의 기둥으로 남편이 일찍 세상을 떠난 후 강인함과 너그러움으로 가족을 이끌어 나에게 많은 영감을 주신 분이다. 우리 어머니는 초등학교에 다녀야 할 나이에 가족 식당을 맡아서 했고, 에어컨이나 세탁기도 없는 농장에서 여섯 명의 자녀를 키워냈으며, 30년 동안 암과 투병하면서도 병마가 주는 고통과 수모에도 단 한 번도 불평을 한 적이 없었다. 어머니는 장녀인 나에게 의지했고 그럼으로써 나는 더 강하게 클 수 있었다.

비키 클루버의 뿌리는 6세대를 거슬러 올라가 10만 년 동안 그 가혹한 땅에서 생존해온 알루티크 원주민에서 출발한다. 비키는 어린 시절 개와 함께 코디액 숲을 거닐고 늦여름이면 어머니, 이모와 함께 야생 딸기를 따러 갔던 좋은 추억도 많지만, 유년기의 그녀에게 가장 큰 영감을 준 사람은 할머니였다. 로라 월슨은 알루티크, 러시아, 노르웨이인의 혼혈로 인종의 용광로인 코디액의 산물이라 할 수 있다. 예순두 살에 과부가 된 그녀는 코디액 마을을 떠나 조상의 터전이 있는 아주 작은 라슨 섬으로 이주했다. 이 섬은 노르웨이에서 열두 살 때 홀로 증기선을 타고 코디액으로 이민 온 그녀의 아버지 안톤 라슨의 이름이 붙여진 섬이다.

비키가 할머니의 집에 놀러 가려면 일단 산길을 오르는 오랜 드라이브 끝에 안톤 라슨 만까지 거친 흙길을 따라 하산한 후, 다시 작은 배를 타고 20분가량 바다를 건넌 후 가파른 제방을 걸어 올라가야만 했다. 로라 할머니 댁에는 전화나 전기는 물론이고 중앙난방이나 상수도도 없었다. 대신 커다란 정원과 우물이 있었고, 손으로 돌려 빨래를 짜는 구식 세탁기에다 땔감은 직접 장작을 패서 마련했고 닭들과 염소 한 마리도 키우셨다. 할머니는 자신의 어망이 있었고 낚시 도구들도 직접 손질했다. 할머니의 작은 집은 항상 대문이 열려 있었고 방들은 언제나 깔끔했다. 비키가 배에서 내려 제방을 올라갈 때면 언제나 갓 구운 쿠키와 빵 냄새가 났다. 로라 할머니는 클루버의 집안에서 사용했던 담배나 분유, 전기 따위는 필요로 하지 않았다. 할머니는 알루티크 원주민과 초기 개척자들처럼 순수하게 대지와 바다를 통해 생존했으며, 비키가 아는 어떠한 사람보다도 행복한 삶을 살았다.

낡은 진흙과 풀로 지은 교사, 난방이 안 되는 오두막집. 비키와 내가 그 정도로 힘들게 살았던 것은 아니지만 우리의 삶도 결코 녹록지 않았다. 농촌과 어촌에서의 삶에는 항상 비극이 따른다. 조기 사망. 사고. 압류. 금융 위기. 스펜서 마을은 1930년대에 화재로 완전히 잿더미가 된 적이 있었다. 그 화재는 지금까지도 시골에서의 삶이 얼마나 위태로울 수 있는지를 보여주는 사건인 동시에 순수하게 마을 사람들의 의지와 맨주먹만으로 전보다 더 나은 마을을 재건해내는 시골 공동체가 얼마나 강인한가를 보여주는 교훈이기도 하다.

코디액 역사의 큰 사건은 섬 전체가 화산재로 뒤덮인 1912년의 노바룹타 산의 화산 폭발과 1964년의 지진이었다. 그때 지진으로 섬 전체가 흔들렸고 땅이 1.8미터나 융기했다. 그러나 정작 마을을 완전히 파괴시킨 것은 성 금요일에 연이어 세 차례나 일어났던 대대적인 해일이었다. 당시 발전소에서 일하고 있던 비키의 아버지는 목까지 물에 잠긴 채 이틀 동안 갇혀 있어야 했다. 아버지가 간신히 살아 돌아온 다음 날인 부활절 일요일에 비키의 사촌이 트럭을 몰고 달려와 또 다른 해일이 몰려오고 있다고 알려주었다. 그때 비키는 처음으로 공포가 어떤 것인지 알게 되었다. 할머니의 얼굴에서 두려움을 읽었던 것이다. 마을 주민 전체가 필러 산 꼭대기에서 바다를 지켜보며 하루를 보냈다. 땅거미가 지자 비키의 어머니가 "난 담배가 필요해"라고 말하며 조카의 트럭을 운전해 하산했다. 나머지 주민들도 뒤따라 하산하기 시작해 밤에는 모든 사람들이 집으로 돌아갔다. 마지막 해일 경고는 오보였다.

모든 집들을 부수고 다시 지었다. 어선들은 어디에 정박했느냐에 따라 폐선시키거나 인양되었다. 해일로 집을 잃은 비키의 할머니는 코디액에서 안톤 라슨 섬으로 이주해 원시적인 주택을 지었다. 당시 일곱 살이었던 비키는 그때 어린아이의 순수함이 썰물과 함께 빠져나가는 것을 느꼈다. 비키는 이미 자연의 무시무시한 힘과 생명의 나약함을 알게 되었던 것이다.

열여덟 살이 되자 비키와 나는 둘 다 집을 떠났다. 인생은 짧고 고향에서는 기회가 너무 제한적이었다. 우리는 밖으로 나가 세상을 보고 싶었다. 비키는 그 심정을 이렇게 표현했다. "사람이 철이 들려면 어머니의 그늘을 벗어나 무릎도 깨져보고 얼굴도 긁히며 실수도 해봐야 하는데, 코디액에서는 무슨 짓을 해도 집에 돌아가기 전에 어머니 귀에 들어갔지요." 나는 대학을 가고 싶었지만 우리 부모님은 돈이 없었다. 우등생으로서 졸업생 대표로 연설도 했던 비키는 알래스카 대학에서 장학금을 받을 수 있었다. 그러나 그녀는 부모에게 의존하며 부모의 규칙

아래 4년을 더 지내느니, 차라리 직업 전선에 뛰어들어 독립할 것을 선택했다. 우리는 사회 초년생으로 둘 다 큰 도시에서 일자리를 구했다. 나는 미네소타 맨카토 박스 공장에, 비키는 앵커리지의 은행에 취직하면서 소위 독립이라는 것을 했다. 몇 년 후 20대 초반에 우린 둘 다 결혼을 했다. 우리가 사랑에 빠졌던 것일까? 사실 그것은 뭐라고 단언하기 쉽지가 않다. 우리 세대의 시골 여자들은 일찍 결혼했다. 아는 것이 그것밖에 없었으니까. 결혼하고 임신을 하고 나서야, 좋든 나쁘든 결혼이 얼마나 자신의 인생을 규정짓는지 깨닫게 되는 것이다. 불행히도 우리의 경우엔 나쁜 쪽이었다.

결혼 직후 비키의 남편은 알래스카 파이프라인의 보안 요원으로 취직해 동쪽으로 160킬로미터 떨어진 곳에 위치한 알래스카의 알프스로 알려진 산악 지대의 발데스로 이사했다(단 하나뿐인 도로를 이용하면 482킬로미터가 넘는 곳이다). 스위티로 알려진 이 부부의 딸 에이드리아나는 하루에 1.2미터의 폭설이 쏟아지고 눈보라가 치던 추수감사절에 태어났다. 아기를 낳은 지 2주 후 비키의 남편은 알류샨 열도의 가장 끝 지역의 경찰직을 수락했다. 알류샨 열도는 알래스카의 남서쪽에 1,600킬로미터에 걸쳐 흩어져 있는 섬들이었다. 발데스는 외지고 눈 속에 갇혀 있는 마을이었지만, 그들이 이사 가야 할 유날라스카는 지구의 끝에서도 또 더 들어가야 하는 곳이었다. 유날라스카는 804킬로미터에 이르는 바위산 줄기가 전 세계 바다 중 가장 검고 사나운 죽음의 베링 해와 맞닿아 있는 섬이다. 알래스카 주 페리는 1년에 단 세 번 이곳을 운항하는데 뱃길로 7일이 걸렸다. 유일한 비행기는 일반인이 도저히 감당할 수 없을 만큼 비쌌고 일주일에 두 번밖에 운행하지 않았다. 모든 식료품은 우편으로 주문하고 배송 받아야 했다.

비키는 특히 갓난아기 때문에라도 유날라스카가 끔찍하게 느껴졌다. 그러나 남편의 마음은 단호했다. 남편은 거의 즉각 새 임지로 떠나버렸고 비키는 발데스에 혼자 남아 스위티를 돌보고 이사를 준비하면서 처음으로 결혼이 얼마나 자아의 개념을 송두리째 뿌리 뽑는가를 실감했다. 비키는 이미 자신의 직장, 친구, 가족, 집을 버려야 했다. 이제는 자신의 독립과 이동의 자유마저도 사라질 참이었다.

충실한 아내인 그녀는 아기를 데리고 출발했고 베링 해에 있는 새집에 도착하는 데 꼬박 2주가 걸렸다. 그 땅은 상상했던 것보다 더욱 혹독하고 불길한 느낌을 주는 곳이었다. 바위투성이에 척박하고 얽히고설킨 낡은 산길이 전부였다. 2차 세계대전 이후 버려진 거대한 군사보급창이 있었던 곳이라 섬에는 낡은 활주로와 무너져 내린 선착장들이 있었고 여기저기에 녹슨 대포며 병기들이 방치되어 있었다. 그녀는 새 삶을 향해 차를 몰면서 저 지평선 너머 가시철조망이 줄지어 늘어서 있는 것을 볼 수 있었다. 분명히 아름다움도 있다는 것을 부인할 수는 없었다. 울부짖는 바람 속에 절벽을 향해 사납게 부딪쳐오는 파도를 내려다보고 서 있노라면 정말로 지구의 끝에 서 있는 듯했다. 사람들이 그런 곳에 서 볼 수 있는 기회가 과연 몇 번이나 되겠는가? 그러나 그 섬에 아름다운 고독이 있다 한들 그래도 그것은 고독이다. 그리고 고립감이었다. 가시철조망 때문에라도 유날라스카는 바다 한가운데 위치한 감옥 같았다.

그해 겨울에 비키는 유산을 했다. 실제 하루에 몇 시간밖에 해가 나지 않는 말 그대로 어두운 시절이었다. 그녀의 결혼은 수년에 걸쳐 와

해되고 있었고, 기나긴 땅거미 속에서 얼어붙은 나뭇가지처럼 부러지고 꺾여나가는 것 같았다. 알코올중독자와 결혼 생활을 하고 있을 당시 나는 우리 집이 관이라고 생각했다. 나는 매일 남편의 무시와 방치 속에 묻혀 있었다. 그러나 내게는 가까이에 친구와 가족이 있었다. 필요하면 달려가 위안을 받을 곳이 있었다. 비키 클루버에게는 온 세상이 관이었다. 둘러봐도 의지할 곳이 아무 데도 없었다. 하느님에게 무슨 계시라도 보내달라고 기도했으나 울부짖는 바람 소리밖에 되돌아오는 것이 없었을 때 그녀는 신앙심마저 잃었다. 드디어 긴 겨울이 끝났을 때 비키는 나를 비롯한 많은 여성들이 고뇌 끝에 내리는 어려운 결정을 했다. 남편에게 떠나겠다고 말했던 것이다. 한 달 후 알래스카 페리선이 도착했을 때 비키는 딸과 소지품 몇 가지만을 챙겨 앵커리지로 돌아왔다.

작은 마을에서 자란 것이 주는 장점이 있다. 이 세상에 공짜란 없다는 것을 일찍 깨우친다는 것이다. 오히려 내가 통제할 수 없는 것들에 의해 빼앗기는 것이 인생이다. 홍수, 가뭄, 폭풍, 환경오염, 혹은 어망을 한 번 잘못 던져도 나쁜 일들이 일어난다. 따라서 나쁜 일들에 대해 걱정할 필요는 없다. 물론 상처를 받는다. 그러나 앞을 보고 나아가야 한다. 우리는 돈, 행복, 안정에 대한 어떠한 권리도 없고 그것이 인생의 법칙임을 알고 있다. 만일 그것들을 원한다면 애써 노력해서 획득해야 하는 것이다.

앵커리지로 돌아온 비키도 가족의 행복을 위해 혼신의 힘을 다해 일했다. 그녀는 결혼 전에 일했던 모기지 사업 쪽에서 다시 출발하여 커리어를 쌓기 시작했다. 때는 1980년대 초반이었고, 금리가 곤두박질치자 알래스카에는 새로 융자를 받아 이전의 융자를 갚는 재융자의 바람이 불었다. 비키는 일주일에 70시간을 일했고 퇴근 후에도 집에서 일을 계속했다. 비키의 여성 상사는 걸핏하면 화를 잘 내는 단점이 있었지만, 이 업계에서 가장 성공했고 이 사업을 깊이 알고 있는 사람이었다. 비키는 상사의 성질을 무시하고 일을 배우는 데 집중했다. 그녀는 일반 사무직에서 출발하여 신속하게 대출 담당자로 승진했고, 1년도 안 되어 전국 최고 수준을 자랑하는 알래스카 주택 당국의 여러 제도들을 속속들이 알게 되었다. 단순히 본인의 자립이라는 꿈을 실현한 것뿐만 아니라, 다른 사람들이 꿈을 이룰 수 있도록 도와주는 입장이 된 것이다.

하지만 결코 쉬운 일은 아니었다. 특히 그녀가 초창기에 받은 수당은 기본 생활비도 안 되는 수준이었다. 안전한 차를 살 돈도 없었고, 딸에게 밥을 먹이기 위해 자신은 굶기도 했다. 스위티와 가능한 많은 시간을 보내고 싶었지만, 많은 경우에 딸의 잠자리를 봐주며 뺨에 키스한 뒤 "엄마가 많이 사랑한다, 스위티. 잘 자라"라고 말할 정도의 시간밖에 나지 않았다. 자신의 건강도 돌보려고 했다. 비키는 건강한 체질이었다. 그러나 점점 더 심한 감정의 기복을 겪었고 어두운 생각과 만성적인 피로에 시달렸다.

나는 스트레스야말로 건강을 해치는 가장 큰 요인이라고 믿고 있다. 개인적인 경험으로 싱글 맘이 되는 것만큼 큰 스트레스는 없다고 생각한다. 그러나 스트레스 자체가 건강을 해치지는 않는다. 이미 기저에 있던 문제를 악화시키는 것이다. 아마 우리 세대 여성들은 대부분 남자인 의사들에게 우리가 겪는 소화불량, 부종, 두통, 기억력 감퇴, 근육 피로가 결코 단순한 신경성이 아니라고 항변해야 했던 경험이 있을 것이다. 그냥 마음을 편히 가지세요. 의사들은 우리에게 이렇게 말한다. 걱정 마세요. 그냥 좀 부었네요. 신경안정제나 드시죠. 비키는 자신의 건강에 근본적인 문제가 있다는 것을 알고 있었다. 그래서 포기하는 대신 여러 시간을 도서관에서 보내며(그때는 인터넷 이전의 시절이었다) 자신의 몸 상태에 대해 연구했다. 수년간 책을 읽고, 연구하고, 매일 자신이 섭취한 음식과 신체 증상을 상세히 일지로 기록하던 중, 여성 호르몬의 불균형을 연구하는 의사가 런던에 있다는 사실을 알게 되었다. 그 의사의 제자 중 한 사람이 앵커리지 병원에서 일하고 있다고 해서 비키는 진료 약속을 잡았다. 젊은 여자 의사는 비키의 일지를 살펴보고, 다양한 호르몬 측정 검사를 실시했다. 의사는 비키의 건강 문제는 절대 신경성이 아니라고 했다. 유산 이후, 그녀의 신체는 더 이상 호르몬을 충분히 생산해내지 못하게 된 것이다. 의사가 권한 것은 어느 유명한 남자 의사가 시행하고 있던 대용량의 호르몬 투약 치료였다. 이 치료는 영국에서는 실시되고 있었지만 미국에서는 아직 식약청의 허가를 받지 못한 상태였다.

비키는 의사의 제안을 받아들였다. 오늘날까지도 비키는 동의서에 서명했던 것을 생생히 기억하고 있다. 몇 년 동안이나 고통 받다가 자신의 상태를 의사가 진지하게 다루어준다는 것만으로도 크게 만족하여 어떠한 서류라도 서명했을 것이다. 이 치료는 보험 처리가 안 되기 때문에 그녀는 빚을 얻어 치료를 시작했다.

다행히도 치료는 효과가 있었다. 석 달 동안은. 어느 날 비키는 복부에 날카로운 통증을 느끼기 시작했다. 곧이어 그녀는 자궁 종양 진단을 받았다. 너무 큰 충격이라 겁이 나서 질문을 하거나 다른 의사의 견해를 물어보지도 못했다. 며칠 후 스물일곱 살의 나이에 비키는 수술대에 올랐고 자궁을 적출했다.

그것은 커다란 타격이었지만 또 다른 측면에서 자유를 가져다주었다. 봄이 되자 수술에도 불구하고 비키 클루버는 오랜만에 건강이 나아지고 신체의 균형이 돌아오는 것을 느꼈다. 증상들도 완화되었다. 더 중요한 것은 생의 목적의식과 미래에 대한 비전을 되찾았다는 것이다. 비키는 어려운 결정을 했고 비싼 대가를 치렀지만 살아남았다. 비키는 이제 자신의 일에서도 성공할 수 있다는 자신감이 생겼고 엄마로서도 성공할 것을 믿었다. 인생이 기회를 준다면 그녀는 준비가 되어 있었다.

또 한 가지 단계가 남아 있었다. 비키는 모기지 대출 일을 즐겼지만 좋지 않은 작업환경에서 일하고 싶은 생각은 없었다. 또한 더 이상 딸을 앵커리지에서 키우고 싶지 않았다. 스위티에게 자신과 같은 어린 시절을 선사해주고 싶었다. 긴밀한 공동체와 강인한 여성들, 바다의 아름다움과 힘이 함께하는 유년기를 만들어주고 싶었다. 회사가 새 지사를 개설한다는 이야기를 듣고 비키는 매니저 급으로 전근을 신청했다. 회사 측은 그녀에게 코디액과 케치칸 가운데 선택하도록 했다.

비키는 어디로 가야 할지 알고 있었다. 고향으로 돌아가야 했다.

*

비키가 수술하기 직전인 1986년 여름에 비키와 스위티는 고양이를 키울 수 있는 앵커리지의 아파트로 이사를 했다. 유날라스카에 살 때에는 주로 쥐를 잡기 위해 밖에 사는 고양이가 있었다(쥐들은 배의 선체에 숨어들어 그 척박한 땅에 정착했는데 숫자도 많고 몸집도 매우 컸다). 아마 그래서 스위티가 더욱더 고양이를 원했는지도 모른다. 비키는 (쥐도 좋아하지 않았지만) 고양이를 좋아해본 적이 없었기에 그리 열성적이지 않았다. 그러나 그 시점에서는 딸을 위해서라면 무엇이든 해주고 싶었다. 비키가 11월에 크리스마스 캣을 선택했을 때 그녀는 아직 회복 중이었다. 크리스마스이브에 CC를 변기에서 구조했을 때, 비키는 육체적으로나 정서적으로 아직 온전치가 않은 상태였다.

그렇다면 비키의 삶의 여정과 CC의 극적인 구조가 전혀 연관이 없다고 말하기는 어렵지 않나 생각된다. 사람들은 사랑이 운과 타이밍에 달려 있다고 말하곤 한다. 상대가(혹은 고양이가) 적절한 타이밍에 나타난다면 짠- 하고 당신의 인생이 변한다는 것이다. 많은 사람들은 듀이와 나의 관계도 그렇다고 생각했다. 즉, 듀이에 대한 사랑이 상황에 의해 조성되었다는 것이다. 왜냐하면 나는 새로 부임한 도서관 관장이었고 자신을 증명해 보여야 했기 때문이다. 나는 실제 도서관을 보다 많은 사람들이 찾고 싶은 곳으로 만드는 데 주력했고 몇 달 동안 그런 목표를 향해 일하고 있었다.

그러다가 듀이가 하늘에서 뚝 떨어지듯 나타났고, 나는 즉시 듀이가 도서관 분위기를 바꿀 수 있겠다고 생각했다. 듀이는 사람을 따랐다. 자신감 있고, 외향적이었다. 듀이의 관심을 싫어하는 사람들이 있어도, 듀이는 모든 사람들을 포용하려고 했다. 듀이는 다정하고 통찰력이 있었으며 스펜서 공공 도서관을 위해 몸과 마음을 바쳐 헌신했다. 듀이는, 어떻게 보면 내 영혼의 보다 나은 반쪽이었는지도 모른다. 듀이는 단순히 나뿐만이 아니라 마을 전체에 영감을 주었고 귀감이 되었다.

어쩌면 비키 클루버와 CC에게도 그런 일이 일어났는지 모른다. 어쩌면 비키는 고양이에게서 자신을 보았는지도 모른다. 모험을 좋아하고 독립적이며 굳건한 의지의 소유자. CC가 비극적 사고를 당하고 살아났을 때? 그때도 자기 자신을 보았는지 모른다. 실제 자신의 육체가 반란을 일으킨다는 것은 정말 힘든 일이기 때문이다. 자신의 길을 잃고, 목표를 망각하고, 자신의 가장 큰 자산(신뢰와 모험심) 때문에 가장 큰 실패를 경험한다는 것은 결코 쉬운 일이 아니다. 그러나 크리스마스 캣은 포기하지 않았다. 기력을 되찾자마자 CC는 네 발로 딛고 일어나 다시 세상으로 몸을 내던졌다. 이러한 태도, 성공을 향한 굳센 의지 때문에 비키가 CC를 높이 평가했는지도 모르겠다. 활달한 성격보다도, 부드러운 털과 장난기 어린 황금빛 눈보다도, 비키는 이 작은 검정고양이가 자신과 같은 영혼의 소유자라고 생각했던 것이다. 정확히 이런 단어를 쓰지는 않았지만 비키는 내게 여러 번 같은 의미의 말을 했었다.

물론 코디액의 새로운 삶에 CC가 잘 어울리는 것도 도움이 되었을 것이다. 비키는 알래스카에서는 자급자족하는 삶이 매우 중요한 개념이라고 했다. 이는 연안에 붙어있는 많은 작은 마을들의 소박한 삶의 방식을 뜻하며 그곳에서 생존하기 위한 불굴의 용기를 의미하는 개념이다. 자급자족의 삶이란 가장 순수하게는 모든 것을 자연으로부터 얻고 자신의 손으로 생산해낸다는 뜻이다. 이는 코디액과 다른 알래스카 바위섬들의 원주민들이 여러 세대를 내려오며 간직했던 삶의 방식이다. 그것은 비키의 증조부 안톤 라슨이 이젠 자신의 이름이 붙여진 섬에 정착할 당시부터 살아왔던 방식이다. 그리고 이제는 1964년 해일의 재앙이 있은 후 그의 딸, 비키의 할머니 로라가 선택한 삶이기도 했다.

비키가 그녀의 할머니처럼 산 것은 아니지만, 고향으로 돌아갔을 때 확실히 보다 단순하고 소박한 삶의 방식을 선택했다. 비키는 숲 속에 있는 작은 집을 임대했다. 모기지 회사를 혼자 운영하며, 직원을 채용하기 전에 기초를 튼튼히 닦기 위해 열심히 일했다. 또한 어머니의 도움을 받아 딸 스위티에게도 어린이다운 유년기를 보낼 수 있게 해주었다. 요즘 부모들처럼 아이를 과보호하거나 과도한 일정을 잡지 않았다 (할머니 집에는 비키 집에 없는 텔레비전이 있어 스위티가 매우 좋아했다). 스위티는 숲 속에서 긴 산책도 즐기고, 바위투성이 코디액 해변에서 보물찾기 게임도 할 수 있었다.

크리스마스 캣도 스위티와 마찬가지로 뒷마당 울타리를 넘어 펼쳐지는 광활한 숲을 탐험하는 것을 매우 즐겼다. CC는 덤불에서 들쥐며 거미들을 찾아내 선물로 집으로 가져오거나 장난감으로 가지고 놀았다. 스위티와 함께 나무를 기어오르기도 했고 비키와 스위티가 등산을 가면 두 사람이 숲 속 깊이 사라질 때까지 수백 미터씩 따라오기도 했다. 알래스카는 엄청난 규모와 고독감이 사람을 압도하는 곳이다. 알래스카 주는 텍사스보다 두 배나 넓은데 인구는 70만 명도 채 되지 않는다 (이는 켄터키 주 루이빌과 같은 숫자이며 오하이오 주 콜럼버스의 절반도 안 되는 수이다). 비키는 강이 흐르는 계곡 위로 우뚝 솟아오른 산과 끝없이 펼쳐지는 하늘, 높이 날아오르는 거대한 독수리들이 있는 코디액을 사랑했다. 숲이 자신을 에워싸는 듯한 느낌도 좋았고 마을의 친근한 가게들도 마음에 들었다.

비키와 스위티는 해변으로 산책을 갈 때마다 바다의 힘에 매료되곤 했다. 조수 웅덩이 근처에 붙어 있는 달팽이들과 바위에 각인된 자국들, 또 파도가 쓸려나가면서 홍합 무리와 어망이 드러나서 마치 바닷가에 멋진 식탁이 차려진 듯한 모습도 아름다웠다. 연어 떼가 돌아오면 비키와 스위티는 며칠씩 낚시를 갔다. 비키는 모든 낚시를 즐기는 편이었지만, 연어는 순순히 끌려오는 법이 없었기 때문에 연어낚시를 가장 좋아했다. 그리고 가장 흐뭇한 순간은 고기를 낚았을 때 딸의 얼굴에 번지는 미소를 볼 때였다.

1년 뒤에 얼마간 돈을 모은 비키는 마을 안에 금방 쓰러질 것 같은 집을 사들였다. 지붕은 새고 벽은 눈에 띄게 기울었지만 비키의 소유였고, 그로 인해 자신이 뿌리내렸고 온전해졌다고 느끼게 되었다. 그 집에서 맞은 첫 겨울에는 파이프가 동파되어 지하실에 물이 찼다. 그로부터 며칠 후 폭풍이 들이치면서 지붕 위로 나무 세 그루가 쓰러지는 바람에 비키와 스위티는 1년 내내 비만 왔다 하면 지붕이 새는 곳마다 냄비와 프라이팬을 부지런히 가져다 받쳐야 했다. 돈이 생길 때마다 비키는 조금씩 집을 고쳐나갔고, 문제가 생겨도 결코 겁내지 않았다. 사실 크리스마스 캣도 빗물 받은 냄비에서 물을 마시는 것을 즐겼고 새집 계단을 오르내리며 뛰어놀기에 여념이 없었다. 스위티만 불편하지 않으면, 비키는 할머니와 마찬가지로 자신의 능력 안에서 얼마든지 행복하게 생존할 자신이 있었다.

새로운 집, 새로운 숲, 혹은 주인이 며칠씩 집을 비우는 상황이 생겨도 CC는 개의치 않았다. CC는 나약한 고양이가 아니었다. 자신의 인생이 있었고, 취미 생활이 있었으며, 아직까지 액체나 벌레 정도밖에 먹을 수 없는 식사 문제를 제외하고는 스스로 잘 지낼 수 있는 고양이였다. 비키는 평소 CC가 무엇을 하고 다니는지 거의 모를 때가 많았다. CC가 비록 지하실 바닥 밑 공간에서 귀뚜라미를 잡으러 다니고 있다 해도 나름대로 멋진 스타일로 해내리라고 생각했다. 해변가 산책에서 돌아오거나 혹은 나른한 토요일 오후에 밖을 내다보면 CC가 자신이 가장 좋아하는 마당 끝 높이 2미터의 울타리 기둥에 올라앉아 옆집 개들을 약 올리고 있는 모습을 보곤 했다. 개들은 열심히 짖으며 CC를 잡아보려고 하지만, CC는 숲 쪽으로 먼산바라기를 하다가 간혹 무시하는 시선으로 개를 내려다보았다. CC는 개들이 절대 자기를 잡을 수 없다는 것을 알고 있었다.

이렇게 독립적인 성격임에도 CC는 언제나 충성스러웠다. 비키가 사무실에서 돌아오면, 곧바로 CC는 부엌 창틀에 모습을 드러냈다. 보통 CC의 검정색 털은 나무 진액이 묻어 있거나 구멍을 기어 다니느라 먼지투성이였다. 비키가 문을 열고 타월로 닦아주려 하면 CC는 언제나 쏜살같이 집 안으로 뛰어들어 집 안 구석구석에 더러운 발자국을 남기곤 했다.

그러나 CC는 비키에게 몸을 비비지는 않았다. 비키는 전문직 여성으로서의 자신의 이미지 관리를 철저히 했기 때문에 의상에 많은 돈을 투자했다. CC는 비키의 비즈니스 정장에 고양이 털이 묻어서는 안 되고 더욱이 진흙 묻은 발자국은 절대 금물이라는 것을 잘 알고 있었다. 그래서 비키가 스웨터와 청바지로 갈아입을 때까지 기다린 다음 앞발을 들고 뒷발로 서서 안아주기를 기다렸다. 비키가 안아주면 CC는 마치 그녀의 얼굴을 고정시키려는 듯 앞발로 그녀의 볼을 가볍게 감싸고 눈을 맞추었다.

"CC야, 안녕." 비키는 고양이에게 이렇게 속삭인다. "어떻게 지냈니?"

CC는 자신의 볼을 비키의 턱에 갖다 대고는 앞으로 몸을 숙여 그녀의 목에 코를 비볐다. 비키가 고양이를 어깨에 걸쳐놓으면 CC는 그녀의 목에 기대 가르랑 소리를 냈는데, 둘은 매일 밤 처음 만난 5분을 이렇게 보냈다. CC는 평소 무릎에 잘 올라오는 성격이 아니었지만, 비키가 스위티를 임신했을 때 구입한 흔들의자에 앉아 부르면 CC는 쏜살같이 달려와 비키의 무릎 위에 몸을 동그랗게 말았다. 기나긴 겨울밤, 스위티가 잠든 후 장작 화로 옆 흔들의자에 앉아 비키는 책을 읽고 CC는 가볍게 가르랑거리며 잠이 들었다.

"CC의 무조건적인 사랑이 있었기 때문이에요."

왜 둘의 관계가 특별했는지 묻자 비키가 이렇게 대답했다.

"CC는 항상 옆에 있어주었죠. 그리고 늘 내 말을 잘 들었답니다."

그러다가 비키는 테드라는 남자와 데이트를 하기 시작했다(그의 진짜 이름은 아니다). 테드는 잘생기고 매력적이어서 솔직히 그의 관심을 받는 것이 즐거웠다. 누군가 자신을 원한다는 특별한 느낌도 좋았을 것이다. 그녀의 친구들은 테드를 미심쩍어했고 테드와 스위티의 관계도 썩 좋은 편은 아니었지만 비키는 별로 걱정하지 않았다. CC도 남자 친구를 싫어했지만 비키는 꿈쩍하지 않았다. 나중에야 비키는 이 고양이의 본능을 신뢰하게 되었다. 만약 CC가 남자를 좋아하지 않거나 반대로 남자가 고양이를 싫어해도 사절이었다. 하지만 당시에는 잘 몰랐기 때문에, 비키는 CC의 그러한 태도가 질투 때문이라고 생각했었다. 비키는 테드와 3년 동안 사귀었다. 누군가가 자기를 원하고 있다는 기분을 느끼게 해주었던 남자. 이제 그 남자는 비키에게 더 많은 것을 요구하기 시작했다.

몇 달이 지나자 테드는 비키의 우편물을 뜯어보고 수첩의 약속 일정을 훔쳐보기 시작했지만 비키는 여전히 그를 두둔했다. 그러다 비키가 사업 미팅을 하고 있는 레스토랑에 나타나기 시작하자 테드와 헤어졌다. 두 번씩이나. 하지만 테드는 매번 용서를 빌며, 그녀를 너무 사랑하기 때문에 안전이 걱정되어 그랬다면서 이제는 자신의 잘못을 깨달았으니 다시는 그런 일이 없을 거라고 애원했다. 비키는 테드가 언어적인 폭력을 휘두르기 전까지는 자기 인생의 통제권을 잃어가고 있다는 사실을 깨닫지 못했다. 그러나 그것을 깨달았을 땐 이미 너무 늦어 있었다.

"남녀 관계가 잘못되면 깔때기 속에 빠진 꼴이 되지요." 비키는 이렇게 설명했다. "미끄러져 들어가긴 쉽지만 다시 기어 나오긴 쉽지 않습니다. 언제나 사람을 끌어내리거든요. 내가 독립하려 하면 할수록 그 사람은 저를 더 꽉 쥐려고 했지요."

겉으로 보기에 비키는 성공 가도를 달리고 있었다. 그녀의 모기지 회사는 크게 성공하여 직원도 늘었고, 알래스카 주에서 가장 높은 생산성을 자랑하는 회사가 되어가고 있었다. 자신의 유년기가 좋은 추억보다 나쁜 추억이 더 많았기에 비키는 고향으로 돌아가는 것에 대한 약간의 두려움이 있었다. 그러나 스위티는 할머니와 너무 친해져서 오후 내내 할머니와 붙어 있으려 했기 때문에 비키는 사무실에서 늦게까지 근무해도 딸 걱정을 하지 않아도 되었고, 스위티는 엄마의 과거와의 연결고리를 찾았다. 비키는 수요일에는 볼링을 하고, 소프트볼 팀에도 가입했다. 또 2년간 꾸준히 수리한 끝에, 벽이 기울고 천장도 새던 집은 그녀의 드림 하우스가 되기 직전이었다. 그러나 이러한 굳건한 토대에도 불구하고 그녀의 애정운은 불안하기만 했다.

"나는 백만 달러짜리 사업도 해낼 수 있어." 비키가 하루의 피로를 풀려고 욕조에 몸을 담그고 있을 때 크리스마스 캣이 욕조 가장자리로 뛰어오르면 이렇게 털어놓곤 했다. "그런데 도대체 연애는 왜 이 모양일까. 내가 문제가 있는 걸까?"

크리스마스 캣이 비키의 냄새를 맡으려고 몸을 쭉 뺄 때 보면 항상 구석진 곳을 돌아다닌 바람에 CC의 새카만 털 코트에는 뿌연 먼지가 잔뜩 묻어 있었다.

"너도 물속으로 들어올래?"

CC는 그냥 비키를 쳐다보았다. 욕조로 들어오지는 않았지만 CC는 물을 그리 두려워하지 않았다.

"그냥 네 맘대로 하렴."

비키는 웃으며 여기저기 멍든 자신의 팔을 애써 보지 않으려고 눈을 감았고, 테드에 대한 근심은 고양이의 부드러운 가르랑 소리에 실려 날아가버리는 것 같았다.

그러다 4월에 비키의 남동생이 자살을 했다. 우리 오빠도 자살을 했기 때문에 나는 그 고통이 어떠한지 잘 알고 있다. 사랑하는 누군가를 갑자기 잃게 되는 그 참담함. 계속 따라다니며 괴롭히는 끔찍한 기억들. 내 경우에는 오빠의 자살 후, 오빠의 아파트에 갔을 때 핏자국을 보았던 기억이다. 내가 무엇인가 더 할 수 있었을 텐데, 내가 막을 수도 있었을 텐데, 라는 끊임없는 자책이 뒤따른다. 오빠가 죽기 10년 전, 나는 오빠가 한밤중에 영하의 기온인데 코트도 걸치지 않고 6킬로미터를 걸어와 내 방문을 두드렸던 일을 지금까지도 기억하고 있다. "나한테 무슨 문제가 있나 봐, 비키. 엄마 아빠한테는 절대 알리지 마." 나는 당시 열아홉 살이었다. 나는 누구에게도 알리지 않았다. 그것이 너무도 후회스럽다.

동생 자니의 자살 후, 비키 클루버는 몇 달 동안 안개 속을 헤매는 느낌으로 보냈다. 그 여름에 대한 기억은 아무것도 없었고, 하루 20시간 이상 해가 떠 있었음에도 끔찍한 암흑이었다고만 생각되었다. 남동생이 죽었을 때 스위티와 비키는 하와이에서 난생처음 제대로 된 휴가를 즐기고 있었다. 자니는 전화를 해서 사랑한다고, 잘 살아야 한다고 말했다. 자신은 수천 킬로미터나 떨어진 곳에 있었기에 비키는 불길한 예감이 들었지만 어쩔 수가 없었다. 몇 시간 후 자니는 스스로 목숨을 끊었다.

슬픔의 무게가 천근만근처럼 짓눌렀다. 비키는 비탄에 빠져 허우적댔다. 스위티나 어머니를 위로할 방법도 없었다. 스위티는 외삼촌 자니를 사랑했다. 가죽 재킷을 입고 모터사이클을 타는 멋진 외삼촌이었다. 스위티는 외삼촌의 죽음을 상상할 수가 없었다. 비키의 어머니 또한 자식을 잃은 슬픔을 감당하지 못했다. 어머니는 언제나 그렇듯 비키에게 의지했다. 나도 항상 강한 모습을 보여야만 하는 착한 딸의 의무에 익숙하다. 오빠의 자살 후 집에 도착하자마자 어머니가 내게 건넨 첫마디가 "너는 울면 안 된다. 왜냐하면 네가 울면 나도 울기 시작할 거고, 그렇게 되면 결코 멈출 수가 없을 것 같다"는 말이었다.

그래서 비키 클루버는 언제나 그랬던 것처럼 강해야 했다. 그 끔찍한 여름, 작은 코디액 마을에서는 네 건의 자살이 더 일어나 뒤숭숭했지만, 그녀는 딸과 어머니를 위해 견디어 냈다. 그래서 비키는 자신이 의지할 수 있는 다른 것을 찾았다. 일, 친구들, 심지어 테드까지. 그리고 특히 자신의 고양이에게 의지했다.

그러다 8월에 크리스마스 캣이 사라졌다. 사라진 지 사흘째 되던 날 비키는 자기 집 울타리에서 그리 멀지 않은 무성한 덤불 속에 엉망이 된 채 누워 있는 CC의 시체를 발견했다. 비키는 즉시 무슨 일이 있었는지 알 수 있었다. CC는 언제나처럼 자신이 가장 좋아하는 울타리 기둥 위에 올라앉아 옆집 개를 놀려주고 있다가 독수리의 공격을 받았던 것이다. 코디액 섬의 대머리독수리는 날개를 펴면 그 길이가 2.4미터에 달한다. 이 거대한 새에게 바다에서 5킬로그램짜리 생선을 잡아채거나 4킬로그램의 고양이를 울타리에서 낚아채는 것은 일도 아니다. 비키는 자신이 무엇을 찾는지도 모르고 끝없는 텅 빈 하늘을 올려다보았다. 그 옛날 크리스마스이브의 CC의 모습이 떠올랐다. 콜록이며 물을 뱉던 모습, 또 용감하게 상자를 넘으려고 몸을 날렸던 모습들. 그녀는 비키 클루버, 강인하고 독립적인 비즈니스 우먼이었다. 그녀는 울지 않는다. 특히 고양이 때문에 울 수는 없다. 그러나 그녀는 이제 울고 있었다. 가슴 깊숙한 곳에서 올라오는 울음이었기에 다음 날 몸이 아플 정도였다.

고양이 한 마리 때문에 이렇게 우는 것이 지나치다고 생각할지도 모르지만, 진정으로 동물과 깊은 교감을 가져보았다면 당신도 그 슬픔을 이해할 것이다. 그녀는 또 하나의 가족을 잃은 것이다. 그녀에게 위안을 주던 친구를 잃은 것이다. 이제 비키는 어떻게 해야 한단 말인가?

슬퍼하는 그녀를 보고 테드는 비키에게 새 고양이를 안겨주었다. 비키는 새도가 테드의 사무실 밖에서 발견되었다고 했고, 그렇게 정당화하고 싶었는지도 모른다. 그러나 CC와 마찬가지로 테드를 한 번도 좋아해본 적이 없는 스위티는 테드가 술집 근처에서 발견한 고양이라고 했다. 어디서 왔건 문제는 CC가 죽은 지 한 달밖에 되지 않은 상태여서 비키는 다른 고양이를 입양할 마음의 준비가 되어 있지 않았다. 어떠한 고양이든, 어디서 발견된 고양이든 마찬가지였다. 믿을지 모르지만 아직도 비키의 일부는 고양이의 개념 자체를 좋아하지 않았다. 게다가 CC를 그냥 대체한다는 것은 그녀에게는 절대로 용납할 수 없는 일이었다. 그러나 비키는 자신의 삶에 다시 끼어들기 위해 테드가 미끼로 던진 이 선물을 받아들였다. 거부하기엔 그녀는 너무나 지쳐 있었고 외로웠다.

몇 달 후 다시 정신을 차렸을 때 그녀는 자신이 그 작은 암고양이를 상당히 좋아하게 되었다는 사실에 놀라워했다. 새도는 모험을 좋아하고 장난기 어린 눈빛이 CC와 닮은 점이 많았기에, 새도를 보고 있으면 왜 CC를 사랑했는지 생각나곤 했다. 그러나 새도도 개성이 있는 고양이였다. CC와 달리 새도는 야외 생활에 별 관심이 없었다. 새도에게는 CC와 같은 차분한 기품은 없었다. 또 원래 비키는 자신이 보스 노릇 하는 것을 좋아하는데 솔직히 말해 비키 마음대로 하지도 못했다. 대신에 새도는 정신이 쏙 빠지게 달리고 뛰어오르고 벽에 부딪히는 왕성한 활력으로 언제나 비키의 기분을 밝게 해주었다. 새도는 항상 옆에 있었지만 절대 발아래에 대기하는 고양이가 아니었다. 녀석은 무릎 위에 앉기보다 술래잡기 게임을 더 좋아했다. 아직도 비즈니스 정장에 털을 묻히는 것은 금기였기에 비키가 캐주얼을 입으면 섀도는 몰래 다가가 비키의 발꿈치를 살짝 건드리곤 냅다 뛰기 시작했다. 보통 비키는 섀도를 붙잡아 꼬리를 잡아당기거나 배를 간질이고는 다시 섀도가 자기를 잡으러 올 수 있게 도망을 가곤 했다. 때로 섀도는 전력 질주해서 계단 위로 도망을 갔다. 위층에는 숨을 곳이 너무나 많아서 비키는 절대로 섀도를 찾지 못했다. 섀도는 한 시간씩도 끄떡없이 숨어 있었다. 그리곤 축하의 포옹을 받으러 춤을 추듯 숨었던 곳에서 뛰어나왔다. 바보 같은 게임이었는지 모르지만 비키는 즐거워했다. 자신이 웃을 수 있었기 때문이다.

처음엔 크리스마스 캣이 그녀의 마음을 움직였고…… 이제 섀도마저? 비키는 이렇게 생각했다. 아마 나도 미친 고양이 아줌마가 되었는지도 몰라.

돌이켜 볼 때 그다음의 상황 전개는 불가피한 것이었다. 테드는 점점 더 비키를 통제하려 들고 가학적이 되어갔다. 결국 비키는 용기를 내어 테드와의 관계를 완전히 종결시켰다. 처음에는 테드도 이를 받아들이는 듯했으나 곧 과도하게 술을 마시기 시작했다. 그러고는 그녀의 퇴근 시간 즈음 비키의 사무실에 나타나기 시작했다. 사업상의 점심 약속 장소에서도 테드가 자신을 지켜보는 것을 보았다. 비키의 소프트볼 구장에도 나타나고, 일주일에 한 번 있는 볼링 게임이 끝날 무렵에도 불쑥 나타났다. 비키가 다시 사귈 마음이 없다는 것을 확실히 하자, 이러한 괴롭힘은 공공연한 협박이 되었다. 결국 비키는 법원에 접근금지 명령을 신청했다. 그녀의 신청은 부결되었다. 결국 어느 날 친구들과 레스토랑에서 저녁 식사를 하고 있을 때 테드가 나타나 억지로 비키를 끌고 나가는 것을 열 명이 넘는 증인들이 보게 되었다. 다음 날 바로 접근금지명령이 내려졌다.

테드는 상당 기간 나타나지 않았다. 모기지 사업도 잘되고, 보급선들도 바삐 오갔으며 산에는 얼음이 얼고 곰들은 동면에 들어갔다. 코디액 연안에는 여전히 조수 웅덩이에 파도가 밀려와 부딪쳤다. 비키는 스위티, 섀도와 함께 안정을 되찾고 느긋하고 평화로운 긴 겨울밤들을 기대하고 있었다. 그러던 어느 날 퇴근해서 집으로 돌아왔을 때, 앞문이 열려 있는 것을 발견했다. 비키는 집 안을 뒤져보았다. 테드가 사주었던 재킷이 옷장에서 없어졌다. 비키는 자물쇠를 바꿨다. 그러나 테드가 예전에 선물했던 물건들이 하루에 한 가지씩 없어지기 시작했다.

크리스마스 직전에 비키와 스위티는 차도 타고, 배도 타고 마지막엔 걸어서 라슨 섬에 있는 로라 할머니의 오두막으로 놀러 갔다. 로라 할머니는 암 진단을 받았지만 할머니를 좀먹고 있던 병마는 깊이 숨어 있었나 보다. 그날 할머니는 예전처럼 활력에 넘쳤다. 빵도 굽고 차도 내오며 지난 30년간 겨울이면 그러했듯이 난로에 장작을 넣었다. 할머니는 자신의 유일한 소원은 이제껏 살아온 그대로 라슨 섬에서 죽는 것이라고 했다. 비키가 테드와 겪고 있는 문제에 대해 털어놓자 할머니는 고개를 저으며 이렇게 말했다. "사랑이 눈멀게 하는 건 아닐지 몰라도 사팔눈이 되는 것만은 확실해."

그러고는 비키와 마찬가지로 남자 문제로 고민하고 있던 비키의 사촌 이야기를 듣더니 두 사람에게 이렇게 말했다. "너희들은 남자가 필요한 것이 아니야. 남자를 원할 수는 있겠지만 결코 필요하지는 않단다. 꼭 기억해라."

할머니와 이틀간 지낸 다음 크리스마스이브에 느지막이 집에 돌아왔을 때 할머니로부터 얻은 지혜와 에너지로 비키는 다시 활력을 찾은 듯했다. 행복한 마음으로 이미 잠들어버린 아홉 살짜리 딸을 침대에 눕혔다. 딸의 방 불을 끄면서, 정확히 6년 전 스위티가 크리스마스 캣 때문에 잠을 자지 않고 깨어 있던 날이 생각나 혼자 빙그레 웃었다. 고양이를 혼자 둘 순 없잖아요, 엄마. 죽더라도 혼자 둘 수는 없어요. 딸아이는 이렇게 말했었지. 훈훈한 추억을 떠올리며 아래층으로 내려왔을 때 응접실에 테드가 서 있었다.

"당신은 내 인생을 망쳐놨어. 이제 내가 당신 인생을 망칠 거야. 이 집을 불태우고 당신도 이 집에서 불타 죽었으면 좋겠어."

비키는 경찰을 불렀다. 접근금지명령을 내리도록 도와주었던 주립 경찰이 전화를 받았다. 경찰이 도착했을 때 테드는 이미 사라진 뒤였다.

"그런 타입은 뻔합니다." 경찰이 말했다. "그 사람의 전적도 알고 있어요. 유감입니다만 앞으로 상황이 더 나빠질 겁니다."

두 달 동안 그 경찰은 하루에 두 번씩 매번 방문 경로와 시간을 달리하며 비키의 집을 순찰해주었다. 4월경 시냇가의 얼음이 녹기 시작할 무렵 경찰은 비키와 마주 앉았다. 그에 따르면 테드가 비키의 동네에 거의 매일 나타난다는 것이다.

"이 사람은 열쇠를 딸 줄 압니다. 아무리 자물쇠를 바꾼다 하더라도 따고 들어올 수 있습니다. 접근금지명령이라는 것은 이 집에 누가 함께 있지 않으면 아무런 의미가 없습니다."

경찰은 거기서 말을 멈추었다. 비키는 그의 다음 말을 영원히 잊을 수가 없다.

"혹시 총 가지고 계신가요?"

"네."

"사용법을 아세요?"

"네."

"쏠 수 있겠어요?"

비키는 멍하니 경찰을 바라보았다. 자신의 심장박동이 갑자기 빨라지는 것을 느꼈다.

"그게 무슨 말씀이지요?"

"그 사람은 위험합니다."

"저보고 제 인생의 2년을 함께한 사람을 총으로 쏘라는 겁니까?"

"만일 그 남자가 다시 이 집에 침입했을 때, 당신이 총을 들고 있다면 그 사람을 죽일 각오로 총을 쏘아야 합니다."

그날 밤 비키는 권총을 베개 밑에 두고 잠들었다. 섀도는 비키 옆에서, 스위티는 복도 건넛방에서 잠을 잤다. 다음 날 밤이 되자 그녀는 현실을 직시할 수밖에 없었다. 비키는 사람을 죽이기 위해 총을 쏠 수는 없었던 것이다.

비키는 앵커리지에 있는 자신의 상관에게 전화를 했다. "정말 저도 이러긴 싫지만 직장을 옮겨야 되겠습니다." 비키는 상관에게 그 이유를 설명했다. 두 사람은 여러 가지 대안을 놓고 고려해보다가, 몇 주 후 그녀가 와실라로 직장을 옮길 수 있도록 조치해주었다. 사람들이 자주 오해하는데 와실라는 코디액처럼 사람의 왕래가 별로 없는 작은 마을이 아니고 앵커리지 바로 옆에 있는 큰 베드타운이었다. 회사는 계속 손해를 보고 있는 와실라 지사를 폐쇄할 계획이었다. 비키가 새 매니저로 부임을 하면 이 지사를 1년 내에 살려내야 한다는 조건이었다.

비키는 와실라에 아파트를 계약하고 짐을 싸기 시작했다. 당장 떠나고 싶었지만 고객들에게 설명도 해야 되고, 마무리해야 할 일도 있었다. 집도 팔고, 가족과 친구들에게 작별도 고하고, 딸이 생활할 수 있도록 준비도 해야 했다. 이사를 닷새 앞두고 한밤중에 스위티가 비명을 지르며 잠에서 깼다.

"섀도가 이상해요, 엄마."

비키가 딸의 방에 뛰어 들어가자 스위티가 말했다.

섀도는 스위티의 베개 위에 옆으로 누워 가쁜 숨을 쉬고 있었다. 섀도의 털과 베개 위에 피가 묻어 있었다. 처음 테드가 섀도를 데리고 왔을 때 어떠한 연유에서였는지 비키는 섀도가 불임 수술을 하고 왔다고 생각했었다. 나중에 수의사에게 데려갔을 때는 이미 새끼를 밴 후였다. 그리고 지난 몇 달 동안 절박하고 악몽 같은 나날을 보내느라 그 사실을 까맣게 잊고 있었던 것이다. 이제 섀도는 딸의 베개 위에서 새끼를 낳고 있었다.

"괜찮아, 새끼가 나오려고 그래, 스위티. 섀도한테 아기가 생기는 거야."

포장용 박스를 가지고 와서 박스 안에 담요를 깔고 그 위에 조심스럽게 섀도를 눕힌 다음 비어 있는 옷장으로 들고 갔다. 비키와 스위티는 베개를 들고 조용히 섀도의 박스 옆에 같이 누웠다. 섀도의 새끼 중 한 마리의 양막이 터지지 않자 양막을 찢는 것을 함께 도와주었다. 그들의 삶은 복잡하고 혼란스러웠지만, 아침이 되었을 때 바닥에서 꼬물

227

거리는 다섯 마리의 새 생명을 보며 두 사람은 새로운 출발을 하는 것처럼 뿌듯했다.

며칠 후 비키는 앵커리지로 가면서, 스위티를 코디액의 어머니에게 맡기고 섀도와 새끼 고양이들만 데려갔다. 새 아파트는 보지도 않고 계약을 한 터라 가구도 없고 스위티를 데려올 준비도 되어 있지 않았다. 사실 자신이 정말 와실라에서 살고 싶은지도 알 수 없었다. 최소한 지금으로서는 스위티가 코디액에 있는 것이 더 낫다고 생각했다. 하지만 섀도는? 다른 사람에게 새끼 고양이를 돌봐달라고 믿고 맡길 수가 없었다.

아파트는 정말 끔찍했다. 카펫은 더럽고 방충망도 없는 창문에 난로는 고장이고 벽에는 구멍이 나 있었다. 옷 가방 하나만 들고 왔기 때문에 음식을 먹을 수 있는 접시나 물을 마실 컵조차 없었다. 코디액에서 출발하는 페리가 보수를 위해 결항했기 때문에, 섀도와 새끼 고양이들을 캐리어에 실어 좌석 밑에 넣고 비행기를 타야 했다. 아직 자동차가 없었기 때문에 와실라 시내를 돌아다닐 수도 없었다(고양이 다섯 마리와 비키는 이사가 끝나기 전까지 스위티를 보러 코디액까지 네 번이나 비행기를 타고 왕복했다. 비키는 고양이도 항공 마일리지를 주면 더욱 편히 갈 수 있었을 거라고 농담하곤 했다). 사무실로 출근을 해보니 이 지사가 살아남기 위해서는 직원의 반을 정리해고하고 나머지 직원들과 함께 노력하는 방법밖에 없다는 걸 깨달았다. 그날 오후에는 알래스카의 여름 폭풍이 심하게 불어닥쳐 온 세상이 캄캄해졌다. 비키는 저녁도 못 먹고 빈 아파트에 홀로 앉아 빗소리를 듣고 있었다. 코디액의 집이 그리웠다. 자신이 구입해 직접 수리해가면서 만들어 놓은 가족의 보금자리가 그리웠다. 직장도 그립고 사람들도 그리웠다. 무엇보다도 딸이 몹시 보고 싶었다.

하늘이 찢어지는 듯한 천둥이 치고 우박이 섞인 비가 창문을 때렸다. 여행 가방은 방 모퉁이에 세워두었고 두 벌의 비즈니스 정장은 고양이들이 닿지 않게 옷장에 걸어두었다. 비키는 옆에 누워 있는 섀도를 쓰다듬어주었다. 섀도의 새끼 고양이들은 더러운 카펫 위를 아장아장 걸어 다니다 서로 걸려 넘어지거나 어미젖을 빨고 있었다. 제일 작은 녀석은 검정과 오렌지색 얼룩이었지만 나머지는 모두 섀도나 크리스마스캣처럼 완전한 검정색이었다. 비키가 가까이 있는 새끼 한 마리에게 손가락을 내밀자 새끼는 발랑 드러누우며 손가락 냄새를 맡았다. 새끼 고양이의 앞발은 섬세하고 부드러워 마치 종이 티슈 같았다. 비키는 울기 시작했다. 뺨 위로 눈물이 흐를 때까지 그녀도 자신이 울고 있는지도 몰랐다.

어떻게 똑같은 실수를 두 번이나 할 수 있을까? 어떻게 또 남자가 자신의 인생을 좌지우지하게 내버려두었을까? 자라는 동안 아버지도 자신을 힘들게 했었는데, 그녀는 반복적으로 같은 실수를 저지르고 있었다. 처음엔 남편. 이제 테드마저. 비키는 강하고 독립적이고 똑똑하며 성실하고 성공한 여성이었으나, 남자 문제 때문에 아는 사람 하나 없는 도시에, 가구 한 점 없는 우중충한 아파트 마룻바닥에 주저앉아 있게 되었다. 어떻게 이렇게 바보 같을 수가 있을까? 어떻게 내가 이렇게…… 나약할 수 있을까? 다시 비가 창을 두드렸다. 비키는 훌쩍이며 눈물을 닦았다. 새끼 고양이들은 전혀 이런 상황을 감지 못하고 행복하고 즐거운 듯, 마룻바닥에서 레슬링을 하고 있었다. 섀도는 졸려서 반쯤 감긴 눈으로 비키를 쳐다본 후 다시 새끼들에게 시선을 돌렸다.

무슨 이유에선지 그 행동 때문에 비키는 미소를 지었다. 그리고 자신이 미소를 지었기 때문에 웃기 시작했다. 그녀는 한평생 자칭 고양이 혐오자요, 고양이에게 무관심하다고 주장하며 살아왔는데, 자신의 인생을 바꾸는 800킬로미터의 장정에 딸이 아니라 고양이들을 데려온 것이다. 스위티 대신 빈 아파트 마룻바닥에 고양이와 그 새끼들과 함께하고 있는 것이다. 그것도 그냥 고양이가 아니라 스토커가 자신을 유혹하려고 미끼로 이용했던 고양이였다. 그녀 인생에서 배신을 상징하는 고양이. 그럼에도 불구하고 사랑하게 된 고양이와 함께 있는 것이다.

어떤 사람들은 고양이를 사랑하게 되는 건 상황적인 이유 때문이라고 한다. 예쁜 고양이, 절묘한 타이밍, 감동적인 스토리 때문이라는 것이다. 우리의 열망을 투사하기 때문이고, 어떤 위기에 봉착해서 필요가 생겼기 때문에 사랑한다고들 말한다. 하지만 그것은 사실이 아니다. 비키가 처음에 사랑했던 크리스마스 캣의 경우에도 그렇다. 듀이의 경우도 내 커리어를 띄우는 데 도움이 되었기 때문이 아니라, 순하면서도 장난스런 고집도 있고 변치 않고 사람을 사랑하는 성격을 가졌기에 좋아하게 된 것이다. 게다가 비키의 인생에, 좋지 않은 타이밍에, 옳지 않은 이유로 등장하게 된 섀도의 경우엔 더욱 그렇다.

필요 때문에 고양이를 사랑하게 되는 것이 아니다. 어떠한 상징이거나 자기 자신을 투사하기 때문에 사랑하는 것도 아니다. 복잡하고 미묘한 인간의 사랑과 마찬가지로, 고양이도 살아 있는 생명체이기 때문에 그 개체를 사랑하게 되는 것이다. 고양이들은 나름의 성격이 있고 개성이 있고 장점과 단점을 가지고 있다. 그중 자신과 궁합이 잘 맞는 고양이들이 있게 마련이고 이들은 인생의 가장 어둡고 힘든 순간에도 웃을 수 있게 해준다. 그래서 우리는 그 녀석들을 사랑한다. 이유는 이렇게 단순한 것이다.

어른이 된 이후에 비키는 한 번도 고양이를 키우고 싶었던 적이 없었다. 그녀는 이혼녀에 싱글 맘이 된 마당에 고양이 아줌마까지 되고 싶지는 않았다. 그러나 고양이들을 돌보기 위해 딸을 남겨두고 오고, 빈 아파트에 혼자 앉아 고양이들이 하는 짓을 보고 웃고 있는 자신을 보면…… 그녀는 그 고양이 아줌마가 된 것이 분명하다.

그래도 괜찮았다. 그녀는 패배한 것이 아니다. 폭풍우가 창문을 요란하게 두드리던 날, 어두운 아파트에 홀로 앉아 가녀리게 울고 있는 고양이들을 보며 비키는 자신은 해낼 수 있다고 생각했다. 뺨 위로 흐르는 눈물을 훔치며 그녀의 마음에는 조금의 의심도 없었다. 이 더러운 아파트에서 나갈 것이며, 사무실로 가서 가능한 한 최소한의 인원을 해고시키고, 나머지 직원들과 힘을 합해 그들을 성공으로 이끌 것이다. 여름이 끝나고 모든 것이 정리가 되었을 때 스위티를 와실라로 데려와 자랑스러운 싱글 맘으로 딸을 키울 것이다. 세상에 공짜는 없다. 비키 클루버는 항상 알고 있었다. 살아가면서 물질적인 것들은 얼마든지 빼앗길 수 있다는 것을 여러 번 경험했다. 물질적인 것은 중요하지 않다. 중요한 것은 당신의 신념, 당신의 존엄성, 성공하고자 하는 의지, 사랑할 수 있는 능력이다. 이것들은 당신이 포기를 선택할 때까지 당신의 것이다.

다음 날 비키는 보다 나은 아파트를 찾았다. 두 명의 직원을 해고했지만 네 명은 유지할 수 있었다. 5개월 이내에 와실라 지사는 수익을 내기 시작했다. 18개월 후 그녀는 많은 동료들이 지켜보는 가운데 올해의 인물상을 수상했다. 18년이라는 세월이 지난 지금도, 비록 우리 사이에는 3,200킬로미터의 거리가 존재하지만, 나는 비키가 그 영예를 위해 얼마나 열심히 일했는지, 그것이 얼마나 긴 여정이었는지 잘 알고 있기에 그녀에게 뜨거운 박수를 보낸다.

*

그 후 3년은 비키의 사업 경력의 정점이 되었다. 스위티는 처음에는 이사를 꺼렸지만 곧 와실라에서 평생 친구를 두 명 얻었고 와실라를 사랑하게 되었다. 테드가 몇 번 전화를 걸어왔지만 비키는 그를 무시했다. 이제 테드는 그녀를 건드릴 수 없다. 감정적으로도 완전히 해방되었고, 결국 그도 연락을 끊었다. 새도의 새끼 중 두 마리, 제일 허약했던 검정과 오렌지색 얼룩이와 엄마를 닮은 짙은 검정색 고양이는 비키가 키웠다. 그리고 새도가 아홉 살에 암으로 세상을 떠났을 때, 로스코와 애비는 비키의 곁을 지켰다. 그때까지 비키는 여러 마리 고양이를 키웠는데 대부분 아주 까만 고양이였고, 크리스마스 캣과는 달랐지만 한 마리 한 마리를 모두 사랑했다. 코디액을 떠난 지 10년이 지난 후 비키는 악연의 고리를 끊고 드디어 좋은 사람을 만나 결혼을 했다. 그녀의 고양이와 스위티가 사랑하는 사람, 그리고 반대로 고양이들과 스위티를 사랑해주는 사람을 만난 것이다.

"제발 저를 무슨 희생자나 가난에 찌든 사람으로 묘사하지 말아주세요." 우리가 첫 대화를 나눈 후 비키가 내게 부탁을 했다. "물론 힘든 시간들도 많았지만 누구나 살면서 겪는 일 아닐까요? 제가 일하면서 만난 사람들을 생각해보면 내 인생은 식은 죽 먹기가 아니었나 싶어요."

식은 죽 먹기였다고? 절대 아니다. 잘 살아온 성공한 인생일까? 절대적으로 그렇다. 자신이 22년 동안 헌신했던 모기지 대출 사업의 관행이 더 이상 마음에 들지 않아 2005년도에 은퇴했을 때, 비키 클루버는 이 분야에 있어 알래스카에서 가장 성공한 여성이 되었다. 그녀는 장애우들이 저렴한 융자를 받을 수 있는 프로그램을 공동 개발하여 알래스카 전체에 시행했다. 또한 여러 개의 지사들을 맡아 전례 없는 성공적인 실적을 내기도 했다. 또 많은 후배 여성 모기지 전문가들을 양성해냈다. 그녀는 자신이 하는 일을 통해 수많은 가정이 내 집 마련의 꿈을 실현할 수 있게 되었다고 자부하고 있다.

이제 비키는 앵커리지의 또 다른 베드타운인 알래스카 파머에서 남편과 함께 살고 있다. 비키는 행복하다. 자신이 항상 원하던 결혼, 서로에게 상처를 주는 관계가 아니라 힘을 주는 결혼 생활을 하고 있다. 이제는 자신이 원하는 만큼 코디액에서 시간을 보낼 수 있는 자유로움도 생겼다. 짠맛이 느껴지는 공기, 어촌의 생기 있는 맥박, 이른 아침 먼바다로 출항하는 선박들의 모습은 여전히 그녀에게 활력과 영감을 주고 있다. 딸 에이드리아나는 3,000킬로미터 떨어진 미네소타에 살고 있지만 모녀는 자주 통화를 한다. 스위티가 10대였을 때는 모녀 관계가 삐걱거린 적도 있었지만, 지금은 세상에 둘도 없는 제일 좋은 친구이다.

그녀의 인생에는 여러 마리의 동물이 있었다. 고양이를 싫어한다면서도 열한 마리나 키웠고, 개도 두 마리를 키웠다. 크리스마스 캣이 언제나 그러했던 것처럼 이 반려동물들은 비키가 필요로 할 때 항상 그녀 곁을 지켜주었다. 최소한 2006년까지는 그러했다. 그해에 섀도의 새끼였던 로스코와 애비가 한 달 간격으로 열여섯 살의 나이로 세상을 떠났다. 9개월 후, 어릴 때 자동차에 치여 심각한 부상을 입은 후 비키가 간호해서 살려낸 강아지 코코가 평생 비키에게 헌신하다 열두 살의 나이로 세상을 떠났다.

25년 전 물속에서 CC를 구조한 이후 처음으로 비키 옆에는 어떠한 동물도 남아 있지 않았다. 딸은 멀리 미네소타에 살고 남편은 자주 장기 출장을 떠났기 때문에 허전하기는 했지만 이제는 스스로 견딜 수 있었다. 어쩌면 호젓함을 즐길 수도 있을 것 같았다. 그러다가 연로하신 어머니를 돌보기 위해 코디액에 갔을 때 한 친구가 최근에 주인들이 모두 세상을 떠난 나이 든 개 한 마리를 소개해주었다. 사람을 잘 따르고 활기찬 보더 콜리 잡종인 밴딧은 이제 매일 그녀의 침대에서 잔다. 가슴에 손을 얹고 생각해보아도 이보다 더 개를 사랑할 순 없을 거라고 생각한다.

그럼에도 불구하고 어두운 알래스카의 밤이 찾아오면, 비키는 길고 추운 밤을 견디기 위해 장작 난로에 불을 붙인 후 러시안 티 한 잔을 들고 흔들의자에 앉아, 밴딧을 옆에 앉히고 책을 읽는 남편을 바라보며, 크리스마스 캣의 추억을 떠올리곤 한다. CC의 윤기 나는 검정색 털, 장난기 어린 눈빛, 뒷마당 울타리를 넘어 숲 속 깊이 사라지던 모습 하며, 그녀에게 달려와 뺨을 부여잡고 자신의 머리를 그녀의 턱에 비비던 그 모습. 아마도 누구나 첫사랑은 영원히 잊지 못하는 법인가 보다. 특히 자신이 신봉하는 모든 가치가 그의 성격에 녹아 있는 대상이라면,

가족을 제외하고 과거에 겪었던 모든 사랑의 경험이 힘들고 어려울 때 당신에게 사랑하는 법을 가르쳐준 대상이라면, 그리고 특히 조용한 크리스마스이브에 당신이 생명을 구해준 첫사랑이라면 말이다.

Dewey's Nine Lives
{6}

20년을 헌신한 고양이, 쿠키

저는 어느 누구에게도
우리 쿠키한테만큼 사랑받았던 적이 없습니다.
딸이나 부모님보다도 더 저를 사랑해주었습니다.

— 린다

Cookie & Lynda

린다는 쿠키의 귀여운 얼굴과 추레한 배와 털이
거의 다 빠진 다리를 내려다보며 울기 시작했다.
쿠키는 상처받은 채로 우리에 갇혀 있었다.
매일 열 명도 넘는 사람들이 쿠키 앞을 지나갔었다.
그 모든 사람들 중에서 쿠키는 린다를 선택했다.
그 선택의 순간, 쿠키는 자신의 삶을 린다에게
바치기로 한 것 같았다. 린다는 그 이유를 절대 이해할 수 없었다.
과연 그녀가 이러한 신뢰를 얻을 만한 일을 한 적이 있었던가?
자신이 이렇게 열렬하고 진실한 사랑을
받을 만한 가치가 있는 사람일까?

*
*

　　이것은 뉴욕 시의 이야기이다. 아마도 아이오와 주 스펜서로부터 이
보다 더 먼 이야기는 없을 거라고 생각할지도 모르겠다. 그러나 사실은
그렇지 않다. 어떻게 보면 바로 우리 이웃 동네 이야기이다. 왜냐하면
이제까지 당신이 들어왔던 뉴욕 시의 이야기가 아니기 때문이다. 뉴욕
하면 사람들은 유명 인사들, 높은 물가, 거만한 금융 재벌이 사는 곳,

Life 6..　　　　　20년을 헌신한 고양이, 쿠키

화려한 브로드웨이의 네온사인들이 번쩍이는 곳을 연상할 것이다. 물론 타임 스퀘어에 서서 그 반짝이는 네온사인들을 구경하는 것은 정말 특별한 경험임을 인정하지 않을 수 없다. 뉴욕의 그랜드 센트럴 역으로 걸어 들어가 위층 난간에 서서 천장을 올려다보면 밤하늘에 빛나는 별들이 그려진 천장화 또한 너무나 환상적이다. 그랜드 센트럴 역을 나와서 메트 라이프 빌딩 근처에 서 있을 때 내 친구가 나를 돌아보며 이렇게 말했다.

"있잖아, 나는 뉴욕 오기 전에는 12층보다 더 높은 빌딩을 본 적이 없어."

나도 그 빌딩을 올려다보았다. 우리 머리 위로 쏟아질 듯 높이 솟은 빌딩은 하늘보다도 더 커 보였다. 뉴욕 시만큼 사람을 왜소하게 만들거나, 혹은 거대하고 환상적이며 멋진 그 무엇의 일부가 된 듯한 기분을 느끼게 해주는 곳도 없을 것이다.

그러나 그것은 뉴욕 시가 아니라 맨해튼일 뿐이다. 뉴욕 시는 800만 명이 모여 사는 곳이고 그중 단 20퍼센트만이 맨해튼에 살고 있다. 이 이야기는 맨해튼이 아닌 다른 뉴욕에 관한 것이다. 이 스토리의 뉴욕 시는 다리를 건너, 브루클린과 퀸즈 강가를 지나, 라과르디아 공항도 지나고, 야구장과 1964년 월드 페어가 열렸던 공원도 지나, 지하철 종착역도 지나야 있는 곳이다. 이 이야기는 롱아일랜드 사운드 근처에 있는 베이사이드라는 중산층 동네의 이야기이다. 이 동네는 자동차가 끊이지 않고 지나다니며, 베란다와 작은 앞마당이 있긴 하지만 한 블록에 주택 30여 채가 빽빽이 들어서 있는 곳이다. 이런 곳은 아마도 고양이가 창가에 몸을 말고 있고 따뜻하게 햇살이 쏟아지는 방에 도서관 사서가 세 들어 살 것 같은 그런 동네이다. 이 뉴욕 이야기를 위해서는 베이사이드가 완벽한 장소인 것이다.

혹은 이야기를 시작하기에 완벽한 장소일지도 모른다. 왜냐하면 린다 카이라의 외할아버지와 외할머니가 20세기 초 이탈리아에서 미국으로 이민을 와 처음 정착한 곳이 바로 베이사이드였기 때문이다. 1927년에 외조부모는 주로 농사를 짓고 사는 이 동네에 작은 땅을 사서 집을 지었다. 그 당시 퀸즈 베이사이드에는 사람이 그리 많이 살지 않았는데 카이라 집 식탁에는 방문하는 사람이면 누구든 대환영이었다. 미 공공사업 진흥국이 그들의 땅 바로 옆에 롱아일랜드 고속도로를 건설하기 시작하자, 린다의 외할머니는 고속도로 노동자들에게 매일 아침 무료로 커피를 대접하기 시작했다. 결국 그렇게 무료로 제공하는 따뜻한 아침 식사의 대가로 얻은 팁으로 집과 땅값을 갚을 수 있었다. 고속도로가 완공이 되자, 할머니는 새벽 4시에 집에 불이 켜진 것을 보고 문을 두드리는 트럭 기사들에게 아침을 지어주기 시작했다. 린다가 태어났던 1950년대에 이르러서도 집에는 항상 트럭 기사들이 식사의 대가로 놓고 간 옥수수와 양파 자루가 그득했었다. 린다가 아침 식사를 하러 아래층으로 내려가보면 식탁에는 항상 낯선 사람이 한두 명씩 앉아 있곤 했다. 찾아오는 사람을 내치지 못하는 외할머니의 성격 때문이었다.

뉴욕 시가 베이사이드를 필지로 구획을 나누기 시작했을 때 외할머니는(남편이 일찍 세상을 떠나자 혼자 가게를 꾸려왔다) 고속도로 출구 가까이에 네 개의 필지를 확보했다. 린다는 그 집을 '농장'이라고 불렀는데, 수백 그루의 토마토를 심기도 했고 채소를 키우는 텃밭과 포도

덩굴로 덮인 정자도 있고, 복숭아, 사과, 무화과나무가 우거진 작은 과수원도 있었다. 린다의 가족은 외할머니와 함께 1층에 살았고, 외할머니는 와인과 토마토 소스를 직접 만들 뿐만 아니라 여전히 새벽 4시에 일어나 요리를 하셨다. 린다의 이모와 외삼촌들은 위층에 살고 있었다. 다른 친척들도 자주 방문하곤 했는데, 이탈리아에 사는 어떤 친척들은 한번 방문해서는 5년씩 눌러 살기도 했다. 외할머니는 그들 모두를 위해 꼭두새벽에 일어나 요리를 하셨다. 린다의 아버지 쪽 조부모들 역시 이탈리아 이민자 출신으로서 가까운 곳에 살고 있었다. 다른 친척들도 가까운 이웃에 흩어져 살았다. 베이사이드는 젊은 부부들이 모여들기 시작하여 뒷마당에선 늘 바비큐 냄새가 나고, 거리는 뛰노는 아이들로 북적였다. 이웃들은 서로를 챙겨주었고, 가게 주인들은 꼬마 손님들의 이름을 모두 알고 있었다. 그러나 린다 카이라에게 베이사이드에서 가장 기억나는 것들은 푸짐한 이탈리아식 식사, 하얀 드레스를 입었던 첫 영성체식, 해마다 8월이면 온 가족이 토마토 통조림을 함께 만들던 일 같은 다양한 가족 행사였다.

열네 살이 되자 린다는 길 아래쪽에 있던 게르츠 백화점에서 일하기 시작했다. 고등학교를 졸업한 후 그녀는 의료 기사 자격증을 땄다. 결혼한 후에는 할머니 집을 떠나 불과 1.6킬로미터 떨어진 베이하우스의 벨 불바르 가에 있는 자그마한 방 네 개짜리 아파트로 이사 가서 동네 소아과에 취직을 했다. 결혼한 지 2년째에 린다는 딸을 낳아 제니퍼라는 이름을 지어주었는데, 1970년대 당시 가장 인기 있었던 여자아이 이름이었다.

결혼한 지 7년째 되던 해에 린다 카이라는 이혼을 했다. 이혼은 옳은 결정이었고 자신의 결정을 절대 후회하지 않았다. 부모님은 이혼 소식에 크게 충격을 받았지만 당시 80대였던 할머니는 이렇게 잘라 말씀하셨다. "너에게 이혼이 꼭 필요한 것이라면 나도 지지해주마." 할머니의 축복으로 린다의 '죄'는 용서받았고 시간이 흐르자 부모님도 마음을 풀었다. 이혼에도 불구하고 두 명의 친한 친구도 남길 수 있었다. 바로 이혼 때도 그녀 편을 들어주었던 시어머니와 시누이였다.

그러나 당시 린다의 다섯 살짜리 딸에게는 이혼이 결코 쉬웠을 리가 없었다. 이혼으로 인해 자신의 삶이 바뀐다는 것은 알았지만 그 이유를 이해하기에 제니퍼는 너무 어렸다. 린다의 이웃은 이혼 때문에 힘들어하는 제니퍼를 위해 고양이를 입양하면 어떻겠냐고 제안했다. 그 이웃은 빵집에서 일했는데 빵집 고양이가 그때 막 새끼를 낳았던 것이다. 보건법에 위배됨에도 불구하고 뉴욕 시 주택가의 작은 빵집들은 쥐를 쫓기 위해 고양이를 키우곤 했다. 그런데 새끼 고양이들 중 가장 약한 새끼를 어미 고양이가 돌보지 않는다는 것이다. 입양할 집을 찾을 수 없다면 새끼 고양이는 죽을 운명이었다.

"그러죠. 저희가 키워볼게요."

린다는 이웃에게 말했다.

다음 날 이웃은 아주 자그마한 잿빛 먼지 덩어리 같은 새끼 고양이 한 마리를 안고 나타났다. 그 암고양이는 테니스공만 한 크기로 털만 수북한 채 작은 귀와 커다란 초록색 눈을 갖고 있었다. 동그랗게 뜬 눈으로 낯선 방을 둘러보며 두려움에 몸을 떨기까지 했다. 어떻게 이런 새끼를 버릴 수 있을까? 린다는 이해할 수가 없었다. 어떻게 어미 고양이가 자기 자식을 죽게 버려둘 수 있을까?

그들은 새끼 고양이를 입양하기로 했다. 제니퍼는 몹시 기뻐하며 암고양이에게 스너글즈라는 이름을 붙여주었다. 새끼 고양이는 아직 젖을 떼기에는 너무 어렸기 때문에 린다와 제니퍼는 하루에도 몇 번씩 아기 분유를 젖병에 타서 먹였다. 새끼 고양이가 조금 더 컸을 때는 숟가락으로 이유식이나 부드러운 음식을 먹였다. 제니퍼는 새끼 고양이에게 모든 관심을 집중시켰다. 어쩌면 너무나 지나치게 관심을 보였는지도 모르겠다. 다섯 살밖에 되지 않았기 때문에 새끼 고양이를 마구 만지기도 했다. 스너글즈는 린다와 제니퍼의 집에 발을 들여놓은 순간부터 따뜻한 사랑과 보살핌을 받고 자랐다.

그러나 스너글즈는 애정을 돌려주지 않았다. 나쁜 고양이는 아니었지만 녀석은 뭐라고 할까…… 이름과는 전혀 딴판이었다(스너글즈는 품을 파고들고 안기고 싶어 한다는 의미이다: 옮긴이). 어떤 사람들은 고양이에 대한 선입견을 갖고 있다. 고양이가 냉담하고 거만하고 자기중심적이고 혼자 있는 것을 좋아한다는 것이다. 불행히도 스너글즈는 사람들의 이런 선입견에 딱 들어맞는 고양이였다. 스너글즈는 못된 고양이는 아니었다. 사람을 할퀴거나 하악거리는 소리를 내지도 않았다. 다만 사교적인 성격이 아니었을 뿐이다. 함께 노는 것도, 누가 만지는 것도 원하지 않았다. 린다나 제니퍼와도 별 정서적인 교감이 없었다. 솔직히 린다와 제니퍼가 집에 있든 없든 크게 신경 쓰지 않았다. 스너글즈는 자기만의 공간을 좋아했다.

제니퍼는 크게 실망했다. 어른이라면 고양이가 햇살 바른 창가에 꼼짝 않고 앉아 밖을 바라보는 모습을 보고 그 기품에(그리고 그 조용함에) 감탄할 수도 있다. 그러나 세상에 어떤 어린이가 그런 고양이를 좋아하겠는가?

"엄마, 동물 고아원에 가고 싶어요!"

제니퍼가 엄마를 졸랐다.

"가는 것은 좋지만 동물을 데려올 순 없어. 우리에겐 이미 스너글즈가 있잖아."

린다가 딸에게 다짐했다.

제니퍼는 입을 꼭 다물고 머리를 굴렸다. 떼를 쓰면 유리할까? 그리곤 이렇게 말했다.

"오케이, 오케이, 오케이, 엄마. 절대로 데려오자고 안 할게요."

동물 고아원이라는 것은 전국에서 가장 규모가 큰 동물보호소로 안락사를 시키지 않는 노스쇼 동물보호연맹을 말한다. 뉴욕 롱아일랜드 서쪽의 포트 워싱턴에 위치한 이 동물보호소는 베이사이드의 카이라의 집에서 불과 10킬로미터 정도 떨어진 곳에 있었다. 1년에 서너 번씩 린다와 제니퍼는 동물보호소로 아기 고양이들을 구경하러 가곤 했다. 매번 린다는 너무나 귀엽고 장난기 많고 활력이 넘치는 새끼 고양이들을 한 시간가량 구경하고는 절대 입양은 하지 않고 제니퍼를 데리고 나오는 데 성공했었다.

1990년 8월 31일까지는 성공인 듯했다. 퀸즈 교외의 평범한 여름날이었다. 여느 때처럼 모녀는 '동물 고아원'을 방문하러 갔다. 제니퍼는 그해 여름 열두 살이 되었으므로 두 사람은 7년 동안이나 노스쇼 동물보호연맹을 방문하면서 불쌍한 유기 동물들의 애처로운 눈망울과 핑크빛 콧등, 귀여운 손짓에도 불구하고 굳세게 입양을 피해왔다. 그러나 이번에는…… 새끼 한 마리가 야옹 소리를 내며 울었다.

두 사람이 문을 열고 들어가자마자 우는 소리가 들렸다. 단순히 우는 것이 아니었다. 새끼 고양이는 우리 쇠창살 밖으로 앞발을 쭉 내밀고 자신을 보아달라며 소리치고 있었다. 암고양이는 회색 바탕에 검정색 호랑이 줄무늬가 있고, 얼굴은 거의 하얗고, 박쥐처럼 큰 귀를 갖고 있어 얼굴이 더욱 작아 보였다. 고양이는 말할 수 없이 귀여웠다. 너무 귀여웠기 때문에 린다는 애써 못 본 척하려 했다. 그러나 제니퍼는 이미 사로잡힌 후였다.

"엄마, 애 좀 보세요."

제니퍼가 말했다.

린다는 다른 새끼 고양이들과 놀아주기 위해 우리에 손가락을 집어넣으며 계속 걸어 다녔다.

"엄마, 제발 이리 와서 애 좀 봐주세요." 제니퍼가 애원했다. "엄마, 제발요, 얘가 소리치고 있잖아요. 저한테 진짜 안아달라고 하는 거예요."

린다는 뒤돌아 커다란 우리에서 빠져나오려고 필사적으로 버둥거리는 가녀리고 작은 새끼 고양이를 바라보았다. 우리 앞에 있는 카드에는 이렇게 적혀 있었다. 쿠키. 암컷. 국내 단모종.

"좋아요."

린다는 마지못해 자원봉사자에게 말했다.

"꺼내주세요. 제니퍼, 한번 안아봐라. 딱 1분만이야. 그런 다음 다시 우리에 넣어야 해."

쿠키는 그녀의 생각에 동의하지 않았다. 우리에서 나오자마자 쿠키는 제니퍼의 손에서 펄쩍 뛰어 린다의 셔츠에 매달린 후, 필사적으로 버둥거리며 린다의 목을 꼭 부둥켜안았다. 그러고는 몸을 뒤로 젖히고 커다란 초록색 눈으로 올려다보며 린다의 얼굴에 대고 소리를 질렀다. 자원봉사자가 도와주러 왔지만 새끼 고양이는 앞발로 꼭 껴안고 놓지 않으려고 버텼다. 이 녀석이 관심을 구걸하고 애원하는 것일까? 사랑을, 아니면 집을 원한다는 뜻일까? 목적이 무엇이었든 간에 새끼 고양이는 꿈쩍도 하지 않았다. 새끼 고양이는 자신이 무엇을 원하는지 확실히 알고 있었고, 그것은 바로 린다였다. 결국 0.9킬로그램의 새끼 고양이 한 마리를 떼어내는 데 두 명의 자원봉사자가 달려들어야 했다.

"제발 엄마, 우리 집에 데려가요. 꼭 집에 데려가야겠어요."

제니퍼가 애원했다.

"안 돼, 제니퍼. 데려갈 순 없단다. 스너글즈가 있잖니. 고양이를 한 마리 더 둘 순 없어."

사실 린다는 스너글즈가 그리 걱정되는 것은 아니었다. 스너글즈는 원래 무심한 성격이기에 새끼 고양이가 한 마리 더 있다 해도 별로 신경 쓰지 않을 것이다. 그러나 린다는 집이 너무 작아서 애완동물을 더 키울 수 없다고 생각했다.

린다가 고개를 돌리고 자원봉사자들에게 새끼 고양이를 우리에 다시 넣어달라고 말하려는 순간, 고양이 목에 태그가 붙은 색색의 목줄이 여러 개 걸려 있는 것이 보였다.

"왜 이런 목줄을 하고 있는 거지요?"

린다가 물어보았다.

"쿠키가 먹는 약을 표시한 겁니다."

자원봉사자는 이렇게 말하며 쿠키의 사연을 들려주었다.

쿠키는 5주째 되었을 때 자동차에 치였다. 길에 피를 흘리고 있는 채 발견되었는데, 끔찍한 고통을 겪고 있는 상태로 동물보호소에 들어와 부러진 어깨를 두 번이나 수술했다. 아직까지도 아물지 않은 어깨 통증을 위한 약을 먹어야 했다. 게다가 부상뿐 아니라 생존에 대해 가르쳐주고 보호해줄 어미 없이 거리에서 힘겹게 살아온 흔적이 역력했다. 영양실조로 잇몸에선 피가 나고 양쪽 귀에 기생충이 살고 있었으며, 소화기에도 기생충이 생겼고, 왼쪽 눈은 (이제는 많이 나았지만) 결막염으로 너무 부어서 거의 뜨지를 못했다. 이 모든 증상을 치료해야 했다. 그리고 엉덩이 부위는 찢어져 있었다. 자동차에 치였을 때 크게 다쳤는데 상처가 너무 심해서 수의사들도 완전히 상처를 닫을 수가 없었다. 하루에도 몇 번씩 소독과 붕대 처치를 해주어야 했고, 대부분의 약들이 감염을 막기 위한 것이었다. 몇 주 동안 집중 치료를 받다가 이제야 상태가 호전되어 일반 우리로 옮겨 왔고 이번에는 휑뎅그렁한 우리에 홀로 '독방 수감'이 된 것이다. 이 불쌍한 고양이는 충격과 외로움에 심한 부상까지, 삼중고를 겪고 있었다. 이제 겨우 9주밖에 안된 새끼였는데 말이다.

린다는 쿠키를 다시 보았다. 자세히 보니 무엇인가 뿌옇게 뒤덮인 눈과 어색하게 굽은 어깨가 눈에 들어왔다. 고관절 부위에는 붕대를 감진 않았지만 연고를 발라 털이 뭉쳐 있는 것이 보였다. 감염된 귀와 상처투성이인 등도 보였다. 그러나 결국 린다의 눈을 사로잡은 것은 고양이의 눈에 가득한 갈망이었다. 쿠키는 스너글즈가 아니었다. 사실 스너글즈와 정확히 반대인 고양이였다. 쿠키는 절실히 누군가의 관심과 보살핌을 바라고 있었다. 쇠창살을 통해 고양이가 앞발을 내밀었을 때 린다는 쿠키가 자신을 선택한 것이 틀림없다고 생각했다. 쿠키는 사랑해주세요, 저도 당신을 사랑할게요, 라고 말하고 있었다.

자원봉사자는 린다의 어깨에 부드럽게 손을 얹으며 이렇게 말했다.

"이 고양이가 다른 사람에게는 안 그러는데, 죄송합니다."

린다는 오늘날까지도 그렇게 믿고 있다. 쿠키가 나를 선택했다. 그러나 솔직히 나는 회의적이다. 사실 쿠키는 자신의 우리를 지나가는 어느 누구에게라도 손을 뻗었을 것이다. 오히려 나는 그날 진짜 선택을 한 사람은 상처받은 동물에게 자신의 마음을 열었던 린다가 아닌가 생각한다. 이 고양이를 도와줘야겠다. 살 수 있을지 모르지만 꼭 내가 데려가야겠다. 이렇게 생각한 것은 린다였다.

그것은 대단한 각오가 필요한 결심이었다. 쿠키는 많이 아픈 고양이였기 때문이다. 입양 서류를 작성해서 건네주자, 쿠키의 약과 쿠키보다 더 큰 붕대 상자들을 자동차에 한가득 실어주었다. 동물연맹 측에서는 쿠키의 골반에 벌어진 상처가 아물지 않거나 또 다른 큰 문제들이 해결되지 않는다면, 다시 쿠키를 동물보호소로 돌려보내고 이곳에서 (아마도 짧은) 생을 마감해야 한다고 했다. 린다는 겁먹지 않았다. 오히려 의욕이 샘솟는 것을 느꼈다. 린다는 매일 대여섯 개의 알약을 억지로라도 쿠키에게 챙겨 먹였다. 하루 두 번씩 쿠키의 상처에 연고를 발라준 다음 붕대를 감아주고 그것이 고정되도록 새끼 고양이의 작은 엉덩이에 다시 커다란 붕대를 둘둘 감았다. 그리곤 새끼 고양이를 껴안고 쓰다듬어준 후 사랑한다고 말해주었다. 몇 달 후 쿠키는 치유되었다. 더 이상 결막염도 없었고 장기의 기생충도 사라졌고 귀의 감염이나 상처도 없어졌다. 쿠키를 바라보면 애초에 자동차 사고와 여러 가지 병들이 없었던 것처럼 보일 정도였다. 쿠키는 아름다운 고양이로 거듭났다.

제니퍼는 진심으로 간절하게 쿠키가 자기의 고양이기를 바랐다. 스너글즈도 자기 고양이여야 했는데, 스너글즈는 어느 누구의 고양이도 아니었다. 쿠키가 그녀에게 두 번째 기회를 준 것이다. 매일 밤 제니퍼는 쿠키를 자기 방으로 데려가 함께 잤다. 쿠키가 도망갈 수 없도록 문까지 닫았다. 그러나 넷째 날 제니퍼가 문 닫는 것을 깜박 잊어버리자 쿠키는 잽싸게 방을 빠져나가 린다의 침대로 뛰어올라 베개에 누워버리는 것이 아닌가. 제니퍼도 쿠키를 매일 밤 붙들어 둘 수는 없었고, 제니퍼 방의 문이 열릴 때마다 쿠키는 언제나 린다의 침대로 뛰어갔다. 나는 앞에서도 말했고 다시 말하고 싶다. 당신이 부상당한 동물에게 마음을 주면 그들은 절대 그것을 잊지 않는다. 결국 린다가 쿠키에게 여벌의 베개를 내밀자 쿠키는 그 베개를 베고 평생토록 매일 밤 린다의 침대에서 잤다. 쿠키는 제니퍼의 고양이가 아니었다. 쿠키는 엄마의 고양이였다. 불쌍한 제니퍼는 두 번째 차인 것이다.

제니퍼에게 전혀 책임이 없다고 말할 수도 없다. 왜냐하면 제니퍼는 때때로 쿠키에게 인형 옷을 입혔기 때문이다. 정확히 말하면 양배추 인형 옷인데 그 옷이 가장 잘 맞았고 액세서리도 제일 화려했기 때문이다. 그 치욕의 증거가 하나 남아 있는데 사진 속의 쿠키는 소파 위에 흰 레이스가 달린 연한 파란색 셔츠를 입고 우스꽝스럽도록 작은 카우보이모자를 쓰고 앉아 있다. 쿠키의 얼굴 표정이 모든 것을 말해주고 있다. 이건 정말 굴욕적이야.

그러나 제니퍼의 잘못만은 아니다. 제니퍼도 열두 살짜리 어린아이였을 뿐이니까. 쿠키가 다소 수모를 당했는지는 모르겠지만 해를 입은 건 아니었다. 쿠키는 한 번도 불평하거나 반항하지 않았다. 옷을 입자면 옷을 입고, 티파티를 하자면 함께했던 좋은 친구였고 카우보이모자를 씌웠음에도 불구하고 제니퍼를 사랑했다. 그러나 쿠키는 린다를 숭배했다. 노스쇼 동물보호연맹에서 린다가 걸어오는 것을 보는 순간, 쿠키는 린다의 고양이였다. 보다 정확하게 말하자면 린다가 쿠키의 인간이었던 것이다. 린다가 언제나 농담으로 말하듯이, 쿠키는 누가 만만한지 딱 알아보았던 것이다.

그러나 그것이 사실이 아니라는 것을 린다도 잘 알고 있었다. 그 긴 세월 동안 듀이가 나를 이용한 것이 결코 아니듯, 쿠키도 마찬가지였다. 물론 우리가 고양이라면 껌뻑 죽는 보호자였던 것은 사실이지만 분명히 진실된 교감이 존재했다. 스너글즈와는 전혀 다른 상황이었다. '밥이나 주고 신경 꺼주세요'는 결코 아니라는 것이다. 듀이나 쿠키 같은 고양이들은 자기가 받은 만큼 애정을 돌려주었다. 둘 사이의 차이점은? 듀이는 자신이 속한 공동체에 헌신했고, 쿠키는 린다 카이라에게 모든 것을 바쳤다.

쿠키는 린다를 사랑했고 온갖 관심을 쏟았다. 곁에 있든 발치에 있든 항상 몸을 붙이고 있으려 했다. 아니, 항상 자신을 쓰다듬어 달라고 요구했다. 만일 린다가 방을 나서면 쿠키가 따라와서 다리에 몸을 비볐다. 린다의 발 위에 앉았고, 린다의 무릎 위로 뛰어올랐다. 충분히 쓰다듬어주지 않았다고 생각될 때는 자신의 머리로 린다의 팔을 밀면서 정확히 자신이 가려운 쪽으로 팔을 이끌었다. 쿠키는 린다의 가슴 위에 올라가 그녀에게 키스를 하곤 했다. 그렇다. 그건 키스였다. 몇 시간마다 한 번씩 쿠키는 몸을 쭉 빼고 어린 딸이 수줍어하며 엄마에게 굿나이트 키스를 하듯 린다의 입술에 자신의 입술을 갖다 대었다.

린다가 밖으로 나갈 때 때로는 쿠키가 함께 따라나섰다. 린다는 당연히 쿠키를 말렸지만 녀석은 영리했다. 쿠키는 문 뒤에 숨어서 기다리다가 린다가 쓰레기봉투를 내놓기 위해 밖으로 나가면 그 틈을 노려 살짝 빠져나갔다. 일단 밖으로 나가면 쿠키는 뛰었다. 린다는 쓰레기봉투를 내려놓고 멈추라고 소리를 지르며 쫓아갔다. 블록을 반쯤 가면 쿠키는 충분히 멀리 갔다고 생각하는 듯했다. 그 자리에서 멈추고 몸을 돌려 린다가 자기를 안고 갈 때까지 기다렸다. 둘은 천천히 집으로 돌아오며 쿠키는 린다에게 다시는 그런 짓을 하면 안 된다고 야단을 맞았다. 그러면 쿠키는 린다의 턱에 머리를 비비며 이렇게 말하는 듯했다. 엄마, 걱정 마세요. 저는 절대 멀리 가지 않아요.

어떤 사람에게는 너무 지나쳐 보일 수도 있다. 그러나 린다의 삶은 바빴다. 이혼한 후에 린다는 가족이 운영하는 출장요리업체를 이끌어갔다. 이 출장요리업은 주로 베이사이드의 지역사회 주민들을 대상으로 하는 사업으로, 그간 힘이 되어주었던 가족과 친구들을 돕고 또 도움을 받는 사업이었다. 그녀는 일주일에 50시간 이상 열심히 사업에 몰두했다. 그러던 어느 날 세인트 메리스 아동병원 담당자가 병원 간호사를 위한 파티에 출장요리를 후원해줄 수 있겠냐고 요청해왔다. 린다는 병원이 하는 일에 깊은 감동을 받고, 그다음 해에는 간호사를 위한 파티뿐만 아니라 병원을 위해 일인당 40달러짜리 만찬 모금 행사를 조직하고 주최했다. 첫해에 그녀는 1,200달러 이상을 모금했다. 그다음 해에는 그리 멀지 않은 퀸즈 상업지구에 위치한 드라마 촬영장을 찾아가 TV 스타의 참여를 설득해서 행사 참석자 수와 모금액을 두 배로 늘릴 수 있었다. 얼마 지나지 않아 매년 2월에 열리는 그녀의 자선행사는 5만 달러 이상을 모금하기 시작했고, 드라마 스타들이 가장 선호하는 자선행사로서 〈소프 오페라 다이제스트〉지에 실리기도 했다.

린다는 일하지 않을 때는 주로 집에서 요리, 청소 같은 집안일을 했고 이제 막 10대에 들어선 딸의 숙제를 봐주고 잠자리를 챙겨주며 딸 뒷바라지에 힘썼다. 딸과 손녀를 위해 항상 스파게티를 잔뜩 만들어다 주시는 부모님도 계셨고, 영화와 공연을 함께 보러 다니는 친구들도 있었지만 역시 린다는 대부분의 시간을 제니퍼를 위해 보냈다.

"잘 아시잖아요. 제가 했던 모든 일은 딸을 위한 것이었어요. 모든 것을 딸을 생각하며 했지요."

그녀는 내게 이렇게 말했다.

나도 알고 있다. 린다 카이라가 싱글 맘으로 살아온 자신의 이야기를 했을 때, 나는 도서관에서 일주일에 50시간씩 일했던 옛 시절을 떠올렸다. 주말마다 만나 응원해주는 친구들도 있었고 따뜻하게 감싸주는 가족도 있어 항상 든든했다. 나는 행복했다. 내 인생이 있었으니까. 그러나 사실 내 인생은 딸 조디에게 헌신한 삶이었다. 내가 일을 하는 것도 딸에게 보다 나은 삶을 선사하기 위해서였다. 도서관 관장 직에 도전하기 위해 다시 공부를 시작했을 때에도 궁극적인 목표는 딸을 대학에 보낼 수 있을 만큼의 돈을 버는 것이었다. 매 순간, 도서관에서 혼자 학기말 보고서를 쓸 때나 조디에게 지저분한 방을 치우라고 잔소리를 할 때도, 나는 언제나 딸을 생각하고 있었다.

그래서 린다가 쿠키에게 의지했다고 했을 때, 나도 듀이에게 의지했었기에 그 뜻을 이해했다. 내가 피곤하고 힘들 때면 듀이는 언제나 내 무릎 위로 뛰어 올라왔다. 과연 이런 고생을 할 가치가 있는가, 혹은 내가 올바른 선택을 한 것일까 하는 회의가 몰려올 때면 술래잡기 놀이를 해달라 조르는 듀이와 놀아주면서 우울한 기분을 떨쳐버릴 수 있었다. 매일 아침 듀이는 도서관 문 앞에서 나를 기다렸다. 내가 오는 것을 보고 듀이가 손을 흔드는 모습을 보면 순간 모든 걱정 근심도 사라지는 것 같았다. 듀이가 여기에 있다. 나에게 손을 흔드는구나. 세상은 아직 멋지다.

린다에게는 쿠키가 그런 역할을 했던 것이다. 그녀가 힘들게 일하고 돌아왔을 때에나 친구들과 저녁 시간을 보내고 돌아올 때면 쿠키는 항상 문 앞에 있는 오토만 의자에서 그녀를 기다리고 있었다. 쿠키는 강아지처럼 날마다 린다의 발꿈치를 쫓아다녔고 린다가 가방을 내려놓고 옷가지를 정리한 후 허리를 굽혀 자신을 쓰다듬어줄 때까지 따라다녔다. 린다는 쿠키를 이기지 못했다. 늘상 보면서도 언제나 쿠키의 관심을 즐거워했다. 그렇다고 해서 무심한 태도로 일관하고 있던 스너글즈와 비교하는 일도 결코 없었다. 왜냐하면 다른 고양이한테는 이런 헌신을 기대하지 않았기 때문이다. 이런 헌신은 특별한 것이고 쿠키만이 줄 수 있는 것임을 그녀는 알고 있었다.

쿠키는 건조기에서 갓 나온 따끈따끈한 세탁물을 너무 좋아했다. 린다는 매번 세탁 바구니에 쿠키가 몸을 동그랗게 말고 있는 것을 그냥 두었다. 마음이 약해 쿠키를 내쫓을 수 없었기 때문에 때로는 두 번, 세 번 다시 세탁해야만 했다(나를 처음 만났을 때는 이렇게 이야기했었다. 나중에는 고양이가 앉았다고 다시 세탁하지는 않았다고 웃으며 솔직하게 인정했다). 쿠키는 베개 커버에 대해서는 매우 까다로웠다. 린다가 베개 커버를 바꿀 때마다 쿠키는 침대 위로 뛰어올라 낮잠을 자며 테스트를 했다. 만약 새로운 베개가 마음에 들지 않으면, 쿠키는 항의를 하며 일어나 린다가 베개 커버를 바꿀 때까지 기다렸다. 린다는 쿠키가 마음에 들어 하지 않으면 언제나 바꿔주었다.

쿠키는 린다가 요리하는 동안 부엌에 있기를 좋아했다. 쿠키는 특히 린다가 오븐으로 요리를 하면 린다의 발 위에 앉는 습관이 있었다. 쿠키는 아이리시 소다빵과 호박빵을 특히 좋아해서 한 조각 먹을 때마다 쿠키에게도 몇 조각씩 바쳐야 했다. 쿠키는 브로콜리 라브를 무척 좋아했는데, 이 이탈리아 채소에는 린다의 유년기, 가족, 외할머니 집에 살 때 집에서 만든 포도주, 집에서 토마토 통조림을 직접 만들며 보낸 여름 등의 추억들이 얽혀 있었다. 브로콜리 라브는 브로콜리처럼 생긴 채소인데 섬유질이 많고 쓴맛이 강해서 미국 사람들은 잘 먹지 않는다. 심지어 많은 이탈리아계 미국인들마저도 브로콜리 라브가 이탈리아 요리의 단골 재료임에도 불구하고 그 쓴맛 때문에 싫어하는 사람이 많았다. 그런데 쿠키는 이 맛을 아주 좋아했다. 브로콜리 라브를 요리하는 냄새만 나면 얼른 부엌으로 달려와 린다의 발치에서 한 입 얻어먹을 때까지 야옹 소리를 냈다. 한 입, 두 입, 세 입. 린다는 쿠키가 조르는 대로 주었다. 그녀는 결코 외로운 것은 아니었다. 하지만 제니퍼는 점점 더 친구들과 밖에서 식사하는 횟수가 늘어나기 시작했고, 주말에는 법원의 명령으로 아버지와 보내는 시간이 많았는데 매일 밤 함께 식사할 수 있는 상대가 있어 좋았다.

그렇게 되면서 쿠키와 함께 있는 것이 당연하고 없으면 허전해졌다. 만일 쿠키가 잠시라도 눈에 띄지 않으면 린다는 집 안 구석구석을 찾아다녔다. 린다가 몇 번만 부르면 쿠키는 거의 언제나 달려왔다. 그런데 어느 날 저녁엔 몇 시간이 지나도록 나타나지를 않았다. 쿠키답지 않은 일이었다. 벌써 집 안을 몇 번이나 뒤지고 다녔던 린다는 안방의 방충망이 열려 있는 것을 보았다. 창밖을 내다보니 그 밑에 쿠키가 온통 더러워지고 헝클어진 모습으로 절박하게 벽을 기어오르려 하고 있었다. 우연히 방충망이 열리는 바람에 창밖으로 떨어진 것 같았다. 다행히 안방은 1층에 있었다. 쿠키는 겨우 1.5미터 아래로 떨어진 것이다. 그럼에도 쿠키는 거친 벽돌로 된 벽을 기어오르느라 앞발에 피가 나고 발톱이 부러져 있었다.

몇 년이 흐른 후 린다는 지하실 공사를 마무리하기로 했다. 제니퍼는 이제 고등학생이었고 집이 너무 좁아서 지하실 말고는 친구들과 놀 수 있는 공간이 없었다. 공사는 며칠 걸렸고 인부들이 계속 집 안을 들락날락하게 되었다. 린다는 출근하기 전에 쿠키와 스너글즈를 안방에 넣고 문을 잠갔다. 둘째 날 인부들이 모두 떠난 후 린다는 고양이들을 풀어주려고 문을 열었다. 스너글즈는 여전히 창틀에 무심하게 앉아 있었다. 그러나 쿠키가 달려 나오지 않았다. 쿠키는 안방에 없었다. 린다는 옷장도 열어보고 침대 밑도 찾아보다가, 꾀 많고 영리한 쿠키가 그날 아침 자신이 안방 문을 닫을 때 살짝 빠져나갔다는 것을 깨달았다.

린다는 제니퍼를 불렀다. 둘은 즉각 쿠키의 이름을 부르며 집 안을 온통 뒤졌다. 옷장 안과 소파 밑은 물론이고 부엌 찬장문들도 모두 열어보았다. 쿠키는 없었다. 린다는 텔레비전 장도 열어보고, 퀼트 담요를 만드는 재료 더미도 찾아보았다. 지하실에 쌓아둔 건축 자재들도 뒤졌다. 창문도 점검해보았지만 방충망은 전부 닫혀 있었다. 단 한 군데도 빼놓지 않고 샅샅이 다 찾아본 다음에도 다시 찾아보고, 마지막으로 또 한 번 찾아보았다.

"그때 정말 혼났어요." 그녀는 그때를 이렇게 회상했다. "정말 미쳐 버리는 줄 알았다니까요."

제니퍼는 울고 린다는 망연자실했다. 쿠키가 도망간 것이다. 작업 인부들은 바깥문을 열어두고 하루 종일 석고보드, 톱, 목재 간주를 들고 드나들었다. 뚜벅뚜벅 발소리와 쾅쾅거리는 소리가 시끄러웠을 것이다. 이미 잠긴 안방으로 다시 들어갈 수 없게 되자 쿠키는 엄청나게 무서웠을 것이다. 그러니 어디론가 도망치고 싶었을 것이다. 당연한 반응이 아니겠는가? 그리고 일단 밖으로 나가서는……

하느님 맙소사. 쿠키가 사라진 것이다. 쿠키는 린다의 자식이었다. 끔찍한 병마에 시달리고 있을 때 치료해주었던 쿠키, 린다는 쿠키를 사랑했고, 또 서로를 사랑했는데 어떻게 이렇게 허망하게 사라질 수 있을까? 어떻게 그녀의 아기가 없어질 수 있을까?

"다시 한 번 찾아보자."

린다가 제니퍼에게 말했다.

20분이 흐른 후 린다가 미칠 것 같은 심정으로 피곤에 지친 채 지하실의 석고보드 조각들을 들추며 그 사이사이를 뒤지고 있을 때였다. 처음에는 환청이라고 생각했다. 그러다 또다시 그 소리를 들었다. 어렴풋이 들려오는 발자국 소리, 야옹 소리가 가냘프게 멀리서 들렸다. 린다는 건축 자재를 이리저리 마구 헤치며 소리쳤다. "쿠키! 쿠키!" 고양이 울음소리가 이번에도 멀리서 들리는데 마치 1층에서 들리는 듯했다. 하지만 그것이 어떻게 가능하겠는가? 린다가 이미 찾고 또 찾아보았는데……. 린다가 고개를 들어 올려다보니 천장에 갓 설치한 건식벽이 보였다.

"세상에, 세상에."

린다는 제니퍼에게 소리쳤다.

"세상에, 쿠키가 천장에 갇혔어!"

린다는 작은 발판 사다리 위에 올라갔다. "쿠키!" 그녀는 석고보드를 손으로 때리며 큰 소리로 불렀다. "쿠키!" 그녀를 향해 달려오는 발소리가 들리고 희미한 울음소리도 들려왔다. 쿠키의 이름을 부를 때마다 그녀의 머리 위쪽에서 울음소리가 야옹 하고 대답했다.

린다는 하청업자에게 전화를 했다.

"천장이요!"

그녀는 전화에 대고 소리를 질렀다.

"천장에 있어요!"

"뭐가 천장에 있단 말입니까?"

"우리 쿠키가요!"

"누가요?"

"우리 고양이요. 천장에 갇혔다고요."

린다가 너무나 흥분하는 바람에 하청업자가 바로 달려왔다. 아니나 다를까, 쿠키는 부분적으로 완성된 상태의 천장으로 뛰어 올라간 후 인부들이 마지막 석고보드를 설치하자 장선 사이에 갇힌 것이다. 석고보드가 채 밀봉되지 않은 창문 위쪽에 작은 구멍을 내고 린다와 하청업자는 천장을 치며 쿠키의 이름을 불러 고양이가 구멍 쪽으로 나오게 하는 데 성공했다. 갑자기 쿠키가 석고보드 끄트머리로 고개를 쏙 내밀었다.

온몸에 먼지와 건축 자재 부스러기를 잔뜩 뒤집어쓴 상태였다. 쿠키는 마치 지하실을 처음 보는 듯 두리번거리더니 린다의 팔로 폴짝 뛰어내렸다. 린다는 공포와 안도의 희비가 겹쳐 눈물을 흘리며 쿠키에게 키스를 퍼부었다. 쿠키는 아무렇지도 않은 듯했다. 쿠키는 린다가 자신을 찾아낼 것을 알고 있었다는 듯 가볍게 뛰어내려 저 멀리 달아났다.

그날 저녁 린다는 하청업자가 떠나기 전에 석고보드 구멍을 다시 막고 천장 전체를 완전히 밀봉하도록 했다. 한밤중이었지만 상관없었다. 다시는 이런 일이 절대 있어서는 안 되기 때문이었다.

*

쿠키 인생의 첫 번째 위기는 스너글즈가 세상을 떠나며 시작되었다. 갑자기 심장과 폐를 둘러싼 종양이 생기면서 건강한 고양이였던 스너글즈가 48시간도 안 되어 동물병원 검사대에서 마지막 가쁜 숨을 몰아쉬고 있었다. 린다가 정신을 차리기도 전에 이미 사태는 끝났다.

그리고 얼마지 않아 아주 작고 허약한 새끼 고양이 한 마리가 현관문 앞을 서성이는 것을 발견했다. 새끼 고양이는 아직 젖도 떼지 못한 상태였고 어미가 주변에 보이지 않았다. 린다는 먹이를 주기 시작했다. 집에 들여놓을 생각이 없었기에 9개월 동안이나 앞 베란다에서 먹이를 주었다. 그녀에게는 쿠키가 있었다. 따라서 다른 고양이를 원하지도 필요로 하지도 않았다. 그러나 그녀가 클로위라고 이름을 붙인 이 연약한 고양이가 옆집에 사는 커다란 사냥개에게 시달리고 있다는 것을 알게 되었다. 하루에도 몇 번씩 이 사냥개는 도로로 뛰어들어 큰 소리로 짖으며 쫓아와서 새끼 고양이를 공포에 떨게 했다. 이웃집 남자도 린다만큼 그런 상황을 못마땅하게 여기고 있었다. 자신의 소중한 애견이 도로로 뛰어들다 자동차에 치일까봐 걱정하고 있었다. 그래서 이웃집 남자는 완벽한 해결책을 제시했다. 사냥용 엽총으로 새끼 고양이를 쏘자는 것이었다. 말할 것도 없이 린다는 그 즉시 클로위를 집 안으로 데리고 들어가 집고양이로 만들었다.

쿠키는 이 상황이 마음에 들지 않았다. 쿠키는 여섯 살이었고 이미 집 안을 독차지하는 데 익숙해 있었다. 그렇다고 클로위를 공격하거나 하지는 않았다. 쿠키는 결코 공격적인 고양이는 아니었다. 그러나 쿠키는 새로운 손님을 무시하며 관심을 가지기를 거부했다. 클로위는 소심한 고양이로 고개를 떨군 채 커다랗고 불쌍한 눈으로 올려다보는 버릇이 있었다. 클로위는 카이라 집안에서의 2인자의 위치를 온순하게 받아들였다. 이 집에서 살고 싶다면 쿠키의 방식을 따라야 한다는 것을 이해한 듯했다. 항상 쿠키가 먼저 먹고, 먼저 마셨다. 쿠키는 절대 린다를 공유할 수 없었다. 그 원칙에 대해서는 정확하게 선을 그었다. 만일 클로위가 린다 옆으로 다가오려 하면 쿠키의 눈총을 받았고, 단호하게 그런 행동은 용납할 수 없다는 것을 알리기 위해 한 대 때리기도 했다. 만일 클로위가 린다의 침대 위로 올라오려고 한다면? 그것은 용서받지 못할 대역죄에 속했다. 침대보에 한 발 올려놓기만 해도 쿠키는 등을 굽히며 하악거리는 소리를 냈다. 쿠키는 싸움을 좋아하는 성격은 아니었지만 침대는 사수해야 했다. 린다 때문에. 린다는 자신의 소유물이었기 때문이다. 린다는 신성불가침이었다.

그러나 시간이 흐르면서 결국 쿠키도 누그러졌다. 본성이 착한 고양이였고 항상 긴장하며 사는 것은 녀석의 성격에도 맞지 않았다. 쿠키는 정 많고 낙천적인 성격이었기 때문에 린다가 자신을 가장 사랑한다는 것을 확인하자 마침내 온순하고 순종적인 클로위에게 마음을 열기 시작했다. 물론 그러기까지 정확히 3년이라는 시간이 걸렸다. 결국 클로위와 쿠키는 아주 친한 친구가 되었다.

두 번째 위기는 몇 년 뒤에 찾아왔다. 린다는 이미 오래전부터 생활의 안정을 찾았다. 20년 동안 같은 타운 하우스에서 살았으며, 17년간은 이혼한 엄마로서, 16년간은 성공적인 사업가로 살았고, 10년간은 사랑하는 쿠키와 생활해왔다. 12년 동안의 모금 활동을 통하여 세인트 메리스 병원에 100만 달러 이상을 기부할 수 있었다. 병원은 이 기금으로 동부 연안에서는 유일한 외상성 뇌손상 전문 병동을 건립했다. 그다음 해에 린다는 ALS(루게릭병)에 대한 모금 활동을 전개했는데, 자신의 고모도 이 병으로 돌아가셨을 뿐만 아니라, 그녀의 모금 활동을 활발히 도와주던 TV 드라마 스타인 마이클 제슬로도 같은 병을 앓고 있었다. 이 배우는 병이 알려진 다음 연속극 〈가이딩 라이트〉에서 하차해야 했는데, 건강이 급속도로 악화되자 아내에게 함께 출연했던 친구들을 다시 못 보고 가는 것이 가장 아쉽다고 말했다. 린다가 마이클 제슬로를 위해 마련한 모금 파티에는 출연진 서른다섯 명이 모였으며, 2만 6천 달러를 모금했다. 마이클 제슬로는 열흘 후 세상을 떠났다.

이런 의미 있는 행사가 있을 때마다 가까운 가족과 친구들도 함께 도와주었고 그녀의 삶은 충만했다. 그러나 린다의 인생도 변화를 피해 갈 수 없었다. 아버지가 일선에서 물러나시면서 출장요리 사업의 규모나 인원이 축소되는 바람에 린다가 해야 할 몫이 늘어나 더 이상 모금 활동을 할 수 없게 되었다. 딸도 이제 다 자라 곧 독립할 것이다. 외할머니는 돌아가셨고 가족은 할머니의 집을 팔았다. 토마토 통조림을 만들며 수많은 오후를 보냈던 포도 넝쿨이 우거진 집이었다. 또한 공공사업진흥국의 고속도로 건설 근로자로부터, 커피 한 잔이 절실했던 부랑자에 이르기까지, 어느 누구도 내치지 않았던 여장부 할머니의 추억이 어린 곳이었다. 외할머니의 죽음으로 인하여 린다의 인생에서 베이사이드 시절은 막을 내리는 듯했다. 과수원과 포도나무 정자는 아스팔트로 덮였고, 이제 베이사이드는 낯선 사람을 집 안으로 초대해 따듯한 한 끼 식사를 대접하는 것은 고사하고, 서로 말 한마디 섞지 않는 동네가 되어버렸다. 수십 년에 걸쳐 보다 값싼 집을 찾아 도시에서 흘러온 새로운 이민자와 난민들(동네 사람들은 맨해튼 사람들을 이렇게 불렀다)에게 떠밀려 원래 정착했던 주민들은 밀려나기 시작했다. 베이사이드에서의 20세기가 저물면서 린다 카이라도 떠나기로 했다. 자신의 타운하우스를 1973년의 구입가보다 10배를 받고 판 후, 그녀는 플로랄 파크에 위치한 방 세 개짜리 빅토리아풍의 이층 단독주택을 구입했다.

플로랄 파크는 불과 11킬로미터 떨어진 곳에 위치해 있었지만 린다 카이라에게는 다른 세상 같았다. 베이사이드의 주요 도로는 벨 불바르였는데 요란한 간판과 전선이 가득하고 사차선 도로는 경적 소리가 끊이지 않는 복잡한 곳이었다. 플로랄 파크의 주요 도로는 이차선의 튤립 애비뉴였는데, 나무 간판으로 정돈된 작은 가게들이 줄지어 있었다. 빵집, 캔디숍, 작은 동네 슈퍼마켓과 2층에는 변호사 사무실이 있었다. 1874년 화훼 종묘 도매업자가 처음 동네를 조성하면서 모든 거리에 꽃 이름을 붙였고, 1908년에 플로랄 파크가 군구로 지정이 되면서 이를 기념하기 위해 튤립 애비뉴 끝에 하얀 첨탑이 있는 도서관을 건립했고,

반대쪽 끝에는 100주년을 기념하는 정원들을 조성했다. 플로랄 파크에서는 매년 메모리얼 파크 잔디 마당에 크리스마스트리를 세웠는데, 동네 주민들이 모여 점등식을 구경한 후, 옆에 있는 가톨릭 성당에서 제공하는 따끈한 코코아를 함께 마셨다. 퀸즈 베이사이드의 벨 불바르에 크리스마스트리가 있었냐고? 따끈한 코코아를 나눠 마셨냐고? 해가 서쪽에서 뜰 일이다.

플로랄 파크는 퀸즈 외곽의 지저분하고 복잡한 거리에서 불과 한 발자국 떨어진 곳이었지만 린다에게는 노먼 로크웰의 그림에 나올 것 같은, 나무가 즐비한 천국이었다. 뉴욕 시는 워낙 무질서하게 팽창하고 있었기에 어느 방향이건 50킬로미터는 차를 타고 나가야 벗어날 수 있었지만, 도심 고속도로와 아파트 단지의 미로 한가운데에 누구나 꿈꾸는 이상적인 중산층 동네가 존재하고 있었던 것이다. 이곳에선 초록색 잔디 위에서 동네 파티가 벌어지고, 어른들이 FM 라디오에서 흘러나오는 '경음악'을 들으며 핫도그를 먹는 동안, 아이들은 자전거를 타고 놀 수 있는 곳이다. 정교한 장식으로 멋을 낸 빅토리아풍 주택에 살게 된 린다는 현관문에 '햇살 좋은 날'이라고 쓴 화환을 내걸고, 세심하게 다듬어진 정원에 보랏빛 수선화와 노란 데이지를 가꿀 수 있게 되었다. 플로랄 불바르 끝에는 20세기 초에 건축된 근사한 학교가 있다. 동네 한구석에는 줄지어 선 나무들과 조류 보호지(동네에 조류 보호지가 있다!) 뒤쪽으로 세계 3대 경마 가운데 하나인 벨몬트 스테익스 경주가 열리는 벨몬트 파크 경마장이 있다. 여름 주말이 되면 경마장 아나운서의 아련한 메아리와 잔디 깎는 기계의 나지막한 소리, 농구공 튀는 소리가 함께 들려오곤 했다.

린다의 집에서 한 블록 떨어진 체스트넛 가와 플로랄 불바르가 만나는 모퉁이에는 롱아일랜드 철도의 벨보즈 역이 있다. 뉴욕 시 맨해튼의 그랜드 센트럴 역까지는 기차로 불과 15분 걸리는 거리였지만 린다는 도심으로 들어갈 일이 거의 없었다. 그녀가 꼭 보고 싶은 브로드웨이 공연이 있다면 1년에 한 번 정도일까. 플로랄 파크에 사는 대부분의 사람들처럼 그녀의 인생은 맨해튼 지향적이지 않았다. 자신도 겨우 두 살이면서 아기 린다를 유모차에 태우고 베이사이드를 누볐던 절친한 언니를 비롯해 대다수의 친구들도 이제 플로랄 파크에 함께 살고 있다. 이들은 퀸즈 외곽에서 자라나서 보다 조용한 주택가를 찾아 동쪽으로 몇 킬로미터를 이동한 것이다. 이제 그들은 새 동네에서 함께 베이사이드 린다네 가족의 삶을 재현했다. 서로 돕고 아끼는 공동체를 만들었던 것이다. 그녀는 지리적으로는 결코 멀리 간 것이 아니었다. 퀸즈와 롱아일랜드가 만나는 반경 16킬로미터의 동네는 린다의 구역이라고 할 수 있다. 그런데 너무 기쁘게도 린다는 그 한가운데서 자신이 원하는 이상향을 발견한 것이다.

제니퍼는…… 이사를 반기지 않았다. 제니퍼는 스물세 살로 그때까지도 엄마 집에 함께 살고 있었는데, 절대 옛 동네를 떠날 수 없다고 우겼다. 이사하는 날에도 칫솔 하나 쌀 수 없다며 고집을 부리는 바람에 결국 린다는 이삿짐센터 사람들에게 딸의 이삿짐을 싸달라고 웃돈을 주어야 했다.

클로위와 쿠키는 더 심했다. 특히 소통의 달인이었던 쿠키는 강력히 항의했다. 몸을 써서 밀어내거나 발 위에 앉거나, 다리를 걸며 눈치를 주었고, 매번 다른 울음소리를 이용했다. 쿠키는 원래 기분이 나쁠 때

내는 울음소리와 행복할 때 내는 소리가 따로 있었다. 야옹이라고 울 때 혼자 있고 싶어요, 라는 뜻도 있었고 이리 오세요, 라는 뜻도 있었고 혹은 저도 좀 주세요, 라는 소리도 있었다. 좀 더 강력한 야옹 소리는 존댓말 빼고 나도 좀 줘! 라는 뜻이었다. 브로콜리 라브에 대해서는 좀 줘, 좀 줘, 좀 줘, 라는 소리를 내었다. 정말 린다의 관심을 끌고 싶을 땐 높은 음의 야옹 소리를 내었는데 꼭 엄마라는 소리처럼 들렸다. 린다는 고양이가 정말 자신을 엄마라고 부른다고 생각할 정도로 미치지는 않았다. 그저 자신의 상상이라고 그녀는 생각했다. 그러나 친구들은 쿠키가 관심을 끌기 위해 린다를 부르는 소리를 듣고 입이 쩍 벌어졌다.

"쿠키가 방금 엄마라고 그랬니?"

친구들은 앞다투어 물었다.

"좀 그렇게 들리지?"

린다는 자랑스러움을 감추지 못하며 대답하곤 했다.

그러나 이번엔 달랐다. 린다가 이사를 하기 위해 짐을 싸기 시작하자 쿠키는 애걸하거나 물어보거나 "엄마" 소리를 내며 애교를 부리지 않았다. 쿠키는 린다에게 소리를 질러대고 있었다.

이삿날이 다가오자 쿠키는 소리 지르는 것을 멈추고 사라져버렸다. 절대적으로 타운 하우스를 떠날 의사가 없다는 것이다. 린다는 몇 시간에 걸쳐 겨우 고양이 두 마리를 찾아 캐리어에 넣을 수 있었다. 화가 난 쿠키는 캐리어 창살에 자신의 머리를 부딪치고 얼굴을 비비기 시작했다. 20분 거리에 있는 플로랄 파크에 도착했을 때 쿠키의 콧등은 찢어져 피가 나고 있었다. 린다는 너무나 미안해서 쿠키의 얼굴을 제대로 쳐다볼 수가 없었다.

캐리어의 문을 열어주자 쿠키와 클로위는 린다를 본체만체하며 공처럼 튀어나갔다. 둘은 곧장 층계를 뛰어 올라가 손님방 침대 밑에 숨었다. 제니퍼는 금세 적응했다. 이틀 만에 새 친구를 사귀었고 플로럴 파크도 마음에 들어 했다. 쿠키와 클로위는 좀 더 시간이 걸렸다. 생리적 문제를 해결하기 위해서가 아니면 침대 밑에서 나오기를 거부했다. 린다가 둘을 꼬여내려고 하면 클로위는 구석으로 몸을 숨겼고 쿠키는 몇 걸음 앞으로 나서며 강력히 항의했다. 그런 식으로 3개월을 버텼다.

그러나 모든 문제는 결국 시간과 함께 해결이 되었다. 쿠키가 시위를 멈추고 침대 밑에서 나온 게 며칠 만이던가? 몇 달이 걸렸던가? 1년이 걸렸던가? 시위를 멈춘 다음에도 쿠키가 적응할 때까지 시간이 걸렸을 거라고 생각하지만, 얼마가 걸렸든 그게 중요할까? 결국 쿠키는 린다만큼이나 새집을 사랑하게 되었다. 오히려 마음에 드는 장소가 너무 많아 탈이었다. 처음 몇 주 동안은 오토만 의자였다. 매일 밤 린다가 TV를 시청하는 동안 쿠키는 오토만 의자에 느긋하게 누워 있었다. 그다음은 흔들의자였다. 그곳은 한 6주쯤 갔다. 다음은 소파 등받이, 그다음은 식당 의자, 그리고 가구 뒤 귀퉁이. 그다음은 계단 위에 위치한 작은 고양이 침대였다. 린다는 취미로 퀼트 이불을 만들었다. 그래서 쿠키는 퀼트 만드는 방에서도 몇 군데 지정 좌석을 만들었다. 어느 여름에는 책장 아랫단을 선호하게 되었다. 린다의 선반은 친구와 친척들에게 선물로 줄 퀼트 작품으로 가득 차 있었다. 당연히 쿠키를 위한 퀼트도 만들었다. 가운데에 꽃무늬가 있고 가장자리에는 번갈아 가며 새끼 고양이와 강아지의 그림이 있는 방석이었다. 쿠키는 거의 매일 퀼트에 누워 지냈지만 절대 자기 퀼트에는 앉지 않았다. 다른 사람 퀼트에 얼마든지 털을 묻혀도 되는데 왜 자신의 전용 퀼트를 더럽힐 것인가.

시간은 흘러 계절이 바뀌었다. 플로랄 애비뉴의 나뭇잎들은 눈부신 초록빛에서 황금색과 붉은색으로 물들더니 겨울바람에 날아가버렸다. 벨몬트 경마장에서는 경주마들이 트랙을 돌고 통근 열차는 동네와 도시를 오갔다. 제니퍼는 친구들이나 남자 친구와 보다 많은 시간을 보내게 되었고, 결국은 약 5킬로미터 떨어진 곳으로 독립해 나갔다. 젊은 시절에는 린다도 다시 결혼할 생각이 있었다. 남자 친구도 사귀어 보았지만 그녀가 원하던 의미 있는 관계로 발전하지 못했다. 로맨스는 좋았지만 평생을 함께 나누고 싶은 사람을 찾지 못했던 것이다.

"만약에 지금 남자가 나타나더라도 아마 저는 결혼하지 않을 거예요."

린다가 나에게 털어놓았다. 젊은 여성들에게는(그리고 남성에게도) 이런 말이 이상하게 들릴지도 모르겠다. 어떻게 싱글인 여성이 남자가 싫다고 할까? 하지만 나는 린다의 입장을 완벽히 이해한다. 나도 살면서 수십 년 동안 같은 생각을 했다. 단지 나는 다르게 표현했을 뿐이다. 나는 이렇게 말했다.

"내가 춤추러 갈 때만 꺼낼 수 있게 옷장 안에 걸어둘 수 있는 남자면 좋겠다."

내게 로맨스를 달라. 즐거움과 댄스도 환영한다. 그러나 이제 와서 여생을 세면대에서 남자 수염을 치우며 살고 싶지는 않다. 생각해주셔서 감사하지만 나는 이대로 사는 게 매우 행복하답니다. 땡큐!

나는 린다가 느끼는 삶의 만족감을, 나 자신도 경험했기 때문에 액면 그대로 이해했다. 왜 행복하지 않겠는가. 그녀는 자신감이 넘치는 여성이다. 예쁜 딸도 있었다. 사업에서도 성공했고 친구와 가족이 있으며, 수년간 린다와 함께하면서 자신의 주인이자 친구에 대해 속속들이 알고 있는 쿠키라는 동반자가 있었다. 린다가 외로울 때면 쿠키는 자신의 머리를 린다의 콧등에 비비며 입술에 키스를 하거나 그녀의 무릎에 앉았다. 린다가 행복해하면 둘은 온 집 안을 뛰어다니며 춤을 추었다. 린다가 혼자 있고 싶을 때는? (흔하지 않은 경우지만) 쿠키는 린다에게 혼자만의 시간을 주었다. 린다가 퀼트를 만들고 있을 때 쿠키는 실을 발로 툭툭 건드리며 장난을 치기보다 보통은 린다 옆에 조용히 앉아 있었다. 그것은 쿠키 자신의 기분에 따른 것이 아니고 린다의 기분과 분위기를 알고 있기 때문이었다. 린다가 아프면 쿠키는 통증이 있는 부위 위에 눕곤 했다. 린다가 배탈이 나면 배 위에 눕고 무릎이 아프면 무릎 위에 누웠다. 40대가 되면서 린다는 척추 하단이 퇴행하는 척추 협착증에 시달리기 시작했다. 통증 때문에 린다가 누워야 하면 쿠키는 얼른 그녀의 등에 기어 올라가 통증을 완화시키는 온찜질기처럼 아픈 부위 위에 납작 엎드렸다.

쿠키는 린다가 불면증에 시달릴 때에도 도우려 했다. 40년 동안 시끄러운 도시에서 살다 보니 플로랄 파크의 조용한 밤이 오히려 수면에 방해가 되었다. 그런데 린다 자신이 수면 장애가 생겼다는 것을 깨닫기 전에 쿠키는 이미 알고 있었다. 매번 린다가 침대에서 뒤척일 때마다, 쿠키는 베개에서 벌떡 일어나 사방을 살폈다. 어쩌다 창문에 파리 한 마리가 윙윙대는 소리를 내기라도 하면 쿠키는 두 귀를 뒤로 바짝 붙이고 긴장했다.

"쿠키야, 도로 자거라."

린다는 고양이에게 말하곤 했다. 그러면 쿠키는 소음이 발생하는 방향을 노려보고(보통 창문 쪽이다) 자신의 베개로 돌아와 동그랗게 몸을 말고 당장 잠들었다. 린다는 자리에 누워 이런 생각을 했다. 이 작은 고양이는 어떻게 나를 이렇게까지 사랑할 수 있을까?

불행히도 조용함으로 인한 불면 상태가 해소되어갈 무렵, 허리 통증이 점점 심해졌다. 린다는 운동과 식단 조절에 주력했다. 그토록 사랑했던 일도 줄여 나갔다. 의사를 찾아다니며 치료를 해보았지만 그녀의 상태는 점점 악화되었다. 린다가 아플 때 쿠키는 린다를 돕기 위해 할 수 있는 모든 것을 했다. 린다의 손에 얼굴을 비비고 콧등에 키스를 하며 린다가 필요한 만큼 린다의 등 위에 앉아 있었다. 보드랍고 따스한 3.2킬로그램 정도의 덩어리가 린다의 척추에 올라앉으면 아픈 신경을 달래주는 찜질기 같았다. 그러나 뼈의 퇴행은 점진적으로 진행되어 막을 수가 없었다. 결국 린다의 의사는 수술을 하지 않으면 1년 이내에 휠체어에 앉게 될 것이라고 했다. 휠체어! 그녀는 이제 겨우 마흔일곱 살이었다.

린다는 애써 감추려 했지만 힘겨운 나날이었다. 그녀는 평소 일정을 다 소화하고, 집에 친구들을 초대하고, 가족 방문도 했으며, 일주일마다 만나는 바느질 클럽에도 계속 나갔다. 힘들 땐 딸 제니퍼가 그녀 곁을 지켜주었고, 수술 하루 전날까지도 온종일 사업에 매달렸다. 그러나 한밤중에 혼자 잠 못 이루며 뒤척이는 날들도 있었다. 쿠키는 조금만 부스럭거리는 소리가 나도 벌떡 일어나 바짝 경계하며 린다 옆에 붙어 이렇게 이야기하는 듯했다. 다 잘될 거예요 엄마. 다 잘될 거예요.

그러던 어느 날 린다는 수술 걱정을 하며 별생각 없이 쿠키를 쓰다듬었는데, 그녀의 손에 털이 한 움큼 묻어 나왔다. 린다는 털 뭉치를 내려다보며 잠시 어리둥절했다. 쿠키를 옆으로 누이고 살펴보았다. 쿠키의 피부는 얼룩덜룩했고 부어 있었는데 특히 배와 뒷다리 앞쪽은 거의 털이 없다시피 했다.

"세상에, 쿠키야. 이럴 수가!"

쿠키는 열네 살이었고 최근에 와서는 청력을 잃어가고 있었다. 이제 이 불쌍한 고양이는 피부병까지 걸린 듯했다.

놀란 린다는 쿠키를 안고 동물병원으로 달려갔다. 동물병원에서는 여러 가지 검사를 해보았지만 아무런 문제도 발견하지 못했다. 결국 수의사는 청진기를 내려놓고 린다를 쳐다보았다.

"보호자는 괜찮으세요?"

수의사가 물었다.

"전 괜찮습니다."

린다가 대답했다.

"혹시 어디 아픈 데는 없으세요?"

"네, 하지만 허리에 좀 문제가 있어요. 며칠 후에 큰 수술을 합니다."

의사는 고개를 끄덕였다.

"그 사실을 안 지 얼마나 되셨어요?"

"6개월 전이요."

의사는 검진 장비를 치우며 말했다.

"신체적으로 아픈 곳은 없습니다. 이건 다 심리적인 것입니다. 쿠키가 당신 걱정을 지나치게 하는 바람에 그 스트레스로 털이 빠지는 겁니다."

린다는 쿠키의 귀여운 얼굴과 추레한 배와 털이 거의 다 빠진 다리를 내려다보며 울기 시작했다. 쿠키는 상처받은 채로 우리에 갇혀 있었다. 매일 열 명도 넘는 사람들이 쿠키 앞을 지나갔었다. 그 모든 사람들 중에서 쿠키는 린다를 선택했다. 그 선택의 순간, 쿠키는 자신의 삶을 린다에게 바치기로 한 것 같았다. 린다는 그 이유를 절대 이해할 수 없었다. 과연 그녀가 이러한 신뢰를 얻을 만한 일을 한 적이 있었던가? 자신이 이렇게 열렬하고 진실한 사랑을 받을 만한 가치가 있는 사람일까?

수술은 몇 시간 내에 끝났지만 회복은 길고 더뎠다. 쿠키는 린다의 침대 곁을 떠나기를 거부했다. 단 한순간도. 수술 후 일주일쯤 지난 어느 날 밤, 린다는 갑자기 극심하게 아프기 시작했다. 온 세상이 빙빙 도는 것 같았고 꼭 죽을 것만 같았다. 공포에 질린 린다는 딸에게 도움을 청했다. 쿠키는 린다를 쳐다보고, 제니퍼를 쳐다보고, 다시 린다를 쳐다보았다. 그리고 쿠키는 전혀 새로운 울음소리를 냈다. 급박하고 불안한 느낌의 소리였다. 병원에 가는 대신 제니퍼는 할머니에게 전화를 했고 할머니는 즉각 달려왔다. 그러나 린다의 어머니가 침대로 다가오자 쿠키는 뛰어오르며 비명을 지르듯 울었다. 린다의 어머니는 침대에 걸터앉았다가 쿠키가 하도 하악거리는 소리를 내며 위협을 하는 바람에 물릴까봐 무서워 일어나야만 했다. 그러자 쿠키는 린다의 어머니가 앉았던 자리로 가 더욱 기세를 올려 하악거리는 소리를 냈다. 쿠키가 사랑하는 린다가 아픈 것이다. 쿠키는 린다의 딸과 고양이를 제외하고는 어느 누구도 린다 옆에 얼씬대서는 안 된다고 생각했던 것이다.

다행히 그것은 수술 기간 동안 척추에 영양이 부족해서 생긴 심한 현기증이었다. 그러나 그 경험으로 린다와 쿠키의 관계가 변화했다고 말하는 것은 옳지 않을지도 모른다. 왜냐하면 쿠키의 태도는 처음부터 그리 변한 것이 없기 때문이다. 둘의 관계를 새롭게 발견했다는 것이 옳을 것이다. 왜냐하면 린다는 그제야 처음으로 쿠키의 사랑이 얼마나 깊은지 알게 되었기 때문이다. 그렇다. 쿠키는 린다에 대해 모든 것을 알고 있었고 린다를 행복하게 해주기 위해서는 어떠한 것도 불사했다. 쿠키는 린다의 건강이 염려된 나머지 자기가 진짜 아프기도 했다. 그날 밤 린다는 희생이 어떤 것인가를 보았다. 린다를 보호하기 위해서 쿠키는 자신을 버렸다. 친구를 위해서는 어떠한 위험도 감수할 것이다.

그날 밤 이후 쿠키의 사랑은 변함없이 계속되었다. 쿠키는 린다가 침대에 있으면 함께 침대에 누웠고 린다가 일어나 앉으면 자신도 옆에 앉았다. 린다가 드디어 일어설 수 있게 되었을 때는 린다 옆을 나란히 걸었다. 회복을 위한 단계의 하나로 린다는 아기용 식탁의자처럼 높고 곧바른 엉덩이용 의자를 사용하게 되었다. 쿠키는 소파 등받이 위로 올라간 다음 엉덩이용 의자로 올라가 린다의 무릎 위에 앉는 법을 터득했다. 하루 종일 린다의 무릎 위에 앉아 있기도 했다. 결국은 어머니나 딸에게 쿠키를 좀 데려가 달라고 말해야 했다. 왜냐하면 오래 있으면 쿠키의 무게도 그녀의 약한 척추에 부담이 되었기 때문이다.

쿠키는 친구가 회복한 다음에도 마음을 놓지 않았다. 쿠키가 자꾸 책 위에 올라앉는 바람에 린다는 책도 제대로 읽을 수 없었다. 문을 열면 쿠키는 그녀 앞으로 달려 나가며 집 밖으로 나가지 못하게 막아서곤 했다. 쿠키는 원래 TV를 좋아하지 않았다. 예전에는 린다가 TV를 시청할 때면 쿠키는 방을 들락거리며 불안한 듯 잠시도 가만있지를 못했다. 이제는 린다가 TV를 볼 때면 쿠키도 소파에 나란히 같이 누워 있었다. 린다가 소파에 눕기라도 하려면 린다의 머리 위쪽으로 쿠키가 다리를 뻗고 누울 수 있는 공간을 마련해주어야 했다. 정확히 밤 10시가 되면 쿠키는 소파에서 일어나 TV 앞에 서서 야옹 소리를 내며 울었다.

첫날 밤 린다는 깜짝 놀랐었다.

"쿠키야, 너 무슨 문제라도 있니?"

쿠키는 방을 나갔다. 무엇인가 문제가 있다고 생각한 린다는 쿠키를 따라갔다. 쿠키는 곧바로 침대로 갔다. 린다는 침대를 살펴보았지만 아무런 문제도 없었다. 결국 그녀는 다시 응접실로 돌아왔다. 그러자 쿠키가 큰 소리로 울며 다시 응접실로 들어와 린다를 다시 침실로 이끌었다. 결국 아무런 문제가 없다는 것을 깨닫는 데 잠시 시간이 걸렸다. 쿠키는 둘이 자러 가야 할 시간이라고 결정했던 것이다. 그다음 날 밤부터는 특별한 경우를 제외하고는 카이라네 취침 시간은 밤 10시가 되었다. 쿠키가 그렇게 정했다.

그렇다고 침대에 들어가자마자 잠을 자는 것은 아니었다. 쿠키는 여전히 긴장을 풀지 못하고 린다를 밟고 다니며 린다의 발을 붙잡고 놀거나 자기 베개 위를 걸어 다녔다. 린다의 입과 뺨, 코 등 자신의 코가 닿을 수 있는 곳은 어디든지 비벼댔다. 린다가 불을 끄고 눈을 감으면 쿠키는 1분 정도 기다렸다가 앞발로 린다의 얼굴을 훑었다. 린다가 반응하지 않으면 쿠키는 몸을 숙이고 앞발로 린다의 눈꺼풀을 열어보았다.

"쿠키야, 나 살아 있어."

린다는 다시 눈을 감으며 부드럽게 말하곤 했다. 몇 분이 지난 후 쿠키는 다시 린다의 얼굴을 앞발로 훑어보았다. 린다의 현기증 사건이 있던 날 밤 이후 매번 이런 행동을 했다. 그리고 시간이 지나도 멈추지 않았다. 린다가 회복된 지 한참 후에도 쿠키는 계속해서 린다가 살아 있는지 한밤중에 깨워보곤 했다. 린다는 귀찮아하지 않았다. 오히려 큰 감동을 받았다. 그녀는 쿠키를 사랑했다. 그녀도 이 작은 고양이에게 온전히 애정을 쏟고 있었다. 그러나 쿠키는…… 쿠키의 인생 전체가 린다에 대한 헌신이었다. 그런 방식으로 사랑받는다는 것은 겸허해지도록 가슴 뭉클한 경험이다. 그것이 '단지' 고양이의 사랑일 뿐일지라도 말이다.

쿠키는 린다가 죽을까봐 엄청나게 걱정하고 있었지만, 린다는 쿠키가 영원히 살 것이라고 확신하고 있었다. 검사를 통해 확인해보니 쿠키는 청력을 잃었다. 하지만 열여덟 살인데도 불구하고 여전히 건강하고 아름다운 고양이였다. 행동이 다소 느려지긴 했지만 그조차 자연스러운 일일 것이다. 시계도 완전히 멈추지 않으면서 영원히 조금씩 느려질 수 있는 것이 아닌가.

그러다 린다는 《듀이》를 읽게 되었다. 제니퍼가 크리스마스에 선물로 주었는데 쿠키는 (놀랍게도!) 이번에는 린다가 책을 읽는 것을 방해하지 않았다. 책의 마지막 부분을 읽어가면서 린다는 점점 더 불안해지기 시작했다. 후에 린다가 내게 쓴 편지에 의하면 "나중에는 극도로 흥분하여 히스테리 상태가 되었다"라고 했다. 듀이의 마지막 해에 나타난 노환의 증상들이 쿠키에게 그대로 나타나고 있었기 때문이다!

듀이와 마찬가지로 쿠키도 갑상선 기능 항진성이 생겼다. 또한 듀이와 마찬가지로 쿠키도 약을 제대로 먹으려 하지 않았다. 린다가 분명히 쿠키의 목구멍 깊숙이까지 약을 밀어 넣었다고 생각했는데 나중에 보면 가구 밑 어디에선가 굴러다니고 있었다. 쿠키도 브러시로 빗을 수 없을 만큼 털이 이곳저곳 뭉치기 시작했다. 늙어서 혓바늘이 닳아 뭉툭해지는 바람에 혀로 털을 깨끗이 핥을 수 없었기 때문이다. 또한 듀이와 마찬가지로 쿠키도 갑자기 편육을 좋아하기 시작했는데 아마 염분이 많아서인 것 같았다. 린다도 쿠키를 위해 한 번에 200그램씩 얇게 썬 칠면조 고기를 샀다. 쿠키가 칠면조를 싫증내면 아직 냉장고에 칠면조가 아무리 많이 남아 있어도 린다는 닭고기로 바꾸었다. 그러던 중 쿠키는 차가운 편육을 더 이상 먹지 않았다. 싫증이 난 것이다. 린다가 새로운 시도로 갓 구운 닭고기를 주어보았더니 쿠키가 마음에 들어했다. 그들은 매주 구운 닭고기를 함께 나누어 먹었다.

제니퍼는 어머니가 고양이의 응석을 너무 받아준다고 생각했지만 린다는 동의하지 않았다. 《듀이》를 읽고 린다는 마음이 너무 아팠다. 늙은 시절의 듀이와 죽음에 대한 마지막 부분을 읽으면서 그녀는 나의 소중한 도서관 고양이만이 아니라 그녀가 아끼는 쿠키를 생각하며 울었다. 린다는 미래를 보았고 마지막이 다가오고 있음을 느낄 수 있었다. 쿠키의 노화는 이미 많이 진행이 된 상태였다. 걷는 것도 힘들었고 먹는 것도 힘들었다. 19년 동안 쿠키의 각별한 사랑을 받아왔기에 린다는 자신이 할 수 있는 모든 것을 해주었다.

그해 2월에 쿠키는 신장과 방광에 심각한 병이 생겼다. 수의사는 엑스레이와 내시경을 비롯한 여러 가지 검사를 해보았다. 린다가 쿠키를 위해 최고급 진료를 고집했기에 수의사는 쿠키에게 강력한 약물 치료를 하기 시작했으나 상태는 별로 호전되지 않았다. 4월이 되자 수의사는 치료를 멈추었다. 부작용으로 쿠키의 귀와 배에 발진이 나기 시작하여 갑상선 기능 항진에 대한 치료약도 끊기로 했다.

"쿠키를 괴롭히는 일은 할 필요가 없습니다."

수의사는 이렇게 말했다.

그는 린다에게 쿠키를 평온하게 보내줄 것을 권했지만 린다는 쿠키가 죽어간다는 사실을 받아들일 수가 없었다. 이 작은 고양이는 지금도 그녀의 발꿈치를 따라다니며 사랑을 주고 사랑을 받고 있었다. 매일 저녁 퇴근하고 집으로 돌아오면 현관에 있는 오토만 의자 위에 앉아 린다를 맞아주었다. 매일 아침 출근할 때면 쿠키는 어린 아기 같은 커다란 눈동자로 애원하듯 바라보았다. 엄마 어떻게 나를 두고 가요?

2009년 7월에 린다 가족은 쿠키의 열아홉 번째 생일을 함께 축하했다. 내년 스무 살의 생일도 기대하겠다고 쿠키에게 말했지만 이제는 린다도 자신이 없었다. 쿠키는 건강한 어른 고양이였을 때에도 몸집이 작아서 4킬로그램 정도밖에 안 나갔는데 이제는 2킬로그램도 채 안 되었다. 이제 쿠키는 거의 하루 종일 부엌 테이블 밑에서 보냈다. 린다는 음식과 물그릇을 부엌으로 옮기고 고양이 화장실도 옆방으로 옮겨주었다. 쿠키는 더 이상 오줌도 가릴 수 없게 되었지만 허약해진 상태에서도 가장 가까이에 있는 물건을 찾았다. 쇼핑백이나 구두, 심지어 제니퍼의 핸드백 위에다 실례를 했다. 쿠키는 아무리 몸이 아파도 절대 바닥을 더럽히고 싶지 않았던 것이다.

린다의 어머니는 쿠키가 린다를 혼자 남겨둘 수가 없어 생명을 유지하고 있는 것이라고 믿었다. 린다는 가슴 깊이 그것이 사실일지도 모른다고 생각했고 이 작은 고양이가 그 정도로 자신을 사랑한다고 믿었다. 그러나 린다는 쿠키가 고통과 싸우기보다는 아직도 자신의 삶을 즐기고 있다고 믿고 싶었다. 린다는 쿠키를 어루만지고 쓰다듬고 쿠키를 위해 브로콜리 라브와 구운 닭고기를 준비했고, 부드럽고 사랑이 듬뿍 담긴 목소리로 말을 걸었다. 쿠키가 더 이상 계단을 오를 수가 없게 되자 린다는 쿠키를 안고 침대로 가서 오랫동안 쿠키가 사용했던 베개 위에 눕혔다. 19년 동안 매일 밤 쿠키는 그 베개 위에서 잠을 잤었다. 쿠키를 침대로 안고 갔던 세 번째 날 밤 린다는 자신이 잠들면 쿠키가 힘겹게 계단을 다시 내려가 부엌으로 간다는 것을 알게 되었다. 네 번째 날 밤 그녀는 쿠키를 부엌 테이블 밑에 두기로 했다.

"우리 쿠키는 여기서 쉬고 있자. 더 이상 나에 대해서는 걱정하지 않아도 돼."

린다는 이렇게 쿠키를 위로해주었다.

쿠키는 다시는 침대로 돌아오지 않았다. 며칠 후 린다가 일하고 있을 때 제니퍼가 울면서 전화를 했다. 제니퍼는 부엌에서 자신의 배설물 위에 쓰러져 있는 쿠키를 발견했던 것이다. 린다가 집에 도착했을 때 쿠키는 다시 깨끗해졌지만 온몸에서 활력이 빠져나간 쿠키의 눈에서는 깊이와 초점을 찾을 수 없었다. 쿠키는 고개를 들어 평생의 친구였던 린다를 바라보았다. 어쩌면 다시 바닥으로 머리를 떨구기 전 잠시 희미한 미소를 띠었는지도 모른다. 린다는 쿠키를 최대한 부드럽게 자신의 팔로 감싸고 차로 옮겼다. 머릿속이 어지럽고 핸들을 잡은 손은 떨렸지만 "괜찮아질 거야"라고 속삭여주었다. "가서 약을 먹으면 다 나을 수 있어." 목소리가 갈라지고 눈물이 쏟아졌지만 그녀는 계속 이야기를 하며 쿠키를 안심시켰다. 린다는 이것이 마지막이라는 것을 알았기에 이 과정이 고통 없이 편안하기를 기도했다. 또한 어떤 일이 있든 쿠키 옆을 떠나지 않을 것이라고 기도했다. 평생 쿠키에게 받은 헌신에 대한 보답으로 그녀는 소중한 쿠키의 마지막 순간을 가능한 한 가장 편하게 해주어야 할 의무가 있다고 생각했다.

그리고 그녀는 그 의무를 다했다. 눈물이 앞을 가려 제대로 보이지 않았지만 안전하게 동물병원에 도착했고 마지막 순간까지 쿠키를 부드럽게 감싸 안고 있었다. 작은 고양이는 사랑해요, 그리고 미안해요, 라고 말하듯 그녀를 마지막으로 한 번 올려다보고는 고개를 떨구었다. 린다는 손끝뿐만 아니라 영혼으로 쿠키의 마지막 심장박동을 느꼈다.

린다는 내게 쓴 편지에 이렇게 말했다.

"저는 어느 누구에게도 우리 쿠키에게만큼 사랑받은 적이 없습니다. 딸이나 부모님보다도 더 나를 사랑해주었습니다."

짧은 편지를 통해서도 린다가 외로운 사람이 아니라는 것을 알 수 있었다. 그녀의 인생은 행복과 사랑으로 가득 차 있었다. 내가 받은 많은 편지들이 린다와 같은 이런 평범한 사람들의 이야기였기에 이들의 이야기를 이 책에 포함시키고 싶었다. 왜 하필 린다의 이야기여야 했냐고 묻는다면? 이 고양이의 특별한 사랑을 조금의 절망감 없이 아름답게 표현한 한 문장 때문이었다.

"저는 어느 누구에게도 우리 쿠키에게만큼 사랑받은 적이 없습니다. 딸이나 부모님보다도 더 나를 사랑해주었습니다."

"참 이상하게 들릴 거라고 저도 생각합니다."

린다는 내게 이렇게 말했지만 듀이와의 인생을 경험한 나였기에 전혀 이상하게 들리지 않았다.

"거의 슬프다고 생각할 수도 있겠지요. 알고 있습니다. 하지만 이건 정말 사실이에요. 우리 딸도 저를 사랑해주었고 우리 부모님도 저를 사랑해주셨고 다른 사람들한테도 많이 사랑받았습니다. 하지만…… 이 고양이의 사랑이 제일 가슴에 와 닿았어요."

그리고 그 사랑은 보답을 받았다. 린다가 이 책에 있는 다른 사람들보다 그녀의 고양이를 더 사랑했다는 것이 아니다. 왜냐하면 사랑은 여러 가지 방식으로 표현될 수 있기 때문이다. 그러나 유일하게 린다만이 이렇게 말했다.

"고맙습니다, 비키. 쿠키를 위해 이런 일을 해줘서 정말 고맙습니다. 쿠키는 정말 좋은 고양이였어요. 우리 쿠키의 이야기를 사람들에게 들려주고 싶었답니다."

달리 말해서 유일하게 린다만이 자기보다 자신의 고양이를 더 앞세워 생각했다. 그 점에 대해 나는 린다를 높이 샀다.

"쿠키는 그냥 평범한 줄무늬 고양이였어요."

린다는 인정했다.

"회색과 흰색 바탕에 호랑이 줄무늬가 섞여 있는 거리에서 가장 흔하게 볼 수 있는 고양이죠. 쿠키가 무슨 특별한 일을 했다고도 할 수 없습니다. 영웅적인 일을 한 것도 아니고, 재난으로부터 누군가를 구해낸 것도 아닙니다."

린다를 구한 것도 아니었다. 쿠키가 린다 카이라를 질병에서 구한 것도, 간혹 느꼈던 외로움에서 구한 것도 아니었다. 이것은 구원의 이야기가 아니다. 또한 결핍에 대한 이야기는 더더욱 아니다. 린다 카이라는 언제나 그랬고 앞으로도 계속 행복할 것이다. 이 이야기는 선택받고 열렬히 사랑받아서 자신의 인생이 변화한 이야기다.

듀이, 쿠키. 우리의 마음을 감동시키고 인생을 바꿔놓은 다른 모든 고양이들. 그들에게 어떻게 감사를 표현할 수 있을까? 이 느낌을 어떻게 설명할 수 있을까?

쿠키가 세상을 떠난 후 린다는 자신의 소중한 고양이에 대한 추모의 글을 썼다. 그 글은 이렇게 마무리 짓고 있다.

"더 이상 무슨 할 말이 있을까. 매일 쿠키를 그리워하겠지만 인생은 계속될 것이다. 제니퍼는 결혼을 할 것이고 소중한 손자 손녀들을 보게 될 것이며 나는 다른 반려동물들을 사랑하고 잃을 것이다. 하지만 한 가지는 확실하다. 다른 어떤 동물도 내 인생 최고의 친구를 대체할 수는 없을 것이다. 어떠한 다른 동물도 쿠키가 내 인생에 가져다주었던 그런 기쁨을 줄 수는 없을 것이다."

그야말로 '아멘' 이라고 생각한다.

Dewey's Nine Lives
{7}

나는 내 고양이와
결혼했어요

마시멜로는 터프한 고양이에요.
가장 허약한 새끼로 태어났지만
자라서는 정말 튼튼한 고양이가 되었죠.
마시멜로는 너그러운 마음씨를 가지고 있지만
겉으로는 잘 드러내지 않는 캐릭터에요.
여간해서는 자기 본모습을 드러내지 않았어요.
"너한테만 보여줬단 말이지?"
"저한테만 보여줬어요."
 - 크리스티

Marshmallow & Kristie

나는 이 책을 위한 이야기들을 쓸 때마다 마시멜로가 떠올랐다.
크리스티가 얼마나 그 녀석을 사랑했고, 반대로 마시멜로가 그녀를
얼마나 사랑했던가가 모두 생각났다. 둘은 서로의 인생에 중요한 일부였다.
듀이와 나의 관계에 가장 근접하는 것이다. 이 이야기는
특별한 고양이와 특별한 소녀에 대한 이야기이자,
이런 멋진 관계가 언제 어디서나 존재한다는 것을 보여주고,
고양이가 당신의 가장 친한 친구라도 괜찮을 뿐 아니라
이것이 매우 정상적이라는 것을 보여주는 이야기이다.

나는 크리스티 그레이엄을 평생 동안 알고 지냈다. 그녀가 첫 영성체를 할 때도 곁에 있었고 고등학교 졸업식에도 참석했다. 그녀의 결혼식에는 꽃 장식을 맡았었다. 그녀의 기저귀를 갈아준 적도 있다. 물론 그녀가 아주 어리고 귀여운 아기였을 때의 일이다. 크리스티의 어머니 트루디는 내가 나의 인생과 재정 상태를 엉망으로 만든 알코올중독자

와의 결혼 생활을 마감하고, 서른이 넘은 나이에 미네소타에서 대학 생활을 시작했을 때 처음 새로 사귄 친구들 중 하나였다. 수업을 들으러 갈 땐 트루디가 내 딸 조디를 자주 돌봐주었다. 쉬는 날이면 아이들끼리 놀게 하고 우리는 마주 앉아 커피를 마시며 오래도록 이야기를 나눴다. 크리스티의 기억에 따르면 그녀의 어머니와 나는 커피를 수십 잔씩 마셨다고 한다. 당시 크리스티는 네다섯 살밖에 되지 않았기 때문에 그녀의 기억은 상당히 산발적이다. 크리스티는 우리 집 세탁기가 돌지를 않자 내가 커다란 나무 주걱으로 빨래를 휘저었다고 한다(딱 한 번 약 일주일간 그랬던 것 같다). 낡아빠진 내 차는 언제나 시동이 걸리지 않았다고 한다(가끔 있는 일이었다). 또한 엘비스 프레슬리가 죽었을 때 내가 펑펑 울었다고 했다(사실이 아니다. 그녀의 어머니가 울었다). 그리고 그녀의 말을 빌리자면 나는 "아주 열심히 열심히 일만 하던 여자"라고 했다(나도 동의한다. 열심히 일하지 않을 수 없었기 때문이다!).

하지만 나는 항상 그녀를 멋진 소녀로 기억하고 있다. 트루디의 큰딸 켈리는 조디와 동갑이었다. 켈리는 아름답고 활달한 어린이였다. 세 살 어린 크리스티도 언니만큼 예쁘고 외향적인 성격이었지만 언제나 자신이 언니를 따라갈 수 없다고 생각했다. 사실 나중에 홈커밍 여왕으로 뽑힌 것은 크리스티였는데도 말이다. 세 살이 된 크리스티는 다른 쪽으로 발전하기 시작했다. 크리스티는 우리의 작은 커피 클럽의 코흘리개 개구쟁이가 되었던 것이다. 말 그대로였다. 이 꼬마는 항상 콧속에 뭔가 끼어 있었다. 시어스 백화점에서 사진 촬영을 하기 위해 깨끗한 하얀 드레스를 입혀 놓으면, 자동차에서 내릴 때쯤엔 벌써 시커먼 얼룩들이 묻어 있었다. 자동차가 아무리 깨끗해도 마찬가지였다. 크리스티는 항상 드레스를 더럽힐 방법을 찾아내고야 말았다. 이것은 꾸며내는 이야기가 아니다. 그 사진이 진짜 있다. 크리스티 본인도 그 당시에는 자신이 항상 "코딱지 같은 더러운 것"을 묻히고 다녔다고 인정했다(꽤 자랑스러워하는 듯했다). 그래서 그녀를 피그펜, 즉 돼지우리라고 불렀던 것 같다. 나는 이 꼬마를 사랑했다. 피그펜은 내가 그녀를 부르는 애칭이었다.

하지만 피그펜 크리스티에 대해 가장 많이 기억나는 것은 더러운 얼굴이나 무엇인가를 흘린 드레스가 아니다. 우리가 항상 즐거웠다는 것이다. 그녀와 언니 켈리는 내가 아는 아이들 중 가장 웃기도 잘하고, 장난도 잘 치고, 놀기도 잘하는 아이들이었다. 크리스티와 아이들이 친구의 딸 수전을 설득하여(강요였을 수도 있다) 세탁물을 투척하는 홈통을 미끄럼대처럼 내려가게 했던 아찔한 기억도 있다. 천만다행으로 그 밑에 빨래 더미가 수북이 쌓여 있었다. 왜냐하면 그 홈통은 수직으로 3미터 이상 떨어지게 되어 있었기 때문이다. 이 열한두 살짜리 소녀들이 파자마 파티를 할 때면 내가 보호자가 되어 새벽 2시까지 신나게 재잘대는 아이들을 감독하기도 했다. 무시무시한 눈 폭풍이 몰아닥쳐 눈 속에 꼼짝없이 갇히게 되었을 때 크리스티, 켈리, 조디에게 1970년대에 유행했던 소프트 록에 맞춰 춤을 추며 립싱크를 하게 했던 기억도 난다. 아이들 차례가 끝나면 트루디와 나도 의상을 갖춰 입고 1950년대의 걸그룹 히트송을 '노래' 했었다. 늘 그랬던 것처럼 힘든 상황을 긍정적으로 넘긴 우리 여성 동지들은 그 후에도 오랫동안 눈 폭풍 치던 주말을 추억하며 즐겁게 웃곤 했다.

그리고 또 크리스티의 고양이 마시멜로가 생각난다. 마시멜로는 덩치가 크고, 털이 풍성한 빛바랜 하얀색 고양이로 정말, 진정으로 마시멜로를 닮았다. 마시멜로를 그리 자주 보았던 것은 아니다. 보통은 도망치는 녀석의 꼬리를 얼핏 보았을 뿐이다. 마시멜로는 크리스티에게 아주 특별한 존재였다. 나도 그 고양이를 좋아했지만 그런 이유가 아니었다면 마시멜로가 내게 특별했을까 싶다. 이 세상 어떠한 어린이도 크리스티 그레이엄만큼 고양이를 사랑할 수는 없었다. 그녀는 마시멜로를 정말 사랑했다. 소녀는 항상 그 고양이 이야기뿐이었다.

그래서 나는 이 책을 위한 이야기들을 생각했을 때 마시멜로가 떠올랐다. 크리스티가 얼마나 그 녀석을 사랑했고, 인생의 중요한 일부였으며 둘의 관계가 크리스티에게 어떤 의미였고, 반대로 마시멜로가 그녀를 얼마나 사랑했던가가 모두 생각났다. 크리스티와 마시멜로의 관계는 듀이와 내가 함께했던 관계에 가장 근접하는 것이다. 이 이야기는 특별한 고양이와 특별한 소녀에 대한 이야기이자, 이런 멋진 관계가 언제 어디서나 존재한다는 것을 보여주고, 고양이가 당신의 가장 친한 친구라도 괜찮을 뿐 아니라 매우 정상적이라는 것을 보여주는 이야기이다. 이 모든 것도 물론 듀이가 가능하게 해준 선물이다.

크리스티가 자신의 이야기를 재미있게 풀어나갈 것이고 웃으며 들을 수 있는 이야기가 될 것이라고 생각했다. 실제로 그랬다. 그렇지만 그녀의 이야기에 깊은 감동까지 받게 될 줄은 몰랐다. 크리스티의 인생이 완벽하지 않다는 것은 알고 있었다. 그녀도 인생의 기복을 겪었다. 그렇지 않은 사람이 누가 있겠는가? 그것이 인생이다. 크리스티는 내게 이렇게 이야기했다.

"정말 근사한 여정이었어요. 그 모든 것을 겪지 않았다면 오늘날의 내가 있을 수 없겠죠. 그러니 사실 그건 축복이라고 생각해요."

나도 그렇게 생각한다. 그녀를 알고 있다는 것도 축복이라 생각한다. 크리스티와 켈리, 그리고 그들의 엄마를 나는 가슴속 깊이 사랑하고 있다. 내 세탁기가 돌지 않아도, 내 차가 가다 퍼져도, 그들이 존재함으로써 내 인생은 '일등 인생'이 되었다. 그럼에도 크리스티의 이야기는 나를 놀라게 했다. 그녀가 똑똑하다는 것은 알고 있었지만 이렇게까지 현명하리라고는 생각지 못했다. 그녀는 고작 서른다섯 살이었기 때문이다. 왜 이리 똑똑한 걸까?

자, 그럼 크리스티, 나는 여기서 잠시 쉴게. 이제 너의 방식으로 자신의 이야기를 들려주렴. 지금까지 이 책에 몇 개의 이야기가 있었던가? 여섯 개? 일곱 개? 이쯤에서 나도 커피 한 잔 하고 쉴 때가 되었겠지.

*

나는 축복을 받았다. 늘 하는 이야기이다. 나는 너무 축복을 받았기에 매년 크리스마스카드에 내가 받은 축복의 리스트를 적는다. 그 리스트는 이렇게 생겼다.

나는 축복받았다. 우리 집 아이들은 모두 햄버거와 치즈, 핫도그와 냉동 피자를 좋아한다.

나는 축복받았다. 두 아들이 거친 사나이들처럼 생각하고 말하고 행동하지만, 밤이면 아직도 곰 인형을 안고 잔다.

나는 축복받았다. 매일 네 개의 신용카드 청구서가 우편으로 배달된다. 어떤 사람들은 이것을 쓰레기 우편물이라고 부르지만 나는 이것을 '공짜 봉투'라고 부른다.

나는 축복받았다. 우리 아이들은 모험을 즐기며, 죄만 안 된다면 무조건 도전한다. 예를 들어 5달러 내기라면 '엄마의 특제 소스'도 무조건 마신다. 초콜릿 시럽, 케첩, 머스터드, 피클 주스를 한꺼번에 섞은 죽음의 소스라도.

나는 축복받았다. 딸 레이건이 깨어나면서 큰 소리로 "루카스, 디제이, 나 일어났어. 오빠들, 나 데리러 와!"라고 외치고, 그러면 나는 5분을 더 잘 수 있다.

*

우리 아이들이 지렁이와 벌레를 좋아하는 것도 축복이다. 나도 그것을 좋아한다. 아이들이 텃밭에서 토마토와 콩을 바로 따 먹고 어린 당근도 캐 먹고 파프리카도 직접 베어 물 수 있다는 것도 축복이다. 나도 그렇게 자랐기 때문이다. 수시티가 겨울에는 매우 추워 눈 요새를 만들 수도 있고, 여름에는 매우 더워 뒷마당에 임시 수영장을 만들 수 있는 것도 축복이다. 또 우리 아이들이 계속 옷에 풀물을 들이고, 신발 신는 것을 싫어하는 것도 축복이다. 우리 딸은 남편을 닮아 원시인 캐릭터, 프레드 플린트스톤 같은 발을 하고 있긴 하지만 말이다(나중에 하이힐을 신으면 어떤 모양일까 은근히 걱정이다).

루카스는 내가 아는 아이들 중 가장 마음이 따뜻하고 남과 교감을 할 수 있는 아이여서 나는 축복받았다. 둘째 아들 디제이가 매우 고집이 센 것도 축복이라고 생각한다. 자신의 진짜 이름인 도슨이라고 불리기를 완강히 거절해서 모든 사람들이 따라주었다. "왜 내 이름을 브루스 웨인이나 카우보이 디제이라고 안 지어주셨어요?" 그는 우는 소리를 하곤 했다. 당시에는 배트맨과 카우보이 단계를 거치고 있었다. 디제이는 3년 동안 매일 배트맨 복장이나 카우보이 옷차림을 하고 살았다. 나는 기꺼이 슈퍼마켓에서 쇼핑 카트에 배트맨을 태우고 돌아다녔지만, 결국 나중에는 유치원 선생님에게 부탁해서 카우보이들은 학교에 올 수 없다고 말해야 했다. 한편, 세 살 난 딸 레이건은 인어공주다. 천 냥 하우스에서 구입한 오렌지색 가발을 쓰고 구호단체에서 얻은 자기 발보다 사이즈가 셋이나 더 큰 탭댄스 신발을 신고 남편을 에릭이라고 부른다(그의 진짜 이름은 스티븐이다). 〈리틀 머메이드〉에 나오는 왕자의 이름이 에릭이기 때문이다. 남편이 퇴근할 때마다 매일 밤 "내 왕자님이 오셨어!"라고 소리 지른다. 그리고 둘은 춤을 춘다. 레이건은 나와는 절대 춤을 추지 않는다. "엄마 미안해." 그녀가 하는 말이다. "엄마는 우르슬라야."(우르슬라는 바다 마녀이다.) 그래도 나는 그녀가 디제이보다 여덟 살이나 어려 축복받았다. 다시 어린 아기를 안아보려면 내가 할머니가 될 때까지 기다려야 하기 때문이다. 나는 꿈의 남자 스티븐을 만나 축복받았다. 우리는 결혼한 지 13년째이지만 그이와 데이트를 하려고 준비할 땐 아직도 마음이 설렌다. 남자와 둘만의 데이트. 외식을 할 때면 그이는 내가 좋아하는 메뉴를 주문해준다. 구운 치즈 샌드위치와 바삭한 감자튀김. 남편은 나를 바꾸려 들지 않는다. 그냥 웃으며 이렇게 말한다.

"당신은 매우 경제적인 데이트 상대야, 여보."

나의 대답이다.

"당신 복이지."

나는 열여섯 살부터 스물네 살 사이의 학습장애 학생 52명을 가르치는 의미 있는 직업을 갖고 있어 축복받았다. 나의 경험을 이용하여 사랑하는 학생들을 도와줄 수 있고, 또 그들의 용기와 따뜻한 마음이 반대로 내게 힘이 되기 때문이다. 나는 축복받았다. 애견 몰리가 열일곱 살에 죽었을 때, 너무나 많이 울어 다시는 다른 동물을 키우지 않으리라 생각했다. 그러나 수랜드 동물보호단체에서 자원봉사 활동을 하던 우리 학생들은 내게 보호가 필요한 유기견을 안겨주었고 이제 나는 매일 아침 조깅을 할 때 프린세스와 함께 뛴다.

나는 축복받았다. 지난가을 수시티 마라톤에 참여했고, 이번에는 제대로 준비를 해서 완주할 수 있었다. 나는 68킬로그램 이상 그룹에서 뛰기 위해 일부러 몸무게를 늘렸고, 3위로 들어왔다. 정말 경이로운 일이었다. 하지만 그래서 축복받은 것은 아니다. 내가 축복받은 것은 매 3킬로미터마다 남편, 언니, 그리고 우리 아버지까지 도로에 나와서 내게 물을 건네며 응원해주었고, 내가 얼마나 많이 노력했고 얼마나 힘든 여정을 거쳐 왔는지 알기에 마주칠 때마다 자랑스럽다며 눈물로 응원해주었기 때문이다.

나는 어디에서 왔는가? 어떻게 여기까지 왔는가? 스스로에게 자주 던지는 질문은 아니다. 나는 하느님의 축복을 받았다. 매번 우리 집 세 살배기가 기도하는 소리를 들을 때마다 그렇게 생각한다. 하지만 그것은 많은 노력의 결과다. 나는 안다, 왜냐하면 그 노력을 내가 했으니까. 이 책에 대해 생각하기 시작한 후에야 비로소 나는 로버트 프로스트가 맞았을 수도 있다는 생각을 했다. 어쩌면 정말 우리 인생의 노란 숲 속에 두 갈래 길이 나 있고 나는······.

나는 내 고양이와 결혼했다.

그리고 모든 것이 달라졌다.

이 말을 설명하기 위해서는, 여러분도 궁금해하기를 바라지만, 우리는 아마 처음부터 시작해야 할 것이다. 이 경우엔 1984년으로 돌아가야 한다. 당시 나는 호숫가의 작고 예쁜 마을인 미네소타 주 워딩턴에 사는 아홉 살짜리 지저분한 코흘리개(나는 그 사실이 자랑스럽다!) 어린이였다. 사실 나는 개구쟁이였다고 할 수 있다. 나는 아버지와 정원 일을 하는 것을 즐겼고, 흙 속에서 지렁이를 파낸다든가, 내 손바닥 위에서 딱정벌레들을 경주시키는 놀이를 즐겼기 때문이다. 어머니가 내게 땋은 머리가 예쁘다고 했을 때, 나는 한밤중에 머리카락을 싹둑 잘라 보석함 안에 숨겼다. 나는 설탕을 너무 좋아한 나머지 몰래 부엌 창고로 들어가 허쉬 초콜릿 시럽을 통째로 몽땅 마셨다. 그러고는 초콜릿 시럽을 잔뜩 묻힌 얼굴로 돌아다니며 나의 범죄를 부정했다. 여러분도 주변에 그런 아이를 한 명쯤은 알고 있을 것이다. 세상만사가 태평한 아이였다.

하지만 1984년 여름 할아버지가 대장암에 걸리셨다. 할아버지는 아이오와 주 위트모어라는 아주 작은 마을 출신의 몸집이 커다란 사나이였다. 그곳에서 할아버지는 고기 냉동고를 경영했는데, 어린 나는 할아버지 키가 30미터도 더 된다고 생각했다. 자기 의견을 거침없이 말하는 성격에 평생 고기를 썰어서 할아버지의 손은 크고 거칠었다. 어머니와 우리 자매가 할아버지를 돌보러 위트모어로 갔을 때 나는 마치 놀러 가는 것처럼 흥분했었다. 할아버지는 내게 영웅이었기 때문이다. 나는 지금도 매일 간이식당까지 롤러스케이트를 타고 가 늘 앉던 자리에 털썩 앉으며 "늘 먹던 걸로 주세요"라고 외치던 기억이 생생하다. 물론 그것은 구운 치즈 샌드위치와 바삭한 감자튀김이었는데, 그럴 때마다 마치 내가 어른인 것 같은 기분이었다. 하지만 암은 할아버지를 너무 빨리 좀먹어 들어갔고 할아버지는 내가 보는 앞에서 시들어가기 시작했다. 어린 내 눈에도 할아버지의 커다란 손이 떨리는 것이 보였다. 더 이상 나를 안아주지도 못하셨다. 우리 어머니는 강인한 의지의 소유자다. 어머니는 항상 "내가 감당 못할 건 없다. 뭐든지 나한테 맡겨"라고 큰소리쳤다. 하지만 할아버지가 투지를 잃으셨을 때 처음으로 어머니가 두려워하는 모습을 보았다.

  2주 후 미네소타의 집으로 돌아왔을 때 내 고양이가 죽었다는 것을 알게 되었다. 나는 고양이 퍼프를 아버지에게 맡기고 떠났다. 하지만 할아버지 장례식이 끝난 후 돌아왔을 때 아버지는 퍼프가 죽었다고 말했다. 나는 아버지를 쳐다보며 가만히 고개를 끄덕였다. 그리고 방으로 가서 울기 시작했다. 나는 아홉 살이었다. 어찌할 바를 몰랐던 것이다.

  며칠 후 고양이 한 마리가 우리 집 옆문 앞에 나타났다. 이 암고양이는 얼룩이였는데 내가 전에 본 적 없는 가장 어지러운 다양한 색깔의 배합을 가지고 있는 고양이였다. 줄무늬나 패턴이 아니라 미친 듯이 조각보를 모아놓은 것 같기도 하고, 여러 다른 고양이의 부분 부분을 꿰매놓은 듯이 보이는 고양이였다. 고양이는 양쪽 귀도 없었는데 동상이 걸려 없어졌는지도 모른다. 꼬리도 몽땅했다. 못난이에 상태도 안 좋고 여러모로 키우기엔 바람직하지 않은 고양이였으므로…… 당연히 나는 먹이를 주기 시작했다. 고양이에게 우유도 주고, 이름도 지어주고, 주머니에 몰래 숨겨놓았던 먹다 남은 부스러기도 주었다. 그랬더니 고양이는 계속 나를 찾아왔다.

"크리스티."

드디어 아버지가 옆문 앞을 서성이는 바우저를 보곤 내게 말했다.

"왜 저 고양이 밥을 주냐?"

"알아버찌가 보냈져."

그 당시 나는 애기들처럼 혀가 짧았다. 예를 들어 "빨간 잔미는 앱뻐." 이런 식으로 말하고 다녔다. 혀 짧은 소리지만 나는 더욱 기세등등하게 밀어붙였다. "알아버찌가 이 고양이 키우랬져, 아빠."

전형적인 아홉 살짜리라고? 부모를 교묘히 조종했다고? 그럴 수도 있다. 하지만 나는 당시 진심으로 그렇게 믿었다. 지금도 믿는다. 만일 인생에 어떤 공백이 생겼고 사람으로 채워야 되는데 그것이 가능하지 않을 때 하느님은 동물을 보내주신다. 바우저는 하늘이 보내준 동물이었다. 하늘나라에서 할아버지가 주선해준 것이다.

우리 아버지는 나와 무척 닮았다. 아니, 내가 아버지를 닮았는지도 모르겠다. 자연에 관해서는 확실히 그랬다. 아버지는 농장에서 자랐다. 자연을 사랑하고 정원을 사랑하고 동물을 사랑했다. 나는 손 위에 딱정벌레를 올려놓고 다녔고, 케어 베어스 인형을 가지고 노는 언니를 놀래기 위해 콧속에 지렁이를 집어넣기도 하는 아이였다. 어머니는 항상 언니 편을 들었다. 어머니는 동물애호가가 아니었다. 하지만 아버지는 날 이해했다. 뿐만 아니라 퍼프에 대해서 약간 미안해하고 있었던 것 같다. 그 고양이의 죽음에 대해 내가 그렇게 크게 충격을 받을 줄 모르셨던 것 같다.

이유가 무엇이건 간에 바우저와 함께 지낼 수 있도록 아버지를 설득하는 것은 그리 어렵지 않았다. 아버지는 차고에 바우저를 위해 열 램프를 설치해주었다. 미네소타의 겨울은 혹독하게 추웠고(차고 안이 실내라고는 해도 열 램프가 있어야 바우저의 물그릇이 얼지 않기 때문이다) 어머니의 명령으로 어떠한 경우에도 바우저를 집 안에 들일 수가 없었기 때문이다. 열 램프를 설치한 이후 아버지는 공구를 넣어두던 낡은 서랍장을 그 밑에 배치하고 그 위에 카드보드로 만든 박스와 담요를 얹었다. 그런데 몇 주 후에 바우저가 새끼를 낳는 바람에 아버지와 나는 깜짝 놀랐다. 바우저는 내 침실 창문 바로 아래에서 새끼를 낳았다. 갓 태어난 새끼는 옮기지 말아야 하는 것이 상식이지만 아버지는 새끼 고양이들을 창문 아래로부터 차고 안의 박스로 옮기기로 했다. 고양이용 아파트, 그것도 펜트하우스가 준비되어 있는데 새끼들을 흙 속에서 뒹굴게 둘 수가 없다고 했다.

솔직하게 말해서 마시멜로는 새끼들 중에 제일 예쁜 고양이가 아니었다. 사실 마시멜로가 형제 중 가장 허약한 녀석이었고 수줍음을 많이 탔다. 마시멜로의 털은 주로 하늘을 향해 곤두섰다. 마치 1984년 가을 미네소타 주 초등학교를 휩쓸며 유행했던 이상한 공포의 파마머리를 한 것 같았다. 녀석은 원래 거의 순백색이었다. 내가 거의라고 말하는 것은 불행히도 속털이 노란색이었기 때문에 누렇게 빛바랜 것처럼 보였다. 양을 생각하라. 그런 후 그 양털이 정전기로 인해 다 곤두섰다고 상상해보라. 혹은 민들레가 하얀 씨를 사방으로 뻗치며 곧 바람에 날아갈 듯 서 있는 모습을 상상해보라. 그게 마시멜로였다.

고양이 아파트 프로젝트의 일부로서 아버지는 서랍장 꼭대기에서 바닥까지를 널빤지로 연결했다. 바우저는 바닥에 서서 어미 새가 새끼들에게 나는 법을 가르치듯 새끼 고양이들에게 한 마리씩 내려오라고 했다. 마시멜로가 항상 맨 마지막이었다. 마시멜로는 널빤지 꼭대기에 서서 두 눈이 튀어나올 듯이 두려움에 온몸을 떨었다. 어미 고양이는 야옹 소리를 내며 격려했고, 마시멜로의 다른 형제들은 기다리다 지루해져서 서로 싸우기 시작했다. 마시멜로는 그대로 서서 떨기만 했다.

"내려와봐, 마시메노."

내가 살살 꼬였다.

"뛰어바. 근양 뛰어바. 시워."

결국 마시멜로는 작은 한 걸음을 내딛곤 옆으로 넘어져 바닥까지 널빤지를 타고 슬로모션으로 미끄러지듯 굴러서 내려왔다.

"갠찬아, 마시메노."

내가 위로했다.

"내일은 뛸 수 있을 거야."

하지만 새끼 고양이들을 분양할 시기가 될 때까지도 마시멜로는 아직 젖을 떼지 못했고 그때까지도 널빤지를 걷거나(혹은 뛰거나) 할 용기를 내지 못했다. 마시멜로는 여전히 서랍장 꼭대기부터 바닥까지 미끄러져 내려오고 있었다. 그러자 부모님은 내가 키울 수 있게 허락해주었다. 부모님은 상태가 그러하니 마시멜로가 오래 살지 못할 것이라 생각한 것 같다.

"그 고양이한테 우유 주지 마."

내가 냉장고에서 우유팩을 살짝 꺼내는 걸 보고 아버지가 말했다.

"맛 들이면 어떡해. 우유가 얼마나 비싼데."

그래서 새끼를 보살피는 어미처럼 나는 대안을 생각해냈다. 물과 밀가루. 보기에는 우유처럼 보였는데 냄새를 슥 맡아본 마시멜로가 고개를 갸우뚱하고 나를 쳐다보았다.

"왜 그래, 마시메노? 그건 마시 없쪄? 그거 먹어야 튼튼해찌지, 마시메노. 난 니가 필요해."

마시멜로는 끝내 그 젖은 밀가루는 마시지 않았지만 결국은 튼튼하게 자랐다. 눈이 녹고 봄이 오자 마시멜로는 어미를 따라 마당을 돌아다니기 시작했다. 그리고 나는 그들을 따라다녔다. 얼마 있지 않아 우리는 길 건너 골프 코스 근처에 나무를 심어놓은 중앙분리대로 갔다(어린 나는 그곳이 숲이라고 생각했다). 그곳에서 우리는 나뭇잎이나 작은 돌멩이를 뒤집어보며 그 밑에 무엇이 있는지 탐색하곤 했다.

"이 지렁이 좀 바, 마시메노."

나는 지렁이가 내 팔목을 지나 팔을 타고 가도록 만들며 말했다.

"이 돌멩이 좀 바. 이 나비 좀 바."

그해에 나는 드디어 학교까지 혼자서 걸어갈 만큼 자랐다. 마시멜로는 모퉁이까지 나를 따라왔다가 내가 우리 블록을 지나 사라질 때까지 지켜보았다. 내가 학교에서 돌아오면 마시멜로는 항상 그 모퉁이에서 기다리고 있었다.

"마시메노우우우!"

나는 마지막 구간을 달려가며 소리쳤다. 누가 나와 마시멜로를 쳐다보든 상관하지 않았다. 나는 내 고양이가 자랑스러웠다. 가끔 방문해서 함께 지내던 할머니가 매일 정확하게 오후 2시 30분이 되면 마시멜로가 저 모퉁이로 달려 나가는 것을 보았다고 말해주었을 때 나는 더욱 자랑스러웠다.

"마시메노는 내가 학교에서 돌아오는 걸 기달려준다."

나는 친구들에게 자랑했다. 분명히 친구들은 그걸 멋지다고 생각했을 테지만 솔직히 정확히 기억나지는 않는다.

가을이 되면 나는 나뭇잎을 수북이 쌓아 커다란 더미를 만들어 그 속에 마시멜로를 밀어 넣고 묻었다. 그러면 나뭇잎 사이로 마시멜로가 빼꼼히 머리를 내밀고 엉덩이를 좌우로 흔들고 나서 기습하듯이 두 앞발을 앞으로 뻗치며 나를 향해 돌진해왔다. 나를 사냥한다고 생각했는지도 모른다. 마시멜로는 사냥도 잘했다. 나는 자전거를 타고 보도 위를 질주하곤 했는데 소나무 옆을 지날 때마다 마시멜로가 불쑥 튀어나와 자전거의 타이어 그림자를 공략했다. 사실 고양이가 자전거에 치여 크게 다칠 수도 있어 속도를 늦춰야 했는데 나는 오히려 큰 소리로 외쳤다.

"조심해, 마시메노! 내가 나가신다!"

그러고는 페달을 더욱 빨리 밟았다. 그런 다음엔 자전거를 밀쳐놓고 나뭇잎 더미 속에 다리를 파묻고 발가락을 움찔거리며 마시멜로가 발가락을 공격해오기를 기다렸다. 완전히 지친 우리는 나란히 바닥에 누웠다. 나는 한 1분 동안 꼼짝 않고 누워 하늘을 올려다보았다. 평화롭고 조용한 하늘. 갑자기 마시멜로가 내 얼굴을 덮쳤다.

"어떡하다가 눈 주위에 상처가 났니?"

선생님이 물으셨다.

"마시메노가요."

나는 말했다.

"마시메노는 내 속눈썹이 거미인 줄 아라요."

"크리스티, 조심해라."

모두 말했다.

"그러다 다칠라."

마시멜로가 나를 다치게 한다고? 모르는 소리다.

그다음 해에 마시멜로가 두 살이 되었을 때 어미 고양이 바우저가 자동차에 치어 죽었다. 퍼프 때와 마찬가지로 마침 내가 여행 중이었을 때 일어난 일이다. 나는 슬픔에 빠졌다. 바우저는 내 고양이였다. 그녀는 마시멜로의 엄마였다. 내가 혼자 있게 되었기 때문에 할아버지가 보내주신 고양이였다. 그리고 나는 바우저를 사랑했다. 나는 마시멜로와 이제는 잊혀진 다른 아기 고양이들이 태어났던 내 창문 밑에 바우저를 묻어야 한다고 주장했다.

어미가 죽은 후 마시멜로는 변했다. 마시멜로가 우울해서였는지 외로워서였는지는 알 수 없지만 그때부터 내게 말을 하기 시작했다. 이상하게 생각할지도 모른다. 하지만 나는 항상 우리 고양이와 대화를 했다. 오늘 하루가 어땠는지, 학교에서 무슨 일이 있었는지, 내 장난감에 대해서도 말하고, 부모님의 부부 싸움에 대해서도 이야기를 했다. 마시멜로는 듣기만 할 뿐 한 번도 대답을 해준 적이 없었다. 어미 고양이가 죽기 전까지는 그랬다. 그 후 마시멜로는 내 창틀에 뛰어 올라와 내게 말하기 시작했다.

야옹 야옹.

마시멜로가 나의 관심을 끌기 위해 입을 열었다.

"안녕, 마시멜로. 잘 있었니?"

나는 숙제를 내려놓고 대답했다.

야옹.

"그래. 나도 좋은 하루였어."

야옹, 야옹.

"나는 학교 갔다 왔어. 너는 뭐 했니?"

야옹, 야옹, 야옹.

"그랬구나. 난 수학 숙제 다 했다!"

야옹.

"그래. 나 양말 찾았어."

야옹. 야옹. 야옹.

"아니. 내 신발 신었어. 그건 아직도 내 발에 너무 커!"

어머니가 절대로 마시멜로를 집 안에 들이지 못하게 했기 때문에, 나는 때때로 몰래 숨겨서 내 침실로 데려왔다. 별명처럼 나의 돼지우리적 성향은 시어스 백화점 드레스뿐만 아니라, 나의 개인 공간까지 전염되어, 내 방은…… 뭐랄까…… 한마디로 돼지우리였다. 무슨 말이냐 하면 바닥이 보이지 않았다는 얘기다. 마시멜로는 더러운 것을 밟고 걷는 것을 매우 싫어했지만 내게 안기는 것을 좋아했다. 문제는 연보라색 침대보를 건너오는 일이었다. 마시멜로가 한 걸음 한 걸음 뗄 때마다 녀석의 발톱이 침대보에 걸리는 바람에 마시멜로는 아연실색했다. 마시멜로가 연보라색 침대보 위를 걸어오는 모습을 보면 풍선껌이 가득 깔린 바닥을 걷는 사람 같았다. 걸음을 뗄 때마다 침대보가 녀석의 발톱에 끼어 마시멜로는 과장된 동작으로 발을 빼야 했기 때문이다. 나한테 도달했다 하더라도 마시멜로는 오래 머무르지 않았다. 한 10분 안겨 있다가 녀석은 다시 침대보 지뢰밭을 가로질러 자유를 찾아 야옹거리며 떠났다. 우리 둘은 더러운 방 안보다는 지렁이와 딱정벌레가 있는 '숲 속'이 더 편했다.

세 번째 여름이 돌아왔고 마시멜로는 전성기를 맞았다. 허약하고, 겁 많고, 부스스한 털로 90센티미터 높이의 널빤지를 무섭다고 슬로모션으로 굴러 내려오던 약골 중의 약골이던 아기 고양이를 기억하는가? 그를 잊어라. 왜냐하면 이제는 전혀 다른 고양이가 되었기 때문이다. 이제 마시멜로는 덩치도 당당한 남자 어른 고양이였다. 우리는 아직도 숲 속 산책을 함께 즐기고 내가 마당에서 잡은 딱정벌레와 나비를 보여 주기도 했지만 마시멜로에게는 자신만의 스포츠가 따로 있었다. 며칠에 한 번씩 마시멜로는 현관 앞 계단에 와서 내가 나올 때까지 울음소리를 냈다. 나가보면 녀석의 발치에는 죽은 다람쥐, 새, 새끼 토끼 등이 놓여 있었다. 하지만 마시멜로가 악의를 가지고 그런 것은 아니다. 그는 고양이로서 자신의 생존 기술을 연마하는 중이었을 뿐이다. 그래서 나는 개의치 않았다. 고양이의 본능이니까.

우리 옆집 오리 사냥꾼 아저씨는 그렇게 생각하지 않았다. 어느 날 아저씨는 머리부터 발끝까지 사냥복을 떨쳐입고 어깨에 엽총까지 메고 나와 마시멜로에게 다가와 자기 마당의 둥지를 가리키며 말했다.

"만약 네 고양이가 저 홍관조들을 잡는다면 네 고양이는 총 맞을 거다. 저건 아름다운 새들이기 때문이야."

그 아저씨는 우리 집 마당과 가장 가까운 곳에 있는 제일 낮은 나뭇가지에, 그것도 마시멜로가 숨을 수 있는 장소 바로 옆에 일부러 새 모이통을 걸어두고 이런 말을 했다. 사실 마시멜로를 유인하기 위한 미끼 달린 덫이나 다름없었다. 도살장을 차리고 기다리겠다는 것이다.

그래서 나는 양손을 옆구리에 척하니 올려놓고 온통 콧물이 묻어 더러운 입술을 쭉 내밀며 말했다.

"아찌가 오리를 주기면 나도 아찌를 쏠 거예요. 쟤들은 앱쁜 새들이니까요."

흙투성이에 혀 짧은 소리를 하는 5학년짜리 고양이 애호가 꼬마의 정의로운 분노 앞에 이 불쌍한 아저씨는 대처 능력이 없었던 모양이다. 아저씨는 지저분한 아이와 그녀의 지저분한 고양이를 멍하니 바라보더니 고개를 절레절레 흔들며 돌아갔다.

약 일주일이 지난 후 마시멜로는 오리를 잡았다. 골프 코스에서 오리를 잡아 목을 부러뜨려 주방장이 자신의 특제 수플레 요리를 대령하듯 우리 집 앞 계단 위에 내려놓았다. 나는 개의치 않았다. 마시멜로라고 하면 덮어놓고 싸고도는 나였기에 그가 살인자라도 용서했다. 오리 살해자.

바비 인형을 좋아하던 언니는 그리 관대하지 않았다.

"어머나, 세상에."

오리를 보았을 때 언니는 고래고래 소리를 질렀다. "현관에 죽은 오리가 있어요! 어머나 어떡해! 울타리에 피가 묻었네! 아빠, 아빠! 아빠!! 아빠아아!!! 문 앞에…… 죽은 오리가…… 있다니까요!"

당연한 얘기겠지만 하이패션을 뽐내는 여성스러운 언니는 더러운 데

다가 살생을 일삼는 마시멜로의 독특한 매력을 이해하지 못했다. 어머니와 마찬가지로 언니도 동물애호가가 아니었고 지렁이를 잡으러 다니거나 나뭇잎 더미에서 노는 것보다는 예쁜 옷 차려입기 놀이를 선호했다. 하지만 나도 언니에 대해 인정할 것은 해야겠다. 언니가 비록 내 고양이의 팬은 아니었다 할지라도 단순히 참아주는 것 이상이었다. 때로는 마시멜로를 인정해주기도 했다. 언니는 우리 둘 사이의 깊은 교감을 이해했고 자신은 그런 유대감을 원하지도 필요로 하지도 않았지만, 나를 위해 다행이라고 생각했다. 마시멜로가 나의 가장 절친한 친구라는 것을 언니는 알고 있었다.

"야, 크리스티."

언니가 말하곤 했다.

"네 고양이가 또 창문 앞에 왔다. 야옹거리는 소리가 들리는데, 혹시 배고픈 거 아니니?"

그러다 중학교 1학년이 되면서부터 다투기 시작했다. 정말 심각한 싸움이었다. 매일 켈리와 나는 이웃에 다 들리도록 창문을 열어놓은 채 서로에게 고래고래 소리를 질러댔다. 실제 서로에게 컬링기와 드라이어를 던지며 싸웠다. 이마엔 덴 자국이, 팔에는 멍이 들기가 일쑤였다. 한바탕 싸운 후 우리는 거울 앞에 나란히 서서 옷매무새를 바로잡았는데 그러면 언니는 입 한쪽으로 중얼거렸다. "못생긴 것이."

"아니야, 언니가 못생겼어."

나도 반격했다. 그때는 혀 짧은 소리도 고쳐서 한 마디 한 마디 또박또박 쏘아줄 수 있었다.

"못생긴 건 언니야. 내가 아니고."

"아니, 난 아니야. 너도 알면서."

야옹. 마시멜로는 내 침실로 들어오려고 방충망을 긁으며 말했다. 25년이 흘렀지만 지금도 어린 시절 내 방의 낡은 방충망을 보면 가슴이 뭉클하다. 지금도 마시멜로의 발톱 자국이 선명하게 남아 있는 그 방충망은 내 유년의 기념비이다.

야옹. 야아옹.

"알고 있어. 언닌 바보야."

야옹, 야옹.

"네 말이 맞아. 내가 어때서"

야아옹. 마시멜로는 내 무릎 위로 기어오르며 말하곤 했다. 당신의 고양이도 이러는지 모르겠지만 마시멜로는 가릉거리는 소리를 낼 때마다 젖먹이 때처럼 앞발을 꾹꾹 누르며 긁는다. 좀 아프기도 하지만 한편으론 시원했다.

"알아. 네 말이 맞아. 저런 식으로 마구 말하면 안 되는데 말이야."

야옹, 야옹, 야옹.

"알아, 마시멜로. 나도 다 들려. 저렇게 싸우느니 그냥 이혼했으면 좋겠어."

이런 식으로 고양이와 대화를, 아니 상담을 하는 것이 이상하게 느껴질지도 모르겠다. 이렇듯 고양이에게 의존하고 야옹거리는 소리에서 위안을 얻는다는 것이 말이다. 하지만 마시멜로는 나의 수호천사였다. 이해할 수 있을까? 마시멜로는 내가 예쁘다고 위로해주었다. 모든 것이 괜찮아질 거라고 희망을 주었다.

6학년에서 내가 가장 키가 큰 여자아이라서 고민했을 때에도.

중학교 1학년 때, 2학년 여학생들이 내 라커를 뒤져 내가 가장 아끼는 새 청바지를 속옷과 신발까지 함께 훔쳐 갔을 때에도.

학교 복도에서 마주치면 그 상급생들이 나를 벽에다 거칠게 밀어붙이고 자기들이 좋아하는 남학생을 쳐다볼 생각도 하지 말라며 윽박질렀을 때에도 말이다.

하지만 어느 날 언니가 쇼핑몰에서 그 아이들을 구석에 몰아넣고는 고등학교에 올라오면 나를 괴롭힌 만큼 그 두 배로 갚아주겠다고 협박을 하면서 괴롭힘은 막을 내렸다.

언니가 컬링기로 나를 때렸을지도 모른다. 소리도 지르고 욕도 했었다. 하지만 언니는 나를 사랑했다. 그 당시에도 그건 알고 있었다. 둘이 그렇게 싸웠던 것은 우리의 두려움과 답답함을 그렇게밖에는 표현할 수 없었기 때문이다. 어머니는 고함만 지르고 아버지는 술만 마신다고 우리 방식으로 푸념하는 것이다. 열 살인가 열한 살 때부터 나는 응접실 소파에서 숙제를 하며 술 취한 아버지가 돌아오시길 기다리다 자정을 넘기기 일쑤였다. 우리 어머니의 대응 방식은 화를 내는 것이었고 이런 식구들을 다독이고 보살피는 건 내 몫이었다. 켈리는…… 언니는 동생에게 화풀이를 했다. 하지만 언니는 내 편이기도 했다. 물론 마시멜로 같지는 않았지만 그래도 언니는 내 편이었다.

"너는 저 고양이가 너한테 정말 말을 한다고 생각하는구나?"

아버지가 어느 날 물어보셨다.

"말을 해요, 아빠."

내가 대답했다.

"야옹 소리를 들으면 알아요. 나한테 말을 해요."

내게 말을 하는 유일한 존재였다.

우리가 말을 하지 않을 때도 마시멜로는 내게 위안을 주었다. 내가 자지 않고 아버지를 기다리다 창밖을 내다보면 마시멜로가 앞마당을 가로질러 길 건너편 나무들 사이로 사라지는 모습이 보였다. 약 한 시간이 흐른 후 유리창에 뭔가 부딪히는 소리가 나서 나가보면 마시멜로가 창틀에 앉아 있곤 했다. 동네 수영장에서 구조원으로 일을 하다 내려다보면 마시멜로가 물고기 부화장의 키 큰 잡초 사이에서 시간이 가는 줄 모르고 들쥐를 사냥하고 있는 모습을 보곤 했다(그렇다. 우리 이웃에는 골프 코스도 있고 수영장도 있었지만 물고기 부화장도 있었다. 하지만 결코 이상한 일이 아니었고 맹세컨대 멀쩡한 중산층 동네였다). 농구를 하다 다리가 부러졌을 때 마시멜로는 석고 붕대에다 발톱을 갈곤 했다. 마시멜로가 총총히 사라질 즈음에는 갈기갈기 뜯긴 석고 조각이 사방에 대롱대롱 매달려 있었다. 그 꼴을 보면서 어떻게 다쳤다고 계속 우울할 수가 있었겠는가?

마시멜로는 매달리는 타입이 아니었다. 더 이상 내가 학교 갈 때 배웅하지도 않았고 자전거 뒤를 쫓아오며 추격전을 벌이지도 않았다. 이제는 나뭇잎 더미에서 함께 뒹군다든가 지렁이 사냥을 다니지도 않았다. 하지만 내가 선탠오일을 바르고 마당에서 일광욕을 할 때면 마시멜로는 언제나 내 곁에 있었다. 특히 일광욕을 하면서 발톱에 핫핑크색 네일 폴리시를 바를 때면 항상 옆에서 냄새를 맡았고 채 마르지 않은 발톱에 고양이털을 빠뜨리는 바람에 제대로 페디큐어를 할 수가 없었다. 하지만 마시멜로는 점점 더 내 인생의 관객으로 머무는 데 만족했다. 우리는 주로 스포츠에 대해서 많은 이야기를 나누었고(나는 운동을 잘했다), 남학생들 이야기도 했는데(당시에는 몰랐지만 나도 꽤 인기가 있었다) 마시멜로는 항상 내가 대화를 이끌어가게 해주었다. 마시멜로는 풀밭 속의 삶이 있었고 나는 나의 인생이 있었다. 하지만 내가 필요로 할 때 마시멜로는 항상 곁에 있어주었다. 아버지는 가출을 했고 다시 들어왔다가 또다시 집을 나갔다. 이런 답답한 분위기 속에서 나는 매일 자학적으로 장거리를 뛰었다. 집에 돌아와보면 마시멜로는 항상 문 앞 계단에서 기다리고 있었다. 한 번도 나를 실망시킨 적이 없었다.

마시멜로는 나의 모든 데이트 상대를 다 검열했다. 한 명 한 명 모두 다. 요즘 나는 그 생각을 하면서 웃는다. 왜냐하면 마시멜로는 항상 내게 이 세상에서 가장 아름다운 고양이였고 앞으로도 그럴 것이다. 하지만 외부 사람들이 보았을 때 마시멜로는 뚱보에다 관절염까지 있었다. 얼굴에는 커다란 물집처럼 보이는 물혹이 있었다. 그 바람에 전체적으로 무엇인가 썩어가고 병든 것 같은 아우라를 꽉꽉 풍겼다. 마시멜로의 부스스하고 누리끼리한 흰색 털은 처음부터 별로 예쁘지 않았지만 그나마도 고르지 않고 뭉쳐 있었다. 정말 단단히 뭉쳐 있었다. 이 고양이는 온몸에 커다랗고 지저분한 털 뭉치를 주렁주렁 달고 있었다. 그렇지 않아도 털이 부스스한 고양이에게 20개의 풍선껌을 매달아놓았다고 상상해보라. 그리고 그 풍선껌 속에 털을 꼬아 넣고 제대로 더러워질 때까지 보름쯤 기다렸다고 생각해보라. 나의 고등학교 시절에 마시멜로의 모습은 그랬다. 해마다 봄이 되면 미용을 시킨다고 털을 깎아주었는데 마시멜로에게는 큰 충격이어서 상처받은 쥐 같은 꼴로 차고 서까래 속으로 뛰어 들어가 며칠씩 나오지 않곤 했다. 미네소타의 겨울은 털 없는 고양이에게는 너무 추웠기 때문에, 나뭇잎이 떨어지고 홈커밍 댄스의 계절이 돌아오면 마시멜로는 항상 뚱뚱하고 부스스한 뭉친 털을 가진 고양이가 되어 있었다. 솔직히 말해서 미네소타 주 워딩턴에서 가장 못생긴 고양이였는지도 모르겠다.

나와 데이트하기 위해 남학생이 놀러 오면 내가 제일 먼저 하는 일은 마시멜로를 안아 들고 (바로 물혹 옆에 있는) 녀석의 콧등에 키스한 다음 내 데이트 상대의 얼굴에 바짝 들이대며 이렇게 말하는 것이다.

"이건 내 고양이 마시멜로. 정말 귀엽지 않아?"

아-아-우-우-우-우-웅. 마시멜로는 완전 무관심한 태도로 고양이 먹이 냄새를 풀풀 풍기며 낮은 목소리로 울곤 했다.

니코틴에 찌든 듯한 색깔에 마구 엉겨 붙은 털, 얼굴은 비대칭에 뚱뚱하고 느려터진 데다 혹까지 난 고양이를 보며 남학생은 아연실색했다. 그 친구들은 모두 다 이런 생각을 했을 것이다. 이게 도대체 뭐지? 일종의 시험인가?

사실 일종의 시험이었다. 만약 그 남학생이 내 고양이를 좋아하지 않으면 나도 그와 데이트할 생각이 없었다.

아니면 그건 내 바람이었는지도 모른다. 나는 사실 마시멜로를 좋아하지 않았던 남자 친구와 2년 반 동안 데이트를 한 적이 있다. 그 친구의 아버지는 우리 마을의 유지였다. 우리 아버지는 술꾼이었다. 그 친구는 잘생기고 매력적이었다. 나는 학교에서 제일 예쁜 여학생의 거식증에 걸린 여동생이었다. 내가 거식증이라고 말할 때는 너무 비참하게 말랐기 때문에 방치 불가에 집중 치료를 요하는 수준이었다. 나는 모든 답답함과 심리적 불안을 장거리 조깅으로 풀며 한두 숟가락 이외에는 먹기를 거부하고 살았다. 겉으로 보기에 나는 행복했다. 나는 웃는 것을 좋아했다(지금도 좋아한다). 사람들과 어울리는 것도 좋아했고 운동도 잘했다. 교내 여러 집단과도 쉽게 어울리고, 학교에 있는 거의 모든 사람들과 친하게 지냈다. 오죽했으면 내가 홈커밍 퀸을 했겠는가! 홈커밍 퀸이라면 당연히 고등학교 시절에 행복했어야 한다.

그러나 나는 속으로는 자신을 갈기갈기 찢고 있었다. 거식증 때문에 매일 등교할 때마다 전학 첫날 같은 기분이었다. 잠도 못 자면서 그다음 날 일어날 모든 일들을 자세히 분석하느라 신경이 쇠약해지는 느낌을 이해할 수 있을까? 옷도 강박적으로 꼭 원하는 대로 입어야 하고, 모든 사람들이 내 생각을 읽고 있는 것만 같고, 나의 모든 움직임을 지켜보고 있는 것만 같은 느낌. 손바닥은 땀으로 축축하고, 심장은 쿵쾅거린다. 자신이 얼음 위에서 넘어지고 있는 것을 느끼는 순간, 내가 탄 자동차가 사고를 향해 돌진하는 것을 느끼는 그 끔찍한 순간. 바로 그 순간이 내 인생에 24시간, 하루 종일, 일주일 내내 계속되었다. 침착함이나 의지는 없다. 언제나 공포만이 있을 뿐이다. 내가 완벽하지 않다는 것을, 내가 실수한다는 것을 누군가 알아챌 것만 같은 공포가 날 지배했다.

모두들 내 남자 친구가 완벽하다고 생각했다. 나 같은 사람에게는 참 좋은 남자 친구라고 했다. 나 같은 사람이라고 할 때는…… 거식증 이야기였다. 어머니 아버지도 그 친구를 좋아했다. 언니도 좋아했다. 지금 생각하면 다들 나 때문에 무서웠던 것 같다. 내가 섭식 장애로 죽을지도 모른다고 생각했던 것이다. 다들 남자 친구가 나를 구할 수 있을 것으로 믿었다. 처음 남자 친구와 헤어지려고 했을 때 체육 선생님마저도 나를 따로 불러서 너 자신을 위하는 길이라며 계속 사귈 것을 권했다.

남자 친구도 내가 자기와 함께 있어야 된다고 알고 있었다.

"너는 나만큼 좋은 남자를 다시는 못 만날 거야."

그가 늘 내게 하던 말이었다.

나를 나쁘게 할 뜻은 없었다고 생각된다. 그러나 그 친구 역시 아직 어렸고 자신의 문제와 씨름하고 있었을 뿐이다. 그즈음에 나는 드디어 용기를 내어 상담을 받기 시작했다. 어머니는 나를 나약하다고 비웃었다. 최소한 그 당시에 나는 그렇게 생각했다. 모든 사람이 나를 실패자로 본다는 강박이 있었기 때문이다. 나중에 알고 보니 어머니는 나를 비웃은 적이 한 번도 없었다. 오히려 자랑스러워했다. 아버지는? 아버지는 실직한 상태에서 내 치료비가 너무 부담이 되어서 내 건강보험을 취소해야 했다고 하셨다. 그런데 정말 감사하게도 텍사스에 살던 내 대모께서 가지고 있던 아메리칸 항공의 주식을 팔아 도와주셨다. 자신의 은퇴 자금을 내 치료에 썼던 것이다. 치료를 받고 보니 나 같은 사람에겐, 자기 같은 남자 친구가 있는 걸 고마워하며 살아야 한다던 남자 친구 따윈 필요 없음을 깨달았다.

콤플렉스투성이에 거식증까지 있는 여학생이 어떻게 그런 멋진 남자 친구를 찰 수 있었을까? 답은 물론 고양이의 도움을 받았기 때문이다. 2년 반 동안 나는 스스로에게 계속 말했다. 이 남자는 마시멜로를 좋아하지 않아. 이 남자는 아니야. 얘는 마시멜로를 좋아하지 않아. 매번 남자 친구가 "그 이상한 고양이 만지지 마. 밥 먹으러 나갈 거잖아. 스웨터에 고양이 털 묻는단 말이야"라고 말할 때마다 조금씩 내 마음이 굳어갔다. 나는 사실 마시멜로를 초등학교 2학년 때부터 쓰다듬어왔다.

나는 몰랐지만 아마도 지난 10년간 매일 내 옷에는 고양이 털이 붙어 있었나 보다. 2학년 때부터 나는 걸어 다니는 마시멜로 털 뭉치였다. 온몸에 녀석의 털이 붙어 있었으니까. 마시멜로는 나의 일부분이다. 만일 어떤 남학생이 내 스웨터에 붙어 있는 마시멜로 털을 싫어한다면 그 사람은 나를 싫어하는 것이다, 라고 스스로에게 말했다. 고양이 털 때문에 고등학교 남자 친구와 헤어진 일은 내 어린 시절의 마무리를 장식하는 최대의 사건이었다.

*

왜 남편과 결혼한 것일까, 나는 가끔 궁금했다. 물론 그를 사랑한다는 것은 알고 있다. 하지만 왜 하필 그 사람일까? 스티븐은 내가 아는 사람 중 가장 조용한 사람이다. 누가 말을 걸어야만 입을 열었고 그 내용도 적절한 정보를 전달하기 위해서일 뿐이다. 단지 나와의 대화만이 예외였다. 우리 둘은 언제나 솔직한 대화를 했다. 둘 사이에 비밀은 없었다. 남편에 대해 나는 모든 것을 알고 남편도 나에 대한 모든 것을 안다. 내가 아는 것처럼 그이를 알고 있는 사람은 거의 없다. 사람들은 남편이 눈에 잘 띄는 사람이라고 한다. 사냥도 잘하고 탁월한 운동 실력에 몸집도 큰 야외 활동을 즐기는 남성이다. 하지만 남들은 그런 외관만 알 뿐이지 진정한 이 남자는 잘 모른다. 이 남자가 얼마나 내 품에 파고드는 걸 좋아하는지 아무도 모른다. 내 기분이 언짢을 땐 항상 두 팔로 나를 감싸주고, 어디든 나와 함께 간다는 것도 모른다. 내게 꽃을 사주진 않지만 어차피 내가 원하는 것이 그것이 아니기에 괜찮다. 나는 그에게 말했다. 내게 선물을 사줄 필요 없어요. 그냥 필요할 때 곁에 있어줘요. 나는 재즈도 필요 없고 큰 집도 필요 없고 비싼 반지도 필요 없어요. 그냥 나와 함께 인생의 길을 걸어갈 친구를 원해요.

여자들은 결국 자기 아버지를 닮은 사람과 결혼한다고들 한다. 하지만 과연 그럴까? 아버지는 술을 좋아하고 매우 사교적이었다. 어머니 몰래 바람도 피웠다. 끊임없이. 내가 어렸을 때 어머니는 몇 개월에 한 번씩 비키와 친구들과 함께 여자들만의 주말여행을 떠나곤 했다. 이 여행에서 돌아오면 항상 아버지와 싸웠기 때문에 켈리와 나는 그 여행이 남성 규탄 대회였다고 농담을 하곤 했다.

"이번 주말은 나를 정말 사랑하는 사람들과 있었다고."

어머니는 고래고래 고함을 쳤다.

"나를 진짜 위해주는 사람들이었다고."

나는 그럴 때면 농담으로 넘기기도 하고 아니면 언니와 싸우기도 했다. 하지만 그건 다 무서웠기 때문이다. 나도 그런 식으로 상처받을까 봐 두려웠던 것이다.

스티븐은 술을 안 마신다. 여자는 고사하고 남자 친구들과도 어울리는 법이 없다. 내가 아는 한 그의 부모님도 술이라고는 한 방울도 입에 대본 적이 없는 분들이다. 그분들은 서로 고함도 지르지 않는다. 남편은 어릴 때부터 TV도 보지 않았다고 한다. 요즘 스티븐과 나는 TV를 시청하지만(요즘은 안 보는 사람이 없지 않을까?) 우리는 결코 부부 싸움은 하지 않는다. 서로 의견이 다를 때도 있지만 결혼 15년 동안 서로 언성을 높이며 싸워본 적이 한 번도 없다.

나는 인생을 돌이켜 보고 스스로에게 이렇게 말했다. 세상에 이런, 크리스티, 너는 네 고양이와 결혼했구나.

그것은 사실이다. 이 책에 대해 생각하기 전에는 나도 깨닫지 못했었지만 그것은 사실이다. 평생 동안 나는 마시멜로와 같은 남자를 찾고 있었다. 내 인생의 다른 남자들은 실망감만 주었다. 내게 상처를 주거나 나를 버리고 떠났다. 그래서 나는 마시멜로에게 의지했다. 물론 의식적이거나 의도적인 것은 아니었지만 이 부실한 외모의 약골 고양이가 나의 이상적인 남자였다. 내가 원하는 남자란 내게 귀 기울여주는 사람, 나와 대화를 해주는 사람, 나약하지 않고 강인하며 야외 활동을 즐기는 사람, 내게 매달리거나 의존적이지 않는 사람, 길들여지지 않는 사람, 매우 잘난 사람이 아니더라도 자신에 대해 편안한 자신감이 있는 남자였다. 나를 끌어내리기보다는 북돋아주는 남자, 나만의 공간을 허용해줄 만큼 자신감이 있는 사람이지만 나를 매우 사랑하기에 내가 필요로 할 때 항상 곁에 있어주는 남자, 그리고 내가 이와 똑같은 방식으로 사랑할 수 있는 그 어떤 사람.

정말 그런 사람이 존재한다는 게 이상한 일이 아닌가? 내 고양이만큼 완벽한 남자를 찾았다는 게 정말 이상하지 않은가?

그리고 내 인생에서 유일하게 마시멜로가 좋아하지 않았던 사람이 스티븐이었다는 것도 정말 이상하지 않은가? 우선 스티븐은 고양이 애호가가 아니었고 고양이들은 그런 것을 금방 눈치 챘다. 스티븐은 개를 사랑하는 남자였고 특히 자신의 노란색 래브라도, 몰리를 끔찍이 사랑했다. 우리가 결혼해서 아이오와 주 수시티로 이사 왔을 때 몰리는 두 살이었다. 하지만 꼭 그런 이유만은 아니다. 과거의 모든 남자 친구들이 다 내 고양이를 싫어했다. 짝짝이 얼굴에 털은 뭉쳐도 나는 마시멜로라면 덮어놓고 좋아했기에 그 사실을 깨닫는 데 여러 해가 걸렸지만 어쨌든 다들 싫어한 건 사실이다. 어쩌면 남자 친구들은 마시멜로에게 질투를 느꼈거나 내가 마시멜로에 대해 너무 호들갑을 떨어 질렸는지도 모른다. 혹은 단순히 마시멜로가 못생겼고 내 졸업 댄스파티 드레스에 고양이 털이 너무 많이 붙어 있어서 싫어했는지도 모른다. 남녀 관계란 원래 그런 거라고 생각했던 탓일까? 어린 시절 내내 나는 마시멜로를 사랑하는 남자를 원한다고 말해놓고는 정확히 반대 유형의 남자 친구들과 데이트를 해왔다.

하지만 스티븐은…… 그이는 마시멜로를 싫어하지 않았다. 그럼, 좋아했냐고? 그건 절대 아니다. 스티븐이 마시멜로를 사랑했다는 것은 아니지만 우리 언니와 같은 입장이었다. 자신은 마시멜로와 그런 교감이 없지만 내가 그런 강력한 교감을 느낀다는 것에 대해 같이 기뻐해주었다.

수시티로 이사 갈 때 마시멜로를 데려가 같이 새 출발을 하고 싶다고 했을 때 기뻐서 펄쩍 뛴 것은 아니라도 결코 반대하지 않았다. 마시멜로가 내게 얼마나 소중한 존재인지 알고 있었기 때문이다.

게다가 1984년도의 우리 부모님처럼 스티븐도 마시멜로가 오래 살지 못할 것이라고 생각했었다. 그 당시 마시멜로는 열한 살이었는데 고양이 나이로는 그리 고령은 아니었지만 고양이 털이 너무나 변색되고 뭉쳐 있었기 때문에 쉰세 살은 되어 보였다. 게다가 퇴행성관절염이 생겨 걸을 때마다 약간 떨면서 절룩거렸고, 이제는 활기도 없고 입맛도 잃었고, 위생관념이라곤 전무한 상태였다. 더 큰 문제는 얼굴에 있던 물혹이 곪아서 코 왼쪽 부근이 무너져 내리는 것처럼 보였다. 수의사는 수술하기에는 너무 몸이 허약하고 얼굴에 있는 구멍 때문에 목숨이 위험한 것은 아니며 오히려 제거 수술 때문에 죽을 수도 있다고 했다. 사실 나도 마시멜로가 얼마나 더 살지 자신이 없었다. 하지만 앞으로 남은 날이 며칠이건 그 시간을 최대한 편안하고 즐겁게 해주고 싶었다.

스티븐도 노력했다. 나도 인정한다. 정말 노력했다. 며칠마다 한 번씩 바닥에 무릎을 꿇고 앉아 마시멜로를 불러보았다.

"이리 와, 마시멜로. 이리와 봐. 야옹아. 쓰다듬어줄게."

마시멜로는 비웃는 듯한 눈길을 던지며 "애쓴다, 애" 하곤 총총히 지나가버렸다.

이렇게 무시당하는 건 그래도 괜찮은데 언젠가 딱 한 번 마시멜로의 털을 다듬으려 했던 것이 문제였다. 내 생각에 (바보같이) 마시멜로도 이제 늙었으니 몸통에 매달려 있는 보기 싫은 털 뭉치를 잘라낼 수 있을 줄 알았다. 내가 뭉친 털을 잘라내는 동안 스티븐에게 마시멜로를 잡아달라고 부탁했다. 마시멜로가 나이 들긴 했어도 발톱은 여전히 날카로웠다. 마시멜로는 앞 발톱으로 스티븐의 손을 꽉 누르고 뒷다리로 스티븐의 팔을 계속해서 차기 시작했다. 도망가려는 것이 아니었다. 그것은 확실하게 해두자. 마시멜로는 스티븐을 벼르고 있었던 것이다. 자기를 수시로 데리고 온 일, 자기로부터 나를 빼앗아 간 일, 그 외에 고양이들이 마음 상할 만한 우리로선 알 수 없는 여러 가지 잘못들 때문에 벼르고 있었기에 스티븐을 잡고 놓지 않았던 것이다. 마시멜로는 여러 해 전에 내가 다리 부상을 입었을 때 내 석고 붕대를 사정없이 뜯었듯이 자신의 뒤쪽 발톱으로 스티븐의 팔을 사정없이 할퀴었다. 스티븐은 참다못해 결국 마시멜로를 던져버리고 입을 꾹 다문 채 피를 흘리며 지하실로 성큼성큼 내려갔다. 몇 분 후 스티븐은 두꺼운 아웃도어 재킷과 하키 마스크, 사냥용 장갑으로 중무장을 하고 돌아왔다.

"준비됐어."

스티븐은 아이스하키 골키퍼처럼 자신의 안전 패드를 두드리며 말했다. 마시멜로에게 지지 않을 기세였다.

하지만 졌다. 당연히 마시멜로가 이겼다. 마시멜로가 너무 오랫동안 온몸을 비틀며 극렬하게 저항했기에 결국 우리는 포기하고 털 뭉치를 달고 다니게 내버려두었다. 마시멜로는 행동도 굼뜨고 관절도 시원치 않았지만 여전히 그가 보스였다. 그건 틀림없었다. 마시멜로가 방에 걸어 들어오면 스티븐의 커다란 래브라도 몰리는(평소에는 남자들이 좋아할 만한 듬직한 개다) 이 고양이에게 거의 절을 했다. 몰리는 마시멜로를 겁내는 게 아니었다. 현명한 늙은 고양이에 대한 불문의 존경심이랄까? 10년 넘게 야외 생활을 한 덕분에 마시멜로에게는 강렬한 존재감이 있었다. 녀석은 생존자였다. 나쁜 남자. 쿨한 고양이. 은퇴를 했을 지언정 아직 죽지 않았다. 마시멜로는 거의 움직이지 않고 하루 종일 현관 앞 화분 밑에 누워 있기를 즐겼지만 우리는 속지 않았다. 마시멜로는 우리 집 안에서 벌어지는 모든 일을 속속들이 알고 있었고 우리는 녀석의 결재를 받아야만 했다.

예를 들어 조깅도 마찬가지다. 열심히 노력하고 남편이 도와준 덕분에 (그리고 나의 훌륭한 고양이 덕분에) 나는 드디어 거식증을 극복할 수 있었다. 나는 이러한 경험을 학습 장애가 있는 10대와 젊은 성인들과 소통하고 가르치는 일에 적용했다. (그러니 마라톤에서 더 높은 체급에서 뛰기 위해 일부러 증량을 했을 때 너무 축복받았다고 느꼈던 것을 이해할 수 있을 것이다. 그리고 또 왜 남편과 아버지까지 눈물을 흘리며 나를 응원했는지도 이해가 갈 것이다. 비록 3등으로 들어왔지만…… 내가 진정한 승리자이다. 영원히!)

나는 더 이상 아프지 않았지만 그렇다고 몸 관리에 소홀해서도 안 되었다. 식단도 신경 쓰고 매일 조깅도 했다. 몰리는 금세 이를 깨우쳤다. 매일 아침마다 자기 목줄을 입에 물고 나를 현관까지 거의 몰고 나왔다. 운동화 끈을 조이는 동안 몰리는 흥분한 나머지 사방에 침을 흩날리며 뛰어다녔다. 마시멜로는 화분 밑에 앉아 우리를 가만히 지켜보았다. '대부'와 마찬가지로 말을 하지 않아도 다들 녀석이 무슨 생각을 하는지 알고 있었다. 개야, 내가 너를 그녀와 함께 가도록 허락하는 건 내가 너무 늙었기 때문이야. 하지만 개야, 언젠가 너도 내 부탁을 들어줘야 할 날이 올 것이야.

몰리와 내가 집을 나서면 마시멜로는 창문을 통해 우리를 바라볼 수 있는 소파 꼭대기로 올라갔다. 우리가 돌아오면 마시멜로는 바닥으로 내려와 내가 스트레칭 하는 것을 구경했다. 이때는 계속해서 뭐라 뭐라 말을 했다. 이것이 마시멜로의 장점이다. 아무리 늙고 피곤해도 녀석은 절대로 나와의 대화를 멈추지 않았다.

2년이 흐르자 마시멜로는 몰리에게도 말을 가르쳤다. 몰리는 처음에는 낡은 문의 경첩이 끽끽대는 것 같은 시끄러운 소리를 내기 시작했다. 그러다 두터운 덤불을 자르느라 힘이 부치는 제초기와 같은 나지막한 아르, 아르, 아르 하는 소리를 내게 되었다. 매일 오후 내가 점심을 먹으러 집에 오면 우리 셋은 부엌에 둘러앉아 수다를 떨었다.

"오늘 오전은 어땠어, 애들아?"

야옹.

아르.

"그래. 나도 좋은 하루였어."

야옹.

"늘 같은 거 먹을래. 땅콩버터와 젤리."

아르-르.

"안 돼. 너는 안 돼. 너는 못 줘."

야옹, 야옹, 야-옹.

아-르르르르.

"저런······, 이럴 수가."

이 사태를 알아차린 남편이 말했다.

"이제는 개마저."

몇 년 후 나는 임신을 했다. 남편은 임신한 여성은 고양이 화장실 청소를 해선 안 된다는 사실을 알게 되자 투덜거리며 말했다.

"저놈의 고양이 먹이도 내가 사고. 토한 것도 내가 치우고. 이젠 똥까지 치워. 그래도 나를 무시하잖아. 왜 쟤는 몰리 같지 않을까?"

그러거나 말거나. 마시멜로는 애지중지하는 화분 밑에서 졸고 있다가, 머리를 잠깐 들어 한숨을 내쉬곤 다시 달콤한 잠에 빠졌다.

나는 죽는 그 순간까지 아들 루크를 낳기 위한 산통이 시작되었던 날 밤을 소중하게 간직할 것이다. 병원을 가기엔 너무 이르고, 편히 쉬기엔 너무 불편하고, 너무 흥분해 있었기에 모성의 문턱에서 시간은 매우 더디게 흐르고 있었다. 그래서 나는 복부의 조여드는 느낌과 씨름하며 호흡에 신경을 쓰면서 응접실을 서성이고 있었다. 그 당시 마시멜로는 열여섯 살이었다. 스티븐과 함께 지낸 지도 4년이 되었다. 이제는 늙어서 몸은 뻣뻣하고, 관절염에다 귀도 거의 들리지 않았다. 지난 1년 동안 밥을 먹거나 화장실 갈 때를 제외하곤 화분 밑에서 움직이는 걸 본 적이 거의 없었다. 그러던 녀석이 그날 밤은 나와 함께 걷기 시작했다. 내가 아플 땐 항상 곁에 와주었지만, 이번엔 달랐다. 마시멜로는 2시간을 꼬박 나와 함께 걸으며, 걷는 동안 계속 야옹야옹 하며 울었다. 몰리는 처음에는 소파 옆에 웅크리고 있었으나, 결국 녀석도 목소리를 보탰다. 아-르 아-르. 야옹야옹. 후후 후후. 야옹. 방 안은 온통 다양한 소리들의 합창과 사랑으로 가득 찼다. 아무런 조건 없이 아낌없이 주는 동물의 사랑이었다. 나는 부른 배를 부여잡고 굳은살 박인 발로 걸어 다니며 두 마리의 반려동물과 대화를 나누고 있었기에 그 이상 더 행복할 수 없었다. 그 이상 더 멋진 격려와 응원은 바랄 수 없었다.

　루크를 집으로 데려왔을 때 마시멜로는 또 한 번 나를 놀라게 했다. 마시멜로는 화분을 떠나 루크의 침대 밑에서 잠자기 시작했다. 루크가 응접실에 있을 땐 마시멜로는 어기적거리며 걸어와 아기 의자 옆에 자리를 잡았다. 사람들은 내게 말했다. "저 고양이 조심해야 돼요. 아기 가슴 위로 뛰어오르면 어떡해요."

　나는 생각했다. 마시멜로가? 말이 되는 소리야? 마시멜로는 결코 루크를 해치지 않아. 설사 그럴 수 있다 해도…… 저 고양이를 보고 하는 소리 맞아? 마시멜로는 열일곱 살이라고. 제대로 걷지도 못하는데. 내 고등학교 시절 이후 점프한 적이 없다고.

　루크의 출생 이후 마시멜로의 건강은 계속해서 나빠지고 있었다. 수시티로 이사 온 지 5년 후에는 모래 상자까지 걸어가는 것도 힘들어했다. 계단을 오르거나 내려올 수도 없었다. 어떤 날은 먹이 그릇까지도 간신히 걸어갔고, 가끔 정신도 깜빡깜빡했다. 물론 대부라 할지라도 자신이 어디에 있는지 모를 때가 있었을 거라고 생각한다. 다리의 모든 관절은 관절염 때문에 뒤틀려 있었다. 청력도 잃었다. 얼굴도 엉망이었다. 마시멜로가 고통 속에 있다는 것을 난 알고 있었다. 수의사가 말해주지 않아도 때가 되어간다는 것도 알고 있었다. 절대로 어려운 결정은 아니었다. 열 살 때 나는 매일매일 고통 속에 할아버지의 생명이 꺼져가는 것을 지켜보았다. 마시멜로는 나의 절친한 친구였기에 내 친구가 고통 받도록 내버려둘 수는 없었다.

나는 하루 휴가를 냈다. TV도 껐다. 마시멜로를 내 무릎 가운데 올려놓기 위해 어린 아들은 옆으로 안았다. 마시멜로를 쓰다듬자 햇빛에 느슨한 털들이 날아올라 내 스웨터를 포함한 모든 것에 내려앉는 것이 보였다.

"마쉬메오우."

그 옛날 내가 어린아이 때 그렇게 불렀던 것처럼 아직 아기인 아들에게 혀 짧은 소리로 가르쳐주었다.

"얘는 마쉬메오야. 꼭 기억해줘."

나는 아들과 고양이 그리고 창으로 들어오는 햇살을 번갈아 쳐다보았다. 아직도 털이 수북이 날리고 있었다. 내 창문, 내 집, 내가 성인이 되어 구축한 세상. 방은 부드러운 가릉거리는 소리 외에는 조용했다. 열일곱 살이 되어서도 마시멜로는 여전히 내 다리를 발톱으로 벅벅 긁었다. 약간 아팠지만 나는 미소를 지었다. 내가 사랑하는 이들과 소파에 앉아 보냈던 슬픈 날의 달콤한 순간이었다.

나는 사진첩을 열어보았다. 거기엔 보라색 윈드 재킷을 입고 머리가 부스스한 옛날의 어린 내가 있었다. 아기 고양이였던 마시멜로를 안고 카메라를 향하고 있었다. 마시멜로가 너무나 자랑스러웠다. 내 얼굴에는 그렇게 쓰여 있었다. 자랑스럽다. 이제는 흐려지기 시작한 폴라로이드 사진 한 장이었지만 내 얼굴에서 행복을 읽을 수 있었다. 우리 집에는 폴라로이드 카메라가 없었다. 따라서 이웃인 캐서린이 사진을 찍었나 보다. 캐서린은 나이 든 할머니였다. 그녀는 마시멜로를 사랑했다. 자기 집 창문으로 지켜보거나 정원을 가꾸면서 우리의 대화를 들었던 게 분명하다. 우리 부모님의 부부 싸움도, 언니와 내가 서로 치고 받으며 두려움을 해소하는 소리도 들었을 것이다. 캐서린이 이 사진을 찍어 내게 준 이유는 아마도 내가 어린아이였고 내 고양이를 무척 자랑스럽게 여겼기 때문일 것이다.

페이지를 넘겨보았다. 나와 마시멜로가 나뭇잎 더미 속에서 찍은 사진. 나와 마시멜로가 뒷마당에서 찍은 사진. 사진첩의 한 부분은 다른 사진 없이 내가 파티 드레스를 입고 마시멜로를 안고 있는 사진이 여러 장 있었다. 학교 댄스가 있을 때마다 마시멜로와 함께 사진을 찍었던 기억이 난다. 나와 마시멜로가 태양 아래 담요를 깔고 누워 있는 모습. 고등학교에서 졸업했을 때의 나와 마시멜로 사진. 웨딩드레스를 입고 웃으며 고양이를 안고 찍은 사진. "엄마." 자라면서 수십 년 동안 나는 이런 이야기를 반복했던 것을 기억한다. "엄마, 카메라 가져와요. 마시멜로와 사진 좀 찍어줘요."

그날을 생각하면 힘이 든다. 내가 이상해 보일지 모르겠지만 너무 힘들다. 녀석의 죽음에 대해선 이야기할 수가 없다. 왜냐하면 너무나 보고 싶기 때문이다. 15년이 흐른 지금도 마시멜로가 그립다. 하지만 마시멜로의 삶엔 너무도 많은 기쁨이 함께했다. 너무도 많은 기쁨이. 내 나이 열 살부터 스물일곱 살까지 마시멜로는 나와 함께했고 그것은 놀라운 여정이었다. 그 여정 없이 나는 오늘 여기에 있지 못할 것이므로 나에겐 당연히 축복의 나날이었다. 힘들었던 순간조차도 축복이다. 왜냐하면 한 동물과 17년을 함께하는 사람이 과연 몇이나 되겠는가? 그런 사랑을 경험하는 사람이 과연 몇이나 되겠는가 말이다.

Dewey's Nine Lives
{8}

교회, 고양이를 입양하다

킴에게 교회 고양이는 단순히 귀여운 고양이가 아니었다.
교회 고양이는 위안과 힘을 주는 원천이었다.
킴에게는 자신의 갈 곳 없는 모성 본능과 에너지를
쏟아부을 수 있는 친구 같은 존재였다.

-킴

Church Cat & Carol

함께하라. 고통 받는 사람들을 도울 때 듣는 말이다.
그들이 무엇을 필요로 하건 그들과 함께하라.
단순히 말해서 바로 교회 고양이가 그런 존재였다.
중요한 것은 이 작은 고양이를 통해 킴은 캐럴 앤 리그스와
매우 가까워졌고 결국 마음을 털어놓을 수 있는 친구가 되었다.
인생을 살다 보면 내 편이 되어줄 친구들의 든든한 네트워크가 있으면
참 좋다는 것을 나는 잘 알고 있다. 당신이 억울한 일을 당했을 때,
또 개인적인 어려움에 봉착했을 때는 더욱 그렇다.

캐럴 앤 리그스는 나를 놀라게 했다. 앨라배마 주 캠든에 위치한 캠든 연합감리교회가 입양한 길고양이, 교회 고양이에 대한 짧은 편지는 나의 관심을 끌었지만, 그녀와 통화를 했을 때 처음 10분 동안은 몹시 당황스러웠다. 그녀가 했던 말의 내용 때문이 아니라 그녀의 말투 때문이었다. 미즈 캐럴 앤 리그스(친구들은 그녀를 이렇게 부른다)는 아주

느긋하고, 꿀이 똑똑 떨어지는 것 같은 발음의 미국 남부 사투리를 썼다. 예를 들어 '슈거스'는 '슈가스', 변호사는 '로이어'가 아니라 '로이-야' 그리고 교회 합창단인 '콰이어'는 '콰-이아'라고 발음을 했다.

나는 솔직히 그녀의 사투리가 너무나 매혹적이었다. 그리고 캐럴 앤 리그스라는 사람도 무척 마음에 들었다. 그녀는 앨라배마 주 브래그라는 작은 마을에서 태어났는데 가장 가까운 고등학교도 버스를 타고 48킬로미터나 가야 하는 곳이었다(오늘날에도 론데스 카운티에는 공립 고등학교가 두 개밖에 없다). 그녀가 열아홉 살에 해리스 리그스와 결혼하여 남편의 고향인 캠든으로 왔을 때 그녀는 자신이 큰 도시로 왔다고 생각했다. 왜냐하면 캠든에는 그래도 교통신호가 두 개, 식당도 두 개, 은행도 두 개나 있고 인구도 거의 1,500명에 달했기 때문이다. 그리고 그곳은 '큰' 규모에도 불구하고 매우 우호적이고 친절한 마을이었다. 캠든 사람들은 가난했지만 누군가 세상을 떠나면 이웃들이 음식을 만들어 방문했고 주민 모두가 그의 장례식에 참석했다. 캐럴 앤은 "거의 모든 사람들이 서로 친척이거나 연결되어 있다"고 했는데, 수 세대에 걸쳐 마을에서 공구점을 운영하며 살아온 남편 해리스의 시댁 식구들도 마찬가지였다. 캐럴 앤은 사서는 아니었다. 그녀는 내가 앞에서 이야기한 작은 '로이-야', 즉 변호사 사무실에서 일하면서 오랫동안 마을 도서관 이사회의 일원으로도 봉사했다. 우리 도서관 이사회와의 아픈 추억에도 불구하고 나는 그 사실이 마음에 들었다. 사실 그녀에 대한 모든 것, 특히 그 사투리까지도 마음에 들었다.

"알아요, 알아요." 그녀의 친구 킴 녹스는 이렇게 말했다. "TV 드라마에나 나오는 남부 사투리죠. 사람들은 설마 저렇게들 말할까라고 생각합니다." 킴은 앨라배마 주와 붙어 있는 미시시피 주 로렐에서 태어나고 자랐으므로 그녀도 남부 사투리에 익숙했다. "하지만 그건 정말 캠든 사투리예요. 캠든에 사는 많은 사람들이 그렇게 말을 하죠. 이런 사투리를 들으면 옛 남부 귀족들을 떠올리지만, 캠든 사람들은 그렇지 않습니다. 아주 소박한 사람들이죠. 여기엔 잘난 체하는 사람들은 없답니다."

킴이 생각할 때 캠든 사람들이 그토록 매력적인 것은 지리적인 고립 때문이라는 것이다. 이 마을은 앨라배마 주 남서쪽으로, 언덕이 많고 인구는 희박한 윌콕스 카운티의 한가운데 자리 잡고 있다. 이 카운티의 인구는 1만 3천 명으로 아이오와 주 클레이 카운티보다도 인구가 적으며, 소득의 중앙값은 불과 1,600달러에 불과한데 이것은 전국 수치의 3분의 1 수준이며 빈곤선보다 6천 달러나 더 적은 소득수준이다. 일반적으로 사람들은 남부 앨라배마라고 하면 대농장, 거대한 저택, 목화밭 같은 것을 연상하게 된다. 그러나 윌콕스 카운티에서는 대규모 농장을 볼 수가 없다. 간혹 보이는 농장들은 가족이 경영하는 소작농으로, 수천 에이커의 키 크고 곧게 뻗은 남부 소나무 숲 사이로 드문드문 보일 뿐이다.

"정말 오지 중의 오지라고 할 수 있죠." 킴 녹스가 말했다. "하지만 정말 경치가 아름다운 보석 같은 곳이랍니다." 그 말을 들었을 때, 나는 넓은 보도와 현지 주민이 소유하고 운영하는 멋스럽고 오래된 가게들이 몇 블록이나 늘어서 있는 스펜서를 떠올렸다. 상상을 해보자면 캠든은 주민들이 대대로 동네 식당에 단골 테이블을 두고 있고, 커피 한 잔을 시켜놓고 최소한 2시간씩 느긋하게 이야기를 나누는 그러한 곳이지 않을까 했다.
 그러나 정작 사진으로 본 캠든 시내는 매우 초라하여 상상했던 그런 마을이 아니었다. 캠든의 중심지는 상업지구가 아니었다. 극장도 없고 멋진 레스토랑이나 대형 체인 매장도 존재하지 않는다. 앨라배마 주 캠든의 생활 중심지는 교회들이었다. 네 개의 대형 교회가 브로드 가를 따라 나란히 위치해 있고, 인근의 쇼핑 지역은 허름했지만 교회가 있는 브로드 가는 깔끔한 거리였다. 가장 큰 교회는 침례교회였다. 길 건너 바로 옆에는 두 개의 장로교회가 붙어 있었다. 한 블록 내려가면 마을의 주요 교차로에 캠든 연합감리교회가 자리 잡고 있었다. 비공식적으로 시내의 입구가 되는 앱손 주유소 바로 옆이었다. 교회들은 그렇게 크지 않았다. 신도들을 모두 합하면 700여 명으로 마을 주민의 반 정도일 것이다. 그러나 이 교회들은 식사와 기도회를 제공하고, 청소년 모임을 주관하고, 성인과 청소년 합창대인 '콰-이아'도 있었다. 그리고 매년 크리스마스 퍼레이드 같은 중요한 마을 행사가 있을 때는 모든 교회가 힘을 합쳐 멋진 공연을 펼치기도 했다.
 교회 사무실로 쓰였던 낡은 목사관 밖에서 처음 고양이를 발견한 사람은 캠든 감리교회의 신참 신도이며 파트타임 비서인 킴 녹스였다. 회색 줄무늬 고양이였는데 킴이 바람을 쐬러 나갔을 때 근처 덤불 아래 웅크리고 있었다. 고양이는 사랑스러운 동그란 얼굴에 부드러운 눈을 가지고 있었는데 킴이 쳐다보자 도망가지 않고 계속 그녀를 바라보았다. 그리고 고양이는 말을 하기 시작했다. 킴이 "안녕, 야옹아"라고 대답해주자, 고양이는 베란다 위로 뛰어올랐고, 킴은 자연스럽게 손을 뻗어 고양이의 머리를 쓰다듬어주었다. 그러자 고양이는 드러누워 자신의 배를 쓰다듬게 해주었다. 킴이 사무실로 돌아가기 위해 문을 열자 고양이가 벌떡 일어나 사무실 안으로 들어갔다.

이를 어쩐다?

캠든 연합감리교회는 형식을 중요시하는 교회는 아니었다. 예를 들어 영광송이나 예배당에 대해서는 형식을 따질 수 있을지 모르지만, 일반적으로 신도들은 노동자 계층의 선량한 소시민들이었다. 관리 사무실은 솔직히 그리 깔끔한 곳은 아니었다. 낡은 목사관은 1920년대에 지은 코티지 양식의 단층 주택으로, 마룻바닥은 삐걱거리고 창문은 달그락거렸으며, 좁은 사무실은 박스와 파일로 넘쳐나고 있었다. 목사님은 편안한 분위기를 좋아하는 분으로, 항상 셔츠 칼라의 단추를 풀고서 입었고, 편안한 미소로 신도들과 농담을 즐기는 분이었다. 킴도 전형적이고 까다로운 교회 비서가 아니었다. 킴이 잠시 생각을 해보니 어쩌면 고양이가 목사관에 어울릴 듯도 싶었다.

그러나 킴은 자신이 없었다. 작은 마을 교회의 목사관 사무실은 신도들이 자주 모이는 곳이었다. 문제가 있어 상담을 하러 찾아올 뿐만 아니라, 그냥 잡담도 하고 수다도 떨려고 자주 들르는 곳이었다. 혹시 신도들이 교회 비서의 의자 위에 자리 잡은 예쁜 달덩이 같은 얼굴의 회색 고양이를 싫어하면 어쩌지? 지금 이 마을에 이사 온 지 몇 개월밖에 안 되는 파트타임 비서가 마음대로 교회에 고양이를 들여도 되는 걸까?

야옹. 때맞춰 마치 대답이라도 하듯 회색 줄무늬 고양이가 울었.

다행히 목사관에 들어온 다음 사람은 미즈 캐럴 앤 리그스였다. 캐럴 앤은 1961년에 마을로 이주한 후 줄곧 캠든 연합감리교회의 신도였다. 교회 합창단원이며, 교회의 여러 위원회에도 참여하고 있었고, 모든 사람들과 알고 지냈기 때문에 혹시 필요한 일이 없는지 알아보려고 목사관에 자주 들렀다. 캐럴 앤의 딸들은 대학에 진학하여 마을을 떠났고, 따라서 캐럴 앤은 캠든 연합감리교회의 신도들의 어머니 노릇을 하며 교회 일을 돌보는 게 일이었다. 그런데 알고 보니 캐럴 앤은 평생 고양이를 사랑해온 고양이 애호가였다.

"어머, 그냥 키우세요." 작은 줄무늬 고양이가 캐럴 앤의 손 냄새를 맡으려고 달려와 야옹거리자 캐럴 앤이 말했다. "너무나 귀엽네요." 캐럴 앤은 지금 킴이 교도소 고양이를 입양하려 한다는 사실은 살짝 감추고 알려주지 않았다. 인근 교도소 뒷골목에는 교도소 요리사가 버리는 음식 쓰레기를 먹기 위해 항상 많은 고양이들이 살고 있었다. 이 작은 고양이는 필시 한 블록 떨어진 브로드 가로 내려와 목사관 앞에서 길을 건너왔을 것이다.

대신 캐럴 앤은 그저 이렇게만 말했다. "킴, 요 귀여운 녀석을 당신이 꼭 돌봐주세요." 캐럴 앤이 수십 년 동안 이 교회의 신도였고, 그녀의 시댁도 여러 세대에 걸쳐 캠든에서 살아왔기 때문에 이로써 킴은 마을의 허락을 받은 것으로 간주했다.

캐럴 앤은 갑자기 이 핑계 저 핑계로 목사관을 더 자주 방문하기 시작했다. 캐럴 앤이 다음번에 들렀을 때 회색 줄무늬 고양이는 킴의 의자 한가운데 편안한 자세로 앉아 있고 킴은 위험하게도 의자 가장자리에 가까스로 붙어 있었다.

"얘가 내 무릎 위에 앉고 싶어 해요." 킴은 약간 민망한 듯 캐럴 앤에게 말했다. "하지만 내가 자꾸 일어났다 앉았다 하니까 싫은가 봐요.

그래서 자기가 편한 자리에 앉겠대요."

야옹. 고양이는 마치 동의하듯 울음소리를 내고는, 의자에서 뛰어내려 캐럴 앤에게 쓰다듬어 달라고 머리를 맡겼다. 고양이는 주로 킴 뒤에 붙어 의자 위에서 하루 종일 잤지만, 누군가가 목사관에 들어올 때마다 야옹 소리를 내며 뛰어가 인사를 했다.

"어머나, 고양이구나."

사람들은 대부분 손을 뻗어 고양이를 쓰다듬으며 말했다.

"너, 너무 귀엽다."

정말 귀여웠다. 작은 고양이는 거부할 수 없을 만큼 귀여웠다. 평생 많은 동물을 키우고 사랑했던 캐럴 앤마저도 이 작은 고양이가 특별하다는 것을 인정했다. 부드럽고 아기처럼 보이는 동그란 얼굴이나 순한 성격 때문이었는지 모른다. 울음소리도 너무나 평화로웠고 얌전했기 때문에 이 고양이를 좋아하지 않을 수가 없었다. 그러면서도 발랄했고 사람들도 잘 따랐다. 하지만 무엇보다도 이 고양이는 사랑스러웠다. 그렇다. 사랑스럽다는 말이 가장 적합한 말이다. 귀여운 눈으로 올려다보며 당신을 향해 뛰어오는 모습을 보면 "어머나" 하는 감탄이 절로 났다.

그럼에도 목이 뻣뻣한 신도들 중에는 이 고양이를 좋아하지 않는 사람들도 있었다. 물론 아무도 킴에게 직접적으로 뭐라고 말하는 사람은 없었다. 하지만 슬쩍 못마땅한 눈길을 주거나 은근히 돌려 말해도 캐럴 앤의 귀에 다 들어오기 마련이었다.

"그 사람들은 그냥 동물을 좋아하지 않아서 그래요."

캐럴 앤이 설명해주었다.

"어떤 사람인지 내가 콕 집어서 이야기할 수 있어요. 그리고 그 사람들은 틀림없이 집에서도 동물을 키우지 않아요. 어렸을 때도 동물을 키워본 적이 없어서 동물을 이해하지 못한답니다. 그런 사람들은 교회에 동물이 있어서는 안 된다고 생각하는 것이지요."

고양이에 관한 어떠한 갈등도 교회의 목사님 때문에 신속하게 해소되었다. 이 교회는 목사님이 처음 맡은 교회였지만, 사람들과 친화력이 있어 누구나 목사님을 좋아했다. 킴 녹스보다 캠든 연합감리교회에 불과 몇 주 먼저 부임한 목사님은 이제 막 승진한 수석 성직자로서의 긴장감이나 어려움이 있더라도 끊임없는 대화와 긍정적인 태도로 풀어나갔다. 목사님이 고양이를 특별히 좋아하지 않는 사람이었을 수도 있고, 고양이를 싫어하는 신도들에게 잘 보이고 싶은 마음이 있었을지도 모른다. 하지만 비록 고양이가 화장지를 죄다 찢어놓고, 소파에 고양이 털을 마구 흘린다고 해도 목사님은 결코 곤경에 처한 사람이나 동물을 내칠 사람이 아니었다.

교회 고양이 문제가 제기될 때마다 목사님은 그게 그리 큰 문제는 아니잖아요? 라는 식으로 웃어넘겼다.

신도들 중에 고양이를 가장 싫어하는 사람조차도, 어린이들이 교회 고양이를 정말 좋아한다는 것은 인정하지 않을 수 없을 것이다. 목사관은 커다란 잔디밭을 사이에 두고 교회 본관과 마주 보고 있었는데, 이 잔디밭은 교회의 비공식적 사교장으로서 예배를 마치고 어른들끼리 서로 어울리고, 아이들은 서로 밀치고 달리며 노는 바람에 옷에 풀물이 드는 곳이었다. 매주 일요일이면 작은 회색 고양이는 풀밭 가장자리에 앉아 신도들을 구경만 할 뿐 놀이에는 끼지 않았다. 사람들이 쫓아오는 것을 좋아하는 편은 아니었지만, 아이들이 몰려와 자신을 쓰다듬어주면 매우 좋아했다.

"얘들아, 좀 뒤로 물러서도록 해."

캐럴 앤이 항상 보호자를 자처하며 나서곤 했다.

"고양이 숨 막히겠다. 조금 물러서자."

그러면 아이들은 서로 좋은 자리를 차지하려고 팔꿈치로 밀치며 줄을 서느라 애썼고, 그중 아직 아장아장 걷는 두 살가량의 꼬마 소녀는 항상 흥분을 주체하지 못하고 결국 꺅 하고 비명을 지르며 고양이를 향해 돌진하곤 했다. 매주 일요일마다 이런 일이 반복되니 킴과 캐럴 앤은 웃지 않을 수 없었다. 꼬마 소녀는 고양이가 좋아서 어쩔 줄 몰라 하는데 불쌍한 회색 줄무늬 고양이는 겁을 먹었다. 꼬마 소녀가 비명을 지르기 시작하면 고양이는 얼른 숨을 곳이 많은 사무실로 도망쳤다.

"교회 고양이 어디 있어요?"

고양이를 찾으며 아이들이 소리쳤다.

"교회 고양이 어디 있나요?"

그렇게 고양이는 이름을 갖게 되었다. 어느 일요일 갑자기 그냥 고양이에서 교회 고양이로 바뀐 것이다.

"요거는 교회 고양이를 가져다주어야지."

여성 신도들은 사순절 제5주일 피크닉을 하면서 자기 접시에서 고기 몇 점을 덜어내며 교회 고양이를 챙기기 시작했다.

어느 날 킴의 남편이 브로드 가를 달리고 있었는데 교회 사무실 앞에 연세 지긋한 할머니가 쓰러져 있는 것을 보았다. 그는 즉시 차를 세우고 할머니를 향해 뛰어갔다. 그 사람은 바로 팔순이 넘은 캐럴 앤의 시어머니였다.

"해티 할머니! 괜찮으십니까?"

킴의 남편이 큰 소리로 물었다.

그러나 1초 후, 킴의 남편은 할머니 옆에 배를 내놓고 누워 있는 교회 고양이를 보았고 할머니가 고양이를 만져주고 있었다는 것을 깨달았다.

"얘를 좀 쓰다듬어주려고요."

바닥에서 일어난 해티 할머니가 겸연쩍게 웃으며 말했다. 이렇게 교도소 뒷골목 출신의 작은 회색 줄무늬 고양이는 킴 녹스와 캐럴 앤 리그스뿐만 아니라 캠든 연합감리교회에 의해 정식으로 입양되었다.

*

크리스마스 직전 남부 앨라배마에 서리를 뿌리며 겨울이 찾아오자, 캐럴 앤과 킴은 교회 고양이가 밤에는 실내에 있는 것이 좋겠다고 생각했다. 두 사람은 고양이 화장실용 모래와 먹이를 구입했고, 교회 고양이는 따뜻하고 안전한 잠자리가 주는 안락함에 즉시 적응했다. 그러나 교회 고양이는 활발한 성격이라 밤이면 심심해졌다. 젊은 목사님은 매일 아침 킴의 서류가 이리저리 어지럽게 흩어져 있는 모습을 보며 웃곤 했다. 한번은 아무도 들어간 사람이 없는데 사무실에서 목사님이 누군가에게 말하는 소리가 들려 킴은 의아했다. 잠시 후 '야옹' 하는 소리를 듣고 놀라 뛰어 들어가 보니, 교회 고양이가 목사님 책상 위에 떡하니 앉아 있는 것이 아닌가. 킴은 몹시 미안해했지만 목사님은 그냥 웃기만 했고, 교회 고양이는 킴의 팔에 안겨 태평하게 가르랑거렸다. 고양이 덕분에 목사관의 분위기는 더욱 따뜻하고 친밀해졌다. 킴은 아침에 사무실에 도착하면 블라인드 사이로 살며시 내다보고 있는 고양이의 모습에 늘 미소 짓곤 했다. 녀석은 오늘도 하루의 90퍼센트를 킴의 의자에서 자며 신도들을 맞을 것이다.

교회 고양이를 밤에 실내에 들여놓기 위해서는 다른 준비도 필요했다. 캐럴 앤과 킴이 일차적인 보호자였지만, 만일 두 사람이 시간이 나지 않을 때는 다른 사람이 먹이를 주고 모래를 갈아주어야 했다. 며칠씩 사무실을 닫을 때도 교회 고양이가 답답해하지 않도록 누군가 고양이를 밖에 나갈 수 있게 해주어야 했다. 그리고 무엇보다도 교회 고양이가 예배당으로 들어가지 않도록 늘 신경 써야 했다. 예배당이 고양이 금지 구역으로 지정된 것은 물론 아니었지만, 고양이를 싫어하는 사람들은 어디든 있게 마련이고, 성스러운 장소에 불경스럽다는 안성맞춤의 빌미를 줄 수 있기 때문이었다. 교회 고양이를 도와달라고 신도들에게 도움을 청하는 것 자체도 캐럴 앤의 입장에서는 너무 지나친 게 아닌지 걱정이었다. 그러나 걱정할 필요가 없었다. 교회 고양이는 언제나 팬들이 많았고 늘 열성적인 자원봉사자가 넘쳐났다.

기본적인 생활이 가능해지자, 캐럴 앤과 킴은 바로 다음 단계로 돌입했다. 중성화 수술과 예방접종이었다. 그때 위대한 캠든 연합감리교회의 고양이 실험에 첫 번째 예상치 못한 사건이 일어났다. 교회 고양이가 임신 중이었던 것이다.

3월이 되자 교회에 소문이 퍼졌다. 신도 중에 미혼모가 있다는 것이다. 교회 고양이도 이제는 임신 사실을 숨길 수 없었다. 걸을 때마다 교회 고양이의 배가 교회 종처럼 출렁이며 흔들렸기 때문이다. 그해 봄

저녁 식탁에서 부모들은 어린이들로부터 약간 곤란한 질문을 많이 받았을 것이라 추측되지만, 신도들은 대부분 교회 고양이의 임신을 기뻐했다. 아이들은 전보다 더 교회 고양이를 쫓아다니기 시작했다. 교회 고양이는 임신 중임에도 불구하고 아이들과 잘 놀아주었다. 종려 주일 하루 전날 캐럴 앤은 차를 타고 지나가다가 교회 고양이가 교회 잔디밭을 행복하게 뛰어다니는 모습을 보았다.

그러나 종려 주일이 되자 교회 고양이가 사라졌다. 예배가 끝난 후 합창복을 입은 아이들이 종려나무 잎을 흔들며 뛰어나와 보니 아이들을 맞아주던 고양이가 어디에도 보이지 않았다. 아이들은 동작을 멈추고 주위를 둘러본 후 당황하기 시작했다. 그리고는 덤불 속으로, 주일학교 교실로, 사무실로, 심지어 예배당으로까지 고양이를 찾아 나섰다. 그러나 고양이는 흔적도 없이 사라져버렸다.

"새끼를 낳았나요?"

비명을 잘 지르던 꼬마 소녀가 넘어질 듯 달려와 흥분한 나머지 목청을 높였다.

"그럴지도 몰라."

캐럴 앤도 당황하며 대답했다.

"하지만 우리도 확실히는 모르겠구나."

다음 날 킴도 고양이를 찾아보기 시작했다. 그해에 캠든 감리교회는 길고양이를 입양하는 한편 대대적인 건물 보수공사에 들어갔다. 교회 본관 건물을 확장하고 노후한 목사관은 팔기로 했으며 최근에 인수한 모텔은 주차장을 만들기 위해 철거하기로 했다. 킴은 철거를 위하여 낡은 모텔 객실의 방문들이 이미 제거된 상태였기 때문에, 이곳이 고양이가 새끼를 낳기에 이상적인 장소일 수 있다고 생각했다. 킴은 고양이의 이름을 부르며 폐허가 된 건물을 뒤지고 다니다가 한참 만에 드디어 교회 고양이가 응답하는 소리를 들었다. 모텔 방 중 하나는 낡은 가구와 매트리스로 가득 차 있었는데 교회 고양이는 이 방을 종려 주일에 태어난 아기들을 위한 조용한 산모실로 사용하고 있었다.

일주일 동안 킴과 캐럴 앤은 그 방으로 먹이를 가져다주었다. 킴은 적어도 하루에 한 번은 고양이들을 살피러 들렀고, 교회 고양이는 대부분의 시간을 새끼들과 함께 오붓하게 보낼 수 있었다. 그러다 다음 일요일 예배가 끝난 후 아이들이 교회 고양이의 은신처를 찾아냈다. 교회 고양이가 새끼를 낳았을까 궁금해하며 풀밭에 서 있던 아이들 중 하나가 낡은 모텔 주변을 어슬렁거리는 교회 고양이를 발견한 것이다. 여섯 살이 채 안 된 아이들 여섯 명이 교회 고양이를 뒤쫓아 은신처를 찾아내 새끼 고양이들이 가냘픈 소리를 내며 아장아장 걷다가 서로 부딪쳐 넘어지는 귀여운 모습을 볼 수 있었다. 다행히 재빨리 현장에 도착한 캐럴 앤이 상황을 통제한 덕분에 아이들은 멀리서 감탄하며 구경만 하다 돌아갔지만, 교회 고양이는 다음 날 모텔을 떠났다.

인생을 살다 보면 내 편이 되어줄 친구들의 든든한 네트워크가 있으면 참 좋다는 것을 나는 잘 알고 있다. 당신이 억울한 일을 당했을 때, 또 개인적인 어려움에 봉착했을 때, 이사회가 온 마을이 사랑하는 고양이를 도서관에서 쫓아내려 할 때도 그렇다. 다행히도 캐럴 앤은 캠든에 강력한 인맥을 구축하고 있었고, 교회 길 건너 몇 집 아래에 그중 한 친구가 살고 있었다. 이 젊은 여성은 앞 베란다에 나왔다가 교회 고양이가 새끼들을 한 마리씩 목덜미를 물고 브로드 가를 가로질러 허물어

저가는 낡은 집 2층 창문으로 들어가는 것을 보았다.

이 여성은 캐럴 앤을 불렀고 캐럴 앤은 킴 녹스를 불렀다. 세 여자는 집주인이 돌아오기 전에 새끼 고양이들을 옮겨야 한다는 데 의견의 일치를 보았다. 그 집은 아무도 살지 않지만, 집주인이 집 안에 물건들을 보관하고 있다는 걸 캐럴 앤은 알고 있었다. 집주인은 좋은 사람이었지만, 만약 새끼 고양이들을 발견한다면 어떻게 반응할지 알 수 없었다. 캠든 연합감리교회의 모든 어린이 신도들이 목을 빼고 교회 고양이의 귀환을 기다리고 있는 마당에 어떠한 실수도 있어서는 안 된다고 그녀는 생각했다.

"저는 원래 절대로 법을 어기는 사람이 아니에요."

킴이 내게 말했다.

"하지만 살다 보면 그래야 할 때도 있는 법이지요."

며칠 후 킴 녹스는 캠든 중심가에서 불과 몇 블록 거리에 있는 큰 집의 2층 창문으로 기어 들어가게 되었고, 캐럴 앤은 자기 같은 일등 모범 시민이 가택침입에 보초를 서고 있다는 사실에 스스로 놀라워하며 망을 보고 있었다.

컴컴한 어둠 속을 가늠하느라 발을 더듬더듬 길게 내저으며 창문을 통과할 즈음, 킴은 자신이 도대체 여기서 뭘 하나 싶어서 씁쓸했을 수도 있다. 그녀는 준법정신이 투철한 시민이요, 교회의 비서였다. 게다가 킴은 출근할 때 입는 정장 차림이었다. 그런 그녀가 폐허 같고 위험할 수 있는 공간에 무단으로 가택침입을 감행하고 있는 중이었다. 필시 스스로는 교회 고양이와 새끼들의 안전을 궁금해하는 어린이들을 위한 일이라고, 또는 교회 고양이를 위해서라고 생각했을 수도 있다. 하지만 생존력 강한 교도소 출신 고양이라면 새끼를 기르는 데 별 도움이 필요치 않다는 것을 알고 있었을 것이다. 먼지 쌓인 암흑 속으로 발을 내디뎠을 때 이 모든 것이 바로 자신을 위한 것임을 깨달았을 것이다.

킴이 뒷문으로 가서 젊은 이웃 여자를 집 안으로 들어오게 했다. 캐럴 앤은 이런 위험한 임무를 수행하기에는 자신이 너무 늙었다고 생각해서 들어가지 않았다. "교회 고양이!" 킴은 이웃 여자가 실내로 들어오자 거미줄과 먼지 뭉치 외엔 아무것도 건드리지 않으려고 조심하며 속삭였다. "어디 있니, 교회 고양이?" 아래층에는 잡동사니가 가득 찬 상자들 사이로 낡은 가구들이 흩어져 있었다. 훤한 대낮이라 해도 지나다니기 위험한 공간이었다. 킴은 발밑에서 깨진 유리 조각을 밟는 소리가 나자 파상풍 걸리기 딱이겠는걸, 하고 생각했다. 2층으로 올라가는 층계는 더 심한 상태였지만 마침내 올라갔을 때 뒤쪽 침실에서 교회 고양이의 울음소리가 들렸다. 킴이 모서리에서 고개를 내밀자, 작은 회색 줄무늬 고양이가 귀엽고 사랑스러운 모습으로 친구를 향해 달려왔.

교회 고양이는 좋은 엄마로서 캠든 시내에서 새끼 고양이들을 위한 가장 편안한 장소를 찾았는데, 그곳은 모퉁이에 쌓아놓은 매트리스와 박스 스프링 더미였다. 현대식 박스 스프링은 속이 비었지만 구식 박스 스프링은 솜으로 가득 차 있었다. 교회 고양이는 솜을 뜯어내고 그 속에 둥지를 만들었던 것이다. 그 속에는 새끼 고양이들의 총천연색 퍼레이드가 펼쳐졌다. 흰색, 검은색, 얼룩이, 그리고 엄마를 꼭 닮은 회색 줄무늬.

킴과 이웃 여자는 바닥 한가운데 안전한 곳을 찾아 일단 앉았다. 두 사람은 새끼 고양이들이 다가오기를 바라며 작은 소리로 고양이들을 불러보았다. 매트리스는 새끼들을 키우기에 완벽한 장소였지만, 혹시 신속하게 옮겨야 할 때를 대비하여 새끼 고양이들이 자신을 알고 신뢰하게 되기를 바랐다. 첫째 날은 교회 고양이만이 유일하게 방 한가운데까지 나와주었다. 언제나 그러듯 교회 고양이는 할 말도 많고 온순하며 사람들의 관심을 원했다. 킴은 교회 고양이의 따뜻한 온기를 느끼며 쓰다듬어주었고, 친구와 함께 30분을 보낸 후 뒷방 침실 문을 닫고 층계를 내려와 다시 창문으로 기어 나왔다.

킴은 다음 날도 또 그다음 날도 이렇게 2주 동안 창문으로 들락거렸다. 이렇게 고양이들의 안부에 집착하는 것은 사실 고양이들의 필요보다는 그래야 자신의 마음이 편해서였다. 하지만 이유는 중요치 않다. 며칠이 지나자 새끼 고양이들은 킴을 따르기 시작했다. 어미와 마찬가지로 새끼들도 킴의 손 냄새를 맡고 쓰다듬어주기를 바랐으며, 자신들의 일원으로 받아들였다. 그러나 회색 줄무늬 고양이만은 여전히 킴이 자기 옆으로 다가오면 하악거리는 소리를 내며 솜이 가득 찬 박스 스프링으로 뛰어들었다. 회색 줄무늬 고양이는 새끼들 중 유일한 수컷이었는데, 아마도 그래서인지 다른 새끼 고양이들보다 더 경계심이 많았다. 혹은 어미와 모습은 똑같지만 수컷 고양이는 어미의 사랑스러운 성격을 물려받지 않았을 수도 있었다.

2주째에 캐럴 앤은 집주인이 돌아온다는 소문을 들었다. 집주인이 집을 수리해서 팔려고 한다는 것이다. 그래서 킴 녹스는 새끼 고양이들을 보러 낡은 집 창문을 마지막으로 한 번 더 기어 들어갔다. 캐럴 앤은 여러 개의 고양이 캐리어를 전해주고는 뒷문으로 가서 기다렸다. 킴은 고양이 캐리어를 들고 위층 침실로 가서 언제나처럼 마룻바닥에 앉아 새끼 고양이들을 불러보았다. 첫 번째 새끼는 쉽게 그녀에게 다가왔다. 나머지 두 마리는 좀 더 눈치가 있었다. 두 마리는 이리저리 도망을 다녔지만 결국 젊은 이웃 여자와 함께 잡아서 캐리어에 넣을 수 있었다. 이제 남은 것은 회색 줄무늬 수놈이었다. 이 녀석은 도망치는 대신 박스 스프링 속에 깊이 들어가 킴이 다가가려고 하면 하악거리는 소리를 내며 저항했다. 킴이 잡으려 할 때마다 녀석은 뒤로 돌아 숨뭉치 안으로 더 깊이 파고들었다. 너무 깊이 파고들어 갔기에 나중에는 쌓아놓은 매트리스를 하나하나 전부 다 내려놓고 고양이를 찾아야 했다. 그 후 매트리스를 전과 같은 모양으로 차곡차곡 다시 쌓아놓고 거의 한 시간이 지난 후에야 킴은 뒷문을 지키고 있던 캐럴 앤에게 고양이 캐리어를 넘겨줄 수 있었다. 뒤에 남은 킴은 흐트러진 물건이 있는지 돌아보며 정리한 후, 마지막으로 폐가의 1층 창문으로 기어 나왔다. 밖으로 나온 그녀는 자신의 정장 블라우스와 스커트의 먼지를 털면서 혹시 보는 사람이 없는지 주변을 살핀 다음 태연히 길을 건너 캐럴 앤이 고양이 캐리어를 자동차 뒤쪽에 싣는 것을 도와주었다.

새끼 고양이들이 젖을 떼기엔 너무 어려서, 캐럴 앤은 교회로 데려가지 않기로 했다. 캐럴 앤은 이미 집에 고양이가 있었기 때문에 킴의 집으로 데려갔고 손님방에서 교회 고양이는 새끼들에게 젖을 먹이고 돌볼 수가 있었다. 몇 주 후 고양이들이 젖을 떼게 되자, 목사님은 킴과 캐럴 앤이 교회 게시판에 새끼 고양이들의 입양 공고를 올리는 것을 허락해주었다. 입양과 아울러 교회 고양이의 불임 수술비를 모금한다고 게시판에 올렸는데, 중성화 수술은 물론 고양이 먹이와 화장실 모래를 위한 구입비까지 쏟아져 들어왔다. 한 번 공고를 낸 이후로 킴과 캐럴 앤은 다시는 고양이를 위해 자기 돈을 쓸 필요가 없게 되었다.

세 마리 암고양이들은 어미를 닮아 귀엽고 붙임성이 좋아 빨리 입양되었다. 그러나 네 번째 줄무늬 수놈 고양이는 입양을 원하는 사람들이 있어도 도통 밖으로 나오지를 않았다. 대신 수놈 고양이는 침대 밑에 숨어 하악거리는 소리를 내며 저항했다. 만일 킴 때문에 놀라기라도 하면 등을 구부리고, 털을 곤두세운 후, 킴을 향해 하악거리고는 반대쪽으로 부리나케 도망을 갔다.

세 번째 고양이가 입양된 후 캐럴 앤은 교회 고양이를 캠든 감리교회로 다시 데리고 갔다. 킴과 그녀의 남편은 피곤했지만 흐뭇한 마음으로 베란다에 앉아 입양이 안 되는 녀석을 어떻게 할까 의논하고 있었다. 30분이 흐른 후 킴은 침실에 혼자 남겨진 수놈이 뭘 하고 있는지 보러 갔다. 킴이 문을 열자 이번에는 드디어 자신만이 홀로 남겨졌다는 것을 깨달은 듯 새끼 고양이는 야옹, 야옹 소리를 내며 그녀에게로 달려왔다.

"그것 봐. 이제야 마음이 바뀌었구나."

킴이 고양이에게 웃으며 말했다.

킴은 남편을 바라보았다. 남편은 어쩔 수 없다는 듯 씩 웃으며 고개를 끄덕였다. 그리하여 교회 고양이의 작은 회색 줄무늬 새끼는 킴과 함께 지내게 되었다. 부부는 녀석에게 치치라는 이름을 붙여주었다. 나중에 교회 고양이보다 훨씬 덩치도 크고 늘씬하게 자란 치치를 볼 때마다 킴은 어미의 앳된 얼굴은 닮지 않았어도 언제나 교회 고양이를 떠올렸다. 치치는 결코 붙임성이 있는 성격이 아니었고 좀 무심한 편이었다.

"하지만 원래 성격이 그래요." 킴은 이렇게 말했다. "치치는 정말 너무나 착한 고양이였답니다. 어미와 똑같아요."

*

마을은 여러 가지 변화를 겪게 마련이다. 한 마을에 오래 살다 보면 마을의 변화를 자신도 따라서 겪게 된다. 캐럴 앤이 캠든으로 처음 이사를 왔을 때는 시내에 있는 시아버지의 공구점이 시내 상업의 중심지였다. 말이 공구점이지 삽과 비스킷부터 시작해서 옷, 접시까지 온갖 물건을 취급했고, 곡물을 담보로 대출을 해주거나 면화로 물물교환을 해주기도 했다. 한때는 이 지역의 유일한 구급차 서비스도 제공했고 장의사도 한 명을 고용하여 마을의 공식 장례식장 역할을 하기도 했다. 남편 해리스는 대학을 나와 아버지의 공구점을 물려받지 않고 은행에 들어갔다가, 2년 후 캐나다에 본사를 둔 대기업인 맥밀런 블로델이 마을 근처에 제지 공장을 열자 은행을 그만두었다. 아버지가 은퇴했을 때 해리스는 MBA 학위를 가진 제지 공장의 임원이었다. 공구점은 팔려 일반적인 못과 공구를 파는 트루 밸류 프랜차이즈 점이 되었고 시내 전체가 그러하듯이 서서히 행색이 옹색해지기 시작했다. 그러나 캠든에서 오래 살았던 주민이라면 지금도 오래된 벽돌벽에 희미하게 광고가 남아 있는 매튜스 공구점이라는 상호를 다들 알고 있다.

교회 고양이가 왔을 무렵 누구도 시내를 재건하는 데는 관심이 없었다. 월마트도 50마일이나 가야 있었지만 캠든의 시민들은 대개 한 달에 한 번 그곳으로 장을 보러 갔다. "우리 어머니는 도대체 월마트를 그냥 지나치지 못하세요." 해리스가 웃으며 내게 말했다. "우리가 앨라배마 주의 어디에 있건 무엇을 하고 있건 상관없이 월마트는 꼭 들러야 합니다." 캠든에서는 종교가 생활의 큰 부분을 차지했다. 시내의 경기가 좋지 않을 때에도 브로드 가에 위치한 네 개의 큰 교회에 대해서는 다들 아낌없이 노력과 경비를 투자했다. 1990년도에 이르자 교회들은 전부 현대식 스타일로 대대적인 보수 작업을 하기 시작했다.

캠든 감리교회는 제일 먼저 80년 세월에 마룻바닥이 삐걱대는 낡은 목사관을 한 젊은 부부에게 처분했다. 트럭이 도착해 목사관 건물을 송두리째 들어 올려 끌고 갈 때에는 교회 잔디밭에 많은 사람들이 모여들어 환송했고 특히 나이 든 신도들은 눈물을 글썽이기도 했다. 목사관은 소박하고 평범한 방갈로 식 목재 건물이었지만 영구히 쓸 수 있도록 완벽한 설계로 지어진 건물이었다. 이제 이 건물은 교회에서 약 1.6킬로미터도 채 떨어지지 않은 이웃에 안착하여, 젊은 가족이 웃고 울며 인생을 쌓아갈 보금자리로 거듭났다.

봐줄 만한 곳이라곤 한 군데도 없이 눈에 거슬리던 낡은 모텔은 철거 후 그곳에 주차장을 지었다. 교회의 남은 건물 가운데 예전에 식당이었던 공간은 청소년 센터와 교회 임시 사무소로 탈바꿈하게 되었다. 거의 1년 동안 교회 고양이와 어린이들은 그 공간에서 서로 기쁨을 주고받으며 함께했다. 고양이는 킴과 함께하는 것을 좋아했고 특히 그녀의 편안한 사무실 의자를 선호했지만, 아이들이 청소년 센터에 있을 때는 밖으로 나가 아이들의 관심을 끌기 위해 울음소리를 내곤 했다. 그러나 아이들의 관심과 애정 공세가 지나칠 때도 있었다. 꼬마 소녀는 여전히 교회 고양이를 보면 비명을 질러댔는데 이제는 천장이 높은 식당 안이어서 그 소리가 더 증폭되었다. 그러면 교회 고양이는 얼른 부엌으로 도망가 숨곤 했다.

　새끼를 낳은 후 1년 동안 교회 고양이는 딱 한 번 문제를 일으킨 적이 있었다. 바로 감리교회 구역회 모임에서였다. 킴이 출장 중이어서 캐럴 앤은 자신이 모임에 참석하는 동안 교회 고양이를 어떻게 해야 할지 고민했다. 부활절을 막 지난 시기로 저녁이면 촉촉하고 선선한 바람이 한낮의 열기를 식혀주는 남부 앨라배마의 가장 좋은 계절이었기에 캐럴 앤은 밤이 되자 교회 고양이를 밖에 내보내주기로 했다. 그리고 그녀는 구역회의 참가자들에게 인사를 하러 갔다. 이 모임은 지역 감리사와 주변 감리교회 대표들이 모이는 대규모 행사였다. 캐럴 앤은 문 앞에서 사람들을 맞이하면서 교회 고양이가 사람들 틈에 슬쩍 섞여 예배당에 들어올까봐 많이 신경을 썼는데도 결국 늦게 온 사람들과 함께 들어왔던 모양이다. 모임이 한창 진행되고 있는데 교회 고양이가 야옹거리며 사람들의 관심을 끌려고 중앙 복도 한가운데로 걸어 나왔다.

　캐럴 앤은 이루 말할 수 없이 당황했다. 그녀가 사용한 '당황' 이라는 단어의 남부식 발음을 소리로 들려줄 수 있으면 좋겠다. 남부 요조숙녀들만큼 그런 민망함을 잘 표현해낼 수 있는 사람은 없기 때문이다. 어쨌든 캐럴 앤은 연중 가장 큰 행사 도중에 교회 고양이가 예배당에 침입했기에 몹시 걱정이 되었다.

　올 것이 왔구나. 그녀는 교회 고양이를 얼른 뒷문으로 쫓아내며 생각했다. 이제 교회 고양이는 끝장이구나.

　그러나 연단 뒤쪽으로 분노의 웅성거림이 아닌 웃음소리가 들려왔다. 그리고 젊은 목사님이 뭐라고 말을 하자 더 많은 사람들이 웃기 시작했고, 교회 고양이의 민망스러운 실례는 비극적 실수가 아니라 연합감리교회 잔디밭에서 신도들이 두고두고 이야기하는 재미난 에피소드가 되었다.

얼마지 않아 젊은 목사님은 교회를 떠났다. 캐럴 앤과 킴을 비롯해 많은 신도들이 섭섭해했다. 감리교회는 정기적으로 목사를 순환시켰고 이번에 (본부 사무실에 따르면) 차례가 되었다는 것이다. 교회의 재건 사업은 거의 막바지에 도달했고 젊은 목사님이 떠나자 캐럴 앤의 귀에 몇 가지 언짢은 소문이 들려오기 시작했다. 어느 특정 신도가 새로 짓는 빌딩 어디에도 교회 고양이가 들어와서는 안 된다고 사람들에게 공표했다는 것이다.

킴과 캐럴 앤은 교회 게시판에 공고를 내기로 했다. 교회 고양이의 입양 공고였다. 두 사람은 입양 요청이 쇄도할 것을 기대했지만 일주일이 지나도 어느 누구도 나서지 않았다. 물론 신도들 중 몇몇은 자기 집은 고사하고 교회에도 고양이가 있는 것을 원치 않았을 것이다. 교회 고양이를 사랑했던 많은 사람들도 감히 자신이 입양하겠다고 나설 수가 없었다. 왜냐하면 모든 이들이 캐럴 앤이 최근에 사랑하는 고양이 호건을 잃었다는 것을 알고 있었고, 예절 바른 남부 숙녀의 스타일로 은근히 표현되긴 했지만 캐럴 앤이 내심 아무도 나서지 않기를 바란다는 것을 알고 있었기 때문이다. 그래서 아무도 나서지 않았다.

그리하여 2001년에 교회 고양이가 목사관의 베란다 위로 뛰어올라 킴 녹스를 따라 교회 사무실로 걸어 들어간 지 채 4년이 안 되어 캠든 감리교회의 교회 고양이 시대는 막을 내렸다. 고양이는 캐럴 앤의 집에서 살게 되었고 사랑받는 응석받이 집고양이의 게으른 라이프스타일을 열렬히 적극적으로 받아들였다. 그 집을 자주 방문했던 킴 녹스는 교회 고양이를 볼 때마다 입이 점점 더 크게 벌어졌다.

"알아요, 알아요."

캐럴 앤이 둘러댔다.

"나는 정말 먹이를 많이 주지 않거든요. 정말이에요. 그런데 어떻게 이렇게 뚱뚱해지는지 나도 모르겠어요."

얼마지 않아 교회는 새 건물들을 봉헌하게 되었다. 내가 아는 한 새 건물의 어느 곳에도 고양이 털이 떨어져 있는 불경스러운 사태는 다시 일어나지 않았다.

캐럴 앤은 비록 교회 고양이의 보금자리가 사라지긴 했어도 교회의 재건 프로젝트는 좋은 아이디어라고 확언했다. 교회는 보다 나은 예배당과, 수요 기도 만찬과 사순절 제5주일 피크닉을 위한 더 큰 주방이 필요했고, 주일학교 어린이들을 위한 보다 많은 방이 필요했다. 새 건물은 단지 교회 신도들뿐만 아니라 캠든을 위한 건물이라고 캐럴 앤은 설명했다. 새 건물이 있어서, 예를 들어 사순절 만찬에 모든 주민을 초대할 수 있다고 했다.

"새 화장실도 필요했습니다." 해리스가 덧붙였다. "정말 화장실이 절실하게 부족했거든요."

킴 녹스도 교회를 재건하는 것은 좋은 아이디어라고 생각한다. 그리고 모든 사람들이 교회의 새 건축물들이 얼마나 아름다운지 알았으면 했다. 붉은색 벽돌과 하얀 테두리를 두른 새 건물들은 완벽하게 유지 관리되었으며, 캠든 감리교회의 신도 수나 캠든 마을이 더 커질 경우에도 추가 인원을 수용할 수 있을 만큼 공간이 넉넉했다. 새 건물들은 철거된 끔찍한 모텔과 비교하면 말로 할 수 없을 정도로 향상되었다. 또

한 그 자리에 있던 옛 건물들보다 더 효율적이고 시각적으로도 근사했다. 새 건물들은 그야말로 현대적이며 미래지향적인 교회의 당당한 위상을 보여주고 있었다.

그러나 킴 녹스는 뭔가를 잃어버렸다는 생각을 지울 수가 없었다. "보다 팍팍하게 짜여진 환경이 된 것 같아요." 그녀는 새 교회에 대해 이렇게 말했다. "옛날 같은 느긋함과 여유로움은 사라졌어요." 그녀가 교회 고양이와 함께 일했던 낡은 목사관은 외풍이 있었다. 난방을 위해 난로를 때야 해서 겨울 내내 매캐한 케로신 연료 냄새가 가득했다. 창문은 달그락거렸다. 문도 삐걱거렸다. 하지만 가장 추운 날에도 오랜 세월에 반들반들하게 닳은 마룻바닥, 사무실에서 흘러나오는 젊은 목사님의 웃음소리, 의자 끄트머리에 앉아 균형을 잡으려고 애쓸 때 등허리에 느껴지던 잠든 고양이의 감촉, 이런 것들이 주는 따뜻함이 분명히 있었다고 킴은 생각한다. 목사관 문이 끼익 소리를 내며 열리면 교회 고양이가 몸을 뒤척이고, 누군가 반가운 목소리로 "좋은 아침이에요, 킴" 하고 인사를 건네면 나른하게 "야옹" 소리가 들려오는 그런 따스한 분위기.

그렇다. 새 교회는 아름답다. 그리고 정성껏 유지 관리되고 있다. 새 교회는 캠든 시민으로서 마땅히 자랑스러워할 만한 건축물이다. 그러나 그것은 건물일 뿐이다. 따뜻함이나 역사는 없다. 어쨌든 아직은 없다는 이야기이다. 다른 방식으로 이야기하면 새 캠든 연합감리교회는 고양이를 입양할 그런 정서적인 여유는 없는 곳이라는 뜻이다.

발전을 원하든 원치 않든 바로 이것이 피할 수 없는 인생의 수수께끼다. 즉, 우리가 얻는 모든 것에 대해 항상 무엇인가 잃는 것이 있다

345

는 것이다.

*

어떤 의미로 보아서는 이 이야기의 끝은 머지않았다. 이제 남은 이야기는 교회 고양이가 캐럴 앤과의 삶을 사랑했고, 캐럴 앤은 교회 고양이를 할머니가 손자 예뻐하듯 했지만 교회 고양이의 삶은 비극적으로 짧았다는 것이다. 교회 고양이는 2005년 여름에 간염으로 여덟 살밖에 되지 않았을 때 세상을 떠났다. 캐럴 앤은 큰 슬픔에 빠져 신도들에게 알리는 데도 몇 주가 걸렸다. 킴과 캐럴 앤은 각각 나와 나누었던 대화에서, 교회 고양이는 세상에서 가장 뚱뚱하고 가장 행복한 고양이였다고 말했다. 캐럴 앤과 남편 해리스는 무척이나 교회 고양이를 그리워했다. 부부는 수 세대의 조상들이 살고 묻힌 앨라배마 주 윌콕스의 가족묘에 교회 고양이를 같이 묻었다.

그다음 해에 캐럴 앤과 해리스 리그스는 이사를 했다. 캠든에는 땅에 누워 교회 고양이를 쓰다듬어주었던 어머니 해티 여사가 남아 있었는데 어머니마저 돌아가셨다. 부부는 오래전부터 캠든에 더 이상 남은 가족이 없게 되면 어디론가 새로운 곳으로 이사를 가자고 약속했었다. 딸들이 어렸을 때 가족은 함께 많은 곳을 여행했다. 미국 서부, 캐나다, 그리고 호주까지. 은퇴한 뒤 부부는 2시간 반 거리의 앨라배마 대학이 위치한 터스칼루사로 이사를 갔다. 그곳이라면 연극을 보거나 스포츠 경기를 관람한 후 귀가하기 위해 밤길을 144킬로미터씩이나 운전하지 않아도 된다.

부부는 캠든을 떠난 것이 보다 나은 삶의 질을 위해서라고 했지만 다른 요인들도 있는 것이 분명했다. 두 딸 모두 캠든에서 살기를 원하지 않았다. 둘은 각각 변호사와 연방비상대책기관 임원과 결혼했고, 또 둘 다 의료계에 종사하기 위해 공부하고 있는 중이었다. 윌콕스 군에는 그들이 일할 만한 곳이 없었다.

한편, 해리스가 거의 평생을 바쳐왔던 맥밀런 블로델 제지 공장은 처음에는 위어하우저에, 그다음엔 인터내셔널 페이퍼 사에 매각되었다. 전성기에 이 공장은 이 지역에서 약 2천 명을 고용했었다. 정확하지는 않지만 지금은 400명가량을 고용하지 않을까 해리스는 추측했다. "이런 글로벌한 회사들 아시잖아요. 직원이 은퇴하면 컴퓨터에서 이름을 삭제해서 당신은 흔적도 없이 사라지게 되는 거죠." 해리스가 말했다. 그냥 사라진다. 리그스 가문의 100년도 넘는 캠든에서의 역사가 막을 내리는 마당에 그것은 너무도 아쉬운 마무리인 듯싶었다.

이렇게 하나의 이야기가 끝을 맺었지만 물론 캠든에 있어서 이것이 유일한 이야기는 아니다. 이 마을은 미국의 시민운동이 한창이던 시대에 사회불안의 진원지였다. 마을에서 64킬로미터 북쪽에는 유명한 행진의 장소였던 셀마가 있고, 18킬로미터 동쪽에는 흑인 유권자를 절대로 인정하지 않아 '유혈의 론데스'라고 알려진 론데스 군이 자리하고 있다. 그렇기 때문에 캠든에는 최소한 두 개의 상황, 두 개의 역사, 또 두 개의 세계관이 공존하고 있다. 앨라배마 주 캠든에 대해, 특히 이곳에 오래 살았던 흑인 주민에게 물어본다면 오늘 당신이 들었던 이야기와는 전혀 다른 이야기를 듣게 될 것이 분명하다.

그러나 캠든에 대한 다른 이야기들도 많다. 나는 이 마을의 역사에 대해 이야기하고자 하는 것이 아니라, 그저 4년 동안 캠든 감리교회에서 소중한 시간을 보냈고, 살아 있을 때와 마찬가지로 세상을 떠날 때도 미즈 캐럴 앤 리그스가 함께했던 교회 고양이의 이야기를 하고자 한 것이다. 단순하게 미즈 캐럴 앤이 내게 들려준 이야기를 최선을 다해 옮겨보려고 했을 뿐이다. 그러나 교회 고양이의 삶과 같이 단순하고 직설적인 이야기마저도 언제나 개인적인 의미와 해석이 다양할 수 있다.

무엇보다도 내가 몇 개월에 걸쳐 킴 녹스와 나눈 세 번의 대화만큼 이것이 분명하게 드러나는 경우도 없을 것이다. 왜냐하면 킴은 교회 고양이에 대해 다른 견해를 가지고 있었기 때문이다. 킴 녹스의 관점은 교회 고양이의 행동을 중심으로 한 것이 아니라, 남편이 캠든에서 교사직을 맡기 전까지는 한 번 들어본 적도 없는 마을로 이사를 온 후 자신이 몹시도 불행했다는 사실에서 출발한다. 킴은 마을과 사람들은 마음에 들었지만, 이 시기는 성경에 나와 있듯이, 그녀를 시험에 들게 하는 시절이었다. 그녀가 이사한 직후 어머니가 돌아가셨고 주변에 친구라고는 아무도 없어 누구에게 마음을 털어놓을 수도 없었다. 뿐만 아니라 여러 해 시도해왔음에도 불구하고 절대로 아이를 가질 수 없다는 사실을 알게 되었다.

이 경우는 28마리의 고양이와 새니벌 섬에서 살았던 메리 낸 에번스와는 다르다. 메리 낸은 아이를 가지지 않은 걸 후회하지 않는다고 주저 없이 말했다. 메리 낸은 킴보다 나이가 많았기에 기대가 적었을 수도 있다. 그러나 그것이 그녀가 후회하지 않는 이유는 아니라고 본다. 사실 아이를 갖는다는 것이 메리 낸의 인생에서는 그리 중요한 것이 아닌 듯했다. 그녀의 행복을 위해 꼭 필수 불가결한 요소는 아니었던 것이다.

킴 녹스는 달랐다. 그녀의 목소리에서 나는 느낄 수 있었다. 킴 녹스는 절실하게 아이를 원했다. 아이를 필요로 했고, 아이를 가질 수 없다는 것을 알았을 때 심한 충격을 받았다. 그녀와 남편은 비용이 너무 많이 들어서 도저히 할 수 없었던 시험관 아기를 제외하고는 할 수 있는 모든 시술을 해보았다. 입양도 생각해보았다. 그러나 1년 동안 수많은 통화와 미팅을 가진 후, 자신들의 소박한 수입으로는 비교적 저렴한 입양의 경우도 감당할 수 없다는 것을 깨달았다. 킴이 말하길 가망이 없다는 것을 문득 깨달은 특정한 순간이 있었던 것은 아니라고 했다. 사무실에서 갑자기 울음을 터뜨렸다던가, 밤중에 울면서 잠이 든 날이 있었다든가, 너무나 힘이 빠져 교회 고양이만이 위안이 되었던 힘겹고 어두웠던 날이 특별히 따로 있었던 것은 아니다. 물론 남편과 함께 눈물도 많이 흘렸지만, 결국 어느 날 갑자기 포기하게 된 것이 아니라 조금씩 희망이 사그라지고, 서서히 꿈이 무너져 내리는 길고 고통스러운 여정이었다. 그럴 때에 교회 고양이는 무슨 대단한 행동을 했다기보다 꾸준히 그녀를 사랑해주고 따뜻하게 감싸주었다.

그리고 그 사랑은 캐럴 앤이나 나조차도 이해할 수 없는 훨씬 더 중요한 것이었다. 킴에게 교회 고양이는 단순히 귀여운 고양이가 아니었다. 교회 고양이는 위안과 힘을 주는 원천이었다. 킴에게는 자신의 갈 곳 없는 모성 본능과 에너지를 쏟아부을 수 있는 친구 같은 존재였다.

함께하라. 고통 받는 사람들을 도울 때 듣는 말이다. 그들이 무엇을 필요로 하건 그들과 함께하라. 단순히 말해서 바로 교회 고양이가 그런 존재였다.

그보다 더 중요한 것은 이 작은 고양이를 통해 킴은 자신이 의지할 수 있는 친구들이 생겼다. 교회 고양이를 통해 킴은 캐럴 앤 리그스와 매우 가까워졌고 결국 마음을 털어놓을 수 있는 친구가 되었다. 사방에 흩어진 서류와 갈가리 뜯긴 화장지 사건들 때문에 그녀는 젊은 목사님과 함께 웃고 교감할 수 있었고, 결국 그 덕분에 조용한 목사관에서 교회 고양이만을 증인으로 자신의 남모를 아픔을 목사님에게 털어놓을 수 있었다.

이것으로 교회 고양이의 이야기가 바뀌는 것일까? 이를 통해 왜 전문직 여성이 직장 점심시간에 폐가의 창문을 드나들었는지 설명이 되는 것일까? 나로선 알 수가 없다. 킴보다 좀 더 나이가 많았던 남편은 이것이 두 번째 결혼이었고, 교사도 두 번째 직업이었다. 첫 번째 결혼에서 아들을 하나 두었는데 아들은 평생 심각한 질병에 시달렸다. 1999년 교회 고양이가 낡은 모텔에서 새끼를 낳고 있을 때 의사들은 아들에게 신장이식이 필요하다고 했다. 킴의 남편은 자신의 신장을 아들에게 주었다. 시기도 좋지 않았고, 회복도 더딜 것이며, 비용 때문에라도 장기이식을 하면 입양이라는 마지막 희미한 희망마저 사라지게 된다는 것을 킴과 남편은 알고 있었다. 그러나 두 사람은 주저하지 않았다. 버려진 집 침실에 앉아 교회 고양이의 새끼들을 부드럽게 불렀을 때 킴은 자신의 모성 본능을 발휘하고 있었던 것이 아닐까? 그녀가 보드라운 작은 생명체들로 인해 위안을 받았고, 그녀만의 방식으로 자신이 결코 가질 수 없는 것을 애도하고 있었다고 생각된다.

그러다 2002년 8월에 킴은 예전 캠든 연합감리교회의 젊은 목사님으로부터 전화를 받았다. 목사님은 어느 젊은 여성이 자신을 찾아왔다고 했다. 그녀는 아기를 키울 형편이 안 되는 임신 7개월의 한 예비 엄마가 자신의 아기를 입양해줄 가정을 찾고 있다며 도움을 청했다는 것이다.

2002년 10월, 8주가 흐른 후 킴 녹스는 5시간을 차를 몰아 임신부를 만나러 갔다. 킴은 갈아입을 옷과 상자도 뜯지 않은 자동차용 아기 의자만을 가지고 갔다. 다른 어떤 것도 구입하지 않았다. 수년 동안 마음고생을 해보았기 때문에 또다시 뭔가 잘못될까 두려웠기 때문이다.

이틀 후, 킴은 자신의 양아들 노아가 세상에 태어났을 때 분만실 밖에 있었다. 노아의 어머니는 영어를 하지 못했지만, 몇 개의 단어와 손짓으로 킴에게 회복실에 함께 있어줄 것과 신생아를 잠시나마 안아볼 수 있게 해달라고 부탁했다. 그들은 노아가 11개월이 되었을 때 노아의 생모를 다시 한 번 만날 수 있었다. 부부는 캠든에서 몇 시간 떨어진 버밍햄으로 생모를 만나러 갔다. 생모는 울고 웃으며 서툰 영어로 부부에게 감사하고 아기를 한 번 껴안아준 후 사라졌다. 생모의 가슴이 얼마나 아플까 생각하며 킴의 마음도 찢어지는 듯했다. 그러나 그녀가 어디로 왜 떠났는지 킴은 알 수 없었다.

"우리 모두가 노아를 만나 정말 기뻤어요."

캐럴 앤이 말했다.

"너무 귀여웠어요. 모든 신도들이 아주 많이 노아를 사랑해주었어요."

2005년, 킴과 남편은 킴의 고향인 미시시피 주 로렐로 이사를 갔다. 두 사람은 캠든을 좋아했지만 근처에는 친척이 없었고, 부부는 아들이 가족과 친지에 둘러싸여 자라기를 원했다. 이 가족은 허리케인 카트리나가 들이닥치기 2개월 전에 이사를 갔다. 그곳은 연안에서 160킬로미터나 떨어진 곳이었는데도 이모 집에 놀러 갔다가 나무들이 쪼개지고 쓰러지는 광경에 경악했다. 부부는 아기를 꼭 껴안고 집에 두고 온 교회 고양이의 아들 치치가 태풍에 살아남았기를 기도했다.

   치치는 태풍을 무사히 견뎌냈다. 하지만 그것은 또 다른 이야깃감이다. 어쨌든 이번 이야기의 주인공 교회 고양이는 단순히 예쁘기만 한 고양이가 아니다. 교회 고양이의 사랑은 킴 녹스에게, 아마도 캠든의 다른 이웃들에게도 힘든 시기에 많은 위안을 주었다. 그리고 킴 녹스는 온화한 성품의 고양이와 친절한 목사님의 도움으로 시련의 시기를 견뎌내고 엄마가 되는 자신의 꿈을 이루었다. 교회 고양이의 아들 치치는 평소에 결코 엄마처럼 사람을 잘 따르는 고양이가 아니었는데 동생 노아를 깊이 사랑하여 킴을 놀라게 했다. 킴은 고양이들의 따뜻함과 영리함에 끝없이 감탄할 따름이다.

Dewey's Nine Lives
《9》

듀이의 마법을
경험하다

앞좌석에 거꾸로 누워 계기판 밑에 들어가 있었는데
갑자기 무엇인가가 가슴 위로 떨어지는 것을 느꼈습니다.
올려다보니 오렌지색과 흰색의 고양이였습니다.
아주 작은 새끼 고양이로 내 가슴 위에 앉아 야옹 하고 울었어요.
나는 "어이, 거기 러스티, 안녕?" 하고 인사를 건넸고,
제가 고양이를 쓰다듬어주자, 바로 내 가슴 위에 누워 곁에 머물렀습니다.
그리곤 영영 떠나지 않았지요.

- 글렌

Dewey, Rusty & Glenn

듀이가 보냈구나.
그의 눈을 보았을 때 나는 생각했다.
한순간 불현듯 그런 생각이 들었다.
나중에 글렌과 듀이가 닮아서 그런 생각을 했다는 것을 깨달았다.
하지만 그 생각을 떨쳐버릴 수가 없었다.
듀이가 보냈구나. 물론 불가능한 이야기라는 것은 알고 있다.
하지만 사랑이란 매우 총체적이고 복잡하고
마음으로 느끼는 것이며 비논리적인 것이다.
그러니 과연 어느 누가 사랑을 진짜 확실하게 안단 말인가?

*
*

　　자신으로서는 잘 이해할 수 없는 이유로 인생에서 KO패를 당하는 방법은 수백만 가지가 있다. 그냥 카운트다운이 들어가는 정도로 넘어지는 것이 아니라 완전히 쓰러져 다시 일어났을 때는 더 이상 같은 사람이 아닐 정도의 KO패. 그는 더 나은 사람으로 일어설 수도 있고, 그렇지 않을 수도 있다. 때로는 심하게 망가졌다가 상태가 호전되어 쓰러지기 전보다 더 나은 사람으로 거듭나는 경우도 있다. 또는 비틀거리며 일어나기는 했지만 이미 수리 불가능의 상태로 망가져버린 경우도 있다. 그리고 사실 인생에 KO패를 당할 수 있는 방법이 수백만 가지가 있다면 다시 일어설 수 있는 방법도 최소한 수천 가지가 있기 마련이다.

아이오와 주 북서부에 살아 보면 그런 생각을 하게 된다. 우리 지역은 수년간 여러 번 결정적인 타격을 입었다. 내 인생에서 가장 큰 결정타는 가족 농장의 몰락이었다. 아버지는 자긍심을 가진 농부의 후예였으나 1950년대에 대형 탈곡기와 바인더 기계가 등장하면서 농업의 성격과 경제구조 자체가 바뀌었다. 큰 농기구를 살 수 없는 상황에서 농작물 생산량은 그대로이고 가격은 떨어지니 농장의 근간이 흔들렸다. 결국 아버지는 이웃에게 농장을 팔았는데 그는 우리 집 나무를 베고 집을 허물고 밭을 갈아엎었다.

글렌 앨벗슨은 수시티 변두리에 노동자 계층이 모여 사는 동네에서 태어났다. 농장, 목장들의 통폐합과 산업화라는 걷잡을 수 없는 물결 덕에 수시티도 급격한 변화를 겪어야 했다. 미주리 강이 중서부 북쪽의 대동맥이었을 때, 수시티는 주요 교통의 중심지로서 카우보이들과 증기선 선장들이 위스키와 여자를 찾아 모여드는 거칠고 활기찬 도시였다. 가축 방사장은 세계에서 가장 거래가 활발한 곳이었고 인구 12만 명인 도시에서 소와 사람의 비율은 10 대 1에 달했다. 로즈힐 언덕에 자리한 도축장 주인들의 호화로운 대저택은 단단한 화강암으로 지어졌고 교회들도 그 화려한 위용을 자랑하긴 마찬가지였다. 심지어 1893년에 수 폴스 화강암으로 지은 센트럴 고등학교는 크고 작은 첨탑들이 즐비한 거대한 성을 방불케 했다.

하지만 제2차 세계대전 이후에 미주리 강은 활력을 잃기 시작했다. 철도와 증기선을 대체하는 고속도로가 들어서는 바람에 농업 생산이 분산되기 시작했으며 목장 주인과 농부들은 목장과 농장 주변에 머물게 되었다. 수시티는 몇 번의 홍수를 반복해 겪게 되면서 결국 미주리 강과 합류하는 지류들의 흐름을 바꾸는 대규모 공사가 시작되었다. 도축업은 사양길로 들어섰고 도축업과 관련된 공장들도 문을 닫기 시작해서 결국 수시티의 인구는 12만 명에서 10만으로, 그리고 9만으로 줄어들었다. 공항도 게이트를 하나 줄였고 비행기도 하루에 몇 번 뜨지 않았다. 시간이 흐른 후 도심은 재개발이 되어 로어 4번가는 고급 쇼핑 및 유흥가가 되었고 심지어 과거 바이크족의 클럽 하우스였던 엘 포라스테로마저도 고급 아파트로 탈바꿈하게 되었다. 하지만 시내 중심가만 벗어나면 아무리 재포장을 해도 가파른 길은 여전히 빙판이 되기 일쑤였고 북극에서 불어오는 찬바람은 글렌이 살던 피어스 가 상점 앞 거리로 들이쳤다. 로즈힐 언덕의 대저택들은 거의 대부분 조각으로 나뉘어져 아파트가 되었다. 글렌의 아버지가 일하던 수 공구 공장도 문을 닫았다. 글렌의 부모님 집 근처 모퉁이 빵 가게는 늦게까지 영업하는 편의점이 되어 낡은 주유기 위에 걸린 간판이 새벽 3시까지 요란하게 번쩍였다. 수시티의 근면한 노동자로 술 좋아하고 쉽게 잘 웃던 글렌의 아버지는 결국 간에 수술도 할 수 없는 종양이 생겼다.

글렌이 결혼하기 여러 해 전의 일이지만 그의 아버지가 집을 나갔던 적이 있었다. 글렌은 그 이유를 몰랐다. 다만 술 때문이라고 짐작하고 있었다. 그 후 글렌은 다시는 아버지를 보지 못할 줄 알았다. 그러나 3

년 후에 아버지 글렌 앨벗슨은 새사람이 되어 돌아왔다. 여전히 술도 잘하고 일도 잘하던 아버지는 이제는 더 남을 배려하고 이해할 줄 아는 사람이 되었다. 이제 가정의 소중함을 알게 되었던 것이다. 아버지는 아내를 되찾기 위해 공을 들였고 결국 두 사람은 다시 사랑에 빠져 재결합하여 평생 행복하게 살았다. 글렌은 가출에도 불구하고 항상 아버지를 사랑했지만, 아버지도 아들에게 인정받기 위해 더욱 노력을 기울였기에 부자 관계는 과거보다 더 돈독해졌다. 글렌은 플로리다와 텍사스에서 살 때, 매주 아버지께 전화를 드렸다. 글렌의 세 번째 이혼 후 부자는 함께 페인트 사업을 시작을 했고, 때론 일 때문에 몇 주일씩 같은 호텔 방에서 묵기도 했다. 두 사람은 뉴저지 주 트렌턴에 있는 맥과이어 공군 기지를 칠했다. 또 네브래스카 주 메디슨에 위치한 고등학교의 도장 작업을 하며 글렌은 학교 마스코트인 용을 아름다운 벽화로 그려 넣기도 했다. 수시티의 도널리 마케팅 사의 건물을 보았을 때 글렌은 그 규모에 기가 질렸다. 그 빌딩은 한 블록 전체를 차지하고 있는 3층짜리 건물로 창문이 하나도 없었다. 단둘이 함께 일하며 부자는 서체 수작업까지 3개월 만에 도장 공사를 마쳤다.

그러나 글렌이 가장 의미 있게 생각한 작업은 우박폭풍이 몰아친 후 아버지가 끔찍이 아끼던 자동차, 1984년형 뷰익 르 세이버를 다시 칠하는 작업이었다. 아버지가 벽에 기대어 지켜보는 가운데 일주일 동안 글렌은 우박에 파인 자국들을 모두 두드려 똑바로 폈다. 포도주색을 선택하여 천천히 공들여 정확하게 칠했고 평소 아버지가 싫어했던 황금색 줄무늬는 금속 톤의 밤색으로 대체했다. 글렌이 작업을 완성하자 아버지는 차를 몰고 나가 모든 친구들에게 보여주었다. 아들의 놀라운 솜

씨에 감동하여 뿌듯했던 아버지는 모든 이들에게 자랑하고 싶었던 것이다. 글렌은 평생 아버지의 인정을 받고자 노력해왔는데 마흔 살에 드디어 바라던 꿈을 이룬 셈이다. 그리고 몇 년 후 아버지 글렌 앨벗슨은 세상을 떠났다.

그 후 얼마 되지 않아 글렌은 어머니의 집으로 들어갔다. 두 사람 모두 인생의 전환기를 맞고 있었다. 크리스털 앨벗슨은 아내로서의 인생을 마감했고, 글렌은 수십 년간 남편과 아버지가 되고자 했던 인생의 장을 덮었다. 글렌은 어머니를 위해 심부름도 하고 집을 보수하는 등의 집안일을 도왔고, 어머니가 그 일대에서 최고의 요리 솜씨를 자랑함에도 불구하고, 가끔 자신이 직접 음식을 만들기도 했다. 그의 방은 자칭 수도승의 방이었다. 침대와 서랍장 하나에 라디오와 TV는 물론이고 벽에도 무엇 하나 걸린 것 없는 텅 빈 방이었다. 밤이 되면 그는 기타를 연주했다. 기타 플랫을 잡고 하도 연습을 하다 보니 코드를 잡기 좋게 굳은살도 생겼다. 철도 길을 양쪽으로 끼고 있는 6번가의 세 블록은 자동차 쇼룸이 밀집해 있던 자동차 거리였는데 글렌은 낮이면 이곳에서 일을 했다. 수년이 흐르는 동안 그는 이 자동차 거리의 거의 모든 대리점과 정비소를 거쳤다. 차량을 검사하고 진단하고 분해하고 재조립하는 일과에서 그는 마음의 평온을 되찾았다. 그리고 고객을 위해 포르쉐를 타고 고속으로 시험 운전 하는 것도 당연히 싫지 않은 일이었다.

글렌은 매주 일요일이면 교회에서 입양한 딸 제니를 만나 함께 아이스크림을 먹고, 공원을 거닐고, 회전목마를 타며 시간을 보냈다. 다른 자녀들에게 전화도 하고 생일에 카드를 보내기도 했지만 아이들은 그의 노력에 별반 반응이 없었다. 아이들이 자신의 사랑을 거부하자 글렌은 크게 낙담했고 자신은 좋은 아버지가 아니라고 자책했다. 결국 기타 연주로도 답답함이 풀리지 않자 글렌은 상담을 받기 시작했다. 이혼한 아버지들의 모임에 정기적으로 나가면서 담배 연기 자욱한 방에 앉아, 집에서 쫓겨난 아버지들과 가정을 팽개친 아버지들의 이야기를 들었다. 글렌은 언제나 느릿한 말투와 깊은 목소리로 위로를 건넸지만 자기 이야기를 하는 경우는 드물었다.

어느 날 저녁 모임에서 글렌이 인생의 낙이 음악이라고 말하자, 모임을 주도하던 수녀님은 그에게 기타를 가지고 올 것을 청했다. 그는 몇 년 만에 처음으로 갈 곳 없는 남편들과 잊혀진 아버지들로 구성된 관객 앞에서 기타를 연주했다.

그로부터 얼마 후에 이웃집 개를 데리고 시골길에서 조깅을 하다가 글렌은 평상형 트럭이 수풀 속으로 서서히 들어가는 것을 보았다.

"뭐 하시는 거예요?"

그는 기사에게 물었다.

"이 농장 주인이 숲 속에 방치해둔 차가 있어요. 그래서 나무를 쳐내고 차를 끌어내서 폐차시키려고요."

글렌은 녹슨 차체를 알아보았다. 그것은 1953년형 스튜드베이커 커맨더였다. 비록 반쯤 나무에 가려 있었지만 그 차의 곡선은 유년 시절의 추억을 불러일으켰다. 글렌이 학교를 다녔던 수시티가 아니라 매년 여름을 보냈던 네브래스카 주 피어스의 시골 할머니 댁의 추억이다. 피어스는 교차로를 중심으로 형성된 인구 1천 명이 되지 않는 한적한 시골이었다. 이곳은 남자들은 고물 자동차를 몰고 다니고 여자들은 파이를 굽고, 할머니 댁 길 건너에 사는 이웃은 그때까지도 말을 이용해 마당의 잔디를 깎는 그런 곳이었다. 증기 기차가 기적 소리를 울리며 마을 교차로로 들어서면 할머니 집에 있던 글렌은 얼른 달려 나가 연기를 뿜으며 지나가는 기차를 구경하곤 했다. 글렌에게 피어스에서 보낸 여름은 수시티의 기억만큼이나 소중했다. 자전거를 타고 낚시를 다니던 연못, 자갈길을 달리는 차 소리, 마을 전체에 딱 한 그루뿐인 큰 나무, 단 한 명뿐이던 경찰 아저씨. 마을 사람들은 서로 알고 지냈으며(혈연으로 얽힌 친척이거나 독일계 혈통을 공유하는 사람들이었다) 힘든 일이 있으면 서로 돕고, 아픈 이웃이 있으면 여름 내내 그 집 농장 일을 대신 해주고도 절대 보수를 바라지 않았다.

할머니는 부엌에서 밀가루와 버터를 반죽하듯 독일어와 영어를 섞어가며 말하곤 했다. 할머니는 결코 영어가 편하지 않았기 때문에 글렌이 할머니에게 편지를 쓰면 할머니는 영어 공부를 하기 위해 그 편지를 반복해서 읽곤 했다. 오후에는 할아버지를 기다리며 시간을 보냈다. 할아버지는 예순이 넘었음에도 불구하고 목수로 온종일 일했는데 할아버지가 집으로 돌아와 처음 하는 일이 박하향 담배를 피우며 정원에 물을 준다면 그건 할아버지가 피곤하다는 뜻이다. 하지만 만약 할아버지가 1941년형 스튜드베이커를 차고가 아닌 길가로 빼놓으셨다면 글렌을 데리고 낚시를 가시려는 것이다. 긴 낚싯대를 창밖으로 내놓은 채 회색 스튜드베이커가 먼지를 일으키며 시골길을 달릴 때면 글렌의 강아지 스푸크는 뒷좌석에 앉아 신나게 짖어댔다.

할머니의 부엌에서 시간을 보내지 않을 때 글렌은 대개 옆집 정비소로 놀러 갔다. 정비공들이 엔진을 분해하는 것을 보며 글렌은 자동차와 사랑에 빠졌다. 열 살이 되자 그는 할아버지의 스튜드베이커를 몰고 다났다. 열두 살이 되었을 때는 자동차가 어떻게 작동하는지 정확히 알고 있었다. 자동차 정비소 길 건너에는 정비공의 형제가 하는 폐차장이 있었고 글렌은 밭에 있던 트랙터와 트럭을 견인해 와서 부품을 얻기 위해 분해하는 작업 과정에 자주 따라다녔다. 어느 날 견인 트럭을 타고 주차장을 지나는데 햇빛 속에 반짝이는 1953년형 스튜드베이커 커맨더를 보게 되었다. 언젠가 나도 꼭 저 차를 가지고야 말 거야. 글렌은 자신에게 약속했다.

그것은 단순히 스포티한 자동차를 넘어 미국 소년에게는 '나는 남자다'라고 말해주는 차였다. 성공한 인생, 자부심을 가질 만한 삶을 상징하는 차였다. 하지만 수십 년이 흐른 어느 날 수시티 외곽 시골길에서 만난 그 자동차는 고향을 의미했다. 1953년형 스튜드베이커 커맨더는 애플 스트루들, 낚싯대, 어린 글렌이 자전거로 끌어주던 수레에 탄 강아지 스푸크에 대한 추억이 얽혀 있는 자동차였다.

"저 차, 제가 인수할게요."

글렌이 트럭 기사에게 말했다.

"말리고 싶은데요."

기사가 말했다.

"저 차는 완전히 부식됐거든요. 몇 년 동안 움직인 적이 없어요."

"그래도 제가 해보겠습니다."

글렌은 고집을 피웠다. 몇 시간 후 그 커맨더는 어머니 집 바로 옆에 있는 정비소에 들어가 있었다. 그날 오후 글렌은 눈으로만 차체를 스무 번도 넘게 훑어보았다. 사실 그 차는 트럭 기사 말대로 상태가 엉망이었다. 어쩌면 더 형편없을지도 모른다. 하지만 글렌은 평생을 헌신할 프로젝트를 찾았다고 확신했다.

　제일 먼저 할 일은 부식된 부위를 갈아내는 것이다. 낡고 죽은 껍데기같이 방치된 외피 때문에 자동차는 더 구제 불능으로 보이는 것이다. 그 녹을 갈아내야 무엇이 진짜 남아 있는지 알 수 있다. 구멍은 사람들이 생각하는 것보다 훨씬 더 쉽게 고칠 수 있다. 구멍이 어디에 났는지, 얼마나 깊은지 알아내는 것이 관건이다. 글렌은 서두르지 않았다. 녹슨 부위를 그 밑에 있는 금속이 보일 때까지 말끔히 갈아냈다. 그리고 구멍 난 부위를 때웠다. 1953년형 스튜드베이커 커맨더는 옛날 제임스 본드 영화에서 숀 코널리가 몰던 차와 같은 모양으로 20세기 중반에 나온 스포츠카다. 글렌은 차체 곡선이 매끈하게 드러나고 007 같은 세련된 느낌이 날 때까지 접착하고 사포질을 했다.

　글렌은 엔진을 들어냈다. 그리고 엔진을 분해해서 구부러지고 망가지고 부식된 부품들을 검사해서 버려야 할 것은 폐기했다. 그는 저녁이면 이혼한 아버지들의 모임에도 참석하고 밤에는 기타를 치면서, 부품을 구입할 돈을 모으며 느긋하게 작업을 해나갔다. 낡은 포드 자동차에 들어갔던 흡입 밸브를 구입했고, 배기판은 올즈모빌에서, 피스톤은 구식 쉐보레 것을 마련했다. 글렌은 차고에서 나가 담뱃불을 붙이고 밤하늘을 쳐다보며 할머니의 부엌과 아버지가 사랑했던 뷰익 자동차에 대한 회상에 잠겼다. 잠시 후 그는 담뱃불을 끄고 다시 작업장으로 돌아가 바퀴 덮개를 사포질하고 실린더를 긁어냈다. 갈라진 모든 틈새를 메우고 플랫과 밸브들을 점검했다. 이 작업은 1년이 걸렸는데 엔진 블록이 다시 스튜드베이커에 장착되었을 때 엔진은 완벽하게 재건되었고 먼지 하나 없이 깔끔했다.

그의 다음 작업은 이 모든 걸 연결하는 것이었다. 구동축, 크랭크축, 윤축, 핸들 축, 이 모든 것들이 함께 움직여야 하는 것이다. 글렌은 모든 연결 부위를 볼트는 볼트끼리, 조인트는 조인트끼리 닦아내고 조립했다. 이렇게 2년간 정성을 들이자 자동차 열쇠를 점화장치에 꽂으면 엔진의 회전속도가 올라갔고 바퀴가 굴러갔다. 글렌은 이 차를 몰고 모퉁이 가게도 가고, 뒷좌석에 기타를 싣고 이혼한 아버지들의 모임에도 가고, 딸 제니에게도 보여주었다. 물론 아직 딸을 태우고 운전할 단계는 아니었다. 차는 아직도 정상 운행을 하기엔 위험했다. 브레이크 등은 들어왔지만 전기 시스템은 부분적으로만 작동했고 사포질한 차체는 아직 도장 작업도 하지 않은 상태였다. 아직 멋진 외양은 아니었지만 그래도 스튜드베이커는 다시 숨을 쉴 수 있게 되었다.

몇 주 후에 글렌은 계기판 밑에 들어가 노래를 흥얼거리며 배선 작업을 하고 있었는데 갑자기 무엇인가가 가슴 위로 떨어지는 것을 느꼈다. 계기판에 머리를 부딪칠 뻔하며 올려다보자 오렌지색과 흰색이 섞인 고양이 한 마리와 눈이 마주쳤다. 6주 내지 7주 정도 된 아주 작은 새끼 고양이가 고개를 갸우뚱하고 글렌을 쳐다보고 있었다. 글렌은 이 새끼 고양이가 어디서 왔는지 알 수 없었지만 고양이의 털 색깔이 처음 스튜드베이커를 덤불 속에서 끌어냈을 때의 색과 비슷하다고 생각했다.

"어이, 거기 러스티(녹슬었다는 뜻: 옮긴이), 안녕?"

글렌은 새끼를 부드럽게 쓰다듬으며 말을 걸었다.

고양이는 글렌의 손바닥에 자기 코를 비볐다. 그러고는 다시 그를 빤히 쳐다봤다. 그러다가 결국 글렌의 가슴 위에 자리를 잡고 가르랑 소리를 내기 시작했다. 1분 후 글렌도 어깨를 으쓱하곤 다시 작업을 시작했고 빈 정비소 안에서는 공구 내려치는 소리와 러스티가 가르랑거리는 소리만이 울려 퍼졌다.

다음 날 밤 글렌이 정비소에 도착했을 때 새끼 고양이가 다시 기다리고 있었다. 그가 손을 내밀자 고양이가 다가와 얼굴을 비볐다.

"다시 봐서 반갑다, 러스티."

글렌이 인사를 건넸다. 러스티는 그를 올려다보며 한쪽으로 고개를 갸우뚱하고 야옹 소리를 냈다.

"그래그래."

글렌이 답했다.

"그래, 알았어."

글렌이 대시 보드 밑으로 기어 들어가자 러스티는 다시 그의 가슴에 뛰어올라 몸을 동그랗게 말고 잠을 잤다. 다음 날 밤에도 러스티는 또 그곳에 있었다. 일주일 정도 지나자 새끼 고양이가 커맨더 안에서 자며 글렌이 오기를 기다린다는 것을 알게 되었다. 글렌은 러스티에게 샌드위치 고기나 간식 부스러기를 주기 시작했다. 러스티는 적극적으로 음식 냄새를 맡아보고 대부분 공격적으로 먹어 치웠다.

"우리 집에 와서 살래, 러스티?"

어느 날 글렌이 물었다. 작업을 하면서 이제 러스티와는 오랜 친구처럼 지내게 되었다. 러스티는 고개를 갸우뚱하고 바라보는 단계에서 대답하는 단계로 발전했다. 이 고양이는 항상 할 말이 많았다.

"안 갈래?"

그날 작업 후 러스티가 자신을 따라 나오지 않자 글렌이 물었다.

"괜찮아, 그럼 우리 내일 보자."

글렌은 언제나 동물과 잘 지냈다. 어렸을 때 글렌은 늘 길 잃은 동물들을 집으로 데려오곤 했다. 활달한 래브라도였던 점퍼는 글렌의 아버지가 친구 농장으로 데려가는 바람에 며칠밖에 함께 있지 못했다. 또 길가에 피 흘리고 쓰러져 있던 테리어를 발견해 지하실로 안고 왔다. 강아지에게 물을 먹이고 붕대를 감아주었고 그날 밤을 무사히 넘기자 강아지 이름을 로키라고 지었다. 1년 후에 글렌이 로키와 놀고 있는 모습을 원래 주인이 발견하고 개를 데려갔다. 그리고 얼마 있지 않아 스푸크가 글렌을 따라왔다. 글렌의 부모님은 한 번은 같은 빌딩 내에 있는 다른 아파트로, 또 한 번은 한 블록 떨어진 주택으로 두 번 이사하면서 글렌에게 알리지 못했던 경우가 있었는데 스푸크의 짖는 소리를 듣고 집을 찾아갈 수 있었다. 텍사스에서는 친구가 키우던 사자와도 친해졌다(그 사자는 나중에는 동물원으로 갔지만 1970년대이고 보니 당시엔 댈러스 교외에선 사자도 키울 수 있었나 보다). 둘은 글렌의 폰티악 그랑프리를 타고 돌아다녔는데 한쪽 창문으로는 사자의 머리를, 다른 쪽 창문으로는 사자의 꼬리를 내놓고 달렸다.

그렇기에 글렌은 자신이 제안하고 나서 며칠 후 러스티가 자신을 따라 집으로 왔을 때 별로 놀라지 않았다. 불행하게도 글렌의 어머니는 이미 고양이를 한 마리 키우고 있었는데 심술쟁이에 성깔도 있고 쌀쌀맞았다. 몇 년 전 버려진 물탱크에 5주 동안 갇혀 있던 이 고양이를 글렌이 구출해주었다. 고양이는 빈 물탱크 벽에 있는 습기를 핥고 벌레를 먹으며 버텼을 것인데 이 고양이 이야기만 해도 사연이 길다. 그럼에도 은인이라고 해서 따르는 법도 없었다. 순수한 영역 사수 차원에서라도 집고양이는 고집스럽게 러스티가 집 안에 들어오는 걸 허락하지 않았다. 러스티는 덩치가 큰 새끼 고양이였고 둘 중 유일하게 발톱이 있었지만 싸움을 좋아하지 않았다. 상대를 무서워하거나 고분고분해서가 아니라 러스티는 그냥 공격적이 아닌 탓이다. 녀석은 나도 살고 남도 살자는, 각자의 방식을 존중하는 고양이였다.

글렌은 러스티에게 사과하고 커맨더가 있는 정비소로 돌아갈 수도 있다고 제안했지만 러스티는 베란다에 머물기로 했다. 글렌이 출근할 때면 러스티는 항상 그곳에서 기다리고 있었고 저녁때에도 그곳에서 글렌을 기다렸다. 저녁을 먹은 후 둘은 스튜드베이커 정비 작업을 하러 함께 정비소로 걸어갔다. 글렌은 한두 번쯤 이혼한 아버지의 모임에 러스티를 데려갈까 생각해보기도 했다. 그해 여름 시에서는 어머니 집 앞 코트 가를 대대적으로 보수하기 시작했다. 그래서 러스티와 글렌은 빌의 맥줏집으로 가기 위해 아홉 블록의 건설 현장을 걸어가게 되었다. 글렌이 맥주를 한잔하는 동안 러스티는 밖에서 기다렸다. 글렌이 술집을 나와 보면 러스티는 그사이에 이미 새 친구를 사귀었다.

"댁의 고양이에요?"

그중 한 친구가 물었다. 보통 러스티의 새 친구는 여성들이었다.

"네, 그렇습니다."

"너무 귀여워요. 사람도 잘 따르고."

"네."

글렌이 대답했다.

"러스티가 원래 그래요. 성격이 좋아서요."

시간이 흘러 가을이 되자 낮의 길이가 짧아졌다. 코트 가는 다시 차가 다닐 수 있게 되어 러스티와 산책하기엔 위험해졌다. 글렌은 친구들과 블루스 잼 세션을 하는 밴드에 가입해서 일주일에 며칠씩 외박을 하기 시작했다. 러스티는 베란다 철책 위로 뛰어오른 다음, 부엌 창틀에 뛰어올라 따뜻한 방을 들여다보곤 했다. 매일 밤 잘 준비를 할 때 러스티는 창밖에서 글렌을 지켜보았다. 둘의 눈이 마주치면 덩치 큰 오렌지색 고양이는 울음소리를 내며 유리창을 앞발로 긁었다.

"어머니, 러스티를 데리고 들어와야겠어요." 글렌이 말했다. "점점 추워지잖아요."

글렌의 어머니는 자기 고양이 때문에 절대 안 된다며 막무가내였다. 그래서 어머니 집에서 두 블록 떨어진 곳에 임대주택이 나왔을 때 글렌은 이사를 했다. 새집은 글렌의 수도승 방 같은 스타일의 또 다른 버전이었다. 작고 가구도 별로 없는 집이었지만 최소한 이번엔 룸메이트가 생긴 것이다. 글렌이 없을 때 이 큰 고양이가 드나들 수 있도록 글렌은 창 하나를 열어두었다. 글렌이 집에 오면 러스티는 항상 함께 있었다. 이 녀석은 특히 사람이 먹는 음식을 좋아했다. 글렌이 음식을 준비하면 러스티는 항상 킁킁거리며 냄새를 맡았다. 냄새가 마음에 들면 조금 맛을 보고 글렌이 한 접시 대령할 때까지 졸라댔다. 설거지를 마치고 나서 글렌이 소파에 엎드려 있으면 러스티가 등으로 올라와 발톱으로 꾹꾹 눌러주었다. 힘든 하루 일이 끝난 후 세상에서 가장 좋은 마사지였다.

어머니 집에서 살 때 글렌은 매일 밤 침대 위에서 기타를 연주했다. 다음 날 눈을 떠보면 기타를 껴안고 잠들었던 경우가 많았다. "기타가 나의 가장 친한 친구였죠." 언젠가 내게 글렌이 말했다.

군이 심리적으로 분석하자면 그래서 러스티가 기타를 싫어했는지도 모른다. 처음에 글렌이 기타를 들고 노래를 몇 곡 연습하자 러스티는 곧장 창밖으로 달아났다. "그냥 로큰롤일 뿐이야!" 글렌은 첫 번째 코드를 잡으며 달아나는 녀석을 보고 웃었다.

결국에는 러스티도 적응을 했다. 글렌이 기타를 케이스에서 꺼낼 때마다 러스티는 느긋하게 걸어가 기타 케이스 안으로 들어갔다. 그러고는 뚜껑이 닫힐 때까지 기타 케이스 뚜껑을 발로 톡톡 건드렸다. 그 안에서 녀석이 무엇을 하는지 모르지만 글렌이 기타를 치는 동안 러스티는 기타 케이스 안에 머물렀다. 글렌이 기타를 치우기 위해 케이스 문을 열면 러스티가 튀어나왔다. 글렌이 침대에 들어가면 러스티도 침대 위로 올라왔다.

러스티가 게을러져 더 이상 글렌과 함께 정비소 나들이를 하지 않게 되었을 때도 글렌은 작업을 계속해서 스튜드베이커를 무광택 검정색으로 칠했다. 화려하지는 않았지만 확실히 멋진 색이었다. 모든 시스템이 완성된 것은 아니어서 간혹 점화가 안 되는 경우도 있었지만 그는 더 이상 자동차에 그리 집착하지 않았다. 대신 글렌은 저녁 시간을 러스티와 함께 뒷마당에서 지냈다. 임대주택은 도로에 면하고 있었지만 뒷마당은 나무도 많고 꽃밭도 있고 러스티가 가장 좋아하는 나비도 많았다. 두 살이 되면서 러스티는 거의 9킬로그램에 육박했지만 녀석은 온화한 거인이었다. 러스티는 파리는 잡을지 몰라도 나비는 잡지 않았다. 흔치 않은 일이지만 나비를 공중에서 잡아채더라도 항상 놓아주었다. 폭풍 때문에 나뭇가지 하나가 부러졌을 때 글렌은 이 나뭇가지를 적절한 각도로 나무에 기대 뚱뚱한 러스티가 나무 위로 올라가 전망을 볼 수 있게 해주었다. 러스티는 나뭇가지 위에 올라앉아 새를 관찰하고 다음으로는 울타리 너머 이웃집 마당을 지켜보는 것을 좋아했다. 러스티는 그 집 마당의 풀잎 하나하나를 다 알고 있었지만 절대 그 집으로 넘어가지 않았다. 단 한 번도.

"제가 그 고양이를 지켜봤는데, 절대 움직이지를 않더군요."

이웃이 놀라워하며 글렌에게 말했다.

글렌은 어깨를 으쓱했다.

"러스티가 원래 그래요."

러스티는 충성스러운 친구였다. 글렌이 힘들었던 일, 좋았던 일, 불만 사항과 보람찼던 일, 그날 들었던 재미있는 농담 같은 이야기보따리를 풀어놓으면 러스티는 귀를 기울였다. 그리고 '야옹' 하고 대답했다. 러스티는 기분만 맞으면 밥을 먹는 와중에도 계속 말을 할 수 있었다. 야옹-야옹-야옹-야옹-야옹. 글렌이 우울해하면 러스티는 금방 알아차렸다. 글렌의 무릎 위로 뛰어올라 처음 스튜드베이커 커맨더에서처럼 고개를 갸우뚱하고 깊고 사려 깊은 눈망울로 그를 유심히 쳐다보았다. 그러고는 자신의 고양이 수염을 글렌의 수염 안으로 밀어 넣는다. 그것은 고양이의 질문 방식이었다. 친구야, 괜찮아? 글렌은 러스티의 얼굴에 자신의 수염을 비비는 것으로 괜찮다고 응답해주었다.

딸 제니와의 관계에서도 러스티가 큰 도움이 되었다. 글렌은 다른 자녀들과는 가깝게 지내는 데 실패했다. 그가 원하는 아버지가 될 수 있는 마지막 기회는 제니와의 관계뿐이었다. 법원 명령에 따라 제니는 한 달에 두 번 글렌과 함께 지냈고, 그는 자신이 해줄 수 있는 모든 것을 딸에게 주려고 했다. 글렌은 제니가 자신을 사랑한다는 것을 알면서도 다른 아이들처럼 멀어질까봐 두려워했다. 그러나 러스티가 있는 한 그럴 걱정은 없었다. 제니는 러스티를 사랑했다. 글렌이 제니를 데리러 갈 때마다 제니는 러스티의 안부부터 물었다. 그리고 만날 때마다 둘은 서로를 향해 뛰기 시작해 제니가 팔을 내밀면 러스티는 강아지처럼 폴짝 뛰어들었다.

러스티는 언제나, 뭐라고 할까, 뼈가 굵다고나 할까? 글렌의 추측에 따르면 다섯 살이 되었을 때 몸무게가 11.3킬로그램이 넘었다. 러스티가 저울 위에 앉는 것을 완강히 거부하여 정확히 알 길은 없다. 글렌은 그 무게가 다 근육이라고 생각했다. 왜냐하면 러스티는 열심히 사냥도 다니고 열성적으로 나무를 오르는 고양이였기 때문이다. 하지만 그런 글렌도 러스티가 뒷다리로 주저앉으면 뚱뚱한 부처님처럼 보인다는 것을 인정해야 했다. 여덟 살짜리 제니는 그런 러스티가 살덩어리라고 생각했고 그래서 러스티에게 다이어트를 시켜야겠다고 결심했다. 제니가 러스티의 두 앞발을 붙잡고 앞뒤로 흔들면 러스티는 마치 차차차를 추는 것처럼 보였다. 제니는 또 러스티를 바닥에 눕혀놓고 다리를 붙들어 자전거를 타는 것처럼 허공에서 원을 그리게 했다. 그녀는 이것을 러스티의 버터볼 운동이라고 이름 붙였다.

"버터볼 운동을 할 시간이야."

제니는 토요일 아침에 팬케이크와 시럽을 먹고 나면 항상 러스티에게 이렇게 외쳤다. 러스티는 한숨을 쉬고는 고개를 푹 떨군 채 터덜터덜 걸어왔다. 왜냐하면 제니가 뭘 원하든 러스티는 꼭 들어주었기 때문이다. 이런 운동을 '당하고' 나서도 러스티는 여전히 매일 밤 제니 옆에 몸을 말고 함께 잤다. 이유는 단순했다. 러스티는 제니를 사랑했다.

글렌이 그 사랑을 너무나 이해할 수 있었던 것은 글렌 자신도 제니를 똑같이 사랑했기 때문이다. 일요일 밤이 되어 제니가 어머니에게 돌아가기 위해 헤어져야 할 때면 다들 무척 서운해했다.

낮에는 정비공으로 일하고 저녁은 어머니 집에서 함께 식사하고 집안일을 도우며 몇 년이 흘러갔다. 밤 시간은 러스티와 함께 보내거나 이제는 이혼 생존자라기보다는 거의 상담사 역할을 하게 된 이혼한 아버지의 모임에서 보냈다. 그는 여전히 스튜드베이커 커맨더를 여유를 가지고 꾸준히 손보고 있었다. 조정 장치도 손보고 기어 박스도 정렬하고 차체 측면에는 붉은 불꽃 그림도 그려 넣었다. 꼭 최종적인 계획이나 목표가 있었던 것은 아니었다. 커맨더는 그의 평생의 프로젝트였기에 그는 항상 차를 닦고 조이며 보다 향상시키는 것을 즐겼다. 만약 그가 좋아하는 밴드의 공연이 있으면 수요일 밤에는 이글스 댄스홀로 차를 몰고 갔다. 그는 음악계에 아는 친구들이 많았고, 뮤지션들은 글렌을 무대 위로 초대해서 한두 곡씩 같이 연주하기도 했다. 하지만 그는 절대 춤은 추지 않았다. 여자들로부터 춤 신청도 받았지만 항상 정중히 거절했다. 상대의 기분을 상하게 할 의도는 아니었고 단지 그럴 생각이 없었다. 그는 음악을 듣기 위해 갔기 때문이다.

그러다 오랜 친구 노먼 스워츠가 네브래스카 워터베리라는 작은 마을에서 댄스홀을 열기로 했다. "우리 좋았던 시절로 돌아가보자고." 노먼은 그에게 이렇게 말했다. "다른 음악은 절대 안 틀고 오로지 로큰롤과 라이브 밴드 공연만 할 거야." 글렌은 노먼을 도와 폐자재를 치워주고 세인트 마이클스 교회의 낡은 체육관을 뜯어낼 때 구해둔 자재로 바닥을 깔아주는 등 몸으로 도와주어야겠다고 생각했다.

"나는 자네가 막노동 체질은 아닌 걸로 알고 있었는데."

노먼이 이렇게 그를 놀렸다.

"체질은 아니지." 글렌이 단호히 말했다.

"하지만 친구를 위해서라면 이 한 몸……."

둘은 맥주를 따서 옛 추억을 위해 건배했다. 예순이 다 되어가는 그의 여생에 여자라고는 어머니와 딸뿐일 것이다. 노먼을 제외하면 가장 친한 친구는 고양이였다. 이 정도면 괜찮지. 더 안 좋게 풀리는 인생도 허다하잖아? 그래서 글렌은 은퇴를 결심했다. 이제는 스튜드베이커 커맨더, 이혼한 아버지들의 모임, 기타 연주로 소일하며 여생을 보낼 것이다. 원할 때는 낚시도 하고 노먼을 도와 댄스홀도 돕고 러스티와 어머니와 시간을 보내면 된다고 생각했다. 하지만 자동차 정비소에서 일하던 마지막 날 단골손님이 걸어 들어오더니 다짜고짜 그에게 말했다.

"당신은 은퇴할 수 없어요. 저와 함께 일해야 돼요."

이 여성은 뉴 퍼스팩티브스(새로운 시각: 옮긴이)라고 하는 장애가 있는 성인들을 위한 직업 프로그램을 운영하고 있었다.

"제안은 감사합니다만, 죄송합니다. 저는 그 분야에 대해서는 전혀 아는 바가 없거든요."

글렌은 당황했다.

"마음에 들 거예요."

그녀는 막무가내였다.

"그냥 와서 한번 보기나 하세요."

'새로운 시각'이라는 프로그램은 수시티 동쪽 상업지구에 위치한 콘크리트 블록으로 지은 나지막한 빌딩에서 진행되고 있었다. 비록 건물은 안팎으로 소박하기 이를 데 없었지만 그 안에서 일하는 사람들로 인해 그곳은 특별한 곳이 되었다. 바비는 병을 수거해서 되파는 일을 신바람 나게 하고 있으며 시설에서 만나는 모든 사람에게 큰 소리로 인사를 건넸다. 한 젊은 여성은 자동차에 치이는 바람에 뇌 기능을 거의 다 상실했지만 유독 사람들의 생일만은 기억할 수 있었는데 어느 해든 그 사람의 생일이 무슨 요일이 될지 알아맞히는 신기한 재주가 있었다. 그중 다운증후군이 있는 로스는 몸무게가 136킬로그램이나 나가는 거구의 당뇨 환자였는데, 그가 발작을 일으킬 때 잡아줄 힘센 남자가 필요했던 것이다. 글렌은 시설을 돌아보고 직업 프로그램에 참여하고 있는 장애우들을 만나면서 자신이 기쁨과 안도감으로 충만해지는 것을 느꼈다. 그는 지난 몇 년간 무엇이 문제인지를 연구하며 자동차를 고쳐왔다. 또한 러스티와 함께 지내면서 남을 탓하지 않고 실망을 모르는 고양이처럼 사는 법을 배워왔다. 그 세월들이 결코 헛된 것이 아니었다. 그 세월들은 자신을 치유하는 과정이었다. 글렌은 무엇인가를 향해 살아왔던 것이다. 그리고 그 무엇이 바로 이곳이었다.

"당신 말이 맞았어요."

글렌이 드디어 말했다.

"내일부터 시작하지요."

한 달 이내에 글렌은 로스가 발작을 일으킬 때 더 이상 붙잡아주지 않아도 되었다. 로스를 잘 알게 되어 언제 발작하는지를 감지할 수 있었고 발작 전에 혈당을 높여주기 위해 항상 사탕을 주머니에 넣고 다녔기 때문이다. 글렌은 뇌상을 입은 젊은 여성을 주변의 모든 사람들에게 소개해주었다. 그녀가 생일 맞히기 재주를 뽐내는 것을 매우 즐거워한다는 것을 알기 때문이었다. 어느 월요일 아침에 출근한 글렌이 병 수거 담당인 바비에게 말했다.

"당신을 위한 선물을 가져왔어요. 하지만 내 부탁을 하나만 들어줘야 해요."

"그게 뭔데요, 글렌?"

"당신 모자를 나한테 줘야 해요."

바비는 한 발짝 뒤로 물러섰다. 그는 더러운 모자를 매일같이 쓰고 다녔으며 절대 벗지 않았다.

"바비, 내가 당신을 위해 새 모자를 사 왔어요. 아직 가격표도 그대로 붙어 있잖아요."

글렌은 앞에 그레이엄 타이어라고 쓰인 밝은 오렌지색 야구 모자를 보여주었다. 바비는 모자를 덥석 받아 들더니 얼른 모자챙을 코에다 갖다 대었다. 바비는 모든 것을 냄새부터 맡는 습관이 있었다. 바비는 천천히 자신의 더러운 모자를 벗어 글렌에게 건네주었다. 오렌지색 모자를 쓴 바비는 환하게 웃었다.

"지난 2년 동안 저 모자를 벗게 하려고 애썼어요."

글렌을 고용했던 여성이 털어놓았다.

"어느 누가 부탁해도 절대 벗지 않았거든요."

'새로운 시각'에서 일하기 시작한 이후 글렌은 이혼한 아버지들을 위한 모임에 가는 횟수를 줄였다. 한편, 이글스나 다른 음악 클럽에서 더 많은 시간을 보내며 진지하게 밴드 활동을 시작했다. 스톰 앤 노먼스 로큰롤 오디토리엄이 문을 열자 글렌은 밴드에서 직접 기타를 연주했을 뿐만 아니라 맥주통도 날랐고 열심히 마시기도 했다. 공식적인 개장 기념 댄스도 없었고 광고도 없었고 건물 위에 간판을 걸지도 않았다. 옥수수 밭 언덕길에 댄스홀이 있는 네브래스카의 작은 마을을 가리키는 표지판 같은 것도 물론 없었다. 하지만 어떻게들 알았는지 150명 이상이 첫 댄스에 참석했다. 에어컨도 없었고 화장실도 모자랐고 그나마 있는 의자들은 장의사한테 빌려온 것이었다. 심지어 의자 뒤에 '장의사'라고 적혀 있었지만 다들 즐거운 시간을 보냈다.

어찌 보면 오랜 동안의 노력에도 불구하고 수십 년간 좌절감만 맛보다가 이제야 글렌의 인생이 자리를 잡았다고 할 수도 있다. 그에겐 러스티와 어머니, 그리고 벌써 고등학교에 진학한 딸 제니가 있었다. 친한 친구들과 음악도 있었다. 또한 소중한 사람들을 돕는 의미 있는 직업도 있었다. 한 달에 한 번 스톰 앤 노먼스 댄스홀이 문을 열 때면 틈틈이 가서 일을 도왔다. 화장실 막힌 것도 뚫어주고 바텐더도 하고 '닭모이'도 주었다. 이것은 댄스 플로어에 미끄럼 방지용 왁스를 뿌린다는 은어였다. 그러다 보니 많은 여성들이 어찌어찌하여 남편을 스톰 앤 노먼스까지 끌고는 오는데 춤을 추려 하지 않는 남편들이 많다는 것을 알게 되었다. 그래서 그는 또 한 가지 수고를 했다. 파트너가 없어 답답한 아이오와와 네브래스카의 여성들을 위한 원 타임 댄스 파트너가 되어주는 일이었다. 키 크고 잘생긴 신사가 리드하는 춤으로 잠시나마 스트레스를 풀어주는 것이다. 그러나 솔직하게 말한다면 글렌은 상대의 얼굴을 잘 보지 못했다. 춤을 춘다는 것은 타인에게 친절을 베풀며 자신은 음악을 즐기며 시간을 보내는 또 다른 방식이었다. 춤추는 일이 얼마나 멋진지 오랫동안 잊고 지냈었다. 그는 춤을 사랑했지만 휘황찬란한 조명이 빛나는 이 댄스홀도 글렌 앨벗슨에게는 잿빛 바다나 마찬가지였다.

 그러던 어느 날 밤, 세 번째 이혼을 한 지 16년 후, 그리고 러스티가 그의 상처를 비집고 마음속으로 들어온 지 10년이 흐른 후, 드디어 글렌 앨벗슨은 어떤 얼굴을 보게 되었다. 바에서 칵테일을 만들고 있다가 그는 문득 고개를 들어 건너편의 그녀를 보았다. 그녀는 댄스 플로어의 가장자리 테이블에서 친구들과 이야기를 나누고 있었는데, 마치 스포트라이트 조명이 그녀만을 비추는 듯했다. 일순간이었고 우연히 눈길이 갔던 것이지만 그것은 글렌이 결코 경험해보지 못했던 느낌이었다. 잿빛 물결뿐인 그의 인생에서 그녀는 환히 빛나는 듯했다. 그리고 두 사람의 눈이 마주쳤다.
 "바를 좀 부탁해, 조."
 글렌은 친구에게 바텐더 일을 맡겼다.
 "나는 저 여자에게 춤을 신청해야겠어."
 글렌이 춤을 청하자 그녀는 잠시 주저하더니 "그러죠"라고 대답했다.
 둘은 조용히 댄스 플로어로 걸어 나갔다. 그녀는 글렌이 생각했던 것보다 훨씬 작았다. 그녀의 머리가 그의 가슴께밖에 오지 않았지만 두 사람이 조용히 춤을 추기 시작하자 서로 잘 어울리는 느낌이었다. 그 여성은 조용했고 다른 생각에 빠져 있는 듯 보였는데 간혹 그의 얼굴을 올려다보며 잠시 시선이 머물렀지만 이내 눈길을 돌렸다.
 그녀와 댄스 플로어를 몇 차례 더 도는 동안 두 사람 주변에 회오리치고 있는 무채색의 물결은 전혀 눈에 들어오지 않았다.
 드럼주자가 박자를 넣고 음악이 다시 시작되었을 때는 아련히 다른 세상에서 들려오는 듯했다. 밴드가 연주하는 음악이 영원히 끝나지 않았으면 좋겠다는 생각을 하며 글렌은 그녀를 안고 부드럽게 이끌어 나갔다.

"좋은 밤이었어."

밤늦게 집으로 돌아온 그가 러스티에게 보고했다.

"정말 멋진 밤이었어."

거구의 고양이는 졸려서 반쯤 감긴 눈으로 올려다보며 먹을 것을 내놓으라고 졸랐다.

*

나는 언제나 춤추는 것을 좋아했다. 내가 어렸을 때 부모님은 아이오와 주 모네타 외곽에 있던 우리 농장 응접실에서 낡은 라디오에서 흘러나오는 음악에 맞춰 아이들에게 춤을 가르쳐주셨다. 열아홉 살에 미네소타 주 맨카토 박스 공장에서 일할 때 나는 매일 밤 열심히 춤을 췄다. 첫 번째 남편도 춤을 추다가 만나게 되었고 이혼 후 어려웠던 시절에도 춤이 위안이 되었다. 사실 서른 살에 늦깎이로 대학에 입학한 싱글 맘이었기에 나는 소위 '레저용' 여흥을 추구할 시간적 여유가 없었다. 하지만 춤은 내게 단순한 레저 이상이었다. 내게 춤은 필수 불가결한 것이었다. 음악이 흐르고 춤을 추기 위해 자리에서 일어서면 다시 나 자신이 된 것 같았다. 자궁적출수술 부작용으로 수술을 여섯 번이나 하고, 알코올중독자와 거의 10년간을 살았던 내가 아닌, 나의 진정한 좋은 모습으로 돌아온 듯했기 때문이다. 아이를 재우고 설거지를 끝내고 기말 리포트를 쓰던 깊은 밤에도 나는 틈만 나면 부엌으로 가서 레

코드판을 올려놓고 혼자 춤을 추었다.

스펜서 공공도서관에서 일하던 시절에도 춤은 계속되었다. 도서관이 문을 닫은 후에 듀이와 나는 단둘이 서가 사이를 뛰어다니며 춤을 추었다. 파티에서는 남성 친구들이나 데이트 상대와 춤을 추었다. 싱글들을 위한 댄스에도 갔지만 스펜서 내에서는 삼갔다. 왠지 마을 사서가 댄스홀에서 낯선 남자들과 가까이 지내는 모습을 보이는 것이 싫었기 때문이다. 사람들은 가십을 좋아하기 마련이다.

그래서 나는 멀리까지 갔다. 32킬로미터 떨어진 아이오와 호수 지대의 유명한 루프가든 댄스홀, 내 친구 트루디가 제일 좋아했던 미네소타 주 워딩턴의 클럽들, 수시티의 보다 점잖은 댄스홀에도 갔었다. 데이트도 했지만 이성과의 관계는 별로 성공적이지 못했다. 어떤 남자는 처음 만난 날 내게 자신의 이혼증명서를 보여주었다. 그때 눈치 챘어야 했다. 다음 날 그의 아내로부터 협박 전화를 받았다. 알고 보니 그녀의 남편은 자기 삼촌과 이름이 같았다. 남자는 내게 삼촌의 이혼증명서를 보여주었던 것이다.

수시티에서 소개로 만났던 한 카우보이는 달밤에 멋진 곳으로 드라이브를 하자면서 도축을 기다리는 소 우리로 데려갔다. 그런 후 자기 집으로 초대해 총알 만드는 법을 보여주었다. 인디애나폴리스 출신의 한 남성은 자신의 세일 보트에서 주말을 보내자며 초대했다. 갑작스러운 폭풍이 몰아쳐 나는 심한 뱃멀미로 드레스에 토하고 말았다. 다음 날 아침 그는 자신이 세상에서 가장 좋아하는 곳은 이탈리아에 있는 어느 곳이라며 내게 가장 좋아하는 곳이 어디냐고 물었다. 나는 30대에 들어서고 있었지만 미네소타와 아이오와 이외에는 어디에도 가본 적이 없었다. 그러니 이 관계도 제대로 풀릴 수가 없다는 것을 감지했다.

그렇다고 남자를 찾는 데 열심이었던 것은 아니다. 남자와 함께하면 특히 춤출 때는 즐거웠다. 그렇다고 남자가 없다고 안타까워하지도 않았다. 나는 내 인생을 즐기기에도 너무 바쁜 사람이었다. 의미 있는 직업도 있었고 사랑하는 가족과 좋은 친구, 그리고 물론 듀이 리드모어 북스라는 멋진 도서관 고양이도 내 인생의 일부였다. 비록 나는 듀이의 팬레터에 답장을 대필해주는 사람이었지만 듀이는 결코 나를 고용인 취급하지 않았다. 우리는 파트너였다. 그 파트너십은 내게 소중한 관계였고 듀이의 팬레터 대필자가 된다고 해서 내가 손해 보는 것은 전혀 없었다. 오히려 덕분에 행복과 웃음이 가득한 삶이 되었다. 남들이 내 인생에 필요하다고 생각하는 그 무엇을 (선의를 가지고 말한다지만 결국은 참견이다) 추구하느라 신경 쓰거나 에너지를 낭비하지 않아도 되는 삶이었다. 오히려 나는 보다 중요한 것에 집중할 수 있었다. 딸을 키우고 부모님을 돌보고 친구들과 깊은 우정을 쌓고 나의 재능을 이용하여 스펜서 시민들에게 도움이 되는 공공 기관을 운영하는 일이다. 나는 어머니로서, 사명감 있는 사서로서, 그리고 고양이 애호가로서, 춤을 사랑하는 사람으로서 너무나 행복했다. 내가 굳이 누군가의 여자 친구가 될 필요는 없었던 것이다.

그런데 듀이가 세상을 떠났다.

듀이와 나의 관계를 몇 마디로 요약할 수는 없다. 그러나 듀이를 떠올리면 항상 나의 첫 번째 책에 적었던 글이 생각난다. "듀이는 내 고양이였다. 듀이가 사랑하게 된 사람도 위안을 받으러 찾아온 사람도 나였다. 그리고 나 역시 듀이에게서 사랑과 위안을 얻었다. 듀이는 남편이나 아이를 대체하는 존재가 아니었다. 나는 외롭지 않았고 친구도 많았다. 내 삶이 충만하지 않은 것도 아니었고 내 일을 사랑했다. 나는 누군가 특별한 사람을 찾는 것도 아니었다. 우리가 매일 만났던 것도 아니다. 우리는 따로 살았다. 하루 종일 도서관에 함께 있으면서도 거의 얼굴을 못 보는 날도 있었다. 그러나 듀이의 얼굴을 못 보더라도 녀석이 거기 있다는 것을 알고 있었다. 우리는 삶을 함께 나누고 내일뿐만 아니라 영원히 함께하기로 선택을 했던 것이다."

그러나 그 유대가 아무리 강력하다 하더라도 세상에 영원한 것은 없다. 듀이는 나의 가장 절친한 친구였다. 나의 위안이고 반려자였다. 듀이는 도서관을 바꿔놓았고 우리 마을을 바꿔놓았다. 그리고 이제 듀이는 떠났다.

그 후에는 전처럼 일을 할 수가 없었다. 지난 20년 동안 나는 열정적으로 도서관을 이끌어 왔다. 내 인생의 20년 이상을 이 조직을 구축하는 데 바쳤다. 그런데 갑자기 더 이상 이곳이 나의 도서관처럼 느껴지지 않았다. 한편으로는 듀이가 늙었다고 듀이를 없애려 했던 도서관 이사회와의 관계가 서먹해진 것도 있었다. 그러나 그것보다는 듀이가 살아 있던 19년간의 도서관에서는 느끼지 못했던 차가움, 외로움, 공허함 때문이었다.

늘 그렇듯 나는 일에 몸을 던졌다. 끝내야 할 프로젝트도 있었고 성취하고자 하는 목표들도 있었다. 듀이와 내가 구축한 것을 기반으로 계속해서 도서관이 단순히 책을 저장하는 창고가 아니라 영혼이 교감할 수 있는 만남의 장으로 변모시키고자 했다.

또한 나는 듀이의 이야기를 글로 쓰고 싶었다. 듀이가 나와 스펜서를 위해 너무나 큰일을 했기 때문에 그것이 듀이를 예우하는 것이라고 생각했다. 듀이의 팬들도 듀이에 대한 모든 이야기를 알아야 한다고 생각했다. 듀이는 사랑으로 우리 곁을 지켜주었고 친구가 되어주었다. 그렇기 때문에 270개가 넘는 신문에서 듀이의 부고를 실었고 천 명이 넘는 팬들이 편지와 카드를 보내왔다. 그런 이유에서 듀이의 삶은 소중했다. 바로 그 이야기를 사람들과 함께하고 싶었다. 나는 듀이의 삶이 전하는 중요한 메시지가 있다고 믿었고 지금도 믿고 있기에 세상을 위해 꼭 책을 써야만 한다고 생각했다. 그 메시지는 결코 포기하지 말라, 자신이 설 자리를 찾아라, 당신은 세상을 변화시킬 수 있다는 것이다.

하지만 나는 병이 났다. 듀이가 죽은 이후에 상부호흡기 감염에 걸렸다. 여러 가지를 시도해보았지만 병은 낫지를 않았다. 20대 초반에 했던 자궁적출수술로 인해 면역 체계가 무너져 수십 년 동안 나는 여러 가지 병으로 고통 받았다. 내가 자궁적출수술을 받았다는 사실은 마취에서 깨어난 후에야 알았다. 사소한 편도선염 같은 것으로 시작했는데 결국 입원까지 하는 일이 3, 4년 간격으로 벌어졌다. 이는 내 인생의 일부였고, 그 고비를 견딜 수 있게 그때마다 듀이가 도와주었다.

하지만 이번엔 뭔가 달랐다. 이번은 신체뿐만 아니라 마음까지 아팠다. 12월은 듀이와 관련된 여러 가지 요청에 응대하느라 정신이 없었다. 연휴가 끝나고 혹독한 추위를 몰고 온 1월이 되자 나는 너무 피곤하고 허약해졌다. 2월에는 근육과 폐까지 허해졌다. 3월에는 침대에서도 겨우 일어날 지경이었다. 4월에는 힘을 아끼기 위해 감봉을 감수하면서 집에서 업무를 보았다. 담당 의사가 온갖 시도를 다 해보았지만 내 건강은 더욱 악화되기만 했다. 구토, 두통, 발열. 내가 삼킬 수 있는 유일한 음식은 비스킷뿐이었다. 담당의는 대장 내시경, 상부소화관 내시경, MRI 등 여러 가지 검사를 했지만 도무지 답을 찾을 수 없었다. 나는 3월에 직장으로 복귀했지만 온전치가 않았다. 미네소타 수시티의 전문의에게 의뢰되었지만 병원에 가기 위해 오래 운전을 하느라 피곤이 가중되었다. 여름이 되자 나는 몹시 허약해져서 샤워를 한 후에는 자리에 누워 휴식을 취해야만 했다.

사람들은 내가 우울증에 걸렸다고 생각했다. 그리고 사실 나는 우울했다. 듀이의 죽음과 도서관 이사회와의 갈등이 겹치면서 내가 알고 있던 안락한 세계가 무너졌기 때문이다. 그러나 우울했기 때문에 아픈 것이 아니었다. 나는 아프기 때문에 우울했던 것이다. 그리고 어느 누구도 내가 왜 아픈지 알지 못했다. 나는 생각했다. 끝이구나. 나는 평생 이렇게 살게 되겠구나. 침대에서 일어나지도 못하고 아무 데도 못 가고 아무도 못 만나고 그러다 죽겠구나.

20년 전에 나는 연봉 2만 5천 달러를 버는 싱글 맘이었다. 이 직장을 유지하기 위해 나는 도서관학 석사학위가 필요했기 때문에 매 주말마다 10시간의 수업을 듣기 위해 수시티까지 왕복 4시간의 통학을 했다. 같은 시기에 내 인생의 전부라 할 수 있는 딸과의 사이는 점점 멀어져갔다. 아마 그것은 성장의 자연스러운 과정이었는지도 모른다. 또는 딸을 재정적으로 뒷받침하기 위해 내가 해야 했던 많은 것들 때문에 오히려 딸과 시간을 보낼 수 없어서 벌어진 일인지도 모른다. 수년이 흐른 후에도 확실히 기억나는 것은 도서관에서 밤을 지새울 때의 그 괴로움, 피곤함, 그리고 학교 과제를 마치기 위해 씨름하면서 인생에서 무엇이 중요한가를 잊지 않으려고 버둥댔던 시간들이다. 삶의 무게가 견딜 수 없이 무겁게 느껴졌던 순간들, 그리고 천장이 내리 누르는 듯 했던 기분을 기억한다.

그런 순간들이 오면 듀이가 나를 찾아왔다. 듀이는 내 무릎 위로 뛰어 올라왔다. 내 손에서 펜을 떨어뜨리게 하곤 컴퓨터 키보드 위를 마구 걸어 다녔다. 내가 자기를 봐줄 때까지 내게 머리를 부딪쳤고 사무실을 쏜살같이 달려 나가 두 서가 사이의 어두운 복도로 사라지곤 했다. 때로는 저쪽으로 사라지는 그의 모습을 언뜻 보기도 하고 때로는 5분이 지나도 듀이를 못 찾는 경우도 많았다. 그러다가 내가 포기하려고 할 즈음 문득 돌아보면 듀이는 바로 내 곁에 있었다. 듀이는 분명 웃고 있는 게 틀림없었다.

이제 다시 듀이는 내게 와주었다. 건강이 완전히 무너지기 전에 나는 책을 써야만 했고 내 사전에 포기란 단어는 없다. 매일 도서관을 위해 내가 할 수 있는 만큼 일을 한 후 저녁에는 부엌에 앉아 전화기를 들고 책의 공동 저자인 브렛 위터와 함께 듀이에 대해 이야기를 했다. 브렛에게 이야기를 하면 할수록 듀이는 점점 더 되살아났다. 빨간 끈을 눈앞에서 흔들면 듀이가 어떻게 몸을 웅크렸는지, 내가 돌아서려고 하면 어떻게 네 발을 다 사용해 그 끈을 잡으려 했는지 눈에 선했다. 듀이가 먹이 냄새를 맡을 때 어떻게 코를 움찔거렸는지, 어떻게 퇴짜를 놓았는지도 생각났다. 1년에 두 번 목욕을 시키면 흠뻑 젖어서 화를 냈던 일, 발을 핥을 때 혀를 길게 빼던 모습, 그 축축한 앞발을 귀에 넣어 깨끗이 닦느라 열중하던 모습이 생각나 웃기도 했다. 나를 보호하기 위해 하루 세 번씩 내 사무실 통풍구 냄새를 맡던 그 모습도 생각하면 절로 미소가 떠오른다.

때로는 대화를 이어가기 힘든 밤도 있었다. 오빠의 자살, 어머니의 죽음, 무엇보다도 유방절제수술 이야기를 하는 것이 가장 두려웠던 것 같다. 나는 그 수술 이야기는 하지 않으려 했다. 10년이 흐른 후에도 여전히 내겐 아픔이요, 상처였다. 인정하기 싫지만 의사가 유방암이라고 말했을 때 그 어마어마한 절망감을 주체할 수가 없었다. 아무도 그렇게 말하지 않았지만 다들 나와의 신체적 접촉을 꺼렸다. 유일하게 듀이만이 변함없이 내 곁을 지켜주었다. 오로지 듀이만이 내가 갈망하던 스킨십을 나누는 대상이었다.

어떤 날은 그보다 더 힘겨웠다. 처음으로 듀이를 떠나보낸 이야기를 할 때였다. 동물병원에서 품에 안긴 듀이가 날 보며 도와주세요, 도와주세요, 라고 애원했던 기억이 너무 힘들어 나는 전화기에 대고 엉엉 울었다. 수개월이 지났는데도 빌 박사가 내게 "덩어리가 잡혀요, 악성 종양입니다. 듀이가 고통 받고 있어요. 우리가 해줄 수 있는 건 아무것도 없습니다"라고 했던 말을 다시 꺼내는 것이 너무 힘겨워 탈진해 쓰러질 것만 같았다.

하지만 일단 이야기를 시작하니 다른 기억들도 돌아왔다. 검사대의 냉기와 듀이를 감쌌던 담요의 감촉, 듀이의 가르랑거리는 소리, 자신의 머리를 내게 기대고 내 품 안에서 녹아들 듯 안겨 있던 느낌, 그리고 듀이의 황금색 눈 속에 읽었던 믿음과 두려움 가운데에도 잃지 않았던 그 침착함, 내가 "괜찮아, 듀이. 괜찮아, 모든 게 다 잘될 거야"라고 속삭일 때 우리의 마음이 어떻게 하나였는지도 기억이 났다.

떠나가는 듀이의 눈을 들여다보며 이제는 나 혼자구나, 라고 생각했던 것까지도.

허약한 상태에서 이렇게 많이 이야기하고 글을 쓰고 우는 것이 건강에 더욱 부담을 줄 수도 있다고 생각될 것이다. 하지만 사실은 그 반대였다. 그 책 덕분에 나는 살 수 있었다. 너무나 아파서 침대에서 돌아만 누워도 토하고, 위에서 받아주는 건 크래커 몇 조각뿐이고, 의사도 회복을 장담할 수 없다면 차라리 포기하는 게 더 쉽다고 했지만 그렇게 하루하루를 포기하다 보면 그 끝은 어디인가?

나는 단 하루도 포기하지 않았다. 왜냐하면 나는 매일 저녁 시간을 듀이와 함께 보낼 기대에 부풀었기 때문이다. 화장실까지 기어가는 것 외에 아무것도 할 수 없었던 날에도 소파에 누워 귀에 전화기를 대고 듀이 이야기를 했다.

그 책의 초고가 나와서 읽기 시작했을 때 나는 듀이가 내 어깨너머로 함께 읽고 있다고 느꼈다. 아니에요. 듀이는 속삭였다. 그건 그렇게 된 게 아니거든요. 마음속에 그런 속삭임이 들리면 나는 그 문단, 문장, 단어에 집중했다. 듀이의 이야기를 똑바로 전해야 했다. 그래야만 했다. 듀이는 그 책의 핵심이자 영혼이었고, 책이 곧 듀이였기 때문이다. 세부적인 내용에 집중하면 할수록 듀이는 더욱 또렷하게 내게 돌아와 주었다. 듀이의 존재감을 느끼면 느낄수록 책의 내용이 옳다는 확신이 들었다. 단순히 사실적인 차원의 내용만 이야기하는 것이 아니다. 나는 단어 하나하나 속에서 듀이와 함께 있을 때의 느낌, 즉 듀이의 마법을 찾아내고 있었다.

8월에 나는 드디어 결정했다. 더 이상 전문가들의 의견을 듣는 것도 지겨웠다. 문제의 원인을 찾아내지도 못할 새 의사를 만나러 2시간씩 차를 몰고 가서 내 병력을 처음부터 설명해야 하는 것도 너무 힘들었다. 하루 일과가 끝나면 탈진해 무릎을 꿇고 쓰러지는 것도, 토할 것 같아 소파에서 힘겹게 일어나야 하는 일도 지겨웠다. 건강이 나아지려면 나 자신이 나서야 한다는 것을 깨달았다. 6개월 동안 듀이에 대해 생각하면서 드디어 나도 '듀이 정신'을 전수받았다. 나는 정말 그렇게 믿고 있다. '하면 된다, 꾸준히 매진하라, 꼭 좋아질 것이다'라는 듀이 정신이 내게 영감을 주었다.

나는 도서관에서 은퇴했다. 그렇다고 패배자로 쓸쓸히 물러난 것은 아니었다. 내가 세웠던 큰 목표들을 다 달성하고 내 방식대로 떠났다. 고맙게도 도서관 이사회도 동의해주었다. 스트레스가 반감되고 일일 세균 노출량이 10분의 1로 줄어들자 훨씬 상태가 좋아지기 시작했다.

나는 식단도 바꾸었다. 약도 줄였다. 내가 할 수 없는 것은 생각하지 않고 내가 할 수 있는 것만 생각하기 시작했다. 몸을 움직여야 한다는 것은 알고 있었지만 나는 정말 운동을 싫어했다. 그래서 다시 춤을 추기 시작했다. 처음에는 응접실에서 음악을 틀어놓고 발을 살살 끌어보았다. 그러고는 곧바로 소파에 쓰러졌다. 그러다 점차 발을 까닥거리며 박자도 맞추고 몸을 흔들 수 있게 되었다. 몇 개월이나 걸렸지만 나는 드디어 춤을 추기 시작했다. 집에서 혼자 추는 것이었지만 나는 춤을 추었다.

크리스마스가 되자 상당히 건강을 회복한 나는 댄스 플로어에서 춤 추는 것을 꿈꾸기 시작했다. 나는 그날이 완벽하길 바랐다. 내가 제일 좋아하는 더 엠버스 밴드에 가장 멋진 댄스홀이어야 했다. 바로 스톰 앤 노먼스 로큰롤 오디토리엄이었다.

스톰 앤 노먼스는 스펜서에서 2시간 걸리는 작은 마을의 옛 고등학교 체육관 자리에 있는 멋지고 은밀한 댄스 클럽이었다. 스톰 앤 노먼스를 우연히 발견할 수는 없었다. 네브래스카 주 워터베리가 어느 정도 작은가 하면 허허벌판에 마을 전체가 두 블록이고 교통신호도 하나밖에 없다. 전에는 개도 한 마리밖에 없는 줄 알았다. 왜냐하면 지나다닐 때마다 마을의 유일한 교차로에서 점박이 잡종 한 마리를 보곤 했기 때문이다. 어느 날 오후 마을을 걸어 다녀보니 워터베리에는 사람만큼이나 개가 많다는 것을 깨달았다. 어떻게 보면 이 마을은 내 고향 아이오와 주 모네타를 연상하게 한다. 내가 살았던 1950년대에는 인구가 500명이었다. 하지만 인구가 너무 줄어들어(50명 미만) 이제는 군구의 지위마저도 박탈당했다. 1999년 아이오와 주정부가 빨간 벽돌 건물의 모네타 학교를 폐교시키면서 마을은 죽기 시작했다. 워터베리는 네브래스카 주정부가 학교를 폐쇄했을 때 다행히 사라지진 않았지만 그 후 힘겹게 버텨오고 있었다. 이 마을엔 인구가 80명 이상이 되지 않았고 유일한 가게는(스톰 앤 노먼스를 제외하고는) 버즈소라는 술집이었다.

스톰 앤 노먼스는 밖에서 볼 땐 별로 볼품이 없었다. 과거 학교 체육관이었던 이곳은 마을 외곽에 위치한 나지막한 회색 콘크리트 빌딩이었고 그나마도 절반은 나무 덤불 뒤에 숨겨져 있었다. 주차장은 건물 앞 자갈길과 작은 풀밭이었다. 입구는 목재 경사로를 따라 올라가면 보이는 평범한 금속 문이었다. 안으로 들어가 좁은 복도를 따라가면 옛 체육관 매표소가 나온다. 노먼의 아내 지넷이 그곳에서 입장료를 받고 있다.

창 옆을 지나 좁은 문을 통해 들여다보면 댄스 플로어 너머로 무대가 보이는데 1916년부터 1983년 사이 거의 모든 미국 학교에 설치됐던 매우 평범한 목재 강당 무대와 같은 모양이다. 단 하나 다른 점은 무대 한가운데에 1955년형 쉐보레 차체 앞부분이 튀어나와 있다는 것이다. 이 쉐보레는 검정색 차체 양옆에 불길이 그려져 있고 밴드가 버튼을 누르면 엔진이 걸리고 바퀴가 돌아갔다.

  이 자동차가 분위기에 결정적인 역할을 한다. 이 차 때문에 스톰 앤 노먼스 로큰롤 오디토리엄의 문을 들어서는 순간 사방에서 화려했던 1955년도의 세계가 폭발하듯 되살아나기 때문이다. 강당 내부는 창문 없이 사방이 확 트였고 조명은 주로 간접 조명이었고 천장 한가운데는 전구가 잔뜩 달린 전선 20개가 연결되어 있는 디스코 볼이 달려 있다. 조명을 따라 시선을 벽으로 돌리면 6미터의 전시대 위에 3대의 1950년 대 미국 로드스터 이인승 컨버터블이 보인다. 그중 두 대는 핫핑크색이다. 그 밑에는 사인이 곁들여진 기타와 장식품들, 메릴린 먼로, 엘비스 프레슬리, 제임스 딘의 흑백 사진들이 진열되어 있었다. 계속 벽을 따라 시선을 돌리면 우선 출입구 위에 전시된 빈티지 쉐보레 계기판이 눈에 들어왔고 반들반들 윤을 낸 진짜 경기장용 옥외관람석 여러 줄이 뒷 벽을 따라 배치되어 있는 것이 보였다. 모서리에는 두 개의 바가 서로 마주 보고 있고 댄스 플로어를 돌아가며 테이블을 깔끔하게 배치해 교실 테이블이나 간이식당의 부스를 연상하게 했다. 원래 체육관에 있던 농구 골대도 그대로 벽에 두었다. 마치 고등학교 졸업 파티의 미화된 추억 속으로 걸어 들어간 듯했지만 물론 참석자들은 다 자라서 사춘기의 부담이 없다는 것이 차이였다. 스톰 앤 노먼스에 200여 명이 꽉 들어차고 멋진 밴드가 클래식 록과 블루스를 연주할 때는 세상에 이보다 근사한 곳은 없는 듯했다.

나는 그곳에 가야만 했다. 꼭 엠버스 밴드의 연주를 들어야겠다고 결심했다. 그곳에 가서도 앉아 있지만은 않을 예정이었다. 꼭 춤을 출 것이다. 남자를 찾으러 간 것은 절대 아니었다. 하지만 내가 소파에서 일어날 수 있고, 상처받은 내 몸을 치유할 수 있고, 나머지 인생을 즐길 수 있다는 것을 입증하기 위해서 가야만 했다.

그리하여 2008년 3월 15일, 듀이의 죽음으로 내 건강이 곤두박질친 지 16개월이 흐른 후 나는 트루디, 페이스와 함께 네브래스카 주 워터베리를 향해 출발했다. 사실 내 건강은 아직 완전히 회복된 것이 아니었다. 몸이 너무 좋지 않았고 속이 메슥거려서 자동차 창문을 여러 번 내려야 했지만 친구들에게는 비밀로 했다. 내 병에 대해서 말하는 것도 지겨웠고 건강에 대해 사람들이 안부를 묻는 것도, 설명하는 일도 지쳤다. 나는 삶을 즐기고 싶었고 그러기 위해서는 괜찮은 척하는 것이 최선의 방법이었다. 게다가 트루디와 페이스는 나를 위해 미네소타에서부터 차를 몰고 왔는데 절대 친구들을 실망시킬 수는 없었다.

우리는 내가 앉기 위해 좌석이 꼭 필요했기에 일찍 도착했다. (만년 지각생 페이스로서는 작은 기적이었다.) 댄스 플로어에 가까운 테이블들은 금방 빨리 차기 때문이다. 1년간 병상을 지킨 후여서 불안한 마음으로 갔는데 나는 금세 분위기를 타고 힘이 솟는 기분이었다. 엠버스 밴드가 연주를 시작하자마자 나는 발을 까딱거리기 시작했다. 밴드의 두 번째 휴식이 있기 전까지 나는 네 명과 춤을 추었다. 나는 키가 작았다. 원래도 153센티미터 정도에 마른 체형이었다. 하지만 병과 싸우는 기간 동안 내 체중은 43킬로그램까지 줄었다. 계단을 오르기도 힘들었고 가만히 서 있어도 어지러웠다. 하지만 춤은 달랐다. 내가 움직이고 있는 한, 말을 하지 않는 한, 내 신체는 버텨주었다. 음악이 멈추는 노래와 노래 사이가 문제였다. 쓰러지려 했기 때문이다. 어떤 남자가 두 번째 댄스를 신청했을 때 "미안해요, 너무 피곤해요"라는 말과 함께 간신히 내 테이블로 돌아왔다.

이렇게 숨을 돌리며 쉬고 있을 때 그가 나타났다. 그가 어떻게 다가왔는지는 기억하지 못한다. 내가 한 번도 보지 못한 남자임이 분명했다. 문득 올려다보니 그 사람이 내 앞에 서 있었다. 그는 손을 내밀고 춤을 신청했다.

"좋아요"라고 나는 대답했다.

그는 키가 크고 어깨가 넓었지만 댄스 플로어에서는 놀랍게도 몸이 가벼웠다. 우리 두 사람은 음악을 타며 편안하게 함께 움직였다. 이 남자가 너무 가까이 껴안고 억지로 춤을 리드하거나 바보 같은 말을 하지 않는 것이 고마웠다. 사실 그는 아무 말도 하지 않았다. 우리는 너무나도 자연스럽게 어우러져 함께 둥둥 떠다니는 기분이었다. 노래를 반쯤 들었을 때 그의 얼굴을 올려다보았나 보다. 그는 매우 잘생긴 얼굴에 쉽게 웃고, 대머리와 잘 다듬어진 수염의 외관 저변에 편안한 우아함이 느껴졌다. 하지만 내가 놀란 것은 그의 눈이었다. 내가 본 눈 중에 가장 온화하고 남을 배려하는 눈빛이었다. 그리고 그 눈이 나를 보고 있었다. 단지 댄스 파트너로 보는 것이 아니라 나의 진짜 내면을 들여다보는 듯했다. 만일 지금 내가 얼마나 아픈지 알게 된다면 이 사람은 당장 춤추기를 멈추고 나를 자리로 데려가서 앉게 할 것이다.

하지만 나는 앉고 싶지 않았다. 그래서 음악이 멈추고 그가 내 허리에 자신의 팔을 둘렀을 때 그 팔에 기대어 내 체중을 실었다. 그는 뭔가 이상하다는 것을 눈치 챘다. 걱정하는 눈빛이었으나 남자는 아무 말도 하지 않고 나를 가만히 부축해주었다. 그리고 음악이 다시 흐르자 그는 나를 부드럽게 리드해주었다.

"좀 앉아야겠어요."

네 곡을 춤춘 후에 나는 아쉬워하며 말했다.

그는 나를 테이블까지 에스코트한 뒤에 내 맞은편 자리에 앉았다. 보호 본능이 제대로 발동한 투르디와 페이스는 그에게 질문 공세를 퍼부었다. 나는 호흡도 고르기가 힘들어 정신이 멍한 상태여서 그의 대답은 음악에 날아가고 성격 좋은 미소만 인상에 남았다. 갑자기 세상이 빙글빙글 돌기 시작해서 얼른 물을 마시려다가 실수로 컵을 넘어뜨렸다. 그는 팔을 뻗어 컵을 바로 세우고 걸레를 찾아와 테이블을 닦아주었다. 우리는 춤을 몇 곡 더 추었다. 하지만 몇 곡이었는지 기억은 나지 않는다. 다만 음악이 잦아들고 사람들이 떠나기 시작했다는 것만 기억난다.

이름은 기억하지 못했지만 글렌에게는 도저히 잊을 수 없는 그 무엇이 있었다. 생각하면 기분이 좋아지고 집중하지 않을 때면 늘 그 사람을 떠올리게 하는 그 무엇. 엉뚱한 순간에 그의 손의 느낌을 떠올리게 하는 그 무엇. 그 무엇은 바로 그의 눈이었다. 이상하게 들릴지도 모른다. 하지만 스톰 앤 노먼스에서 그날 글렌 앨벗슨의 눈을 들여다보았을 때 나는 듀이의 눈이 생각났다. 듀이를 도서관 반납함에서 꺼내 담요로 감싸고 내 가슴에 안았을 때 듀이는 얼음장 같았다. 듀이의 발은 동상에 걸려 있었고 맥박이 거의 느껴지지 않았다. 듀이는 당시 나를 몰랐지만 고개를 들고 사랑이 담긴 눈으로 나를 바라보았다. 듀이의 눈을 들여다보았을 때 마음을 열고 나를 신뢰하고 있음을 느낄 수 있었다.

같이 춤을 추었을 때, 나를 밀거나 과도하게 밀착하지 않았기 때문에 글렌이 신사라는 것은 알고 있었다. 그가 사려 깊다는 것도 알고 있었다. 왜냐하면 노래와 노래 사이에 나를 부축해주었기 때문이다. 내 친구들과 이야기하는 모습으로 보아 친절한 사람이라는 것도 알고 있었다. 하지만 그의 눈 속엔 뭔가 다른 것이 있었다. 그건 노련한 영혼의 차분함, 그리고 솔직하고 거리낌 없는 애정이었다. 듀이와 마찬가지로 그는 나를 그냥 쳐다보는 것이 아니라 들여다보고 있었다. 그리고 자신을 볼 수 있게 마음을 열어주었다. 단지 친절함뿐만이 아니라 기저에 있는 그의 모든 것, 두려움과 상처, 마음 깊이 느끼는 행복과 자긍심까지 볼 수 있게 해주었다.

듀이가 보냈구나. 그의 눈을 보았을 때 나는 생각했다. 한순간 불현듯 그런 생각이 들었다. 나중에 글렌과 듀이가 닮아서 그런 생각을 했다는 것을 깨달았다. 하지만 그 생각을 떨쳐버릴 수가 없었다. 듀이가 보냈구나. 물론 불가능한 이야기라는 것은 알고 있다. 하지만 사랑이란 매우 총체적이고 복잡하고 마음으로 느끼는 것이며 비논리적인 것이다. 그러니 과연 어느 누가 사랑을 진짜 확실하게 안단 말인가?

대신 확실한 것이 하나 있었다. 그 사람을 다시 보고 싶었다. 그래서 노먼의 아내 지넷에게 전화를 했다. "지난주 당신의 댄스홀에서 글렌이란 사람을 만났어요. 키가 크고 수염이 있고요, 미소가 멋지고 춤을 잘 추는 사람이에요."

"누군지 알아요."

지넷이 말했다.

"좋은 사람이에요, 나쁜 남자예요?"

"오, 좋은 사람이에요."

지넷이 흥분하면서 말했다.

"정말 좋은 사람이에요."

나는 글렌이 수년째 댄스홀 일을 도와주고 있다는 것은 몰랐다. 지넷, 노먼 부부와 고등학교 시절부터 친구라는 것도 몰랐다. 그 당시에는 그에 대해서 아는 것이 별로 없었다. 다만 내가 만난 사람 중 가장 마음이 열려 있고 사려 깊은 사람이라는 것밖에 몰랐다.

"내가 소개해줄게요."

지넷이 신나서 말했다.

"고등학교 시절부터 내가 주선을 많이 해봤거든요. 내게 맡겨요. 원한다면 글렌에게 전화를 할게요."

몇 시간 후 글렌이 내게 전화를 했다. 우리는 그때 30분간 통화를 했고 며칠 후 저녁에 더 긴 통화를 했다. 금세 우리는 매일 밤 통화를 했고 그러다 하루에 두세 번씩 통화하게 되었다. 우리는 모든 것에 대해 대화를 나눴다. 우리 일, 우리 고양이(그때까지는 책에 대해선 말하지 않고 있었다), 그리고 정치와 종교 같은 심각한 주제까지도 터놓고 이야기했다. 다음번 스톰 앤 노먼스 댄스가 열릴 때 만나기로 했는데 우린 둘 다 그날을 손꼽아 기다렸다. 그냥 춤추러 가는 거야. 나는 스스로에게 최면을 걸었다. 그 남자는 춤을 잘 추잖아. 하지만 트루디와 페이스와 함께 네브래스카의 워터베리로 가는 긴 시간 동안 너무나 긴장했기 때문에 그건 사실이 아님이 분명했다. 너무 들뜨고 긴장한 나머지 나는 차창 밖으로 붕붕 날아갈 것 같았다.

우리는 페이스 때문에 늦게 도착했다. (우리 사이에선 '페이스 타임'이라고 부른다.) 매표소엔 줄이 길었다. 커플들이 다 입장하고 나자 문 너머에 나를 기다리고 서 있는 글렌이 보였다. 그는 검정색 버튼다운 셔츠를 검정색 진 바지 속에 단정히 넣어 입고 있었는데 모양새로 보아 외모에 상당히 신경을 쓴 듯했다. 그의 손에 들려 있는 빨간 장미를 보자 나의 긴장감은 모두 사라졌다. 나는 그에게 다가가 주저 없이 그의 뺨에 키스를 했다. 무슨 이야기를 나누었는지는 잘 생각나지 않는다. 오로지 춤을 추었던 것만 기억에 남는다. 왜냐하면 우리는 평생 함께 해왔던 것처럼 춤을 추었기 때문이다. 그날 밤 밴드가 로니 밀섹의 〈로스트 인 피프티스 투나잇〉를 연주하기 시작했을 때 그의 눈을 들여다보며 이미 백 번쯤 느꼈던 것을 다시 느낄 수 있었다. 따뜻함과 마음으로의 초대였다. 내 마음으로 들어오세요. 그는 눈으로 말하고 있었다. 나는 여기 당신을 위해 존재합니다. 결코 당신의 마음을 아프게 하지 않을 겁니다.

"내가 제일 좋아하는 곡이죠." 밴드가 "슈밥, 슈비밥, 소 리얼, 소 라잇"이라고 노래할 때 글렌이 말했다.

"제가 제일 좋아하는 곡이기도 해요"라고 내가 말했다. 그의 가슴에 내 머리를 살며시 얹으며 생각했다. 드디어 집에 왔구나.

*

내가 만일 그의 세 번의 결혼과 다섯 명의 아이들에 대해 알았더라면? 글쎄, 솔직히 말해서 알았더라도 글렌 엘벗슨에게 관심이 있었을 것이다. 만약 첫 번째 댄스가 있기 전에 알았더라면 달랐을지도 모른다. 하지만 두 번째 댄스 이후에는? 그때는 이미 돌이킬 수 없는 상태였다. 그다음 몇 주 동안 서로를 알아가는 과정에서 그의 살아온 이야기를 전부 알게 되었을 때에도 나는 결코 그의 인품을 의심하지 않았다. 한 번의 이혼은 실수라고 치자. 세 번의 이혼이라면? 아마 그때는 남을 탓하지 말고 자신을 돌아보아야 할 시점일 것이다. 하지만 글렌은 이미 자성의 여정을 거쳐왔다. 그렇기 때문에 그의 인생에 대해 알면 알수록 그가 더 특별하다고 느꼈다. 사실 나는 마음의 문을 닫고 자신의 감정을 숨긴 채 스포츠 외에는 어떤 대화도 가능하지 않은 많은 남자들을 보아왔다. 글렌은 그 누구보다도 힘든 일을 많이 겪었지만 그는 자신의 고통을 내게 솔직히 털어놓았다. 글렌은 나를 깃털처럼 가볍게 들어 올리고 내 자동차를 분해했다 다시 고칠 수도 있다. 내게 멋진 마사지를 해주기도 하고 심지어 내 머리를 커트해 줄 수도 있다. 장미 한 송이와 한 번의 키스로 나를 아이오와의 가장 아름다운 여인처럼 느끼게 해줄 수도 있다. 하지만 보다 중요하게는 그는 내게 솔직했다. 그리고 자신의 마음을 그대로 보여주었다.

그러나 글렌의 삶만 가지고 이야기한다는 것은 사실 우리 관계에 존재하는 가장 큰 장애물을 간과하는 것이다. 문제는 내가 싱글로서의 내 인생을 너무 좋아한다는 것이다. 지금까지 혼자 살아왔는데 굳이 달라질 이유가 없었다. 나는 예전부터 이런 이야기를 했었다. "내가 춤추러 갈 때만 꺼낼 수 있게 옷장 안에 걸어둘 수 있는 남자면 좋겠다." 나는 정말 그렇게 생각했다. 나는 예순을 바라보는 나이였고 그중 30년 이상을 행복한 싱글로 살았다. 따라서 남자가 내 인생에 끼어듦으로써 복잡해지는 것을 원치 않았다. 나는 내가 가진 모든 것을 도서관과 딸에게 쏟아부었다. 나의 성취에 대해서도 깊은 자긍심과 만족을 느끼고 있었다. 집안도 화목했고 특히 어머니가 돌아가신 후 어느 때보다도 나를 필요로 하시는 아버지와 더 가까워졌다. 수십 년간 사랑과 응원을 보내주고 함께 웃음을 나누어 온 멋진 친구들도 있었다. 또 사랑하는 딸과 손자들도 있었다. 취미로 섀도 박스 만들기도 하고, 웨딩 플래너로서 14건의 결혼식을 맡아 꽃 장식에서부터 청첩장, 피로연 음악까지 기획하기도 했다. 나는 은퇴했지만 아직도 여러 주립 도서관 이사회의 멤버였고 따라서 정기적으로 출장을 다녔다. 언젠가 뉴올리언스에서 출장 업무를 마치고 도서관 동료들과 즐겁게 한잔하고 춤까지 춘 후 택시를 탔었다. 우리가 탄 지 얼마 지나지 않아 택시 기사가 뒷좌석을 돌아보며 말했다.

"당신들이 사서라는 게 믿겨지지 않네요. 어쩌면 그렇게 재밌게 놀 수가 있지요?"

물론 우리도 즐길 줄 안다! 사서들은 항상 쪽 찐 머리를 하고 사람들에게 '쉿'을 외치고 다니는 여자들이 아니다. 사서란 고도의 교육을 받고 조직을 경영, 관리하는 사람들이다. 우리는 검열과도 맞서 싸운다. 또한 e 도서와 컴퓨터 네트워크의 얼리 어댑터이기도 했다. 마케팅, 교육, 창조가 다 우리 몫이다. 사서들의 직무는 매력적이고 복잡하며, 게다가 직원으로 고양이까지 거느렸다면 더욱 그럴 수밖에 없다. 이런 이유로 사서들은 자신의 일을 매우 사랑한다.

나는 이제 더 이상 현역 사서도 아니고 듀이도 곁에 없었지만 건강할 수만 있다면 나는 행복했다. 낮에는 내 능력껏 가능한 많은 일들을 하고 밤에는 혼자만의 시간을 즐겼다. 배가 고프면 아무 때나 먹을 수 있고, 피곤하면 언제든 잠자리에 들 수 있고, TV에서 내가 원하는 채널을 마음껏 시청할 수 있다. 그러니 도대체 왜, 내가 남자를 위해 이 모든 것을 포기해야 한단 말인가?

그럼에도 불구하고 나는 빠져들고 있었다. 그것도 아주 기꺼이! 물론 나는 이런 관계가 필요하지 않다고 스스로를 설득하며 몇 번 저항을 해보았다. 하지만 그런 느낌은 한두 시간 후에는 사라지고 말았다. 글렌이 전화를 하면(우리는 한때 하루에 7번씩이나 통화했다) 나는 항상 금세 항복하고 말았다. 글렌으로부터 압력을 받았다든가 그의 매력에 굴복했던 것이 아니라 그의 부드러움 때문이었다. 깊은 이해심과 너무나도 명백한 그의 사랑에 백기를 들 수밖에 없었다. 내가 듀이에 대해 이야기했을 때 그는 단순히 듣는 것에 그치지 않고 질문도 던졌다. 그는 이해했던 것이다. 다른 남자였다면 고양이에 대한 나의 사랑에 살짝 정이 떨어질 수도 있었을 것이다. 하지만 글렌은 나의 진정한 모습을 보았고 그런 나를 있는 그대로 좋아한다는 것을 느낄 수 있었다.

물론 글렌의 인생에도 중요한 고양이가 있기 때문이기도 했다. 러스티 이야기를 많이 했기 때문에 알고 있었다. 글렌이 말하길 러스티는 똑똑한 고양이라고 했다. 자기 이름도 알아듣고 부르면 온다고 하면서 나도 만나보면 좋아하게 될 거라고 했다. 장담하건대 낯선 사람에게도 항상 와서 안긴다고 했다. 그렇다고 순종적인 실내 고양이는 아니라는 것이다. 천부당만부당한 말씀! 러스티는 개성 넘치는 고양이였다. 기타 케이스 안에서 자고 나초도 먹는다. 사나운 투견하고 싸울지언정 나비는 잡았다가도 놓아준다. 글렌이 "목욕할 시간이다, 러스티" 하고 외치면 녀석은 뛰기 시작한다. 도망가는 것이 아니라 욕조를 향해 뛰어온다는 것이다. 러스티는 물을 좋아했다. 러스티는 물이 가득한 욕조 안에 느긋하게 늘어져 호사를 즐겼다.

"당신한테 꼭 그 광경을 보여줘야 하는데······."

글렌이 말했다.

"정말 대단한 광경이거든요."

내 기억에 처음 자기 집으로 초대할 때도 러스티를 만나게 해주겠다고 유혹했던 것 같다.

당시 나는 아직도 허약한 상태여서 잠시 쉬기 위해 글렌의 소파에 앉았는데 러스티가 바로 다가와 다리에 몸을 문지르기 시작했다. 잠시 후 러스티는 내 무릎 위에 앉았다. 러스티는 듀이보다 몸무게가 최소한 세 배는 되는 거구였다. 하지만 글렌과 마찬가지로 러스티는 순둥이였다. 러스티를 만나보고는 내가 사랑하기 시작한 이 남자에 대한 직감이 모두 맞았다는 확신이 들었다.

일단 러스티한테 허락을 받은 글렌은 이번에는 내게 어머니를 소개했다. 어머니는 여든이 넘은 나이에도 여전히 혼자 독립적으로 살고 있었고 마당의 잔디도 직접 깎았다. 사실 남자 친구의 어머니를 만난다는 것이 상당히 어색할 수도 있는 상황이지만 이번엔 그렇지 않았다. 글렌의 어머니는 수년 동안 신문을 통해 듀이의 이야기를 읽고 계셨다. 그래서 나는 어머니께 듀이의 이야기를 들려주었다. 몸이 불편한 소녀의 재킷 속으로 기어 들어가 웃게 만들었던 일, 부모가 일하는 동안 도서관에 '맡겨진' 아이들을 듀이가 즐겁게 해주었던 일, 단지 이 고양이와 이야기하고 싶다는 일념으로 매일 도서관에 출근했던 노숙자 남성의 왼쪽 어깨에(항상 왼쪽이었다!) 안겨 다녔던 일 등을 말씀드렸다. 글렌의 어머니는 이야기를 듣는 동안 커피와 집에서 만든 케이크를 권하며 흐뭇해하셨다. 우리 두 사람의 마음이 듀이로 인해 이토록 잘 통하게 된 것도 역시 듀이의 마법이 아닐까 싶었다. 듀이를 사랑하던 사람을 어찌 내가 사랑하지 않을 수 있을까? 글렌의 어머니도 어찌 듀이의 엄마를 믿지 않을 수 있겠는가?

드디어 봄이 왔을 때 글렌은 자신이 유년기를 보냈던 피어스로 나를 데려갔다. 할머니의 낡은 집과 그가 자동차와 사랑에 빠졌던 정비소를 보여주었다. 그 마을에 하나뿐인 큰 나무 밑에서 우리는 키스를 나눴다. 옛날 어린 글렌이 마을을 지나는 기차 연기를 보려고 뛰어갔던 그 교차로에 서 있는 나무였다. 글렌은 스톰 앤 노먼스에 가서 친구 노먼에게 미안하지만 너무 바빠서 바텐더 일을 더 이상 할 수 없겠다고 알렸다. 어느 날 저녁 식사 후 글렌은 교외에 있는 크고 아름다운 집 앞으로 나를 데려갔다.

"여긴 어디에요?"

내가 궁금해하며 물었다.

"첫 번째 아내와 이곳에서 살았어요."

나는 처음으로 움찔했다. 순간적으로 내가 남자와의 진지한 관계를 원치 않았던 이유가 뇌리를 스쳤다. 남녀 관계란 어떻게 될지 알 수 없고 복잡해지기 마련이다.

하지만 그런 느낌은 1초 이상 가지 않았다. 왜냐하면 내 옆에 서 있는 이 남자를 나는 알기 때문이다. 그의 인생의 모든 사실, 모든 결정을 다 알고 이해하는 것은 아닐지 모른다. 하지만 그의 마음을 알고, 내가 만난 어떤 남자보다 나는 그와 함께 있을 때 편안함을 느꼈다. 바로 그 봄에 나는 《듀이》의 마지막 원고를 손보고 있었고 듀이가 함께 있을 때 항상 느꼈던 자신감이 차오름을 느끼고 있었다. 책의 마지막 페이지에 듀이가 내게 준 가르침에 대한 이야기를 스무 번째 읽었다.

"자신이 설 자리를 찾아라. 그리고 가진 것에 만족하고 행복하라. 모든 사람들을 잘 대하라. 좋은 삶을 살아라. 인생은 물질에 대한 것이 아니다. 사랑에 대한 것이다. 그리고 사랑이 어디서 올지는 아무도 모른다."

나는 전몰장병 추모일에 글렌을 스펜서에 초대했다. 데이트를 할 때마다 글렌은 꽃 가게에 가서 가장 싱싱하고 화사한 색깔의 장미를 골라 스톰 앤 노먼스의 첫 번째 '데이트' 때처럼 내게 건네곤 했다. 그런데 이번에는 붉은 장미 두 송이를 들고 나타났다. 우리는 함께 아이오와 주 하틀리 근처에 묻힌 우리 어머니의 묘소에 들를 예정이었기 때문에 두 번째 장미는 어머니를 위한 것이라고 생각했다. 글렌은 어머니 묘소에 가기 전에 한 군데 들를 데가 있다고 했다. 그는 도서관으로 가서 큰 창 아래 소박한 화강암 비석으로 표시해놓은 듀이의 무덤 앞에 섰다. 추운 12월 아침, 막 동이 터오를 때 도서관 직원과 나는 듀이의 유골을 묻기 위해 이곳의 땅을 팠었다.

"너는 항상 우리와 함께 있단다."

당시 나는 이렇게 중얼거렸다.

글렌은 두 번째 붉은 장미를 듀이의 무덤 앞에 내려놓았다.

"듀이가 당신에게 얼마나 소중한지 알고 있어요."

나를 꼭 껴안으며 글렌이 말했다.

난 이 남자와 결혼할 거야.

이런 생각을 하며 나는 별로 놀라지 않았다.

*

글렌과 나는 약혼을 했고 이보다 행복했던 적이 없었다. 우리의 사랑을 확신했기에 스펜서 서쪽에 작은 집도 함께 마련했다. 곧 결혼할 사이니까 그냥 먼저 같이 살아도 좋겠다고 생각했다. 하지만 함께 산 지 2년이 지난 지금 우리는 아직도 결혼식을 올리지 못했다. 비록 우리가 60대에 약혼한 사이라 할지라도 어떤 사람들은 이런 식의 동거를 부도덕하다고 생각할지도 모른다. 나에게도 이유가 있다. 나의 첫 번째 결혼식은 1969년도였는데 직계 가족과 몇 명의 친구만 모여 조촐히 치렀었다. 내가 입었던 드레스는 마지막 순간에 결혼이 취소되었던 다른 신부의 드레스를 어머니가 싸게 구했던 것이다. 결혼 리셉션도 남편이 가장 좋아하는 식당에서 열었고 손님의 반 이상이 남편 쪽 친척들이었다. 내 결혼식이었지만 솔직히 말해 나를 위한 것은 아무것도 없었다. 나는 이것이 항상 서운했었다.

이것이 나의 두 번째 결혼식이어도 상관없다. 이번에는 제대로 하고 싶다. 아주 특별한 결혼식이었으면 한다. 내가 직접 꽃 장식부터 밀포드에 있는 가톨릭교회의 예식과 청첩장 서체의 색깔까지 모든 세부 사항을 계획하고 싶다. 글렌도 평소 늘 입는 검정색 진을 포기하고 턱시도를 입을 것이며 엠버스 밴드를 설득해 리셉션 공연을 부탁하려 한다. 사실 하객들이 오기에 너무 멀지 않다면 결혼 리셉션은 당연히 스톰 앤 노먼스 로큰롤 오디토리엄에서 열 것이다.

그러나 불행히도 너무 바빠지는 바람에 평생을 기다려온 완벽한 결혼식을 기획할 시간이 없었다. 우리가 새집으로 함께 이사했던 그 달에 나의 친구이자 사랑하는 도서관 고양이에게 바치는 책이며, 나의 몸과 마음을 치유해주었던 책 《듀이》가 출간되었다. 이 책은 전국 베스트셀러 리스트에서 1위를 했고 6개월 동안 그 자리에 머물렀다. 그 후로는 거의 모든 날들을 출장으로 보냈던 것 같다. 이러한 활동을 불평할 마음은 조금도 없다. 지난 2년 동안 나는 세상에서 제일 좋아하는 일을 하고 다녔다. 바로 사람들에게 듀이에 대해 이야기하는 것이다. 내 건강 상태는 항상 불완전하고 아마 평생 그럴 것이다. 과로하지 않도록 조심해야 하고 때로는 행사 출연이나 참석을 자제해야 할 때도 있었다. 그럼에도 가능한 모든 것을 경험하고 싶다. 넓은 세상을 보고 싶다. 듀이를 한 번도 만난 적이 없어도 나만큼 듀이를 사랑하는 멋진 사람들을 만나고 싶다. 듀이에 대해 이야기하고 싶고, 나와 함께, 나를 위해 듀이가 항상 곁에 있음을 느끼고 싶다. 듀이와 나는 과거 어느 때보다도 깊이 결속되어 있다.

글렌은 나를 다른 이들과 공유해야 한다는 것을 충분히 이해해주었다. 우리의 첫 번째 데이트 때부터 나는 단도직입적으로 말했다. "난 종합 세트예요. 내 친구들과 가족이 함께 따라온다고 생각하시면 돼요."

두 번째 데이트를 할 즈음 듀이도 그 종합 세트의 일부라는 것을 글렌은 알게 되었다. 하지만 책에 대해서는 우리가 약혼할 때까지 알리지 않았다. 글렌은 듀이가 항상 내 삶의 일부라는 것을 단순히 머리로 이해하는 것이 아니라 진심으로 받아들였다. 이 남자에 대해 의구심이 든다면 글렌이 동물과 함께 있는 모습을 보면 된다. 내가 집 밖으로 나가면 우리 집 마당에 있던 새들이 사방으로 흩어진다. 글렌이 나가면 새들은 제자리에 그대로 머문다. 한번은 플로리다에서 다람쥐가 글렌의 손바닥에 놓인 시리얼을 먹은 적도 있었다.

그렇다고 우리의 삶이 쉽기만 하다는 뜻은 아니다. 특히 글렌의 입장에서는 그러했다. 살던 집을 떠난다든가 1953년형 스튜드베이커 커맨더를 창고에 맡기고 (보다 안전한) 뷰익을 타고 다녀야 한다든가 하는 일들은 견딜 만했다고 한다. 하지만 그가 사랑하는 사람들을 떠나야 하는 일은 힘들었다. 20년 전 아버지가 돌아가신 후 그는 거의 매일 어머니한테 들르곤 했었다. 이제는 차로 2시간 거리에 있기 때문에 몇 주에 한 번씩 만나러 갈 수밖에 없었다. 또한 '새로운 시각'을 떠날 때 바비, 로스, 다른 장애우들과 글렌은 함께 눈물을 흘렸다.

무엇보다도 글렌에게는 수시티에서 막 대학을 다니기 시작한 제니와 떨어지는 것이 특히 힘든 일이었다. 그는 이미 다섯 명의 아이들과 멀어졌으니 제니를 잃을까 걱정하는 것은 당연했다. 글렌은 제니와 러스티가 서로를 사랑한다는 것을 알고 있었고 항상 딸의 삶의 일부가 되고 싶었다. 그래서 그는 가장 큰 희생을 치렀다. 러스티를 제니에게 보냈던 것이다. 이제는 수시티에 갈 때마다 항상 제니의 집을 방문하면서 러스티가 잘 있나 보러 왔다고 핑계를 댄다. 물론 애교스러운 위장이다. 러스티는 아주 잘 지낸다. 제니는 이미 애완동물을 두 마리 키우고 있었지만 이 거구의 오렌지색 고양이는 도착하자마자 집 안을 접수했다. 강아지는 겁쟁이였다. 눈이 안 보이는 늙은 고양이 마마 키티는 러스티가 울음소리를 낼 때마다 러스티를 졸졸 따라다녔다. 러스티는 자신이 보살펴주고 이끌어주어야 하는 동물들이 있다는 사실에 매우 뿌듯해하고 있었다. 그리고 이제 제니도 자라서 더 이상 자신에게 버터볼 운동을 시키지 않으니 더욱 좋았다.

글렌이 러스티를 절실히 그리워한다는 것을 나는 알고 있었다. 우리가 함께 제니의 집을 떠날 때마다 그의 눈빛에서 읽었다. 또한 며칠 간격으로 그가 이런 말을 할 때도 목소리에서 느낄 수 있었다.

"있잖아, 《듀이》 행사가 좀 잠잠해지면 우리 동물보호소에서 자원봉사를 하면 좋겠어."

하지만 나는 글렌이 실은 자신의 고양이를 갖고 싶어 한다는 것을 알고 있었다.

바로 여기서 문제가 시작된다. 사실 나는 또 다른 고양이를 원치 않았다. 항상 생각은 하고 있다. 언젠가, 언젠가는 나도 마음을 열겠지. 하지만 고양이를 키울 것을 고려해볼 때마다 그날이 멀리 있는 것처럼 느껴졌다. 듀이와 나는 19년을 함께했고 아직도 듀이가 너무 그립다. 나는 평생 고양이를 키웠고 고양이들의 죽음도 여러 번 경험했지만 듀이는 달랐다. 듀이는 특별했다. 나는 듀이를 너무나 사랑하고 높이 평가한 나머지 1년이라는 시간을 들여 듀이에 대한 책까지 썼다. 지금은 책 홍보를 하며 듀이의 삶과 이 고양이가 남긴 것에 대해 이야기하는 데 많은 시간을 바치고 있다. 나는 영원히 듀이에게 매인 몸이다. 다른 고양이를 입양한다는 것은 옳지 않다고 생각했다. 새 고양이를 자꾸 듀이와 비교하게 될 텐데 어찌 경쟁이 되겠는가?

듀이가 세상을 떠난 지 2년이 흐른 후 어느 12월 아침 일본에서 온 영화 제작팀이 스펜서에 도착했다. 듀이는 5년 전 도쿄에서 온 제작진이 다큐멘터리를 찍어 간 이후 일본에서도 유명해졌다. 두 번째 방문한

이 제작진은 그 후속 프로그램으로 도서관에서의 나의 모습을 담고자 했다. 내가 인터뷰를 위해 코트를 벗고 앉기도 전에 도서관 직원들이 나를 도서관 사무실로 끌고 갔다. 직원들이 흥분해 있는 것은 알겠는데 그 이유를 알 수 없었다. 그러다 그 방 뒤쪽 구석에 웅크리고 있는 작은 새끼 고양이를 보게 되었다.

아, 너무 귀여웠다. 이 고양이는 멋진 목 갈기에 긴 구릿빛 털을 가지고 있었다. 채 1킬로그램도 안 되는 몸무게에 그나마 그 무게의 절반은 털이었다. 하지만 나는 또 다른 고양이를 원치 않았다. 게다가 듀이와 모양이 비슷한 고양이라면 더욱 싫었다. 만약 내가 다른 고양이를 입양한다면 절대 추억을 불러일으키지 않을 다른 모습의 고양이여야 한다고 생각해왔다. 검정고양이, 혹은 흰색과 회색의 얼룩고양이라면 모를까. 하지만 그 작은 오렌지색 새끼 고양이가 사무실 구석 히터 옆에 웅크리고 있는 모습을 보자 심장이 마구 뛰었다. 마치 듀이를 처음 볼 때와 꼭 같았다. 작고 연약한, 너무도 멋지고 아름다운 구릿빛 밤색 덩어리. 듀이의 아름다운 황금색 눈 대신 초록색 눈이었고 꼬리털이 무성하지 않고 짧았지만 그 이외에는 너무나도 닮은⋯⋯.

나는 새끼 고양이를 품에 안았다. 고양이는 나를 올려다보며 가르랑 소리를 내기 시작했다. 듀이를 안았던 첫날 그러했듯이 나는 녹아내리는 것 같았다.

그리고 이 고양이의 이야기를 들었을 때 듀이의 이야기와 마찬가지로 마음이 아팠다. 왜냐하면 때는 혹독하게 추운 스펜서의 한겨울이었고 몇 주째 1미터 이상의 눈과 얼음이 땅을 뒤덮고 있었기 때문이다. 도서관에서 간헐적으로 일을 하는 컴퓨터 기술자였던 수 셀서는 스펜서 시내의 어느 골목길로 들어서다가 앞에 가던 트럭 하나가 넬슨 보청기회사 건물 앞에서 휘청거리며 핸들을 트는 것을 보았다. 길에 얼음 덩어리가 있나 보다 생각한 그녀도 자동차의 속도를 늦추었다. 그러고는 그 덩어리가 움직이는 것을 보았다. 새끼 고양이 한 마리가 털에 얼음 조각과 나뭇가지를 주렁주렁 매단 더러운 꼴을 한 채 온몸을 떨면서 비틀거리고 있었다. 수는 새끼 고양이를 안고 얼굴을 들여다보며 생각했다. 듀이. 수는 언제나 듀이의 열렬한 팬이었다.

수는 새끼 고양이를 사무실로 데려가 목욕을 시켰다. 듀이와 마찬가지로 아기 고양이도 따뜻한 물속에서 가르랑 소리를 냈다. 수는 이미 집에 다섯 마리의 고양이를 기르고 있었고 그녀의 남편은 여섯 마리는 절대 안 된다며 단호했다. 그래서 수는 새끼 고양이를 도서관으로 데려왔다. 수는 만일 다른 고양이가 듀이를 대체해야 한다면 바로 이 자그마한 암고양이가 적임자라고 생각했다. 하지만 《듀이》가 출판된 후 스펜서 공공도서관은 고양이 공세에 시달렸다. 안타깝게도 그중 불쌍한 새끼 고양이 두 마리는 반납함에 떨어뜨려지기도 했다. 따라서 포괄적인 고양이 금지 정책을 발표할 수밖에 없었다. 그랬기 때문에 내가 일본 다큐멘터리 제작진과 인터뷰를 끝내고 돌아왔을 때에도 새끼 고양이는 아직도 사무실 구석에서 기다리고 있었던 것이다. 고양이는 이번에는 글렌의 무릎 위에 앉아 있었다.

둘은 고개를 들고 나를 쳐다보았다. 글렌은 미소를 지으며 어깨를 으쓱해 보였다. 내 마음이 두 번째로 녹아내리는 것을 느꼈다. 듀이를 너무나 닮은 이 새끼 고양이를 집으로 데려오면서 두려움과 흥분을 동시에 느꼈다.

그날 밤 나는 듀이의 웹 사이트에 이 아기 고양이 이야기를 올렸다. 코디라는 한 소년이 고양이 이름을 페이지라고 지으면 어떻겠냐고 댓글을 올렸다. 내가 인생의 새로운 페이지를 넘기는 시점이니 딱 맞는 이름이라는 것이다.

다음 날 페이지는 듀이와 유사한 경험을 했다. 우리 동네의 주 5일 발행되는 〈스펜서 데일리 리포터〉라는 신문에 기사가 실린 것이다. 이 이야기는 〈수시티 저널〉에까지 올라갔다. 곧이어 AP통신 사진기자가 디모인에서 스펜서까지 취재를 왔다. 이런 식으로 페이지와 나의 이야기는 전국의 수백 개 신문에 기사로 실리기 시작했다. "아이오와의 사서, 고양이 입양하다!" 마치 전 국민이 충격받을 뉴스인 양 말이다.

"그다음은 뭘까?"

글렌이 웃었다.

"당신이 아침 식사를 했다고 기사를 낼 건가?"

그러나 뉴스에 실리는 것이 나의 새 고양이와 듀이의 유일한 공통점이었다. 너무도 다행스럽게 페이지는 자기만의 개성을 가지고 있었다. 전혀 오빠를 닮지 않았던 것이다.

아니, 한 가지 공통점이 더 있었다. 이 고양이를 듀이의 주치의였고 듀이의 종양을 발견했던 수의사에게 데려갔을 때 우리는 놀라운 소식을 듣게 되었다. 페이지는 수놈이었던 것이다.

우리는 고양이 이름을 페이지 터너라고 다시 지었고, 페이지 터너는 듀이와 수컷이라는 공통점이 있었다. 하지만 그 이상은 아니다. 그 외에 우리 집 새 고양이는 전혀 듀이스러운 구석이 하나도 없었다.

우선 페이지는 운동신경이 둔했다. 우리 집에 처음 온 날 밤에 내 탁자 위로 뛰어오르다 도자기 천사 인형을 깨뜨렸다. 첫날 밤! 듀이는 유연했다. 듀이는 19년간 한 번도 무엇을 깨뜨린 적이 없었다. 페이지 터너는 누울 때도 우아하지 않았다. 일반적인 아기 고양이처럼 부드럽게 눕는 대신 페이지는 털 달린 빗자루마냥 철퍼덕 쓰러졌다. 그리고 모든 고양이가 떨어질 때 안정적으로 착지한다는 것도 사실이 아니다. 페이지 터너는 소파 등받이에 앉아 있다가 갑자기 뒤로 넘어가면서 등부터 떨어졌다. 이 고양이는 자다가도 침대에서 떨어졌다. 꽈당 하고 등으로 떨어졌는데 깨지도 않고 계속 잤다.

듀이는 열을 좋아했다. 도서관 히터 앞에 꼼짝 않고 앉아서 사우나를 하는 바람에 나중에는 너무 털이 뜨거워 만질 수도 없을 지경이었다. 페이지 터너는 열을 싫어했다. 겨울에도 우리 집에서 가장 추운 곳인 지하실 계단에 자리 잡고 앉았다. 햇빛도 싫어했다. 낯선 사람들을 보면 수줍음을 탔다. 듀이는 항상 내 무릎 위에 앉는 것을 가장 좋아했다. 페이지 터너가 가장 좋아하는 장소는 내 발 위였다.

페이지는 내가 만들어놓은 규칙도 무시했다. 내가 몇 번이나 도로 내려놓아도 항상 저녁 식사 때마다 테이블 위로 올라왔다. 커튼 안팎을 누비며 미친 듯이 달리기도 했다. 그리고 항상 내가 가장 아끼는 가구를 골라 발톱을 다듬었다. 강아지처럼 자기 꼬리를 쫓아 빙빙 돌기도 했다. TV를 시청할 땐 청소년들처럼 입을 헤벌린 채 넋 놓고 보았다. 물의 신선도를 유지하기 위해 물그릇에 얼음을 넣어주면 얼음 덩어리를 꺼집어내 온 집 안을 얼음으로 축구를 하고 다녔다. 듀이는 물을 무척 싫어해서 심지어 잘 마시지도 않았다. 페이지는 몸이 젖는 것은 아무렇지도 않게 생각했다. 누가 자기를 보고 웃어도 괜찮았다. 듀이는 기품 있는 고양이였다. 누군가 자기 행동을 보고 웃으면 속상해했다. 페이지 터너는 자기가 하는 행동을 보고 배를 잡고 웃어도 별로 개의치 않았다.

정말 다행이다. 나는 속으로 생각했다. 이 고양이를 도서관 고양이로 만들지 않아 정말 다행이야. 아무 고양이나 도서관에서 살 수 있다고 생각하는 것은 일반 사람들의 오해다. 페이지 터너는 이름은 그럴듯했지만(책장을 빨리 넘기게 되는 재미있는 책이라는 뜻: 옮긴이) 도서관 고양이가 되기에는 너무 예민했다. 낯선 사람을 잘 따르지도 않고 수줍음을 탔다. 조용한 기품도 없었다. 물론 페이지는 듀이가 될 수 없었지만 러스티도 아니었다. 페이지는 침착한 고양이가 아니다. 특별한 교감의 재능을 타고난 것도 아니다. 누가 우울하다는 것을 알고 와서 비비는 것도 아니었다. 만약 힘든 사람에게 페이지가 조언을 한다면 도움이 될 이야기는 아니었을 것 같다. 하지만 인생의 정찬에서 모두가 안심스테이크일 수는 없지 않은가? 페이지 터너와 같이 누군가는 브로콜리도 되어주어야 한다.

자신의 자리를 찾아라. 듀이가 내게 가르쳐준 교훈이다. 각자 성공할 수 있는 자리가 따로 있는 것이다. 2009년 여름이 되어 드디어 책을 위한 홍보 여행이 줄어들면서 나는 이 책을 구상하기 시작했다. 이즈음 사고뭉치 페이지 터너도 한풀 꺾여서 자기 자리를 찾아가기 시작했다. 돌이켜 생각해보니 페이지가 처음 몇 개월 동안 불안해하고 허둥거렸던 것은 거리에서의 삶이 너무 힘들었기 때문이었다. 페이지는 냇물을 보면 냅다 도망쳤다. 분명 그곳에서 큰 상처를 받았기 때문일 것이다. 많이 굶주렸었기에 먹이를 주면 들이켜듯 먹었다. 우리가 페이지를 집으로 데려왔을 때 여전히 사람을 믿지 않았을 수도 있다. 하지만 페이지는 글렌을 믿었다. 러스티와 마찬가지로 페이지 터너도 글렌의 영혼에 깃든 온유함과 사랑을 믿을 수 있었다.

물론 페이지는 응석받이가 되었다. 몇 입 얻어먹을 때까지 계속해서 우리의 저녁 식사를 방해한다. 내가 사 먹는 소프트 프레첼(살찌는 나의 야식!)에 따라오는 치즈 용기를 바닥이 드러날 때까지 핥아먹는다. 내가 잠들려고 하면 내 발을 공격하고 글을 쓰려고 하면 키보드 위에 주저앉는다. 그리고 토요일이 되면 꼼짝 않고 하루 종일 글렌과 함께 나스카 자동차 경주를 시청한다. 독자들은 이것이 페이지에게 나쁜 영향을 준다고 생각할 수 있다. 듀이의 첫 번째 책을 썼을 때 많은 독자들이 나를 비방했듯이 건강에 나쁘고 비생산적이고 부자연스럽다고 생각할 수 있다. 그러나 나는 페이지 터너가 행복하다는 것을 알고 있다. 생후 6주에 페이지는 스펜서 거리 한복판에서 털에는 온통 얼음 조각들과 나뭇가지가 묻어 꼬질꼬질하고 더러운 상태로 온몸을 떨고 있었다. 이제 페이지는 자신을 사랑해주는 두 사람과 집에서 살고 있다. 원하면 언제든지 고양이 먹이를 먹을 수도 있고, 따뜻한 침대에서 잘 수도 있다. 내가 싫어하는 종이 달려 있는 장난감을 포함해 가지고 놀 장난감도 있고 전자레인지 돌아가는 것도 마음껏 감상할 수 있다. 페이지는 낯선 사람을 싫어한다. 처음 내 손자들이 놀러 왔을 때는 나흘 동안 어딘가에 숨어서 지냈다. 무서울 때에도 페이지가 숨을 수 있는 장소가 내 옷장 속 여행가방 뒤에 아늑하게 마련되어 있다. 밖으로 나가지는 않지만 여름이면 우리는 창문을 하나 열어두어 페이지가 정원에 있는 새들을 관찰하고 새소리에 귀 기울이며 맘껏 상상의 나래를 펼칠 수 있게 하고 있다.

내 친구들은 페이지 터너가 듀이처럼 생겼다고 생각한다. 나는 비슷한 점을 찾아낼 수가 없다. 둘 다 털이 북슬북슬한 오렌지색 고양이지만 페이지는 체형이 다르다(100퍼센트 원통형이라 할 수 있다). 페이지는 듀이보다 몸집이 크다. 페이지의 눈 색깔이 초록색에서 듀이와 같은 황금색으로 바뀌고 있지만 듀이의 눈과는 전혀 닮지 않았다. 페이지는 사려 깊은 성격이 아니다. 현명하지도 않다. 페이지는 힘이 넘치고 사고뭉치이며 대책 없는 엉뚱한 녀석이다. 페이지를 보면 나는 웃으며 고개를 절레절레 흔들고는 이런 생각을 한다. 이 녀석이 다음엔 무슨 엉뚱한 짓을 할까? 페이지는 따뜻하고 사랑스럽다. 게다가 페이지는 글렌과 나의 공동 프로젝트다. 우리가 함께 사랑할 수 있는 대상. 우리의 고양이다.

그렇다고 페이지 터너가 글렌이 항상 원했던 자식이라는 뜻은 아니다. 솔직히 말해 러스티의 새로운 버전도 절대 아니다. 러스티는 글렌이 어느 누구와도 함께하기를 원치 않았을 때 그의 곁을 지켜준 고양이다. 그 당시 러스티는 조각난 글렌의 삶을 붙잡아주는 접착제였다. 하지만 이제 둘 다 성장했다. 이제 글렌이 러스티를 보러 가면 러스티는 옛 친구의 상태를 점검하듯 물끄러미 바라본다. 둘은 서로에게 야옹 소리로 인사를 하고(글렌은 고양이 소리를 낸다) 러스티는 글렌의 팔에 뛰어들어 자신의 뺨을 글렌의 수염에 비빈다. 그리고 다시 자기 볼일을 보러 떠난다. 러스티는 느긋한 고양이로 어디에서든 행복할 수 있는 고양이고 녀석은 제니의 집에서 행복을 찾았다.

한편, 글렌은? 글쎄, 글렌은 페이지 터너라면 사족을 못 쓴다. 하룻 밤이라도 여행을 떠나 있으면 항상 그가 먼저 묻는다. "페이지 때문에 전화해보지 않아도 될까? 페이지 괜찮을까?" 언제나 페이지를 위한 작은 선물들을 사고 여러 가지 간식도 챙겨 먹인다. 그리고 절대 사진을 보여 달라고 하면 안 된다. 글렌은 자신의 카메라에 페이지의 사진을 500장 이상 저장해놓고 있는데 누구에게든 한 장 한 장 보여줄 기세이다. 자신의 휴대전화에도 페이지 터너의 사진을 저장하고 다니며 컴퓨터의 스크린 세이버도 페이지의 다른 사진으로 매일 바꾼다.

러스티는 글렌의 친구이자 상담사였다. 페이지 터너는……? 녀석은 글렌의 손자 격이다. 그렇다고 절대 페이지가 진짜 손자라든지 혹은 인생의 빈 곳을 채워주는 대체물이라는 이야기는 아니다. 인생과 사랑 그리고 욕망은 언제나 그렇게 단순하지 않다. 행복이란 우리가 계산할 수 있는 것이 절대 아니다. 행복은 생각지 못할 때 문득 찾아오고 그리고 우리가 완전히 이해할 수 있는 것도 아니다. 내가 이야기하고자 하는 것은 듀이는 현명하고 사려 깊은 고양이로 힘든 시절에 스펜서와 내게 큰 힘이 되었다는 것이다. 러스티는 의지할 수 있는 친구로 딱 필요한 시기에 찾아와주었다. 그리고 페이지 터너는 영원한 아기다. 항상 즐겁고 바보스럽게 행동하며 의존적이다. 바로 내가 원하는 바이다.

페이지 터너가 듀이의 상실을 극복하는 데 도움을 주었다고는 할 수 없다. 그것은 시간이 해결해주는 것이다. 하지만 페이지 터너는 내가 인생의 다음 장으로 자연스럽게 넘어갈 수 있도록 도와주었다. 글렌과 함께 펼쳐가는 인생, 손자들의 재롱도 보고 여행도 즐기는 인생, 그리고 계속 관리하고 신경을 써야겠지만 건강한 인생으로의 새 출발을 도와주었다. 글렌과 나는 새로운 삶을 만들었다. 우리는 함께 집을 샀다.

페이지 터너는 그 집이 우리의 가정이 될 수 있게, 우리 셋이 가족이 될 수 있게 해주었다.

과연 우리가 고양이에게 이보다 더 큰 선물을 바랄 수 있을까?

옮긴이의 말

누구도 첫사랑을 잘 준비해서 맞이하는 법은 없다. 황홀하면서도 당황스럽고 마음은 앞서가고 행동은 서툴기만 하고 생전 안 하던 짓을 하는 자신이 한심하기도 하고 대견하기도 하다. 그러나 준비 없이 맞았기에 붙잡고 있기도 어려운 것이 첫사랑일까. 강렬한 한 줄기 빛처럼 나타났다가 정신을 차리고 보면 덧없이 사라져, 회상할 때마다 더 아름답고 더 애틋한 것이 첫사랑이다.
    내 첫사랑은 동생이 소개팅에 실패를 하며 찾아왔다. 대학교 3학년 때 농촌 봉사를 처음 갔었다. 지금 생각하면 참 부끄럽고 어설프기 짝이 없던 '봉사'였다. 같이 갔던 타과 후배 남학생이 사람이 좋아 보여 막 대학 새내기가 된 내 동생을 소개시켜주었다. 둘은 만나자마자 서로 전혀 이성으로의 끌림이 없다는 데 단박에 의견일치를 보았고 친구로 지내자며 기분 좋게 술 한잔하고 헤어졌다고 했다. 얼마 후 동생이 급히 집 앞으로 나오라고 해서 뛰어나가 보니 종이봉지를 내밀었다. 뜻밖에 그 속에는 작은 새끼 고양이가 들어있었다. 남자 후배네 어미 고양이가 새끼를 낳았는데 다 분양하고 마지막까지 남아 있던 녀석이라 했다. 내 첫사랑, 아니, 우리의 첫사랑, 나비.

나비가 온 후 우리 집은 변했다.

아버지와 나는 고등학교 때부터 마찰이 많았다. 권위적인 모든 것에 반감을 가졌던 나는 매번 아버지에게 대들었고 대학에 들어가고부터는 술 마시고 자정을 넘기고 들어가기 일쑤였다. 아버지는 되바라진 딸과의 충돌을 피하고자 어머니에게 대신 야단을 치라고 닦달을 하셨고, 사고 치는 언니로 인해 냉랭해지는 분위기에 자기라도 '바르게' 살아야겠다고 생각한 동생은 늘 자신의 욕망을 억제하며 참고 살았다. 어쩌면 온 식구가 똑같이 자존심 강하고, 고집 세고, 독립적이고 감정 표현이 서툴러서 벌어진 일인지도 모른다. 아버지도 나중에는 소통의 중요성을 깨닫고 노력하셨다. 아버지는 식탁에서 이렇게 운을 떼셨다. "가족은 대화를 해야 한다더라. 그럼 지금부터 대화를 해보자." 긴 침묵……. "밥 먹자!" 이런 식의 긴장감이 수년씩 지속되고 있었다.

나비는 우리 식구의 말문을 터주었다. 동생과 나는 이 영리하고 사람을 잘 따르는 신비로운 외계의 생명체에 반해 나비가 자는 모습을 지켜보다 수업을 빼먹기도 했고 부모님도 금세 나비를 예뻐하게 되었다. 식탁에서는 가족 대화의 99퍼센트가 나비에 대한 이야기였다. 어머니가 해동을 하려고 내놓은 고기를 나비에게 도둑맞은 이야기, 파리와 나방을 잡았다는 이야기, 식구들이 엘리베이터에서 내리면 미리 알고 현관에 마중 나온 이야기 등 각자의 목격담을 서로 나누고 모두 웃거나 흐뭇해하며 자리에서 일어났다. 아버지는 집에 오는 손님들에게도 나비 자랑을 하셨고 그중 한 일본 기모노 디자이너는 자기 예명을 나비로 바꾸기도 했다. 당시에는 고양이용 화장실 모래를 파는 줄을 몰라 우리는 나비의 화장실로 쓸 모래를 구하러 인근 놀이터, 공사장을 돌아다녔고 아버지는 해외 출장을 가서도 나비 장난감을 사오셨다. 정말 그 몇 년간은 무뚝뚝했던 우리 식구가 갑자기 코스비 가족이 된 것 같았다.

늦은 봄이었다. 아버지는 출장 중이셨고 나 혼자 식탁에 앉아 대학원 과제를 준비하고 있었다. 내 등 뒤로 나비가 느긋하게 뒷 베란다로 나가는 모습을 얼핏 보았다. 공기가 찹찹한 기분 좋은 저녁이었고 온 집 안이 조용했다. 갑자기 '사각' 하는 소리가 나고 그 후 아무 소리도 나지 않았다. 뭔가 금속에 긁히는 소리. 아무 이유 없이 등골이 오싹해지고 가슴이 빨리 뛰었다. 나는 불길함을 억누르며 베란다 입구에 섰다. 베란다는 텅 비어 있었고 창문이 열려 있었다. 우리 집은 11층이었다.

수십 년이 흐른 지금도 그 순간을 생각하면 몸이 그때의 감각들을 그대로 기억해낸다. '사각' 하는 소리와 그 후 귀가 먹먹해지는 정적, 베란다 아래를 내려다보았을 때 꽉 쥐고 있던 금속 창틀의 차가운 감각, 주차장에서 동생과 함께 나비의 시체 옆에 주저앉아 있을 때 땅에서 올라오던 아스팔트의 냄새까지. 지금도 그날 그곳에 있는 것 같다.

우리 가족은 각자의 방식으로 나비를 애도했던 것 같다. 동생은 옷에 붙었던 나비의 털들을 떼어 보석함에 모은 후 방문을 걸어 잠궜다. 어머니는 나비가 좋아했던 장조림과 고구마 줄기 무침을 다시는 만들지 않으셨다. 출장에서 돌아온 아버지는 나비가 죽었다는 말을 들은 후 단 한 번도 우리 앞에서 나비의 이름을 입에 올리지 않았다. 나는 바보같이 툭하면 울고 다녔다. 서로에게 약한 모습을 보이는 것을 극도로 싫어했던 우리는 서로를 위로하기보다 차라리 나비를 가슴에 묻어 버렸다.

수년이 흐른 후 동생은 차도에서 오도 가도 못하고 있던 새끼 고양이를 구조해 용감하게 다시 고양이를 키웠고, 나도 독립한 후 많은 고양이와 함께했다. 그러나 이 책을 번역하면서 크리스마스 고양이 이야기의 마무리에 나오는 첫사랑이라는 단어를 보고 나는 나비를 생각했다. 짙은 밤색 줄무늬에 하얀 장갑과 양말을 신고 있는 길에서 가장 흔히 보는 평범한 고양이 나비. 사랑을 표현하는 방법을 못 찾고 있던 우리 가족에게 나비는 가족으로서의 행복의 가능성을 열어주었고 서로에게 직접 할 수 없었던 애정 표현을 마음껏 할 수 있는 사랑의 해방구가 되어주었다. 나비라는 공감대가 있어 우리는 순수하게 웃고 행복해했다. 어쩌면 인생의 기적은 이렇게 작고 소박한 형태로 찾아오나 보다. 이 책의 저자가 말하듯 사랑과 행복이 어디서 올지는 아무도 모른다.